심리검사의 이해

최정윤 지음

심리검사의 이해

최정윤 지음

Σ 시그마프레스

심리검사의 이해, 제3판

발행일 | 2010년 9월 1일 2판 1쇄 발행
2011년 7월 1일 2판 2쇄 발행
2012년 7월 1일 2판 3쇄 발행
2013년 9월 1일 2판 4쇄 발행
2016년 3월 2일 3판 1쇄 발행
2017년 8월 2일 3판 2쇄 발행
2019년 6월 10일 3판 3쇄 발행
2025년 2월 5일 3판 4쇄 발행

지은이 | 최정윤
발행인 | 강학경

발행처 | (주)시그마프레스
등록번호 | 제10-2642호
주소 | 서울특별시 영등포구 양평로 22길 21 선유도코오롱디지털타워 A401~402호
전자우편 | sigma@spress.co.kr
홈페이지 | http://www.sigmapress.co.kr
전화 | (02)323-4845, (02)2062-5184~8
팩스 | (02)323-4197

ISBN | 979-11-5832-695-7

제3판을 내며

부족한 책을 2002년에 처음 내어 놓았고 2010년에 2판이 나왔습니다.

그동안 또 세월이 흐르면서 세상의 어느 것도 항상 하는 법이 없듯, 심리학 영역에도 변화와 발전이 계속되고 있습니다. 거기에 맞춰 우리 책도 수정보완이 필요하게 되었습니다.

특히 지능검사는 가장 최근판인 WAIS-IV에 이르면서 이전 판들에 비해 상당한 변화가 있었습니다.

심리검사의 목적은 주관에 빠지지 않고 가능한 객관적으로 인간을 이해하고자 하는 것입니다. 또한 인간을 단편, 단면으로만 쉽게 평가해 버리지 않는 인간존중의 태도가 참으로 중요합니다.

상처로 이지러진 부분이나 권위적 강화에 의해 선택 없이 습득된 표면 모습만 보고 끝내서는 안 되리라 생각합니다. 그 저변에 있는 원래의 아름다움과 가능성을 감지할 수 있는 눈을, 우리 심리검사를 다루는 사람들은 늘 닦아 나가야 함을 명심합니다.

그것은 수검자와 내담자만이 아니라 우리 자신을 알고 수용하는 일이기도 할 것입니다.

2016년 2월
저자

지은이의 말

정신과 임상 장면에서 심리검사를 매개로 사람들을 만나는 일을 하기 시작한 지 어언 20년이 훨씬 지났습니다. 세월이 지나면서 나이도 들고 경험도 쌓이면서 아픈 사람들을 대하는 나의 태도가 많이 바뀌었음을 느낍니다.

심리검사라는 도구를 통해 그 사람의 심리적인 특징들이 드러나는 것이 신기하기만 하던 초기에는, 부끄럽지만 스스로 우쭐한(?) 기분이 있었던 것이 사실입니다.

심리적 약점이나 마음의 병, 그리고 평가받는 일 등에서 면제받고 안전지대에 서 있다는 은밀한 안도를 나도 모르게 즐겼던 것을 기억합니다.

좀 더 시간이 지나면서는 일종의 지루함이랄까, 실망감이랄까 하는 것이 스며들었습니다. 사실은 인간내면의 복잡성, 모호성을 만나면서 당혹감과 무력감을 느끼게 되었던 것임을 나중에야 깨달았습니다.

우쭐하던 기분도 신기한 느낌도 사라졌습니다. 내가 하고 있는 일에 대한 회의를 반추하던 기간이 있었습니다. 내가 앉아 있는 작은 방의 작은 창문 밖으로 진실로 가득 찬 세계가 펼쳐져 있는데 나는 창문 가까이 가서 머리를 내놓고 넓게 보지 못하고, 이만큼 떨어져서 창문 틀 안에 비쳐지는 아주 작은 경치만 보고 있다는 자괴감이었습니다. 그것은 심리검사라는 창문의 한계도 없지 않겠지만 그보다는 창문 가까이 가서 밖으로 머리를 내놓고 넓게 멀리 볼 수 없는 내 능력의 한계가 문제였습니다.

지금 돌아보면 그것은 지식적인 면의 부족이라기보다는 인간을, 세계를, 특히 나 자신을 보는 시각의 협소함이 원인이었다고 생각됩니다.

한마디로 마음이 닫혀져 있었던 것이지요.

나와 남을 가르고 정상과 비정상, 건강과 병, 좋고 나쁨, 옳고 그름, 성공과 실패 등을 가르고 있는 나의 태도가 장애였습니다.

그 후 직업적 태도로 일을 대하던 시기를 지냈습니다. 그리고 이제는 수검자의 아픔, 약점, 미움, 원망, 갈등, 포장 등이 바로 나의 그것들임을 느낍니다.

수검자들의 검사 반응 속에서 나의 성격의 편린들을 보게 되면서 일찍이 C. G. Jung이 말했던 "집단 무의식의 보편성과 선험성"까지도 실감할 때가 있습니다.

가끔 수검자에게서 현재의 위축되고 병든 자아의 부분이 아닌, 자신과 세계를 통합하는 것 같은 언급이나 묘사가 나타나 감동까지 느끼는 경우도 있습니다. 현재 앓고 있는 '자아'의 내면 깊이, 훨씬 큰 '자기'가 건재하고 있다고 생각할 수밖에 없는 발견이었습니다. 가장 약해진 사람들 속에서 인간의 본 면목에 대한 신뢰와 희망을 볼 수 있었던 경험이 이 일에서 얻은 가장 큰 소득이었습니다.

똑같은 도구를 가지고 하는 일이지만, 그래서 간혹 어떤 사람들은 단순하고 지루한 작업일 거라고 짐작하는 것 같지만, 실은 매번 새로운 성격, 새로운 세계를 만나는 새로운 일입니다.

이 세상에 존재하는 많고 많은 직업 중에서 하필이면 마음을 앓는 사람들과 함께 하는 일을 부여받은 것이 그냥 우연이라기보다는 특별한 어떤 의미가 있다고 생각하게 되었습니다. 나의 부분 부분을 대표하고 있는 그들을 만나면서 거기에 내가 배워가야 할 과제가 있다고 생각합니다.

감사를 느낍니다.

여러 해 동안 대학이나 대학원 또는 심리학 관련 기관에서 심리검사를 가르치게 되는 기회가 많았습니다. 실제적인 심리검사 안내서나 교재에 대한 필요를 느껴온 지 오래였습니다. 미루고 미루다가 이제서야 준비하게 되었습니다.

부실한 점, 너무 많은 줄 알지만 차츰 보완하려고 생각합니다.

우리 임상 심리실 식구들, 한영경, 안효정, 강예리, 신노라, 최인재 선생님들의 성실한 도움이 없었더라면 이번 학기도 또 미룰 뻔하였습니다.

진심으로 그 선생님들에게 감사드립니다.

2002년 1월
저자

차 례

제 1 장 심리검사에 대한 개관

제 2 장 지능 평가: Wechsler 지능검사를 중심으로

제 3 장 MMPI(다면적 인성검사)

제 4 장   BGT(Bender-Gestalt Test)

제 5 장   HTP(집/나무/사람) 검사

제 8 장 SCT(문장완성 검사)

표 · 그림 목차

제1장

심리검사에 대한 개관

1. 심리검사란 무엇인가

심리검사는 성격, 지능, 적성 같은 인간의 다양한 심리적 특성들에 대해서 파악하고자 하는 목적을 가지고, 다양한 도구들을 이용하여 이런 특성들을 양적, 질적으로 측정하고 평가하는 일련의 절차를 말한다.

심리검사를 통해서 우리는 각 사람마다의 개인차에 대해서 파악할 수 있으며 또한 심리적인 과정 자체에 대한 이론적인 통찰을 얻을 수 있게 된다. 즉, 심리검사는 개인에 대한 진단과 평가의 도구가 되면서 동시에 학문적인 연구의 도구가 된다.

임상심리학의 주 관심사인 개인에 대한 심리 평가는 심리검사를 통해서 얻어진 정보를 중심으로 하여 면담, 행동관찰, 개인력 등에서의 자료를 참조하여 종합적인 평가를 내리는 전문적인 과정이다. 즉, 한 인간에 대한 포괄적인 이해가 목적인 심리 평가의 장에서 심리검사는 핵심적인 자료를 제공하는 중요한 절차인 것이다.

2. 심리검사는 어떻게 발전되어 왔는가

현대적인 심리검사는 그 역사가 상당히 짧다.

심리학 자체가 철학과 생리학으로부터 독립해 하나의 학문으로 출발한 것이 겨우 19세기 후반에 이르러서였다. '과학으로서의 심리학'이 출현한 공식적인 시기는 독일의 W. Wundt가 1879년 라이프치히 대학교의 자신의 실험실에 심리학 연구소(Psyhologisches Institut)라는 이름을 붙이면서 시작되었다고 본다. Wundt는 심리학 연구를 위해서는 물리학적 연구 모델을 따라야 한다고 보고, 물리학의 특징인 실험적 조작과 객관적인 측정을 강조하였다. 이런 입장에서 Wundt는 '통제된 조건하의 피험자 관찰'을 기본적인 방법론으로 사용하였고, 감각, 지각, 반응시간이라는 한정된 대상에 연구의 관심을 두었다. '최초의 실험심리학자' 또는 '실험심리학의 창시자'로도 일컬어지는 Wundt는 심리학에 양적 측정의 전통을 확립하면서 심리측정학(psychometrics)의 발달에 중요한 토대를 마련하였다. 그러나 그는 엄격한 실험적 통제에도 불구하고 나타나는 피험자 간의 반응차를 측정오류, 관찰자의 태만 또는 실험조건의 통제 실패 등으로 간주하였을 뿐, 반응하는 개인들 자체의 차이, 즉 개인차에 의하여 반응에 차이가 나타날 수 있다는 사실을 수용하지 못하였다. Wundt의 주목적은 모든 인간에게서 공통적으로 나타나는 일반 원리를 발견하고자 하는 데 있었던 것이다.

이후 1900년 즈음까지 정신물리학, 반응시간, 기초 감각과정 등을 연구대상으로 하는 실험심리학이 주류를 이루었으나, 심리학의 실용성과 응용에 대한 시대적, 제도적, 현실적 압력은 자연스럽게 응용심리학의 발달을 유도하였다. 응용심리학자들은 교육, 산업, 의학이나 법학 등의 다양한 영역에서 활동하게 되었는데, 이 과정에서 '정신검사(mental test)'가 발달하게 되었다.

'정신검사', 즉 현대의 용어로 '심리검사'는 지능에 대한 관심으로부터 출발하였다고 볼 수 있다. 현대적인 심리검사의 시조가 누구인가에 대해서는 이견이 있으나, F. Galton(1822~1911), J. Cattell(1860~1944), A. Binet(1857~1911) 중 한 사람으로 생각되고 있다.

이 중 진화론의 창시자인 Darwin의 사촌이기도 했던 Galton은 진화론에 바탕을 두고 개인차 연구에 일생을 바쳤으며, 개인차 연구의 선구자로 평가받고 있다. 개인차를 측정하고자 하는 그의 열망으로부터 지능검사가 출발되었다고 볼 수 있다. 그는 개인차가 일어나는 것은 지적 능력의 차이에서 비롯된다고 보았다. Galton은 질문지조사법(survey method), 쌍생아 연구법(twin study) 같은 혁신적인 방법들을 개발하였고 이런 방법을 통해 연구한 결과, 지적 능력은 타고나는 것, 즉 유전에 의해서 결정된다고 생각하였다. 우생학의 창시자이기도 한 Galton은 우수한 지능을 가진 사람들의 출산을 장려하기 위해서는 그 재능을 측정하는 것이 필수적이라고 생각하여 우수한 유전자를 지닌 천재를 탐지해 내기 위하여 여러 가지 검사들을 고안하였다. 초기에는 감각식별에 관심이 제한되어 있었으나, 평정 척도(rating scale)를 사용하면서 후기에는 단어연상기법(word association test)까지도 사용하였다. 그의 중요한 공헌의 하나로, 개인차에 대한 자료분석을 위하여 지금도 사용되고 있는 연구 방법들과 함께 통계적인 기법을 발달시켰다는 것을 들 수 있다. Galton은 두 측정치 간의 관계의 방향과 그 강도를 나타내기 위하여 수학적인 표현방식을 개발하였는데, 이것이 바로 상관계수이다. 상관기법을 바탕으로 하는 통계적인 방법론은 이후 심리검사에 적용되면서 검사의 발달에 많은 공헌을 하였다.

이런 Galton의 연구로부터 큰 영향을 받은 Cattell은 '정신검사(mental test)' 라는 용어를 처음으로 제안한 사람이다. Cattell은 원래 Wundt의 심리학 실험실의 대학원생이었다. 그는 행동 관찰에 있어서의 철저한 통제와 객관적 관찰의 중요성에 대해서는 Wundt와 같은 입장을 취하였으나, 그의 연구 분야가 너무 한정적이라고 비판하였고 개인차에 대해 고려하지 않고 모든 인간의 공통적인 원리를 찾아내는 것이 심리학의 주요 목적이라고 보는 견해에 대해서는 반대 입장에 있었다. Cattell은 개인차가 중요한 연구 대상임을 주장하면서 '반응시간에 있어서의 개인차' 라는 연구 논문으로 박사 학위를 받았다. 몇 년 후 영국의 Galton과 접촉하면서 더욱 개인차 연구에 관심을 가지게 된 Cattell은 이후 미국으로 건너가서 펜실베이니아 대학과 콜롬비아 대학에 심리학 연구소를 설치하였고, 주로 감각과 운동반응 능력에 관한 10가지 항목으로 구성된 지능검사를 제안하였다.

이에 비하여 Binet는 Cattell의 검사가 너무 단순하고 감각 과제에만 한정되어 있다는 점에 대해서 비판하면서 보다 복잡한 내용의 검사법이 필요하다는 입장에서 연구를 해 나갔다. 그러던 중 1904년 프랑스에서는 의무교육이 처음으로 실시되면서, 정규교육을 따라갈 능력이 없는 아동들에 대한 교육에 대해서 논의하기 위하여 특별 위원회가 구성되었다. 당시 Binet는 소르본느 대학의 심리학 실험실 주임교수로서 아동의 기억, 상상력, 지능 등에 대해서 연구하던 중에 이 위원회에 참여하게 되었다. 논의 결과 객관적인 진단도구가 필요하다는 결론을 내리게 되었고, Binet는 동료인 T. Simon과 함께 정상아와 정신지체아의 감별을 목적으로 1905년 'Binet-Simon 검사' 를 개발하게 되었다. 이 검사를 통해서 처음으로 '정신 연령(mental age)' 이라는 용어도 소개되었다. 이 검사는 체계화된 최초의 지능검사로 인정받고 있다.

뒤이어 미국에서는 L. Terman이 Binet-Simon 검사를 개정, 표준화하여 1916년 'Stanford-Binet 검사' 라는 이름으로 발표하였는데, 이는 큰 성공을 거두었고 1939년 Wechsler의 주도하에 새로운 지능검사가 나오기까지 유일한 표준적 지능검사로서 사용되었다. 이와 같이, Binet 검사는 이후에도 여러 번 개정되면서 임상심리학의 초석을 마련하였으며, 1940년대까지 응용심리학자들의 주된 도구로 이용되었다

한편, 1914년 제1차 세계대전이 발발하면서 외국인이나 언어 능력이 제한되어 있는 사람들의 지능을 측정하기 위하여 비언어적인 방법으로 실시되는 동작성 검사들이 개발되었고, 이와 함께 집단용 검사도 발달되었다(이전의 검사들은 모두 개인용

검사였음).

제1차 세계대전 중에 신병들을 신속하고 효율적으로 적소에 배치할 필요가 생겼는데, Binet 검사는 개인용이기 때문에 이런 목적에 부응할 수 없었다. 이에 당시 APA(미국 심리학회) 회장이었던 R. Yerkes와 스탠포드 대학의 A. Otis는 미 육군성의 요청을 받고 Binet의 검사를 지필검사용으로 새롭게 개정하여, 집단용 지능검사인 'Army Alpha'를 제작하였다. WAIS-IV 또한 문맹자나 영어를 모르는 외국인을 위하여 비언어적인 검사인 'Army Beta'를 제작하였다. 전후에도 이들 검사들이 일반적으로 사용되었는데, 불행히도 무차별적으로 적용됨으로써 오용되는 경우가 적지 않았다.

1939년에는 새로운 성인용 지능검사인 'Wechsler-Bellevue 지능검사'가 개발되었다. 언급된 바와 같이 그때까지는 Stanford-Binet 검사가 유일한 표준적인 지능검사로서 사용되고 있었다. 그러나 이 검사는 획기적인 것이었음에도 불구하고 여러 가지 문제점들을 가지고 있었는데, 가장 큰 문제는 이것이 처음에는 아동용 검사로 고안되었다가 나중에 성인 규준을 첨가한 것이어서 성인의 지능을 측정하기에는 여러 모로 부적합하다는 것이었다. 특히 나이에 따른 지능의 직선적인 증가를 가정하는 '정신 연령'이라는 개념은 성인의 지능을 표현하는 데 적합하지 않았다. 또, 지나치게 언어적인 면에 치중하여 구성되어 있어서 비언어적인 면에 대한 평가가 도외시되어 있다는 문제점도 지니고 있었다.

이런 단점을 극복하고자 하는 배경에서 D. Wechsler는 당시 개발되어 있었던 여러 지능검사들에 바탕을 두고 자신의 이론적 입장을 첨가하여 1939년 'Wechsler-Bellevue Intelligence Scale'(Form I)을 개발하였는데, 이는 급속하게 받아들여졌다. 이후 1946년 아동용 Wechsler 검사도 개발되었고(Form II) 성인용과 아동용 모두 여러 번의 개정을 거치면서 오늘날에 이르고 있다. 2008년 IV판으로 개정출판된 Wechsler 지능검사는 현재까지도 가장 널리 쓰이는 개인용 지능검사가 되고 있다.

1920년대 후반부터 약 10년간 심리학자들은 다양한 심리적 기능을 대표할 수 있는 단일 점수를 얻기 위한 측정과 방법론에 1차적인 관심을 두고 있었다. 그러나 한편으로는, 정신분석 학자들이 다른 다양한 방법으로 심리적 기능을 측정하려는 시도를 하고 있었다. 정신분석적 이론과 치료기법은 임상 기법의 발달에 초석이 되었으며 의식 영역에서의 사고와 감정뿐 아니라 의식 밖의 영역에 대해서도 포괄적으로 이해할 수 있게 해 주었다.

Freud는 면담을 통해서 환자의 생각과 감정, 그것을 표현하는 방법, 환자 특유의 언어와 행동 양식 등을 관찰함으로써 환자에 대해 이해하고 평가하는 방법을 사용하였다. 그는 이런 방법을 통해 성격의 무의식적인 측면을 연구하면서, 인간의 이러한 내재된 측면은 매우 민감하고 유연하며 상세한 질문에 의해서만 이해될 수 있다고 하였다.

또 다른 심층심리학자로 분석심리학의 창시자인 C. Jung은 가장 초기의 투사적 검사라고 할 수 있는 '단어연상검사'를 고안하였다. 그는 정서가를 지닌 일련의 단어를 선택하여 제시된 단어에 대한 연상내용, 반응시간, 특이한 표출행동(얼굴을 붉힌다든가 소리 내어 웃는다든가 하는)이 나타나는 것에 주목하였다. 그는 이런 연상과정에서의 변이는 우연히 생긴 것이 아니라, 사람의 마음속에 '감정적으로 강조된 콤플렉스' 같은 것이 있어 이것이 자극어에 의해 자극되면 연상과정을 방해하는 것이라고 생각하였다.

무엇보다도, 대표적인 투사적 검사인 '로르샤흐 검사'의 출현은 심리학, 특히 임상심리학의 발달에 큰 기여를 하였다. 1911년 H. Rorschach는 Munsterlingen 병원 정신과에서 수련을 받던 중에, 잉크 반점 카드를 이용하는 놀이에서 정상인이 보이는 반응과 정신과 환자들이 보이는 반응에 차이가 있다는 사실에 흥미를 가지기 시작하였고, 1917년에서 1918년 사이에 이에 대한 본격적인 연구에 착수하였다. 그는 1921년에 'Psychodiagnostik'을 출간하면서 10개의 카드로 구성된 로르샤흐 검사 도구도 출판하였으나, 불행히도 이 책이 출간된 직후인 1922년에 37세의 나이로 요절하고 말았다.

이후 그의 동료들인 W. Morgenthaler, E. Oberholzer, G. Roemer 등이 Rorschach의 연구를 이어 나갔다. 1930년대 중반 무렵 임상심리학자들에게 로르샤흐 검사는 큰 인기를 얻었으며, S. Beck, M. Hertz, B. Klopfer, Z. Piotrowski, D. Rapaport, R. Schafer 같은 많은 심리학자들이 로르샤흐 연구에 크게 기여하였다. 1974년 이후 J. Exner는 여러 학자들의 로르샤흐 채점 체계를 종합하여 '로르샤흐 종합체계'를 고안하여 발표하였는데, 현재 이 종합체계가 가장 널리 사용되고 있다.

한편, 1920년대 후반 M. Prince는 다양한 임상적, 학문적 견해를 조화시키려는 목적을 가지고 'Harvard Psychological Clinic'을 세웠다. 그의 후임으로 H. Murray가 이를 이어받았는데, Murray는 학문 및 임상적 심리학의 선구자로 활동하면서 Morgan과 함께 1935년 'Thematic Apperception Test(TAT)'를 세상에 소개하였다. 그는 1938년 「Exploration in Personality」에 TAT의 결과와 일반적 성격이론을 통합하여 발표하였다.

객관적 성격검사는 지능검사처럼 제1차 세계대전을 겪으면서 발달하게 되었다고 볼 수 있다. 대전의 후반기에 '전쟁 신경증', '폭격 충격'을 겪는 사람들을 예측하고 감소시키는 데 심리검사가 유용할 수 있다는 것이 인식되었다. 1920년 Woodworth

는 'Personal Data Sheet'를 개발하였는데, 이는 폭격의 충격에 취약한 사람들을 선별하는 일종의 자기보고식 검사였다. 지필식이면서 비교적 구조화된 검사형식, 정상집단과 환자 집단의 반응을 비교함으로써 검사의 타당도를 검증하는 절차들은 이후 쏟아져 나온 객관적 검사의 모델이 되었다고 평가받고 있다. 이후 1943년 Hathaway 와 Mckinley가 당시 주를 이루고 있던 이론적 방식의 검사 제작방법에서 벗어나, 경험적 준거방식을 이용한 '다면적 인성검사(Minnesota Multiphasic Personality Inventory)', 즉 MMPI를 개발하였다. 이 검사는 원래 다양한 정신병리를 진단하고자 하는 목적으로 개발되었으나, 많은 연구들을 통해 진단 그 자체보다는 성격 및 행동에 대한 평가도구로서 오히려 더 유용하다는 것이 밝혀졌다. MMPI는 지금까지도 가장 널리 쓰이고 있는 성격검사로, 1989년에 MMPI-2로 개정되었다.

이상과 같은 여러 가지 심리검사들이 출현하고 현장에서 사용되어 오던 중에, 심리평가를 위해서는 검사를 총집(battery)으로 사용하는 것이 필수적임을 주장한 임상가들이 나타났는데, 이들이 바로 Rapaport, Gill, Schafer이다. 이들은 「Diagnostic Psychological Testing」(1946)에서 자신들의 임상경험을 근거로 각 개별 검사들이 측정하는 특정한 심리기능을 구체화하고 이런 기능들이 어떻게 여러 가지 정신병리적 상태들과 관련되는지를 밝히려는 시도를 하였다. 이들은 각 검사들은 서로 다른 심리적 수준과 기능을 측정하므로 여러 가지 검사에서 얻어진 결과들을 통합해서 해석해야 함을 강조하였다.

이들의 통합적 입장은 검사현장에서 현재까지도 지속적으로 받아들여지는 기본원칙이 되고 있다.

3. 심리검사에는 어떤 것들이 있는가

심리검사는 도구의 구조화 여부에 따라서 크게 '객관적 검사(objective test)'와 '투사적 검사(projective test)'로 구별할 수 있다.

객관적 검사(objective test)는 과제가 구조화되어 있고 채점과정이 표준화되어 있으며 해석의 규준이 제시되어 있는 검사를 말한다. 즉, 검사에서 평가하고자 하는 특정 영역에 대해 초점화하여 측정할 수 있도록 구성된 검사이기 때문에, 그 특성을 재기에 가장 적합하다고 생각되는 일정한 방식에 따라 응답되고 해석된다. 따라서 개인의 독특성을 끌어내려 하기보다는 개인마다 공통적으로 지니고 있는 특성이나 차원을 기준으로 하여 개인들의 상대적인 위치를 비교, 평가하려는 것이다.

대표적인 객관적 검사를 보면, 지능검사로는 WISC, WAIS, WPPSI, 성격검사로는 MMPI, MBTI, 흥미검사로는 직업흥미검사, 학습흥미검사, 적성검사 등을 들 수 있다.

객관적 검사는 검사 실시와 해석이 간편하며, 검사의 신뢰도 및 타당도가 검증되어 있고, 검사자 변인이나 검사의 상황변인에 따라 영향을 적게 받으므로 개인 간 비교가 객관적으로 제시될 수 있다는 장점이 있다.

그러나 수검자들이 자신이 의도하는 방향으로 문항에 반응할 수 있는 여지를 제공할 수 있으며, 검사가 재고자 하는 특성의 양적인 면에 치우치기 때문에 그 개인의 질적인 독특성에 대한 정보는 무시된다는 한계를 가진다.

이에 비하여 **투사적 검사**(projective test)는 검사 자극이 모호할수록 자극을 인지적으로 해석하는 과정에 개인의 욕구, 갈등, 성격 같은 심리적 특성의 영향이 강하게 포함된다는 전제하에서, 비구조적인 검사 과제를 통해 개인의 독특성을 최대한 이끌어 내려는 목적을 가진다. 투사적 검사는 개인의 다양한 반응을 도출시키기 위해서 가능한 한 간단한 지시 방법을 사용하며 검사자극 또한 불분명하고 모호한 특징을 지니고 있다.

대표적인 투사적 검사에는 로르샤흐 검사, TAT, CAT, DAP, HTP, BGT, SCT 등이 있다.

이러한 투사적 검사는 객관적 검사와는 달리 검사자극이 모호하고 수검자가 가능한 한 자유롭게 반응을 하도록 허용하기 때문에 독특하고 다양한 반응이 도출될 수 있다. 또한 자극의 모호성 때문에 수검자가 반응내용을 검토하여 자신의 의도에 맞게 방어적으로 반응하는 것이 어렵게 된다. 따라서 평소에는 의식화되지 않던 사고나 감정이 자극됨으로써 전의식, 무의식적인 심리적 특성이 반응될 수 있다는 장점을 가진다.

그러나 한편 투사적 검사는 전반적으로 신뢰도와 타당도가 객관적으로 검증되기 어렵다는 비판이 있다.

결론적으로 현재 어떤 심리검사도 완벽한 상태는 아니며 각각의 장·단점을 지니고 있다. 임상가는 이러한 점을 인식하고 평가의 목적에 맞게 적절히 보완 사용하도록 한다.

4. 언제 심리검사를 실시하는가

심리검사는 보통 임상장면의 초기 단계에 실시된다. 이를 통해 임상가는 수검자의 심리적 상태에 대한 포괄적 이해를 얻을 수 있게 되는데, 이런 과정은 치료가 상당기간이 진행된 후에야 얻을 수 있게 될 자료를 미리 파악하게 해 줌으로써 시간을 효율적으로 사용할 수 있도록 해 준다. 또한 심리검사를 통해서 면접만으로는 드러나기 어려운 내적인 욕구, 충동, 방어들의 위계적인 배열을 파악할 수 있게 된다. 이렇게 심리검사를 통해서 얻어진 정보들은 임상가가 현재 수검자가 치료를 받기에 적절한지, 적절하다면 어떤 종류의 치료가 적합한지, 어떤 유형의 치료자가 그 수검자에게 가장 효과적일지를 결정하는 데 도움을 주게 된다.

심리검사가 치료의 중기나 후기에 시행되기도 하는데, 특히 치료 과정에서 특정한 문제가 생겨 자문이 필요할 때 중요한 역할을 할 수 있다. 이런 경우 심리검사를 통해서 얻은 자료들을 토대로 수검자의 현재 상태와 지금까지의 치료 효과에 대해서 평가하고 또한 그간의 관찰 자료들을 통합함으로써, 통찰적 이해를 얻을 수 있다.

심리검사가 가장 유용한 상황은 여러 출처에서 얻은 자료들이 불일치할 때, 임상 관찰만으로는 적절한 판단이 어려울 때, 증상이 매우 복잡하여 수검자에 대해서 전체적인 통찰이 되지 않을 때이다. 이런 경우에는 심리검사는 수검자에 대한 통합적인 해석의 틀을 제공하는 역할을 훌륭히 해낼 수 있다.

심리검사 결과가 임상적 인상과 일치되는 경우에도 검사는 유용한데, 이런 경우 심리검사는 임상가가 자기가 진단적 인상에 자신을 갖고 치료에 임할 수 있는 근거의 역할을 한다.

간혹 검사에서의 발견과 면접 및 개인력에서 추론된 인상이 불일치할 때가 있다. 그러나 성격은 단일 측면이 아닌 위계적 조직을 가지고 있으므로 이러한 불일치에 대해 당황할 필요는 없다. 이러한 불일치는 면접 관찰과 검사 자료가 성격 구조 및 기능의 각기 다른 측면을 반영함으로써 생긴 현상일 수 있다.

예를 들어 잠재적인 정신분열증 수검자는 구조화된 면접에서는 비교적 손상이 나타나지 않아 정신증을 의심할 만한 단서를 보이지 않는 경우가 많기 때문에, 면접자에게는 단지 심각한 신경증 상태에 있다는 인상을 줄 수 있다. 그러나 심리검사를 하게 되면, 지능검사 같은 객관적 검사에서는 비교적 잘 기능하는 것으로 나타나지만 투사적 검사에서는 분명한 정신분열증적 특징이 드러나게 된다. 이런 결과는 면접이나 지능검사는 비교적 표면 수준의 기능을 측정하기 때문에 서로 일치되는 방향의 결과를 보였지만, 투사적 검사는 성격 기능의 보다 깊은 수준을 반영하고 있기 때문에 내적인 병리를 반영하는 다른 방향의 결과를 보인 것으로 볼 수 있다. 이것은 수검자에게는 서로 다른 측면들이 공존하고 있는 것으로 이해할 수 있다.

심리검사를 대하는 극단적인 두 가지의 태도가 있을 수 있다. 즉 지나치게 평가 절하를 하거나 반대로 과도하게 전적인 기대를 하는 태도인데, 두 태도 모두 합당하지 않다. 임상가는 심리검사가 줄 수 있는 이점과 강점뿐 아니라 한계에 대해서 잘 이해하고, 심리검사를 통해서 최선의 결과를 얻을 수 있도록 해야 할 것이다.

5. 어떤 검사를 어떻게 실시해야 하는가

임상가가 한 개인에 대한 이해를 얻기 위해서는 현실적인 의식적 사고뿐 아니라 무의식적 환상의 영역에 이르기까지 그 개인 특유의 반응에 대한 정보를 얻는 것이 필수적이다.

어떤 검사도 모든 영역을 다룰 수 있을 만큼 평가 영역이 넓지 못하기 때문에, 이러한 위계적 기능은 어떤 하나의 검사만으로는 측정될 수 없다. 그러므로 검사는 총집으로 실시될 필요가 있다.

검사 총집은 개별적인 검사들이 모여서 구성되는데, 각 검사들은 각기 다른 특정 심리 기능을 측정하는 것으로 전제된다. Wechsler 지능검사는 지능 수준을, 다면적 인성검사는 정신병리적 측면을, 로르샤흐 검사는 원초적 욕구나 환상을, TAT는 대인관계의 역동성을 잘 알려주는 도구로서 선택된다. 그러나 이들 검사는 주된 측정 영역 이외의 다른 심리적 기능들도 부분적으로 드러내 줄 수 있다. 예컨대, Wechsler 지능검사 프로토콜을 검토하면 단지 지적 능력뿐만 아니라 여러 가지 적응 기능들과 적응적 노력이 어떤 상황에서 효율적이고 어떤 특정 영역에서 실패할 것인지에 대한 정보를 얻을 수 있다. 마찬가지로 로르샤흐와 TAT에서도 욕구나 역동적인 면 이외에도 인지적으로 어떤 특징이 있는지, 어떤 경우에 자아기능의 효율성이 저하되는지에 대해서 알 수 있다.

이렇게 각 검사에 따라 얻어진 자료들은 다른 검사에서 나온 결과를 보다 풍부하게 해 줄 뿐 아니라, 각 검사별로 세워진 가설들에 대한 타당성을 교차검증할 수 있는 수단으로 사용될 수 있다. 이런 비교 통합 과정을 통해서 수검자의 자아기능, 본능적 힘, 방어기제 그리고 현실적 요구들이 어떤 방식으로 배열과 균형을 이루고 있는지에 대한 전체적이고 구체적인 모습을 얻을 수 있게 되는 것이다.

이와 같은 검사 총집 실시의 중요성을 최초로 강조한 임상가들은 앞서 언급되었듯이 Rapaport, Gill, Schafer로, 지금까지 대체적으로 이들의 주장이 수용되어 오고 있다. 그러나 연구자에 따라서는 시간과 노력의 투자에 비해 실질적 효율성이 충분치 못하다는 주장을 하면서(Kostlan, 1954; Giedt, 1955) 검사 총집 실시에 반대하고 있기도 하다. Exner(1986)는 절충적 실시를 제시하고 있는데, 검사 총집이 모든 경우에 적절한 것은 아니며 총집이 사용되더라도 전부 실시하기보다는 평가 목적에 따라 취사선택되어야 한다는 입장을 밝히고 있다.

그러나 저자의 견해로는, 수검자에 대한 포괄적이고 심층적인 이해를 위해서는 총집 실시가 중요하다고 본다. 또한 포괄적인 접근방식에 숙달된 후에라야 필요에 따라 검사를 취사하여 경제적으로 실시할 수 있다고 생각된다.

경제성과 속도가 중시되는 것이 현대의 사회적 조류이기는 하나, 인간을 이해하는 데 있어서는 시간 투자적이고 집중적인 접근 방법이 병행되어야만 균형 있고 깊이 있는 시각을 발전시킬 수 있을 것이라 생각한다.

6. 심리검사를 통해서 어떤 정보들을 얻게 되는가

J. Allison(1968)은 심리검사가 제공해 줄 수 있는 정보들로, 현실검증력의 적절성, 충동통제의 정도, 주된 방어기제와 그 방어기제의 경직성, 두드러진 갈등 영역 등을 들고 있다. 그는 심리검사를 매개로 하는 심리 평가 장면에서 이들 정보를 얻을 수 있는 정보의 출처로는 다음 네 가지를 들고 있다.

① 검사 점수(test score)
② 반응 내용이나 주제(content of themes of response)
③ 언어 스타일(style of verbalization)
④ 검사자와 수검자 간의 대인관계(interpersonal relationship)

그는 이러한 네 가지 출처에서 얻은 정보들을 통합함으로써 개인의 복잡한 성격구조를 이해할 수 있으며, 어느 한 자료만으로는 한계가 있다고 주장하였다.

이 네 가지 정보 출처에 대해 소개해 보면 다음과 같다.

1) 검사 점수(test score)

이는 주로 양적 측정을 일차적인 목표로 하는 객관적 검사나 자기보고식 질문지 검사를 통해서 얻게 된다. 검사 점수는 각 검사가 재고자 하는 영역에서 수검자가 어느 위치를 차지하고 있는가에 대한 구체적이며 상대적인 정보를 줄 수 있다.

그러나 검사 점수에만 근거를 두는 기계적 접근방식만을 취한다면, 수검자의 언어 스타일이나 검사 장면에서의 특유한 행동, 예를 들면 수검자가 어떤 문항에서 말이

막히는지, 얼굴을 붉히는지, 불안해하는지, 반응 방식이 계속 똑같은지 또는 앞의 질문이 다음 질문에 영향을 주는지 등을 관찰함으로써 얻을 수 있는 중요한 해석적 정보는 무시되고 말 것이다.

이런 기계적인 접근법은 성격구조의 특징에 관한 많은 측면들을 무시한 근시안적 견해를 가지게 할 수 있으므로 주의해야 한다.

2) 반응의 내용과 주제(content of themes of response)

이는 주로 투사적 검사에서의 정보 출처이다. 투사적 검사의 특징은 반응의 양적인 측면이 아닌 질적인 측면에 관심을 두는 것이므로, 수검자가 '실제로 한 반응이 무엇이냐'가 중요한 정보의 출처가 된다. 이를 통해 양적인 접근에서는 간과될 수 있는 개인 고유의 특성에 대해서 해석적 정보를 얻을 수 있다.

그러나 투사적 검사라 하더라도 반응내용과 주제에 대해서만 분석의 초점을 두는 것은 많은 부분을 간과하게 만든다. 투사적 접근에서 범할 수 있는 불완전한 형태의 해석은 반응 내용만 해석의 대상으로 삼고 구조적인 역동은 고려치 않는 것이다. 내용분석은 주요한 집착과 갈등영역에 대해서는 알려 줄 수 있지만 그 갈등이 어떻게 다루어지고 전반적인 성격조직 안에서 어떻게 작용하는가에 대한 정보는 주기 어렵다.

예를 들어 로르샤흐 검사에서 구강 공격적인 내용이 현실 왜곡이 심한 소심한 사람에게서 강조되어 나타난다면, 대인관계에서 다른 사람에게 삼켜지거나 파괴당할지도 모른다는 두려움을 가지고 있다고 가정해 볼 수 있다. 그러나 이러한 반응이 과잉활동적인 영업사원에게서 나타난다면, 이런 반응은 공격적이고 지배적인 심리적 특징을 시사한다고 해석할 수 있다.

이런 예를 통해서 알 수 있듯이, 주로 내용분석에만 초점을 둔 검사 보고서는 다양한 유아기적 소망, 내재된 여러 가지 부정적인 감정, 숨겨진 집착 등의 영역들을 단순히 열거해 놓은 것에 불과할 수 있다. 구조적 역동을 고려하지 않는다면 개별적 특징들이 서로 어떠한 관계를 가지면서 전체적인 성격구조 안에 통합되어 있는지를 구체적으로 알 수 없게 된다. 따라서 반응 내용을 주 분석대상으로 택하는 경우에는 구조적인 면에서 이것이 어떤 모습을 취하고 있는가에도 주의를 두어야 할 것이다.

3) 검사반응에 대한 태도(style of verbalization)

점수와 내용 외에, 자신의 반응에 대한 수검자의 태도와 감정도 중요한 차원이다.

검사 중에 수검자가 하는 사담, 덧붙이는 말, 몸짓, 자세 등이 해석의 중요한 단서를 제공하는 경우가 많다. 반응을 해놓고 나서 재미있어하는지, 비판하는지, 비하하는지, 아니면 두려워하는지, 부끄러워하는지 등등 수검자의 모든 반응을 고려하는 것은 검사자료를 해석하는 데 있어 보다 풍부한 정보를 제공해 준다.

4) 검사자와 수검자 간의 대인관계(interpersonal relationship)

검사자와 수검자 간의 대인관계는 또다른 정보의 출처가 될 수 있다. 이것은 검사자의 특성이 수검자의 반응을 끌어내는 데 많은 영향을 줄 수 있음을 시사한다. Sarason(1954), Schafer(1954) 등은 임상적인 장면에서 정보를 얻을 때 검사자의 개인적인 특성이 극히 중요한 역할을 할 수 있음을 강조하였다. 이들은 검사자 개인의 특성에 의하여 수검자와 어떤 관계를 맺는가에 따라 검사자가 얻는 수검자에 대한 관찰적 정보와 결론이 달라질 수 있음을 말하고 있다. 따라서 검사자가 수검자와 좋은 관계를 맺을 수 있도록 하는 것이 필요하다.

그러나 검사를 주로 대인관계 탐색의 매개체로만 사용하는 극단적인 경우도 있다. 이런 경우 검사 자체에서의 결과는 무시되고 검사 동안에 보인 수검자의 반응이 평가의 대부분을 이룬다. 이것은 심리검사를 통해서 얻을 수 있는 객관적이고 구체적인 정보는 무시한 채 주관적인 추론에만 주로 의지하는 가장 협소한 평가가 될 것이다.

결론적으로 임상에서의 종합적인 심리 평가를 위해서는 첫째, 앞에서의 네 가지 영역의 자료를 통합하고, 둘째, 수검자의 반응에 대해 검사자가 공감적 경청을 하고, 셋째, 수검자의 교육적, 문화적 배경 같은 일반적인 개인력을 참고하는 등 다양한 정보를 통합할 필요가 있다. 이를 통해서 상이한 여러 상황에서의 수검자의 행동표본을 추론할 수 있고 성격에 대한 포괄적인 이해를 기할 수 있다.

이 책에서는 임상장면에서 일반적으로 널리 쓰이는 총집 검사에 대해서 소개하기로 하겠다. 객관적인 검사로는 지능검사, MMPI를, 투사적인 검사로는 BGT, HTP, 로르샤흐, TAT, SCT에 대해서 소개할 것이다.

제2장

지능 평가: Wechsler 지능검사를 중심으로

1. 개관

1) 지능이란 무엇인가?

지능은 성격, 정서, 가치, 동기 같은 여러 가지 특성들과 함께 한 개인의 총체적인 모습을 구성하는 중요한 요소이다. 지능에 대한 측정은 다른 심리학적인 구성개념들에 대한 측정과 마찬가지로, 지능이란 어떤 것이며 어떤 요소들로 구성되어 있는가에 대한 정의에서부터 출발할 수 있다.

지능이 무엇인가에 대해서 우리는 모두 막연하게는 알고 있다고 생각하고 있지만, 지능에 대한 하나의 합의된 정의를 내리는 것은 사실 매우 어려운 일이다. 고대 그리스 시대 이래 현재까지도 지능이 무엇이냐에 대해서는 많은 이견들이 있어 왔다.

1장에서 언급된 바와 같이, 지능에 대한 과학적인 접근은 근대에 이르러 Darwin의 진화론이 대두된 이후 개인차에 대한 관심이 고조되면서부터라고 할 수 있다. 언급된 바와 같이, 개인차 연구의 선구자였던 F. Galton은 지능이 개인차를 설명할 수 있는 중요한 요인이 된다고 보았고 지능이 유전되는지를 검증하기 위하여 수량화와 통계적 분석을 시도하였다. 결국 지능은 유전되는 것이라는 결론을 내린 Galton은 우수한 자질을 가진 사람들을 변별해 내는 방법을 고안하고자 하였다. Galton의 연구들에는 오류도 상당히 포함되어 있었으나, Galton의 영향으로 이후 지능을 보다 과학적으로 측정하고자 하는 노력에 의하여 현대적인 지능검사가 탄생하게 되었고 지능에 대한 여러 가지 이론적인 개념화도 이루어지게 되었다고 볼 수 있다.

지능에 대한 정의는 각 학자들의 이론적 입장에 따라 다양하게 이루어져 왔다. 이를 크게 세 가지 유형으로 나누어 보면, 지능을 "학습하는 능력"이라고 보는 입장(A.

Binet), "환경이나 새로운 상황, 문제에 적응하는 능력"이라는 입장(W. Stern, R. Pintner, S. Colvin, J. Piaget), "추상적인 사고 능력이면서 그것을 구체적인 사실들과 관련시킬 수 있는 능력"이라고 보는 입장(L. Thurstone, L. Terman)이 있다.

지능의 종류와 구조에 대한 논의에 있어서도, Binet(1905)는 "판단력, 이해력, 논리력, 추리력, 기억력 등으로 구성된 기본적인 능력"이라고 보았지만, C. Spearman(1927)은 요인분석적 접근을 통해 지능은 일반 요인(g요인)과 특수 요인(s요인)으로 구성되어 있다는 2요인설을 주장하였다. Spearman의 이론에서 g요인은 정도의 차이는 있으나 모든 개인이 공통적으로 가지고 있는 능력으로, 여러 가지 지적 활동에 공통적으로 작용하는 일반지능을 말한다. g요인은 모든 지적 과제의 수행에 관여한다. 일반적인 정신작용, 추론능력, 기억력, 암기력, 어휘력 등이 해당된다. 이에 비해 s요인은 특정 분야에 대한 능력으로, 어떤 특정한 상황이나 과제에서만 발휘되는 요인이다. 음악적 재능이나 기계적 능력, 수능력, 공간능력, 그림 능력 등이 이에 해당된다. 2요인 이론에서는 s요인은 일반적이지 않은 국지적 능력이고 g에 의해 뒷받침되는 되는 것이므로, 지능은 개인의 정신활동 전반에 강력한 영향을 미치는 g요인의 단일 구성 개념으로 보는 것이 타당하다고 본다.

이와는 달리 Thorndike(1927)는 오히려 지능은 특수능력(s요인)의 총합체로 이루어져 있다고 보았는데, 추상적 능력(상징을 파악하는 능력), 기계적 능력(운동능력, 기계조작능력), 사회적 능력(대인관계를 효율적으로 할 수 있는 능력)이 그것이라고 보았다.

L. Thurstone(1938)은 Spearman의 일반 요인 개념에 이견을 보였다. 그는 모든 지적 활동에 영향을 주는 하나의 지배적인 일반요인이 있는 것이 아니라, 보다 다양한 일반 요인이 있을 수 있다고 주장하였다. 그는 요인분석을 통해 지능은 언어 요인(V요인), 단어 유창성(W요인), 수능력(N요인), 기억(M요인), 공간 관계 인식(S요인), 지각 속도(P요인), 논리적 능력(R요인)이라는 일곱 가지의 기본적인 정신능력(primary mental ability: PMA)으로 구성되어 있다는 다요인설을 제안하였다.

J. Guilford(1967)는 Thurstone의 다요인설을 확대하여 지능 구조 입체모형설(Structure of intellect model: SI 모형)을 제안하였다. 그는 지능이 다양한 방법으로 상이한 다양한 종류의 정보를 처리하는 능력들의 체계적인 집합체라고 보면서, 1차원적이 아닌 3차원적 구조로 보아야 한다고 주장하였다. 이 3차원은 각각, 주어지는 정보의 '내용(content)', 이 정보에 대한 '조작(operation)', 이에 의한 결과의 '산출(product)'로, 각각 5개, 5개, 6개의 요소를 가지고 있는 세부적인 구조를 이룬다. 따라서 지능은 이들의 상호조합에 의하여 150개의 지능 구조 단위로 구성되어 있다고

보았다.

한편, Guilford는 이 모형의 '조작' 과정에 '수렴적 사고(convergent thinking)'와 '확산적 사고(divergent thinking)'를 포함시키고 있다. 수렴적 사고란 하나의 문제 해결을 위하여 기존에 알고 있던 지식들로부터 가장 적합한 답을 찾아내는 방식의 사고를 말한다. 이에 비하여 확산적 사고는 하나의 문제 해결을 위하여 여러 가지 다양한 해결 방식을 도출해 내는 사고를 말한다. 이 확산적 사고는 창의성과 밀접한 관련이 있는 것으로 여겨지고 있다. 현재의 지능검사들은 거의 대부분 수렴적 사고 과정에 의해 해결할 수 있는 과제들로 이루어져 있어서, 확산적 사고 과정이 동시에 필요한 창의성을 예언하기에는 부족하다는 한계를 가지고 있는 것으로 평가받고 있다.

한편, 이에 비하여 R. Cattell(1963)은 그때까지 발표되어 온 지능의 다양한 측면들은 단지 '유동적 지능(fluid intelligence: Gf)'과 '결정적 지능(crystallized intelligence: Gc)'이라는 2개의 군집으로 분류할 수 있다고 보았다. '유동적 지능'은 유전적이며 선천적으로 주어지는 능력으로 뇌와 중추신경계의 성숙에 비례하여 발달하고 쇠퇴하는 특성을 가지고 있다. 속도(speed), 기계적 암기(rote memory), 지각능력(perception), 일반적 추론 능력(general reasoning) 등이 이에 해당되며 새로운 상황에서의 문제 해결 능력에서 잘 나타난다. 이에 비하여 '결정적 지능'은 환경이나 경험, 문화적 영향에 의해서 발달되는 지능으로, 유동적 지능을 바탕으로 후천적으로 발달한다. 따라서 이 지능은 나이를 먹으면서도 계속 발달할 수 있는 지능이며, 과거의 경험을 투입하여 정밀한 판단이 요구되는 인지적 장면에서 사용된다. Cattell은 언어이해 능력(verbal comprehension), 문제해결 능력(problem solving), 논리적 추리력(logical reasoning), 상식(common sense) 등이 결정적 지능을 나타낸다고 보았다.

이상과 같이 지능의 개념, 구조, 종류에 대해서는 많은 학설들이 있어 왔다. 이런 입장들은 이론적인 것에 바탕을 두고 도출되기도 하였으나, 실제 지능검사들을 통해서 얻어진 자료들을 바탕으로 역으로 추론된 경우가 많다.

2) 지능검사의 역사

진정한 의미에서 현대적인 지능검사를 개발한 선구자는 프랑스의 심리학자인 Alfred Binet(1857~1911)이다. 1장에서 언급된 바와 같이, 1900년대 초 프랑스에서는 의무교육이 처음으로 실시되면서 정규반에서 수학할 능력이 없는 아동을 가려낼 필요가 생기게 되었다. 프랑스 정부에서는 1904년 Binet를 필두로 하는 특별 위원회를 구성하여 이 문제에 대해서 검토한 결과, 객관적인 진단도구가 필요하다는 결론을 내리게 되었고, 이에 Binet는 정상아와 정신지체아의 감별을 목적으로 최초의 실용적인 지능 검사를 개발하게 되었다.

앞서 언급되었듯이, Binet 이전에도 F. Galton은 키나 몸무게, 팔길이 폐활량, 머리 크기 등과 같은 인간의 신체적 특징과 반응시간, 청각 및 시각 예민성, 색깔 이름대 기, 선분길이 판단, 악력강도, 주먹으로 치는 세기 등의 기본적인 감각/운동 능력들을 측정함으로써 우수한 정신 능력을 측정하고자 하였다. Galton으로부터 큰 영향을 받았던 Cattell도 Galton식의 검사를 미국으로 들여와 이를 차용하여 새로운 검사를 만들면서 '정신검사(mental test)'라는 용어를 제안하였다. Cattell은 Galton이 사용했던 신체적 측정치들은 검사에서 제외하고, 악력의 세기(악력계 압력), 50cm 간격을 가로질러 손을 얼마나 빨리 움직일 수 있는가(운동률), 통증이나 소리에 대한 반응 민감도, 무게의 최소식별차이, 색깔 이름대기에 걸리는 시간, 10초 시간 판단하기, 한 번 듣고 말할 수 있는 글자의 개수 등의 과제를 통해 지적인 능력을 예측하고자 하였다. 이런 절차를 사용한 것은 Galton과 Cattell이 '감각'과 '심리 운동 능력'이 지능의 지표가 된다고 믿었기 때문이었다.

그러나 Binet는 자신의 자녀들을 관찰하고 Galton의 검사를 적용해 보는 과정에서 Galton의 감각 과제들이 정신 능력을 측정하기에는 부적절하다는 것을 깨닫게 되었다. 그러나 Binet와 공동 연구자인 T. Simon은 지능은 여러 인지 기능 영역에서 관찰되는 기본적인 능력이며 단순한 행동을 측정하기보다는 복합적인 정신 능력 자체를 측정해야 한다고 생각하였다. 또한 지능은 동기, 의지, 성격, 판단, 그리고 이와 유사한 다양한 행동 특징들과 깊은 관계가 있다고 제안하였다. Binet는 지능을 "스스로를 적응시키는 능력이다. 잘 판단하고 잘 이해하고 잘 추론하는 능력이 지능의 필수적인 자원"이라고 정의했다. 즉, 이해력, 논리력, 추리력, 기억력이 지능의 구성요소라고 보았는데, 이런 구성요소들을 평가하기 위하여 '기억', '산수', '어휘'와 같은 소검사들로 구성된 검사를 제작하였다. 이 검사는 'Binet-Simon 검사'(1905)로 명명되었다. 이로써 감각과정보다는 인지과정의 측정을 중시하는 현대적인 지능 검사가 탄생하게 되었다.

Galton과 Cattell의 검사는 당시 이미 검사의 측정치가 학업수행과 상관관계가 없는 것으로 드러나고 있었으므로, Binet의 검사가 즉각적인 성공을 거두면서 자연스럽게 사라지게 되었다.

Binet는 지능은 인간이 성숙할 때까지 연령에 따라 발달한다고 보았다. 그는 각 연령대에 따라 아동들이 평균적으로 풀 수 있는 문제들을 찾아서 규준을 구성하였고,

해당 연령의 아동이 그 규준의 어느 위치까지 도달할 수 있느냐를 통해서 그 아동의 지능을 측정하려 하였다. 이렇게 해서 아동이 받은 점수를 그는 '정신연령(mental age)'이라는 용어로 불렀다. 정신 연령이 아동의 실제 연령에 비해서 두 살 정도 떨어지면 지적으로 취약한 것으로 간주하여 특수학급에 편성해야 한다고 생각하였다.

이후 Binet-Simon 검사는 1908년, 1911년에 개정판이 개발되었으며, 1916년에는 미국의 L. Terman에 의해 'Stanford-Binet 검사'라는 명칭으로 개정 표준화되어 역시 큰 성공을 거두었다. 이 Stanford-Binet 검사에서 우리가 익히 알고 있는 'IQ(intelligent quotient: 지능지수)'의 개념이 처음으로 소개되었다.

이 개념은 독일의 심리학자인 W. Stern이 먼저 제안한 것으로, Stern은 정신 연령(mental age: MA)을 아동의 실제 연령(chronological age: CA)과 비교해서 MA가 CA보다 앞서 있다면 우수한 아동으로, 뒤처져 있다면 지체되어 있는 것으로 볼 수 있다고 생각하였고 이를 '정신지수(mental quotient)'라 칭하였다. Terman은 이 지수를 소수점을 없애기 위해 100을 곱한 비율지수로 만들어서 Stanford-Binet 검사에 포함시켰는데, 이것이 바로 IQ(intelligent quotient: 지능지수)이다. 즉, IQ는 '(MA/CA)×100'이라는 수식에 의해서 얻어진다.

제1차 세계대전 이후 여러 가지 검사들이 출현하였으나 Stanford-Binet의 검사는 여전히 표준적인 지능검사로 여겨지고 있었다. 그러나 그 획기성에도 불구하고 이 검사는 여러 가지 문제점을 가지고 있었다. 무엇보다도 가장 큰 문제는 이것이 규준의 구성 등에 있어서 아동을 평가하는 데 치중되어 있어서 성인의 지능을 측정하기에는 여러모로 부적합하였다는 것이었다. 또다른 문제는 지나치게 언어적인 면에 치중하여 구성되어 있어서 비언어적인 면에 대한 평가가 도외시되어 있다는 것이었다.

이런 맥락에서 David Wechsler는 1939년 성인을 대상으로 하는 검사인 'Wechsler-Bellevue Intelligence Scale Form Ⅰ', 즉 'W-B Ⅰ'을 개발하게 되었다.

1장에서 언급된 바와 같이, Army Alpha(지필식 검사)와 Army Beta(문맹자나 영어를 모르는 외국인을 위한 비언어적 검사)는 제1차 세계대전 중에 신병들을 적절한 부서에 빠르고 효율적으로 배치할 목적으로 개발된 집단용 검사들인데, Wechsler는 이 검사들과 Binet 검사, 기타 여러 가지 검사들에 바탕을 두고 W-B Ⅰ을 제작하였다. W-B Ⅰ검사는 11개의 소척도로 구성되어 있는데, 이 소척도들은 크게 '언어성 검사'와 '동작성 검사'로 나뉘어진다.

동작성 검사를 포함시켜 지능의 비언어적인 면에 대한 고려가 가능해졌다는 것과 함께 Stanford-Binet 검사와의 또다른 차이는 지능의 표현에 대한 것이다. 위에서 본 바와 같이, Stanford-Binet 검사에서의 지능지수는 정신 연령과 실제 연령 간의 비율로 표현되는 '비율 지능지수'이다. 그러나 나이에 따라 지능의 직선적인 증가를 가정하는 '정신 연령'이라는 개념은 일정 연령 이후에는 더 이상 증가하지 않거나 하락하기도 하는 성인의 지능을 표현하는 데 적합하지 않았다. Stanford-Binet 검사를 통해서는 이에 대한 고려를 할 수 없었다. Wechsler는 이 문제를 해결하기 위하여 그 개인이 속한 해당 연령 집단 내에서 어느 위치에 있는지, 즉 상대적인 위치가 어디 있는지를 평가하는 '편차 지능지수' 개념을 도입하여 사용하였다.

'편차 지능지수'는 개인이 속한 해당 연령 집단 내에서 상대적인 위치를 IQ로 환산하는 것이다. Wechsler 검사에서는 IQ가 정규분포를 보인다고 가정하고, 해당 연령 규준에 대해서 평균 100, 표준편차 15인 표준점수로 전환하여 IQ를 산출한다. 이런 편차 지능지수는 규준 집단 내에서 수검자의 지능에 대한 상대적 위치에 대한 정보를 제공해 주기 때문에 개인 간 비교가 쉽다는 장점이 있다. 즉, 비율 지능 지수의 경우에는 연령대마다 표준편차가 다르기 때문에 연령이 다른 아동끼리는 비교할 수 없지만, 편차 지능 지수에서는 나이가 다른 사람들이더라도 같은 115의 IQ를 산출하였다면, 각 해당 연령에서 평균으로부터 1표준편차만큼 높다는 같은 수준의 지능 위치에 있는 것으로 볼 수 있다.

이런 여러 가지 개선점과 규준의 확장, 다양한 정보를 줄 수 있는 해석상의 이점 등은 결국 Wechsler 검사가 Stanford-Binet 검사를 앞지르게 만들었고, Wechsler 검사는 현재까지 가장 널리 쓰이며 지능 평가의 표준적 기준이 되는 지능검사라는 지위를 확고히 하고 있다.

성인을 위한 Wechsler 지능검사는 1939년 Wechsler-Bellevue Intelligence Scale I (W-B I)으로 출발하여, 1955년 WAIS(Wechsler Adult Intelligence Scale), 1981년 WAIS-R(Revised), 1997년 WAIS-III을 거쳐 2008년에 개정출간된 WAIS-IV에 이르고 있다.

Wechsler(1939)는 지능을 "개인이 목적에 맞게 활동하고 합리적으로 사고하며 자신을 둘러싼 환경을 효과적으로 처리해 나가는 전반적(global), 총합적(aggregate) 능력"이라고 정의하면서, 이전에 제안되었던 지능에 관한 여러 가지 정의들을 종합적으로 받아들였다.

그는 지능에는 인지적 요소뿐 아니라 성격적, 정서적, 사회적 요인 등도 포함되는 것으로 폭넓게 개념화하였다.

이런 Wechsler의 입장은 이 검사가 단순히 '지능 수준'을 평가하는 것뿐 아니라 개인의 성격을 반영해 주는 역동적인 도구로 사용될 수 있는 기초를 제공하고 있다.

3) WAIS-III에서 WAIS-IV로

Wechsler 검사는 계속해서 개정되어 왔지만, WAIS-R(1981)까지는 Wechsler가 처음 검사를 개발할 때 도입한, 전체지능과 함께 언어성 지능, 동작성 지능을 분석하는 큰 틀과 검사에 포함되는 소검사들은 변함없이 유지되어 왔다. 그러나 WAIS-III에서부터 는 새로운 변화가 나타나기 시작했다.

WAIS-R의 개정판인 WAIS-III(1997)는 전체 지능지수, 언어성 지능지수, 동작성 지능지수의 구성 체계는 여전히 유지하였으나, '언어이해', '지각적 조직화', '작업기억', '처리속도'라는 4개의 요인에 대한 새로운 지수를 제공했으며 새로운 소검사들도 추가하였다(순서화, 동형찾기, 행렬추론).

WAIS-III의 개정판인 WAIS-IV(2008)는 여기에서 더욱 극적으로 변화하여 언어성과 동작성 지능지수 척도를 아예 제거하였고, WAIS-III에서 제공되었던 4요인 지수점수 체계를 채택하였다(이 중 지각적 조직화는 '지각추론'으로 명칭을 변경). 또한 초기 검사들에서부터 계속 포함되어 왔던 소검사 중 일부를 제거하였고(차례맞추기, 모양맞추기), 새로운 소검사를 더 추가하였다(퍼즐, 무게비교, 지우기). 일반 능력 지수 (GAI), 과정 점수와 같은 새로운 분석척도들도 포함시켰다.

WAIS-IV에서 이런 변화가 필요했던 이유와 그 이점을 살펴보면 다음과 같다.

초기 Wechsler 검사들은 기본적으로 이론보다는 임상적 실제에 바탕을 두고 만들어졌다. 이에 비하여 WAIS-IV는 특정한 이론적 토대를 바탕으로 하며 지능, 인지발달, 인지신경학의 최근 지식들을 반영하고 있다(Lichtenberger & Kaufman, 2009).

또한 WAIS-IV는 요인분석에 근거하여 기본틀을 강화하였으며, 새로운 소검사들(퍼즐, 무게비교)을 추가함으로써 유동적 추론에 대한 측정을 강화할 수 있게 되었다.

기존 소검사의 제거를 통해서는 검사를 수행할 때 요구되는 운동성과 속도에 대한 비중을 낮추게 되었는데, 이를 통해 특히 나이가 증가함에 따라 지능이 저평가되는 것을 보완할 수 있게 되었다.

또한 언어성과 동작성 지능지수는 제거되었지만, 일반 능력 지수 GAI를 통해 작업기억이나 처리속도와 같은 요인을 배제한 언어적 및 지각적 구성개념만으로 이루어진 새로운 전반적 점수(global score)를 고려할 수 있게 되었다. 또한 과정점수의 도입을 통해 수검자의 수행에서 질적인 양상을 해석할 수 있는 자료를 추가로 제공할 수 있게 되었다.

4) 한국에서의 지능검사

우리나라에서는 1971년 고려대학교 심리학과의 전용신 교수가 Stanford-Binet 검사의

3판을 어린이들을 대상으로 표준화시켜 '고대-Binet 검사'라는 이름으로 발표하였다.

Wechsler 검사는 W-B 2판을 이진숙과 고순덕(1953)이 번안하여 사용한 것을 시작으로, 1963년에 출간된 KWIS(Korean Wechsler Intelligence Scale)(전용신, 서봉연, 이창우)는 WAIS(1955)를, 1992년의 K-WAIS(염태호, 박영숙, 오경자, 김정규, 이영호)는 WAIS-R(1981)을 번안, 표준화하여 사용해 왔다. WAIS-III(1997)는 여러 가지 현실적인 여건으로 인해 표준화되지 않았다. 그러다가, 2012년에 K-WAIS-IV가 WAIS-IV(2008)을 기반으로 하여 표준화되었다.

언급한 바와 같이, 기존 판본의 Wechsler 검사들에 비하여 WAIS-IV의 가장 큰 차이라고 할 수 있는 4요인 구조는 WAIS-III에서 이미 채택되어 사용되어 왔으나, 한국에서는 WAIS-III에 대한 표준화가 이루어지지 않은 관계로 K-WAIS-IV에서 처음으로 4요인 구조가 사용되게 되었다.

K-WAIS-IV 실시 및 채점 요강과 기술 및 해석 요강(황순택, 김지혜, 박광배, 최진영, 홍상황, 2008)에서 밝히고 있는 K-WAIS와 K-WAIS-IV의 차이점을 요약해 보면 다음과 같다. 앞서 언급한 바와 같이 우리나라에서는 WAIS-III가 표준화되지 않았기 때문에, 이 차이는 WAIS-R과 WAIS-IV의 차이라고도 생각할 수 있겠다.

- 언어성 지능지수(VIQ)와 동작성 지능지수(PIQ)를 제공하지 않음.
- 대신 4요인 구조에 따라 4개의 조합점수(각각 언어이해, 지각추론, 작업기억, 처리속도 지수)를 제공함.
- 차례맞추기, 모양맞추기 소검사가 제거됨.
- 행렬추론, 동형찾기, 순서화, 퍼즐, 무게비교, 지우기 소검사가 추가됨.
- 이렇게 해서 총 15개의 소검사로 구성됨. 이 중 10개는 핵심검사, 5개는 보충검사로 사용됨.
- 지능 지수를 각 연령범주별 환산점수로부터 유도함.
- 산출되는 지능 지수의 범위 확장(IQ 40~160). 이전에는 대체로 45~150의 범위에서 산출됨.
- 시간 보너스의 비중을 줄임(토막짜기의 시간보너스 문항의 축소, 산수의 시간 보너스 모두 삭제)/검사 수행에서의 운동성 요구를 감소시킴(차례맞추기와 모양맞추기를 삭제하고 퍼즐과 무게비교로 대체).
  → 이를 통해 실시를 보다 간편화하고 실시 시간을 단축시킴. 특히 나이 든 수검자들이나 손기능에 어려움이 있는 수검자들이 과제를 수행할 때 받는 불이익을 감소시킬 수 있게 됨.

- 시각적 자극의 크기를 확대함.
- 언어적 지시를 단순화시킴.

한편, K-WAIS-IV는 WAIS-IV 원판의 구조와 내용은 충실하게 반영하였다고 할 수 있으나, 규준에서는 다소 차이가 있다. 원판인 WAIS-IV는 연령 규준이 16~89세에 달하나, K-WAIS-IV는 현실적인 여건과 제약으로 인해 16~69세에 그치게 되었다.

또한 원판인 WAIS-IV는 20세 이후의 연령 범주가 일부는 5년 단위, 일부는 10년 단위로 되어 있으나, K-WAIS-IV는 20세 이후 연령 범주를 모두 5년 단위로 하여 규준을 작성하였다. 이렇게 한 이유는 미국에 비하여 우리나라 자료에서는 연령 집단 간 능력의 차이가 매우 크게 나타났기 때문인데, 이런 양상은 K-WAIS 표준화 과정에서도 나타났던 현상이다.

이하, 이 책에서도 현재의 변화에 맞추어 WAIS-IV를 중심으로 기술하도록 하겠다.

 ## 2. WAIS-IV의 구성

WAIS-IV는 모두 15개의 소검사로 구성되어 있다. 이 중 10개는 핵심 검사에, 5개는 보충 소검사에 해당된다. 각 검사들은 4개의 지수 척도(index scale) 중 하나에 속하도록 되어 있고 (당연히) 동시에 전체 척도(full scale)에도 속하게 된다.

[표 2-1] WAIS-IV의 구성 체계

척 도 명		핵심소검사	보충소검사	
전 체 척 도 (FSIQ)	언어이해(VCI)	공통성(SI)	이해(CO)	일반능력지수 (GAI)
		어휘(VC)		
		상식(IN)		
	지각추론(PRI)	토막짜기(BD)	무게비교(FW)	
		행렬추론(MR)	빠진곳찾기(FCm)	
		퍼즐(VP)		
	작업기억(WMI)	숫자(DS)	순서화(LN)	
		산수(AR)		
	처리속도(PSI)	동형찾기(SS)	지우기(CA)	
		기호쓰기(CD)		

언어이해 지수척도(Verbal Comprehension Index Scale: VCI), 지각추론 지수척도(Perceptual Reasoning Index Scale: PRI), 작업기억 지수척도(Working Memory Index Scale: WMI), 처리속도 지수척도(Processing Speed Index Scale: PSI), 전체척도(Full Scale IQ: FSIQ)의 주요 조합점수와, 선택적 조합점수인 일반능력 지수척도(Genaral Ability Index: GAI)에 포함되는 소검사들은 표 2-1과 같다.

3. 실시

검사를 실시하는 방법은 소검사마다 다르다. 각 소검사마다 실시 요강에서 제시하고 있는 표준화된 절차를 철저하게 지키는 것이 매우 중요하다. 검사자는 세부적인 절차들을 잘 숙지하여서 실제로 검사를 시행할 때는 검사 요강을 보지 않고 자동적으로 수행할 수 있을 정도까지 표준화된 절차에 익숙해져 있는 것이 좋다.

실시상의 일반 지침 및 각 소검사의 실시방법은 K-WAIS-IV 실시 및 채점 요강에 자세히 제시되어 있다.

검사 전반에 걸친 실시상의 주의점은 다음과 같다.

1. 지능검사는 다른 심리검사에 비하여 수검자의 불안과 저항을 유발하기 쉽다. 시작 전에 다음과 같이 검사에 대해서 소개한다.

   "이제부터 여러 개의 서로 다른 검사를 받게 될 것입니다. 어떤 검사는 내가 질문을 하면 답하는 형식인 것도 있고, 어떤 검사는 직접 동작으로 문제를 푸는 경우도 있습니다. 검사는 대부분 쉬운 과제부터 시작해서 조금씩 어려워지고, 어떤 과제는 풀 수 없는 것도 있을 것입니다. 이 검사는 일종의 지능검사이지만 여러 가지 목적으로 사용될 수 있습니다."

   수검자에 따라서 추가적인 설명이 필요할 수도 있지만, 가능하면 '지능'에 대한 평가라는 것을 직접적으로 알려 주는 것은 피해야 한다. 검사의 실시 목적이 지능을 평가하는 데 있지 않고 수검자의 문제 해결에 도움이 될 수 있는 자료를 얻는 데 있음을 강조한다.

2. 수검자의 능력이 최대로 발휘될 수 있는 분위기에서 시행될 수 있어야 한다. 검사자는 수검자가 검사에 대한 동기와 관심을 가지고 안정되고 자연스러운 상태에서 자신의 최대 능력과 일상적인 행동을 보여 줄 수 있도록 해 주어야 한다. 검사 전에 라포(rapport)가 충분히 형성되어 있어야 하며, 적절히 반응을 격려하거나 안심

시키면서 진행하도록 한다.

그러나 정답의 여부를 직접 알려 주는 것은 적절치 못하다. 만약 수검자가 답을 알려달라고 하거나 응답을 하지 못해 당황하거나 방금 수행한 검사에서 잘하지 못했다고 느낀다면 "이번 과제는 좀 어려운 과제였어요. 다음 것은 좀더 쉽게 할 수 있을 겁니다"라고 이야기해주면 적절하다. 어려워서 못하겠다고 하는 경우는 "잘하지 못해도 괜찮습니다. 할 수 있는 만큼만 최선을 다해 주시면 됩니다", 하는 방법을 알려달라거나 도와달라고 하는 경우는 "당신께서 혼자 힘으로 얼마나 하실 수 있는지를 보는 것이 중요합니다"라는 식으로 이야기해 주는 것이 좋다.

3. 수검자가 한 번에 검사를 마칠 수 없는 경우는 피검사자의 상황에 따라야 한다. 수검자의 조건이 검사 시행에 적절하지 않거나 검사에 대한 저항이 계속 해결되지 않는다면, 검사 시행을 중단하고 검사 세팅의 조정이나 면담 등을 통해 상황을 극복할 수 있도록 시도해 보아야 한다.

그러나 가능하면 조합 점수를 유도하는 데 필요한 핵심 소검사와 보충 소검사들을 한 회기 안에 실시할 수 있도록 하는 것이 좋다. 부득이하게 두 번으로 나누어 실시해야 하는 경우라면 가능한 1주일 이내에 모든 검사가 실시될 수 있도록 해야 한다.

4. 시간제한이 없는 검사에서는 수검자가 응답할 수 있을 때까지 충분한 시간 여유를 주어야 한다. 시간제한이 있는 경우 원칙에 맞게 시간제한을 지켜서 실시하고 채점 해야 하지만, 과제를 성공적으로 해결할 수 있는지를 검토하기 위해서는 제한시간 이 지나더라도 어느 정도 시간을 주고 결과를 지켜보는 것이 필요하다(한계 검증).

5. 수검자의 반응을 기록할 때는 항상 수검자가 한 말을 그대로 기록하도록 한다 (verbatim).

6. 모호하거나 이상하게 응답되는 문항은 다시 질문하여 확인하여야 한다. 검사자가 채점의 원칙을 미리 잘 알고 있어야 수검자 반응의 불분명한 점을 알아채고 채점 원칙에 비추어 적절히 질문할 수 있을 것이다. 검사 채점은 실시 요강의 채점안내 에 제시된 기준에 따른다.

7. 개인용 지능검사라는 특성을 살려, 수검자의 행동특성을 잘 관찰하고 기록하도록 한다. 이를 통해 유용한 정보를 얻을 수 있다.

8. 보충 소검사는 수검사의 특별한 조건 때문에 수행이 방해를 받는 경우나 불이익이 발생할 수 있는 경우처럼 타당한 이유가 있을 경우 핵심 소검사를 대체할 수 있다. 핵심 소검사가 타당한 결과를 내지 못했다고 생각되는 경우에도 대체가 필요할 수 있다.

예를 들어, 수검자가 손기능이 손상되어 있어서 기호쓰기의 기호들을 정확히 쓰는 데 어려움이 있다고 판단된다면 그보다 손기능의 요구정도가 낮은 지우기로 대체할 수 있다. 또, 어휘에서 수검자가 불성실하게 대답하여 타당한 점수를 얻을 수 없다고 판단되는 경우 이해를 추가적으로 실시하여 조합점수 계산 시 대체할 수 있다.

단, 보충 소검사로의 대체는 4개의 지수점수 각각에 대해서 한 번씩만 허용된다. 또한 FSIQ나 GAI를 산출하고자 할 때 보충 소검사는 최대 2개까지만 대체가 허용된다는 점을 명심해야 한다.

누락된 소검사로 인해 그대로는 지수점수를 구할 수 없을 때는 실시된 소검사들을 이용하여 비례추정을 할 수 있다. 그러나 측정오류를 가져올 수 있으므로 대체와 비례추정을 사용할 때에는 주의해서 해야 한다. 실시 및 채점 요강에 이에 대한 규칙이 상세히 제시되어 있다.

4. 각 지수점수와 소검사들이 측정하는 기능 및 임상적 고려점

1) 언어이해 지수(Verbal Comprehension Index: VCI)

언어이해지수는 개인의 언어적 개념형성, 언어적 추론, 환경에서 획득된 지식에 대한 측정치이다. 이 지수에서 높은 점수는 언어표현이 유창하고 언어적 이해력이 뛰어나며 언어적 의사소통을 잘하고 지적, 교육적 활동에 흥미가 많음을 시사한다.

문화, 교육, 직업의 영향을 많이 받는다.

(1) 공통성(Similarity: SI)

이 소검사는 핵심 소검사로, 검사자가 불러주는 두 개의 단어를 듣고 두 단어의 공통점을 말하는 과제로 구성되어 있다. 모두 18문항으로 구성되어 있다.

주로 언어적 개념화, 유사성의 관계 파악, 언어적 추론 능력, 언어적 추상적 사고 능력을 측정한다.

수검자의 응답 내용은 그 양상에 따라 구체적 개념 형성에 의한 것일 수도 있고 또는 기능적 개념 형성, 또는 추상적 개념 형성에 의한 것일 수도 있다.

구체적 개념 형성은 사물의 구체적 특징에 따라서 개념화하는 것으로, 추상 능력이 낮다고 할 수 있다. 예를 들면, 개와 호랑이의 공통점으로 "털", "네 다리", "꼬리" 등을 이야기하는 경우는 세부적인 구체적 특징에 기준을 둔 사고 방식을 보여준다.

기능적 개념 형성은 사물의 기능과 관련된 대답을 하는 경우로, 마차와 자전거의 공통점을 "탈 수 있다"라고 대답하는 경우를 예로 들 수 있다. 이와 같은 기능적 개념 형성 역시 부분적인 개념화이며 완전히 적절한 개념에는 도달하지 못했다고 할 수 있다.

이에 비하여 개와 호랑이의 공통점을 "동물", "포유류"라고 대답하는 경우는 추상적 개념화의 수준에서 일반적인 용어로 정의를 내리는 것으로 볼 수 있다.

공통성 소검사에서는 반응의 추상적 개념화 수준에 따라서 점수를 주도록 되어 있다.

■ 소검사가 측정하는 기능 및 소검사에 영향을 미치는 요소
  • 논리적, 추상적 추론 능력 (언어적)
  • 연합적 사고 능력, 연상 능력
  • 범주화 능력
  • 언어적 개념화 능력, 언어적 이해력
  • 어의적 수준에서의 인지능력
  • 표상적 수준에서의 조직화 능력
  • 인지적 융통성 vs. 인지적 경직성(과도하게 구체적인 사고)
  • 결정적 지능, 유동적 지능
  • 폭넓은 독서, 흥미 범위

■ 임상적 고려점
  • 반응들이 추상적 수준인지, 기능적 수준인지, 구체적 수준인지를 평가해야 한다.
  • 언어적 이해력을 재는 소검사들 중에서 공통성 소검사는 특정 학습, 정규 교육, 배경, 경험에 의한 영향을 가장 적게 받는다. 이런 의미에서 결정적 지능과 유동적 지능 모두에 해당되며, 다른 언어적 소검사들보다 유동적 지능을 잘 반영한다고 할 수 있다.
  • 앞쪽 몇 개의 난이도가 낮은 문항들은 진정한 의미의 추상적 사고보다는 과잉 학습된 자동적 연상, 또는 일상생활에서의 경험을 통한 단순한 연상 능력을 반영하는 것일 수 있다.
  • 1점에 해당되는 응답들이 주로 나오는 경우는 구체적 수준에서의 사고를 나타내는 것이며 상대적으로 제한된 잠재력을 반영한다. 이에 비하여 2점과 0점의 응답이 섞여서 나오는 경우는 우수한 수행에 대한 잠재력이 보다 크다는 것을 암시해 준다.

- 이해 소검사와는 달리 창의적인 응답이 반드시 틀린 반응인 것만은 아니다.
- 개인적인 사고의 집착이 나타나는 경우는 매우 드물므로, 나타난다면 진단적으로 의미가 있다.
- 반응 내용에서 성격적인 경향성이 드러날 수 있다.
- 이러한 고차적인 개념화를 재는 소검사는 정신 병리에 상당히 취약하다.

- **신경심리적 측면**
  - 뇌손상 환자는 2점에 해당되는 추상적, 개념적 반응을 하는 데 어려움을 겪는 경우가 많다.
  - 이 소검사는 좌반구 손상, 특히 좌측 측두엽과 좌측 전두엽 손상에 민감하다.

(2) 어휘 (Vocabulary: VC)

이 소검사는 핵심 소검사이며, 검사자가 불러주는 여러 가지 단어들의 뜻을 구체적으로 설명하도록 하는 과제로 구성되어 있다. 총 30문항이다.

이 검사에서 반영되는 개인의 어휘력은 일반 지능을 나타내는 중요한 지표이며, 정규 교육에서의 성취 정도를 보여 주는 지표도 될 수 있다. 또한 학습능력과 언어적 지식의 정도, 일반적인 사고의 폭 등을 나타낸다.

어휘 소검사는 부적응이나 정신장애에 의한 기능의 손상 및 퇴화가 가장 적은, 가장 안정적인 검사이므로, 병전 지능과 현재 지능을 비교하는 기준이 된다.

어휘 문제는 초기 교육 환경의 영향을 가장 많이 받으며 교육 정도 및 생활 경험에 의해서도 많은 영향을 받는다. 또한 성격 특성의 영향을 많이 받기 때문에 반응 내용에서 개인의 독특한 사고방식과 질적인 특성도 나타나게 된다.

- **소검사가 측정하는 기능 및 소검사에 영향을 미치는 요소**
  - 언어적 개념화 능력
  - 언어적 이해력, 언어적 표현력
  - 언어적 유창성, 언어적 지식의 보유 수준
  - 추상적 언어를 다루는 능력
  - 어의적 수준에서의 인지능력
  - 학습능력
  - 획득된 지식, 축적된 상식
  - 장기 기억
  - 일반지능, 결정적 지능

- 풍부한 초기 환경, 문화적 환경
- 지적 호기심과 동기, 폭넓은 독서, 흥미의 범위
- 정규교육에서의 성취 수준

■ 임상적 측면
- 상식 소검사와 마찬가지로, 억압(repression) 방어기제에 의하여 단어의 습득과 회상 모두 손상될 수 있다.
- 높은 점수는 지적인 야심과 추구를 반영하며, 주지화(intellectualization)의 방어기제와 관련되어 있을 수 있다.
- 반응의 내용으로부터 수검자의 공포, 집착, 정서, 흥미, 배경, 상태, 사고과정의 장애 등에 대해서 분석할 수 있다.
- 지나친 정교화, 단어의 생략, 주관적인 설명, 감정적 반응 등은 해석적 가치를 가진다.
- 과잉학습에 의하여 기계적으로 응답되는 경우와 현재의 경험을 반응내용에 연결하여 사용하면서 과제에 지적으로 열심히 접근하는 경우는 구별해야 한다.

■ 신경심리적 측면
- 뇌손상이나 대부분의 정신 병리에 덜 민감하므로 병전 지능의 좋은 지표가 된다.
- 좌반구 손상에 민감하나, 다른 언어적 소검사들에 비해서는 덜한 편이다. 확산적인 손상이나 양반구 손상에도 아주 민감하지는 않다.
- 시간이 많이 걸리는 소검사이므로, 이미 뇌손상으로 진단이 내려진 환자(이런 환자들은 쉽게 피로해진다)에게는 실시할 필요가 없을 수도 있다.
- 모든 소검사들 중에서 뇌손상과 사고장애를 가장 잘 구분해 줄 수 있다.

(3) 상식(Information: IN)

이 소검사는 핵심 소검사이며, 다양한 방면에 대한 질문을 통해 개인이 보유하고 있는 기본 지식의 수준을 측정한다. 26문항으로 이루어져 있다.

상식 소검사는 교육적 기회, 문화적 노출 및 환경의 영향을 많이 받는다.

병리나 손상에 대해 상당히 안정적인 검사여서 어휘 소검사와 함께 병전 지능 추정의 근거 자료로 쓰인다. 일단 획득된 정보가 활용되지 않는 수준에 도달하려면 상당한 정도의 기능 퇴보나 해체가 있어야 한다.

■ 소검사가 측정하는 기능 및 소검사에 영향을 미치는 요소
- 일반적인 실제적 지식의 보유 수준

- 획득된 지식의 수준, 축적된 지식의 양
- 기억의 인출, 장기 기억
- 언어적 이해력
- 일반 지능, 결정적 지능
- 지적 동기 수준, 지적 호기심
- 초기 환경의 풍부함, 폭넓은 독서

■ 임상적 고려점
- 응답에 실패하는 이유를 자신에게 특정 지식이나 경험이 부족한 탓이라고 돌리는 수검자들이 많다.
- 구성 문항들은 정서적으로 중립적이므로 정서를 유발하지 않는다. 정서적인 응답이 나오는 경우에는 유의미한 분석의 대상이 된다.
- 만성적인 불안이 있는 경우에는 앞쪽 문항들에서부터 실패하여 낮은 점수를 얻을 수 있다. 오히려 큰 노력을 들이지 않고 자동적으로 반응하는 경우에 좋은 점수를 얻을 수 있다.
- 쉬운 문항에서 실패하면서 어려운 문항에서는 성공하는 경우는 기억의 인출 과정에서의 문제를 시사한다.
- 정신지체(mental retardation)의 경우 특히 점수가 낮다. 정신지체에서 상대적으로 높은 점수를 얻는다면 전정한 이해는 없이 과잉학습한 결과일 수 있다.
- 기괴한(bizarre) 응답은 상당히 드물다. 그런 반응이 일어난다면 성격적인 문제나 정신병리를 시사한다.
- 지나치게 세부적이고 자세하게 대답하는 것은 강박증적 경향을 시사할 수 있다.
- 어휘에서와 마찬가지로, 낮은 점수는 억압(repression)의 방어기제와 관련되어 있을 수 있다. 억압 방어기제는 갈등과 관련되어 있는 사실들은 의식 밖으로 밀어내는 작용을 하기 때문에, 이 방어기제를 과용하는 경우에는 정보의 획득과 회상 모두에 손상이 있을 수 있다.
- 높은 점수는 보통 지적인 야심을 반영하는데, 이런 경우 어휘에서도 높은 점수를 얻는다. 어떤 경우에는 주지화(intellectualization)의 방어기제와 연관되어 있을 수도 있다.
- 낮은 점수는 쉽게 포기하는 경향, 학업에 대한 적대감, 또는 불확실한 대답은 아예 하지 않으려는 완벽주의적인 경향으로 인한 것일 수 있다.

■ 신경심리적 측면
  • 뇌손상이 의심되는 사람이 낮은 점수를 보이는 경우, 이것이 정보인출의 실패 때문인지 무성의한 반응태도 때문인지를 변별해서 해석하여야 한다.
  • 주목할 만하게 점수가 낮은데 이를 설명할 다른 근거(낮은 교육수준, 문화적 경험의 박탈, 외국에서의 학습 경험 등)가 없고 다른 언어적 검사들의 점수도 낮다면, 좌반구 손상을 의심해 볼 수 있다.

(4) 이해(Comprehension: CO)

이 소검사는 보충 소검사로, 일상적인 사회적 상황과 관련된 여러 가지 질문들에 대해서 답하는 과제들로 구성되어 있다. 총 18문항이다.

사회적 관습에 대한 이해 수준, 일상적인 경험의 응용능력, 도덕적·윤리적 판단 능력 등을 주로 측정하는 소검사로, 부적응에 대한 민감한 지표가 될 수 있다.

이해 소검사에는 속담의 뜻을 묻는 문항이 포함되어 있는데, 이는 이해의 다른 문항들과는 이질적인 성질을 갖는다고 할 수 있다. 속담 문항들을 통해서는 추상적 사고능력, 상징적이거나 비유적인 표현에 대한 이해능력을 알아볼 수 있다.

■ 소검사가 측정하는 기능 및 소검사에 영향을 미치는 요소
  • 보편적·관습적인 사회적 행동기준, 도덕기준, 사회적 규준에 대한 지식 수준
  • 실생활에 대한 실용적 지식 수준, 일반적인 사회적 현상에 대한 지식 수준
  • 양심이나 도덕적 판단의 발달 수준, 사회적 성숙도
  • 사회적 상황에서의 판단력, 실제 상황에서의 판단의 응용력
  • 사회적 이해력, 사회적 지능
  • 일반화 능력, 함축된 의미의 파악, 상징과 은유에 대한 이해력, 추상적 사고 능력(속담)
  • 언어적 이해력, 언어적 개념화 능력
  • 결정적 지능

■ 임상적 고려점
  • 다른 소검사들에 비해서 지적 영역과 정서적 영역 양쪽 모두에 걸쳐 있는 검사이다.
  • 적절한 정보를 선택하여 적합한 대답을 하기 위해서는 안정적이고 균형 잡힌 정서와 태도가 요구된다. 예를 들어, 사회적 관습을 무시하려는 태도, 대인관계에 대한 관심의 상실, 판단력 손상 같은 적응상의 문제가 있을 경우에는 낮은

점수를 보이게 된다.

- 창조적이기보다는 관습적인 문제해결 방식을 답하는 경우에 보다 좋은 점수를 얻는다.
- 사회적 상황에서 적절하게 행동하는 능력이나 실제 사회적 상황에서의 적응력에 문제가 있는 사람들에 대해 파악할 수 있는 단서를 제공해 줄 수 있다. 그러나 실제 생활에서의 적응이라는 것은 보다 복잡하고 다차원적이므로, 단일 주제를 다룬 질문으로부터 얻은 결론을 일반화하는 것은 매우 조심해서 주의 깊게 이루어져야 한다.
- 수검자의 대처 방식에 대한 풍부한 자료를 제공해 준다: 수동적 대처, 능동적 대처/반사회적인 행동, 사회화된 행동 등.
- 수검자가 반응에 실패한 문항이 어떤 유형에 속하는지를 파악해 본다: 개인적인 행동, 사회적인 행동, 일반적인 지식, 사회적인 의무.
- 지나치게 길고 세부적인 반응은 강박적 경향을 시사한다.

■ 신경심리적 측면
- 우반구 손상 환자는 이 검사에서 높은 점수를 얻을 수는 있지만, 실제 행동은 비합리적이고 비현실적일 수 있다.
- 다른 어떤 언어성 소검사보다도 좌반구 손상에 민감하다.
- 우반구 손상, 양반구 손상, 확산적 손상을 가진 환자들에게서 병전 지능의 좋은 지표가 된다.

2) 지각추론 지수(Perceptual Reasoning Index: PRI)

이 지수는 시공간 정보를 평가하고 시공간 자극에 정확히 반응하는 능력, 비언어적 자료를 통합할 수 있는 능력, 비언어적 유동적 추론 능력, 환경과의 비언어적 접촉의 정보 및 질, 세부 요소에 집중하는 능력, 구체적인 상황에서 수행하는 능력을 반영한다. 시공간 기술과 시각-운동 기술도 포함된다.

언어이해 지수에 비하여 교육적 경험을 상대적으로 덜 받는다.

(1) 토막짜기(Block Design: BD)

이 소검사는 핵심 소검사로, 빨간색과 흰색으로 칠해진 정육면체 토막들을 써서 카드에 제시되어 있는 그림대로 제한시간 내에 맞추어 보도록 하는 과제로 되어 있다. 모두 14문항이다. 후반부 문항에서는 기준시간보다 빨리 할 경우 가산점을 주어 채점한다. 과정분석 절차를 시행할 수 있는 소검사로, 시간 보너스를 주고 채점한 결과와 주지 않고 채점한 결과를 비교한다.

토막짜기는 시지각적 구성 능력과 공간적 표상능력, 공간적 추론 능력, 시각-운동 협응 능력 등을 주로 측정한다. 또한 제시되는 모형을 분석하여 내적 관계를 알아내야 하고, 이를 토대로 전체적인 모양을 구성해야 하므로, 분석 능력과 통합 능력이 모두 필요한 과제이다.

일반 지능에 대한 좋은 지표이며, 어휘, 상식과 함께 병전 지능 추정에도 좋은 지표가 된다.

수검자가 과제를 해결해 나가면서 보이는 행동양상과 과제에 접근하는 방식에 대한 관찰을 통해 문제해결 방식, 정서적 반응과 태도, 뇌기능의 손상이나 정신 병리에 대해서도 많은 정보를 얻을 수 있다.

- 소검사가 측정하는 기능 및 소검사에 영향을 미치는 요소
  - 시지각적 조직화 능력, 시각적 형태 지각 능력
  - 공간적 능력, 공간적 구성능력
  - 시각적 분석과 통합 능력
  - 전체를 부분으로 분석하는 능력/이를 다시 통합하는 능력
  - 동시적, 전체적 정보처리(우반구)/분석적 정보처리(좌반구)
  - 시각-운동 협응 능력
  - 시각-운동 통합 능력
  - 비언어적인 시각적 자극에 대한 추론 능력
  - 비언어적 개념 형성, 비언어적 추상적 사고
  - 유동적 지능
  - 일반 지능
  - 문제 해결 방식
  - 시간적 압력 하에서 작업하는 능력
  - 인지적 유형(장 의존적 vs. 장 독립적)

- 임상적 측면
  - 과도한 심사숙고와 세부에 대한 강박적 관심으로 인하여 시간에 의한 가산점을 얻지 못해서 낮은 점수가 나올 수 있다. 시간 보너스가 없는 토막짜기 점수와의 비교를 통해 수행 속도가 수검자의 점수에 미친 영향을 파악해 볼 수 있다.
  - 문제 해결 방식에 대한 관찰을 통해서 수검자의 행동에 대한 다양한 정보를 얻을 수 있다: 시행착오적 행동 vs. 전체적이고 통찰적인 접근, 운동 협응 능력, 집

중력, 주의산만, 불안, 좌절 인내력, 경직성, 보속성, 사고 과정의 속도, 충동성, 부주의, 일하는 습관, 자기에 대한 태도, 피드백으로부터 교훈을 얻는 능력, 조심성 등.

- 어떤 수검자들은 이 과제가 어린아이의 놀이 같다고 느끼면서 검사에 방어적인 태도나 반감을 보일 수 있다.
- 시지각 자체의 문제가 이 검사를 통해서 탐색될 수 있다. 한계검증 과정을 통해서 시각적 문제나 수행에 어려움을 주는 다른 문제가 있는지 알아볼 수 있다.
- 기괴한 해결 방식(예 : 카드 위에 토막을 쌓는다든가 수직으로 토막을 쌓는다든가)은 현실검증력의 장애로 인한 것일 수 있다. 또는 심한 전두엽 손상이나 알츠하이머 같은 기질적인 문제를 가진 환자들에게서도 나타날 수 있다.

■ 신경심리적 측면
- 분석과 통합 능력이 모두 요구되므로, 이 과제에서 좋은 점수를 얻기 위해서는 양반구의 기능이 모두 필요하다.
- 어떤 종류이든 간에 대뇌 손상에 취약한데, 우반구 후반부 손상, 특히 두정엽 후반부 손상에 매우 민감하다.
- 좌반구 손상 환자는 모형의 전체적인 형태는 파악할 수 있지만, 보다 작은 세부에서는 실수할 수 있다.
- 우반구 손상이면서 시각-공간 기능 영역에 손상이 있는 환자는 지남력 장애, 그림 왜곡, 지각 왜곡에 의해서 실패할 가능성이 있다.
- 반응이 지나치게 느린 뇌손상 환자들의 경우, 최소 한두 문제 정도를 시간 제한과 관계없이 끝까지 맞추어 보도록 함으로써 지구력이나 좌절에 대한 인내력, 문제를 푸는 능력, 성공에 대한 만족도 등을 평가해 보도록 한다.

(2) 행렬추론(Matrix Reasoning: MR)

행렬추론은 핵심 소검사이며, 위쪽에 주어진 행렬 매트릭스의 빈칸에 적절한 반응을 아래에 주어진 반응 선택지들 중에서 고르는 과제로 구성되어 있다. 총 26문항으로 되어 있다.

WAIS-III에서부터 새로 추가된 소검사로, 유동적 추론 능력의 평가를 강화할 목적으로 개발되었다. 유동적 추론이란 추상적 기호의 조작과 같이 정신적 조작을 수행하는 능력을 말한다.

시지각적 조직화 능력과 함께 분류와 공간적 능력, 비언어적 자극에 대한 추론 능력, 시지각적 자극에 대한 추리력, 비언어적 추상적 사고 능력 등을 측정한다.

- **소검사가 측정하는 기능 및 소검사에 영향을 미치는 요소**
  - 시지각적 조직화 능력
  - 시공간(視空間)적 추리력
  - 비언어적 추상적 사고 능력
  - 비언어적인 시각 자극에 대한 추론 능력
  - 시공간(視空間) 정보에 대한 동시적 처리 능력
  - 부분과 전체의 관계를 파악하는 능력
  - 동시적 처리
  - 유동적 지능
  - 인지적 융통성 vs. 인지적 경직성(지나치게 구체적인 사고 경향)
  - 충동성
  - 불확실한 상황에서 반응하는 능력
  - 시간적 압력하에 작업하는 능력
  - 자발적으로 수정하는 능력, 동기 수준
  - 인지적 유형(장 의존적 vs. 장 독립적)
  - 색맹 여부

- **임상적 고려점**
  - 이 소검사는 시간제한이 없기 때문에 개인에 따라서 반응시간의 차이가 매우 크게 나타날 수 있다. 발달적으로 인지적 기능에 제한이 있거나 신경학적인 손상이 있는 경우는 반응하는 데 상당히 긴 시간이 걸릴 수 있다. 반면, 충동성이 높은 사람들은 매우 빠르게 반응하지만 오답을 하게 될 가능성이 많다.

    또한 적정한 정도의 시간(약 45초 내)을 사용했으나 반응에 실패한 경우라면 지나친 심사숙고, 강박적 경향, 정신적 혼란으로 인한 것일 가능성도 고려해 볼 필요가 있다.
  - 일부 문항들은 상당히 복잡한 시각적 자극으로 되어 있기 때문에 시지각적 문제를 가진 사람들은 다양한 색깔과 복잡한 공간적 구성 때문에 자극의 입력 과정에서 과부하를 겪으면서 반응에 실패할 수 있다.
  - 이 소검사는 제시된 그림을 정신적으로 조작하는 것이고 다른 도구를 사용하지 않기 때문에 전체적인 접근 방식의 처리가 일반적으로 이루어지게 된다. 그러나 주어진 반응 선택지를 하나씩 고려해 나가면서 시행착오적인 접근방식을 사용하는 경우도 종종 나타난다.

- 계속해서 같은 번호의 반응선택지를 선택한다면(예를 들어, 계속해서 2번만 선택) 보속증으로 인한 것일 수 있다.
- 검사자극에 색깔이 여러 가지가 사용되기 때문에, 색맹이 있는 경우 수행이 매우 저조할 수 있으므로 이에 대한 확인이 반드시 있어야 한다. 사전 정보가 없었을 경우, 색깔이 단서가 되는 경우에 비해 형태가 단서가 되는 경우 수검자의 수행이 더 좋다면 색맹이 있을 가능성에 대해서 확인해 보아야 한다.

(3) 퍼즐(Visual Puzzles: VP)

핵심 소검사인 퍼즐은 위쪽에 제시된 완성된 퍼즐 모양을 보고, 그 아래에 주어진 반응 선택지들 중에서 그 퍼즐을 만들 수 있는 세 개의 조각을 찾아내는 과제로 되어 있다. 총 26문항이며, 제한 시간 내에 정답을 완성한 경우 1점을 주고 그렇지 않는 경우들에는 모두 0점을 준다.

WAIS-IV에서 처음으로 포함된 검사로, 이전 Wechsler 검사들에 들어 있었던 '모양 맞추기' 소검사의 시각적 변형판이라고 할 수 있다. 모양 맞추기에 비하여 언어화 가능성이나 동작 요구성(즉, 손기능 사용)을 제한하고 정신적 구성(mental construction)이나 정신적 회전(mental rotation) 요소를 포함하도록 개발되었다.

- 소검사가 측정하는 기능 및 소검사에 영향을 미치는 요소
  - 시지각적 조직화 능력
  - 시각적 재인 능력
  - 시각적 검증 능력
  - 시각적 주의 집중력의 지속
  - 전체를 부분으로 분석하는 능력/부분들의 관계를 예상할 수 있는 능력
  - 공간적 추론 능력, 비언어적인 시각 자극에 대한 추론 능력
  - 유동적 지능
  - 인지적 융통성 vs. 인지적 경직성(지나치게 구체적인 사고 경향)
  - 충동성
  - 불확실한 상황에서 반응하는 능력
  - 시간적 압력하에 작업하는 능력
  - 자발적으로 수정하는 능력(self-correct), 동기 수준

- 임상적 고려점
  - 이 소검사는 시간제한이 있기는 하지만, 개인에 따라서 반응시간의 차이가 매

우 크게 나타난다. 행렬추론과 마찬가지로, 발달적으로 인지적 기능에 제한이 있거나 신경학적인 손상이 있는 경우는 반응하는 데 상당히 긴 시간이 걸릴 수 있다. 반면, 충동성이 높은 사람들은 매우 빠르게 반응하지만 오답을 하게 될 가능성이 많다.

또한 주어진 시간을 적절히 사용했으나 반응에 실패한 경우라면 지나친 심사숙고, 강박적 경향, 정신적 혼란으로 인한 것일 가능성도 고려해 볼 필요가 있다.

- 행렬추론과 마찬가지로, 과제에 대한 해결은 전체적 접근 방식으로 이루어지는 것이 보통이다. 그러나 일부 수검자는 보기의 반응선택 항목들을 하나씩 검토하면서 시행착오적인 접근 방식을 사용한다.

- 역시 행렬추론처럼 복잡한 시각 자극이 포함되어 있는 과제 특성상, 시지각적 문제를 가진 사람들은 다양한 색깔과 복잡한 자극에 압도당하면서 반응에 실패할 수 있다.

- 각 문항에 답을 하면서 계속해서 같은 숫자의 선택지를 택한다면(예를 들면, 계속해서 1, 2, 3을 선택) 보속성이 있을 가능성이 있다.

(4) 무게비교(Figure Weights: FW)

무게비교는 보충 소검사이다. 이 소검사는 양쪽의 무게가 달라 균형이 맞지 않는 저울 그림을 보고, 제시된 반응 선택지 중에서 저울의 무게 균형을 맞출 수 있는 반응을 찾아내는 과제로 되어 있다. 시간제한이 있으며, 총 27문항으로 구성되어 있다.

WAIS-IV에서 처음으로 포함된 검사로, 대상들 간의 관계를 파악하고 추론하는 능력을 측정하고자 개발되었다. 특히 비언어적인 수학적 추론능력을 잘 보여줄 수 있는 소검사로, 양적 추론, 유추적 추론능력을 측정한다. 양적 추론과제는 수학적으로 표현될 수 있는 추론과정과 관련되어 있으며 귀납적 및 연역적 추론이 강조된다.

- ■ 소검사가 측정하는 기능 및 소검사에 영향을 미치는 요소
  - 비언어적인 수학적 추리력, 추론 능력
  - 수량에 대한 추리 및 유추 능력
  - 시각적 주의집중력
  - 작업기억 능력
  - 주의 전환 능력, 인지적 유연성
  - 실행 기능(executive function)
  - 충동성
  - 불확실한 상황에서 반응하는 능력

- 시간적 압력하에 작업하는 능력
- 자발적으로 수정하는 능력(self-correct), 동기 수준

■ 임상적 고려점

- 수학적 이해를 잘하거나 대수학적 개념에 익숙한 사람들은 이 검사를 산수와 비슷한 것으로 볼 수 있다.
- 이 과제를 수행할 때 수검자는 여러 가지 인지적 과정을 수행하면서 동시에 주의도 계속 유지해야 하기 때문에 실행기능과 관련된 기술들을 많이 필요로 한다.
- 문항마다 제시되는 도형의 모양이 달라지고 매번 다른 무게를 표현하기 때문에 접근 방식도 매번 변환시켜야 한다. 인지양식의 전환에 어려움이 있는 수검자에게는 매우 어려운 소검사일 수 있다. 특히 16번 이후에는 저울이 2개에서 3개로 늘어나면서 문제 유형이 바뀌기 때문에 더욱 어렵게 된다.
- 왼쪽에서 오른쪽으로뿐 아니라 오른쪽에서 왼쪽으로도 검토하는 융통성 있는 문제해결 접근을 사용하는 경우 과제 수행에 유리하다.
- 이 과제 또한 시간제한이 있지만, 반응시간은 개인마다 매우 다양할 수 있다. 특히 발달장애나 신경학적 손상이 있는 경우 반응 시간이 더 오래 걸릴 수 있고, 충동성이 높은 경우에는 빨리 답하지만 오답을 할 가능성이 많다. 제한시간을 충분히 사용하고도 응답에 실패한다면 지나친 심사숙고나 세부에 대한 강박증적 집착, 정신적 혼란으로 인한 것일 수도 있다.
- 행렬추론이나 퍼즐과 마찬가지로, 과제에 대한 해결은 전체적 접근 방식으로 이루어지는 것이 보통이다. 그러나 일부 수검자는 보기의 반응선택 항목들을 하나씩 검토하면서 시행착오적인 접근 방식을 사용한다.

(5) 빠진 곳 찾기(Picture Completion: PCm)

이 소검사는 주어진 그림에서 '있어야 하는데 빠진 부분', 즉 중요한데 빠진 부분을 찾아내는 과제로 구성되어 있다. 시간제한이 있으며 모든 문항에 20초를 준다. 보충소검사이며, 총 24문항으로 되어 있다. 시간제한 내에 정답을 말하거나 지적하면 1점을 주고 그렇지 않은 경우에는 0점을 준다.

주로 시각적 예민성, 시각적 집중력, 시각적 조직화 능력과 함께 사물의 본질-비본질적인 부분을 파악하는 능력을 측정한다. 또한 수검자가 그림의 어떤 측면에 초점을 맞추는가를 통해서 환경에 대한 현실감각을 유지하고 있는지(realty testing)에 대해서도 정보를 얻을 수 있다.

■ 소검사가 측정하는 기능 및 소검사에 영향을 미치는 요소
- 시각적 예민성, 시각적 기민성, 환경에의 기민성
- 시각적 주의집중력
- 시지각적 조직화 능력
- 본질적인 부분과 비본질적인 부분을 구별하는 능력/중요한 것과 중요하지 않은 것을 구분하는 능력/사물의 핵심을 파악하는 능력
- 시각적 기억, 시각적 재인, 장기 시각기억
- 자동적, 표상적 수준에서의 조직화
- 유동적 지능
- 시간적 압력하에서 작업하는 능력
- 불확실할 때 반응하는 능력
- 충동성
- 강박적 경향, 우유부단함

■ 임상적 고려점
- 20초의 시간 제한은 정신 지체나 뇌손상이 없는 일반적인 사람들에게는 충분한 시간이다.
- 수검자의 반응 속도는 중요한 정보를 준다. 빠르게 대답하면서 틀린 반응을 하는 경우는 충동성이 시사된다. 제한 시간 내에 답하지 못하는 경우는(특히 쉬운 문항에서) 진단적으로 주목해야 한다.
- 그림의 선에 있는 작은 틈을 지적하는 경우, 단순한 물체를 알아보지 못하는 경우, 기괴한 반응을 하는 경우 등은 현실 왜곡을 반영하는 것일 수 있다.
    특히, 작화적 반응(confabulate response)이 여러 번 나타나거나 기괴한 양상으로 나타나는 경우(예: "내 아내가 없다")에는 정신 병리가 진단될 수 있다.
- 여러 문항에서 "빠진 곳이 없다"고 주장하는 수검자는 반항심, 적대감, 또는 공포심을 가지고 있을 수 있다.
- 정신적 기민성과 세부에 주의를 기울이는 능력뿐 아니라 현실 검증력을 반영하고 있는 만큼, 정신 분열증 환자에서는 상대적으로 낮은 점수가 나타난다.

■ 신경심리적 측면
- 언어적 능력이 제한되어 있는 좌반구 손상 환자는 언어적 소검사에 요구되는 복잡한 언어 반응을 하기 어렵다. 이런 환자들에 대한 좋은 병전 지능의 지표가 된다.

- 시각적 실인증이 있는 환자는 자극을 알아보는 데 완전히 실패할 수 있다.
- 물체의 윤곽선에 빠진 부분이 있을 때는 반응하는 데 어려움이 없지만, 빠진 부분이 물체의 안에 들어 있을 때는 계속 반응에 실패하는지 주목한다.

3) 작업기억 지수(Working Memory Index: WMI)

작업기억 능력에 대한 측정치를 제공하는 지수로, 정보를 일시적으로 기억 속에 보유하고 정신적으로 조작하고 기억을 조정하고 결과를 산출하는 능력을 필요로 한다. 주의, 집중, 정신적 통제, 추론 등이 포함된다.

(1) 숫자(Digit Span: DS)

핵심 소검사이며, 검사자가 불러주는 숫자열을 첫 단계에서는 바로 따라 외우고('바로 따라하기') 두 번째 단계에서는 거꾸로 따라 외우고('거꾸로 따라하기') 세 번째 단계에서는 작은 숫자부터 차례로 기억하여 말하도록 하는('순서대로 따라하기') 세 가지 과제로 구성되어 있다. 한 문항에 각각 두 번씩 시행하도록 되어 있고, 각 과제마다 8문항씩으로 구성되어 있다. 과정분석 절차를 수행할 수 있는 소검사이다.

순서대로 따라하기 과제는 바로 따라하기와 거꾸로 따라하기 과제에서의 인지적 요구가 서로 다르다는 연구들에 기초하여, 이전 WAIS 판들의 숫자 소검사보다 작업기억이 더 요구되도록 하기 위하여 만들어졌다.

이 소검사는 주의력 및 청각적 단기기억, 작업기억, 정신적 각성과 주로 관련이 있으며 한 과제에서 다른 과제로 전환하기 위해서 인지적 유연성이 필요하다.

문화적 영향을 거의 받지 않는다는 특성을 가지고 있으나, 언어적 소검사 중 수검자의 상태에 따라 영향을 받거나 손상되기 가장 쉬운 검사로, 특히 불안과 많은 관련이 있다.

바로 따라하기는 주의력, 암기학습, 작업기억, 부호화, 청각적 처리과정을, 거꾸로 따라하기는 작업기억, 정보의 변형, 정신적 조작, 시공간적 심상화 과정을, 순서대로 따라하기는 작업기억, 정신적 조작 과정을 포함하는 것으로 알려져 있다.

■ 소검사가 측정하는 기능 및 소검사에 영향을 미치는 요소
  - 주의력 범위, 주의집중력
  - 청각적 기억능력, 기억의 인출, 즉각적인 기계적 회상
  - 자극을 수동적으로 수용하는 능력
  - 자동적 수준에서의 조직화(바로 따라하기), 표상적 수준에서의 조직화(거꾸로 따라하기, 순서대로 따라하기)

- 정신적 조작 능력, 시각적 심상화 능력(거꾸로 따라하기, 순서대로 따라하기)
- 청각적 연속적 정보처리 능력
- 인지적 융통성, 전환능력(각 과제로 전환하기)
- 유동적 지능
- 불안, 주의 산만, 충동성
- 학습장애/ADHD

■ 임상적 고려점

- 반응 실패가 다음 중 어떤 원인에 의한 것인지를 검토하는 것이 중요하다 : 낮은 기억력, 연속적 처리능력의 문제, 기억 전략의 미개발, 낮은 지능, 불안, 주의산만, 반항심, 낮은 동기 등.
- 숫자 소검사에 대한 과정점수를 분석하면 반응 실패가 연속적 처리 능력의 문제인지, 기계적인 기억력의 문제인지를 확인하는 데 도움이 된다. 불러준 숫자는 다 외워 말했지만 순서가 틀리는 경우는 전자에, 순서대로는 정확하게 말하지만 불러준 숫자를 다 외우지는 못한 경우는 후자로 볼 수 있다.
- 거꾸로와 순서대로 따라하기는 바로 따라하기에 비해서 숫자를 정신적으로 조작하거나 시각화하는 능력을 더 요구한다. 따라서 바로 따라하기에 비해서 수리적인 능력의 영향을 더 많이 받는다. 수리적인 능력이 우수한 사람들은 거꾸로와 순서대로 따라하기에서 더 좋은 수행을 보인다.
- 대부분의 성인과 청소년들은 전형적으로, 거꾸로 따라하기보다 바로 따라하기에서 1~2자리 더 긴 수행을 보인다.
- 대부분의 성인과 청소년들은 역시 전형적으로, 순서대로 따라하기보다 바로 따라하기에서 1 자리 더 긴 수행을 보인다.
- 이와는 대조적으로, 대부분의 성인들은 거꾸로 따라하기보다 순서대로 따라하기를 더 잘한다. 성인 집단의 5% 이하에서만 거꾸로 따라하기를 더 잘한다.
  이 두 과제는 모두 작업기억을 필요로 하지만, 대부분의 사람들은 숫자를 거꾸로 하는 것보다는 순서대로 하는 과제에 더 익숙하고 더 잘 학습되어 있다.
- 검사 상황에 민감한 영향을 받는다.
- 청각적인 문제를 가지고 있는 경우 이 소검사에서 특히 불이익을 받게 된다. 검사 실시 시 이에 대한 사전 고려가 필요하다.
- 정신 병리를 가지고 있는 사람이 다른 과제에서는 실패하면서 이 검사에서는 좋은 수행을 보인다면 '단순한 과제에 집중하는 능력'을 반영하는 것일 수 있다.

- 만성적인 불안이나 성격적 불안보다는 상태 불안, 즉 검사에 대한 불안이 더 많은 영향을 미친다.
- 검사자가 문항을 다 읽기도 전에 반응을 시작하거나 매우 빠르게 숫자를 대는 경우에는 충동성을 의심해 볼 수 있다.
- 문항의 첫 시행에서는 실패하지만 두 번째 시행에서는 성공하는 양상은 수검자의 학습 능력을 반영하고 있을 수 있다.

- ■ 신경심리적 측면
  - 신경심리학적인 가치를 높이기 위해서는 바로 따라하기와 거꾸로 따라하기의 점수를 분리해서 검토하는 것이 필요하다. 뇌손상은 각 과정에 서로 다른 영향을 준다.
  - 바로 따라 외우기가 거꾸로 따라하기보다 5자리 이상 긴 것은 정상인에게서는 거의 나타나지 않으며, 뇌손상의 신호가 될 수 있다. 젊은 성인의 경우에 거꾸로 따라하기에서 3자리까지만 성공한다면 그 자체로 뇌기능 장애의 지표가 될 수 있다고 알려져 있다.
  - 바로 따라하기는 우반구 손상이나 확산적인 손상보다는 좌반구 손상에 더 민감하다.
  - 거꾸로 따라하기는 좌반구 손상에도 민감하지만, 우반구의 시각 영역에 손상이 있는 경우에도 민감하다.
  - 거꾸로 따라하기가 바로 따라하기보다 뇌손상에 더 민감하다. 또한 바로 따라하기와는 달리 여러 가지 치매 과정에서 나타나는 확산적인 손상에 매우 취약하다.

(2) 산수(Arithmetic: AR)

산수는 핵심 소검사이며, 간단한 계산 문제를 암산으로 푸는 과제로 구성되어 있다. 수검자는 종이와 연필을 사용할 수 없다. 시간 제한이 있으며 총 22문항으로 구성되어 있다.

이전 Wechsler 검사들에서는 빠른 수행에 대해서 시간 보너스를 주었지만, WAIS-IV에서는 시간 보너스 요소를 제거하고 대신 제한 시간을 모든 문항에서 30초로 통일하였다.

산수는 주로 수개념의 이해와 함께 주의집중력을 측정하는데, 숫자에 비하여 보다 많은 주의집중력을 요구한다.

■ 소검사가 측정하는 기능 및 소검사에 영향을 미치는 요소
  • 주의집중력, 주의 지속 능력, 주의력 범위
  • 계산 기술, 숫자를 다루는 능력, 수학적 능력
  • 수리적 추론능력
  • 정신적 조작능력
  • 연속적 정보처리 능력
  • 청각적 기억, 기억의 인출
  • 정신적 기민성
  • 언어적 지시를 이해하는 능력
  • 상징적 내용의 기억, 표상적 수준에서의 조직화
  • 학교에서의 학습적 성취
  • 시간적 압력하에서 작업하는 능력
  • 불안
  • 충동성
  • 학습 장애/ADHD

■ 임상적 고려점
  • 과제에서 실제로 요구되는 계산 기술은 초등학교 수준이다.
  • 따라서 낮은 수행의 이유를 '수학적 능력'의 부족으로 해석하기 위해서는, 산수 소검사에 영향을 미치는 것으로 알려져 있는 다른 행동적 및 인지적 가설(단기기억 능력, 연속적 정보처리능력 등)을 모두 검토한 뒤에 결론 내려야 한다.
  • 반응 실패가 어떤 이유에서 비롯되었는지 분석되어야 한다: 주의집중의 실패, 계산능력 부족, 틀린 공식의 선택, 문항의 내용을 이해하지 못함, 추론능력의 부족 등.
  • 만약 추론능력에서의 어려움이 예상된다면, 산수 소검사의 수행을 행렬추론, 무게비교와 같은 다른 유동적 추론 과제와 비교해보는 것이 좋다(산수가 유동적 추론 군집에 강한 요인부하량(.77)을 보였기 때문).
  • 과제 수행의 실패는 종이와 연필을 사용하지 않는 것에 대한 불안이나 과민, 반항심 또는 패배주의적 태도로 인한 것일 수도 있다.
  • 일단 검사가 끝난 뒤에 수검자에게 종이와 연필을 주고 시간의 압력 없이 해보도록 하는 것(한계 검증)이 불안과 주의집중력이 미친 영향을 평가하는 데 도움이 된다.

- 이 소검사는 수검자에게 불안을 유발하게 된다. 특히 평소 수학에 좌절감을 느껴 왔다면 더욱 그러하다. 수검자들이 불안과 좌절에 대해서 반응하는 방식은 임상적으로 가치가 있다.

■ 신경심리적 측면
- 즉시적 기억(immediate memory)에 문제가 있는 환자들은 이 검사가 말로 불러주는 형식을 취하고 있기 때문에 실제 자신들이 가지고 있는 수학적 능력을 보여주지 못하게 된다. 문제가 보다 복잡해지고 여러 단계를 거쳐야 할수록 보다 어려움을 겪게 될 것이다.
- 좌측 측두엽, 두정엽 손상 환자는 산수 문제에서 낮은 수행을 보이는 것으로 알려져 있다.
- 우반구 손상이 있는 환자는 기억과 주의력의 장애, 조직화의 장애로 인하여 낮은 점수를 보인다고 한다.

(3) 순서화(Letter-Number Sequencing: LN)

순서화는 보충 소검사로, 연속되는 숫자와 요일 이름을 불러주고, 숫자는 커지는 순서대로, 요일은 이름 순서대로 외워서 말해 보도록 하는 과제로 되어 있다. 한 문항당 각각 3번씩 시행하도록 되어 있다. 수행할 때 숫자를 먼저 말하고 나서 요일을 말하도록 지시하지만, 그렇지 않은 경우라도 정확하게 반응했다면 점수를 준다. 총 10문항으로 되어 있다.

순서화는 WAIS-III에서 처음 포함된 소검사로, 작업 기억의 측정을 강화하기 위한 목적을 가진다.

순차적 처리 능력, 정신적 조작 능력, 주의집중력, 기억폭, 청각적 단기기억력 등 숫자 소검사와 유사한 영역을 측정한다.

■ 소검사가 측정하는 기능 및 소검사에 영향을 미치는 요소
- 주의집중력, 주의의 폭
- 청각적 단기기억력, 기억의 폭
- 정신적 조작능력
- 순차적, 연속적 정보처리 능력
- 인지적 유연성
- 유동적 지능
- 충동성

- 불안
- 학습장애/ADHD

■ 임상적 고려점

- 숫자 소검사와 유사하게, 순서화 능력, 단기기억력의 부족, 부주의나 산만함, 불안 등은 이 소검사의 수행을 저조하게 만든다.
- 불러준 숫자와 요일을 기억은 하지만, 잘못된 순서로 반응할 때는 순서화 능력의 문제로 볼 수 있다. 반면 순서는 올바르게 말하지만, 숫자나 요일을 다 기억하지는 못한다면 단기기억 기능의 문제로 볼 수 있다.
- 숫자 소검사의 거꾸로 따라하기와 순서대로 따라하기와 개념적으로 유사한 과제이다. 따라서 이 두 과제와 비슷한 책략이 사용될 수 있다. 세 과제 모두 자극에 대한 정신적 조작이나 시각적 표상화를 요구한다. 이런 과제들에서 시각화를 사용하는 경우 눈을 감고 수행하기도 한다.
- 각 문항이 세 번씩 시행하도록 되어 있기 때문에 수검자는 자신만의 책략을 개발하여 사용할 수 있는 기회를 가질 수 있다. 한계검증이나 질문을 통해 어떤 책략을 사용했는지에 대한 정보를 얻을 수도 있다.
- 역시 숫자 소검사처럼, 이 검사도 만성적 불안이나 성격적 불안보다는 상태적 불안, 수행 불안에 더 많은 영향을 받는다.

4) 처리속도 지수(Processing Speed Index: PSI)

처리속도 지수는 단순한 시각정보를 빠르게 정확하게 훑어보고 차례를 밝히고 변별하는 능력과 함께, 단기 시각기억, 주의, 시각-운동 협응 능력 등을 측정한다. 이런 기능들은 단순 반응시간이나 단순 시각 변별에 한정되는 것이 아니라, 인지적 의사결정이라 학습 요인을 포함한다. 또한 동기 수준이나 신중성도 영향을 미친다.

(1) 동형찾기(Symbol Search: SS)

핵심 소검사이며, 정해진 시간 내에 왼쪽에 제시된 2개의 표적기호 중 어떤 하나가 오른쪽에 제시된 5개의 탐색기호들 중에 있는지 표시하는 과제이다. 시간제한은 120초이다.

동형찾기는 WAIS-III에서 처음 포함된 소검사이다.

시각-운동 협응력과 함께 처리속도, 단기적 시각 기억력, 시각적 변별력, 인지적 유연성, 정신적 조작속도, 주의력, 집중력 등을 포함한다. 청각적 이해력, 지각적 조직화 능력, 유동적 지능, 계획 및 학습 능력도 포함된다.

■ 소검사가 측정하는 기능 및 소검사에 영향을 미치는 요소
  • 시각적 변별력
  • 시각적 탐색 속도, 시각적 정보의 처리 속도
  • 시각-운동 협응 능력
  • 정신적 기민성, 정신적 조작 속도, 정신운동 속도
  • 주의집중력
  • 시각적 단기 기억력
  • 시지각적 조직화 능력
  • 계획 능력
  • 청각적 이해력
  • 정확성과 세부에 대한 강박적 집착
  • 시간 압력하에서 작업하는 능력
  • 불안, 산만함, 충동성
  • 동기수준
  • 학습장애/ADHD

■ 임상적 고려점
  • 낮은 점수를 해석하기 전에 먼저, 시각적 손상이 있는지 여부를 검토해야 한다.
  • 낮은 점수가 어떤 요인으로 인한 것인지를 확인하기 위해서는 수검자가 수행하는 동안 보이는 태도와 행동에 대한 주의 깊은 관찰이 필요하다. 이를 통해 시각-운동 협응, 주의집중력, 동기수준, 시각적 문제, 완벽주의나 강박적 경향, 불안 등 어떤 요인에 의한 것인지를 판단할 수 있다.
  • 수행하는 동안 수검자의 반응 속도에 변화가 있는지를 주의해서 살핀다. 동기수준의 변화, 주의산만, 피로, 지루함 등이 반응 속도의 변화와 관련되어 있을 수 있다.
  • 앞쪽 문항들을 수행하면서 나름의 전략이나 계획을 개발한 수검자들은 뒤쪽 문항에서 보다 빠르게 수행해 나갈 수 있다.
  • 좋은 시각적 기억력을 가지고 있는 경우 표적 기호를 한 번만 보고도 바로 탐색 기호들에서 정반응을 찾아낼 수 있다.
  • 반면 여러 번 표적기호와 탐색기호 사이를 왔다 갔다 하며 살펴보는 경우는 시각적 단기 기억력의 문제나 불안감을 반영하는 것일 수 있다.
  • 수행이 끝난 뒤에 수검자에게 특정 반응을 한 이유나 정답 또는 오답을 선택한

이유에 대해서 질문해 봄으로써 정보를 얻을 수도 있다(한계검증).

(2) 기호쓰기(Coding: CD)

이 소검사는 핵심 소검사이며, 1에서 9까지의 숫자를 특정 기호와 짝지어서 제시해 둔 보기(key)를 보고, 정해진 시간 내에 가능한 정확하고 빠르게 자극 숫자에 해당 하는 기호를 찾아서 그 아래의 빈칸에 차례로 적어 나가는 과제이다. 시간제한은 120 초이며 총 문항의 수는 135개이다.

시각-운동 협응 능력, 정신적 기민성을 주로 측정하며, 시각적 단기기억 능력도 측 정할 수 있다. 빠른 시간 내에 친숙하지 않은 과제를 학습하는 능력도 측정할 수 있다.

■ 소검사가 측정하는 기능 및 소검사에 영향을 미치는 요소
  • 시각-운동 협응력, 시각-운동 기민성
  • 정신 운동 속도
  • 주의집중력, 주의집중의 지속능력
  • 시각적 단기 기억
  • 시각적 연속적 정보의 처리능력
  • 시각적 탐색 능력
  • 익숙치 않은 과제를 학습하는 능력
  • 지시에 따르는 능력
  • 정확성이나 세부에 대한 강박적 염려
  • 미세 손기능
  • 쓰기 속도
  • 연필과 종이를 다루는 능력
  • 시간 압력하에서 작업하는 능력
  • 불안, 주의산만, 충동성
  • 학습장애/ADHD

■ 임상적 측면
  • 이 검사 전에 완벽주의적 또는 강박적인 경향을 보였던 수검자라면, '연습' 과 정에서 "기호를 완벽하게 쓸 필요는 없고 읽을 수 있을 정도로 쓰면 된다"고 알 려주어야 한다.
  • 낮은 점수를 해석하기 전에 먼저, 시각적 손상이 있는지 여부를 검토해야 한다.
  • 문맹이거나 평소에 종이와 연필을 거의 사용해 보지 않은 사람에게는 불리할

수 있다.
- 이 소검사의 점수는 우울증이 있는 경우 손상될 수 있다.
- 낮은 점수가 어떤 요인으로 인한 것인지를 확인하기 위해서는 수검자가 수행하는 동안 보이는 태도와 행동에 대한 주의 깊은 관찰이 필요하다. 이를 통해 시각-운동 협응, 주의집중력, 동기수준, 시각적 문제, 완벽주의나 강박적 경향, 불안 등 어떤 요인에 의한 것인지를 판단할 수 있다. 보속증(같은 기호를 계속 그린다)이 나타나기도 한다.
- 수행하는 동안 수검자의 반응 속도에 변화가 있는지를 주의해서 살핀다. 동기수준의 변화, 주의산만, 피로, 기호의 전부나 일부를 암기하여 쓰는 것, 지루함 등이 반응 속도의 변화와 관련되어 있을 수 있다.
- 좋은 시각적 기억력을 가지고 있는 경우 보기(key)를 기억함으로써 수행을 향상시킬 수 있다. 반면, 매번 보기(key)를 확인하면서 수행하는 것은 시각적 단기 기억력의 문제나 불안감 때문일 수 있다.

■ 신경심리적 측면
- 기호쓰기는 좌우반구 어떤 영역이건 관계없이, 대뇌 손상에 극히 취약하다. 따라서 어떤 영역에 손상이 있는지는 밝힐 수 없지만 손상이 있는지의 여부에 대한 좋은 지표가 된다.
- 우반구 손상, 특히 우측 측두엽에 손상이 있는 환자는 역방향으로의 지남력 실수를 할 가능성이 높다.

(3) 지우기(Cancellation: CA)

보충 소검사로, 정해진 시간 내에 조직적으로 배열되어 있는 도형들 속에서 표적 모양과 동일한 도형을 찾아서 표시하도록 하는 과제이다. 2문항으로 되어 있으며 제한시간은 각각 45초이다. 정답의 수에서 오답의 수를 뺀 것이 문항점수이며 두 문항의 점수를 합한 것이 총 원점수가 된다. 최대 원점수는 72점이다.

지우기 과제는 WAIS-IV에서 처음 포함된 소검사이나, 이전부터 시각적 무시, 반응억제, 운동 보속능력의 측정 등을 위해 신경심리학 분야에서 널리 사용되어 왔다.

이 소검사는 처리속도, 시각적 선택적 주의력, 경계(vigilance)능력, 지각속도, 시각-운동 협응능력 등을 측정한다.

■ 소검사가 측정하는 기능 및 소검사에 영향을 미치는 요소
- 시지각적 탐색(scanning) 능력

- 시각적 변별력
- 시각적 선택적 주의능력
- 시지각적 정보의 처리 속도
- 정신운동 속도
- 주의집중력
- 정확성
- 시각-운동 협응능력
- 지루함을 견딜 수 있는 능력
- 시간적 압력하에서 작업하는 능력
- 실행 기능(executive function)
- 충동성 vs. 지나친 심사숙고

■ 임상적 고려점
- 맨 마지막에 시행되는 소검사이므로, 피로와 지루함 때문에 수행이 저조해질 수 있다.
- 과제의 특성이 단조로운 편이어서, 좋은 점수를 얻기 위해서는 주의를 지속할 수 있는 능력이 필요하다. 두 문항에서의 반응속도가 달라지거나 반응양상이 변화한다면 이런 주의집중력의 지속에 어려움이 있음을 반영하는 것일 수 있다.
- 충동적 경향이 있는 경우 지나치게 빠르고 부주의한 수행 양상을 보인다. 반대로 지나치게 심사숙고하는 경향은 느리고 조심스럽게 수행하는 양상으로 나타난다.
- 실행 기능(executive function)이 과제에 많은 영향을 미칠 수 있다. 수검자는 주의를 유지하면서 동시에 표적도형에 표시를 해야 하고 방해자극은 무시할 수 있어야 한다. 또한 문항 1과 2에서 표적도형이 바뀌기 때문에 인지적 주의를 전환하여 접근 방식을 변경시켜야 한다.

5. 해석

해석과정에 들어가기에 앞서 해석 전반에 걸친 원칙적 지침에 대해서 살펴보면 다음과 같다.

■ 해석을 위한 일반적인 원칙

1. 검사 과정에서 발견되는 수검자의 행동특징, 반응 내용은 인지적 평가뿐 아니라 성격적인 면에 대한 평가에 있어서도 중요한 자료를 제공해 줄 수 있으므로, 해석 과정에서 이를 간과해서는 안된다.

2. 현재의 지능검사는 개인의 '능력' 자체를 측정한다기보다는 개인이 '현재까지 학습해 온 것'을 측정한다고 볼 수 있다.

   즉, 능력검사라기보다는 일종의 '성취검사'라고 보는 것이 타당하다. 따라서 지능 검사를 사용하는 임상가는 이런 관점에서 검사 결과를 해석하는 태도를 가지면서 수검자의 현실적인 문제에 대한 해답을 제공할 수 있도록 하는 것이 바람직하다.

3. 지능검사를 통해서 수검자의 행동 특징들에 대해서 많은 것을 알아낼 수 있지만, 이런 결과를 일반화시켜 이야기할 수 있을지에 대해서는 신중히 검토하여야 한다.

   검사는 과학적인 검증을 거쳐 개발되기는 하였지만 어디까지나 인위적으로 표집 하여 구성된 문항들의 집합일 뿐이다. 다시 말하면, 검사는 수검자의 행동에 대한 인위적인 표집일 뿐, 수검자의 행동 전체와 동일한 것은 아니다.

   각 소검사들이 측정하는 것으로 알려진 능력들에 대한 검사 결과를 수검자의 행동 특징이나 다른 검사들과 교차 검증, 종합하는 과정 없이 그대로 받아들여서는 안 될 것이다.

4. 검사 결과는 수검자 별로 해석되어야 한다.

   한 수검자에게서 그러한 프로파일 양상을 나타나게 한 이유에 대해서 각 수검자 고유의 과거력, 행동특징, 현재 상황 등을 고려해서 개별적인 접근을 해야 그 수검 자에게 가장 유용한 정보를 제공해 줄 수 있을 것이다.

   이상과 같은 해석적 지침을 이해하고, 실제 해석 과정에 대해서 살펴보자.

   지능검사의 해석에는 크게 양적인 분석 방법과 질적인 분석이 있다. 이 두 방식에 서 얻어지는 정보를 종합하면 수검자의 인지적인 기능에 대해서뿐 아니라 성격이나 심리적인 특성에 대한 풍부한 가설을 세울 수 있으므로, 두 가지 방식 모두를 잘 알 고 통합적으로 해석에 적용할 수 있도록 해야 한다.

1) 양적 분석

K-WAIS-IV 기술 및 해석 요강(황순택 등, 2012)에 제시되어 있는 해석적 고려사항과 절차들을 요약해 보면 다음과 같다.

(1) 수검자의 수행에 대한 기술

실시된 각 소검사의 원점수는 모두 표준 점수로 환산하게 된다. 원점수를 표준점수화함으로써 서로 다른 소검사 간의 점수 비교와 척도 내의 점수들, 또는 다른 관련 측정도구의 점수들과 비교하는 것이 가능해진다. 원점수를 계산하고 환산하는 절차에 대해서는 K-WAIS-IV 실시 및 채점 요강(황순택 등, 2012)에 자세히 기술되어 있으므로 그대로 따라하면 된다.

모든 소검사들의 표준점수는 평균 10, 표준편차 3을 기준으로 한다. 조합점수는 소검사 환산 점수들의 다양한 조합을 바탕으로 한 표준점수이며, 평균 100, 표준편차 15를 기준으로 한다. 이를 통해 동일 연령대에서 그 수검자가 차지하는 상대적 위치에 대해서 파악할 수 있다.

(2) 백분위

연령기준 백분위로 같은 연령대의 다른 수검자들과 비교한 수검자의 순위를 나타낸다. 백분위 20인 수검자는 같은 연령대의 다른 수검자들의 80%의 수행수준과 같거나 낮다, 또는 20%와 수행 수준이 같거나 높다는 것을 나타낸다.

(3) 측정오차와 신뢰구간

수검자가 지능검사를 통해서 얻은 점수는 진점수가 아니라 '진점수의 추정치'라고 할 수 있다. 즉, 수검자의 실제 능력과 측정오류를 포함하고 있는 것이다. 따라서 수검자의 진점수는 표준오차를 이용하여 신뢰구간을 설정하여 줌으로써 보다 정확하게 나타낼 수 있다.

이 또한 K-WAIS-IV 실시 및 채점 요강(황순택 등, 2012)의 표 A.3~A.7을 이용하여 표현할 수 있다.

(4) 기술적 분류

수검자의 수행이 어떤 수준에 속하는지에 대해서 질적인 용어로 기술적 분류를 할 수 있다.

조합점수들의 범위가 130 이상이면 '최우수', 120~129이면 '우수', 110~119이면 '평균상', 90~109이면 '평균', 80~89이면 '평균하', 70~79면 '경계선', 69 이하이면 '매우 낮은'으로 기술하게 된다.

(5) 프로파일의 분석

① FSIQ, VCI, PRI, WMI, PSI 점수를 검토하고 각각 백분위와 신뢰구간을 함께 고려한다.

② 지수 수준에서의 차이값을 비교하여 평가한다.

- 각 지수들 내에서 그 지수를 구성하는 소검사들의 상대적인 점수를 검토한다.
- 각 지수들을 비교분석한다. 유의미하게 차이가 나는 지수점수들은 그 두 영역에서의 수검자의 능력이 다르다는 것을 의미한다.
- 산출된 지수점수들 간의 차이의 누적 백분율(기저율)을 검토한다. 이 분석은 다양한 지적 능력의 수준에 따라 지수점수 차이의 빈도가 유의미하게 다양함을 고려하는 것이다. 예를 들면, FSIQ가 120 이상인 사람들 중 약 15%는 VCI가 PRI보다 15점 이상 높지만, FSIQ가 79 이하인 사람들 중에서는 약 8.5%가 이런 차이를 보인다. 수검자에게 어느 정도의 기저율을 적용하여 해석할 것인지는 임상적 판단과 수검자의 문화적 배경, 의학적 신체적 상태 등을 잘 고려하여 결정해야 한다.

③ 강점과 약점을 평가한다.

- 수검자의 강점과 약점을 판단하는 기준으로 FSIQ에 사용된 10개의 소검사 평균 점수를 쓸 것인지, 3개의 언어이해 소검사와 3개의 지각추론 소검사의 각 평균 점수를 쓸 것인지 결정하여야 한다.
- 지수점수들 간에 유의미한 차이가 없다면 전자의 방법을 이용하여 비교한다.
- 후자의 방법을 쓸 경우, 각 영역의 평균 점수가 각 영역의 소검사들의 비교 기준이 된다. 즉, 언어이해 소검사들의 평균으로 언어 이해 소검사들의 점수를 비교하고, 지각추론 소검사들의 평균으로 지각 추론 소검사들의 점수를 비교하게 된다. 이 경우 작업기억과 처리속도 소검사들의 강점과 약점 검증은 불가능하다.

④ 소검사 수준에서의 차이값을 비교 분석한다.

- 숫자와 산수, 동형찾기와 기호쓰기의 점수를 비교 분석할 수 있도록 마련되어 있다.

⑤ (선택) 소검사 내의 점수패턴을 평가한다.

- 보다 정보를 얻기 위해서 소검사 내에 나타나는 수검자의 점수 패턴을 분석한다. 예를 들어 고르게 1점씩 10점을 받은 수검자와 2점과 0점의 고르지 않은 수행으로 10점을 받은 수검자는 서로 다른 인지 양상을 가질 것이다.

⑥ (선택) 과정분석을 수행한다.

- 과정 분석은 일종의 질적 분석이라고 볼 수 있다.
- 개인 간 분석과 개인 내 분석이 가능하다.
- 토막짜기, 숫자, 순서화에 대해서 비교분석할 수 있도록 마련되어 있다.

- 분석 항목
  - 토막짜기(BD) vs. 시간 보너스 없는 토막짜기(Block Design No Time Bonus: BDN)
  - 바로(DSF) vs. 거꾸로(DSB)/바로(DSF) vs. 순서대로(DSS)/거꾸로(DSB) vs. 순서대로(DSS) 따라하기
  - 최장 숫자 바로(LDSF)/최장 숫자 거꾸로(LDSB)/최장 숫자 순서대로 따라하기(LDSS)
  - 최장 순서화(LLNS)

2) 질적 분석

질적 분석은 수검자가 한 반응의 구체적인 내용, 반응한 방식, 언어 표현 방식, 검사에서 보인 행동 등을 분석하는 것이다. 이를 통해서 양적 분석에서는 놓칠 수 있는 개인의 성격적인 특징이나 심리적인 상태 등에 대한 보다 세부적인 정보를 얻을 수 있다.

질적 분석에서 고려되어야 할 반응들의 몇 가지 예를 들어보면 다음과 같은 것들이 있다.

- 쉬운 문항에서는 실패하면서 어려운 문항에서는 성공하는 경우
- 드물거나 기괴한 내용의 대답을 하는 경우
- 부연 설명을 계속 하거나 강박적으로 여러 가지 응답을 나열하는 경우
- 지나치게 구체화된 반응 방식
- 정서가 섞인 응답을 하는 경우
- '공통성' 문제에서 계속해서 차이점을 말하거나 "공통점이 없다"는 식으로 문제를 부정하는 경우
- '산수' 문제에서 하나의 숫자를 대는 것이 아니라 "서너 개", "6에서 7개"라는 식으로 근접한 대답을 하는 경우
- '숫자 외우기'에서 '바로 따라 외우기'보다 '거꾸로 따라 외우기'를 더 잘하는 경우
- '바꿔쓰기'에서 자주 건너뛰는 경우
- '빠진 곳 찾기'에서 그림에서 보이지 않는 부분(예 : "다른 문")을 자주 언급하는 경우

이 외에도 질적 분석의 대상은 무수히 많으며, 수검자가 검사에서 보이는 모든 행

동들은 수검자의 전체적인 모습을 파악하는 데 중요한 단서가 된다.

6. 신경심리 평가

임상현장에서는 환자의 인지 기능에 대한 평가가 특히 우선적으로 중시되는 상황이 자주 발생한다. 예를 들면, 교통사고, 추락 등의 사고로 인해 두부 손상을 입은 경우나 뇌출혈, 뇌경색, 알츠하이머, 파킨슨 병 등의 질병이 있는 경우로, 신경학적 손상이나 이상이 1차적으로 고려의 대상이 되는 경우이다. 이런 경우 뇌기능 손상의 여부 및 손상 정도에 대해 보다 세부적이며 다각적인 평가가 필요하게 된다. 이렇게 뇌기능의 평가에 관심의 초점을 두는 것을 '신경심리 평가'라 부른다.

Wechsler 지능 검사와 신경심리 검사는 둘 다 인지 기능의 측정을 목적으로 한다는 점에서는 같지만, 측정하는 인지 영역에 차이가 있다. 신경심리 검사에서는 Wechsler 지능검사에는 직접적으로 측정하지 않는 기억 기능과 관리 기능이 포함된다.

신경심리 검사에서는 대표적으로 기억력, 주의집중력, 언어 능력, 시공간 능력, 실행 기능, 전두엽-관리 기능을 평가의 대상으로 삼지만, 뇌기능의 변화로 인해 성격 및 정서적 변화, 사회적 적응 행동상의 변화가 있는지도 함께 고려해야 한다.

이런 영역들에 대해 충분히 포괄적인 평가를 하기 위해서는 Wechsler 지능검사로 대표되는 전통적인 일반적 지능 평가 방식으로는 한계가 있음을 인식하게 되면서, 다양한 인지기능 평가 도구들이 개발되어 왔다.

검사자는 필요에 따라 각 영역을 재는 개별적인 특정 검사들을 임의로 택하여 사용할 수도 있고, 하나의 검사로 종합적인 인지기능 평가가 가능하도록 총집(battery)으로 구성되어 있는 도구를 사용할 수도 있다. 이를 간략히 소개하면 다음과 같다.

1) 기억 기능

주로 언어적 기억력과 시각적 기억력으로 나누어 평가된다. 언어적 기억력의 평가를 위해서는 환자에게 단어 목록을 불러 준 후 외우게 한 다음 즉각 자유회상(immediate free recall), 지연 자유회상(delayed free recall), 재인(recognition)을 하도록 하는 검사들이 주로 사용된다. 시각적 기억력은 기하학적 도형을 환자에게 보여 주거나 따라 그리도록 한 후에 보지 않고 외워서 다시 그리도록 함으로써 평가된다.

- Hopkins Verbal Learning Test, California Verbal Learning Test

- Rey-Osterreith Complex Figure Test
- Rey-Kim 기억검사

2) 주의집중력

주의집중 능력은 다른 모든 검사 수행에 영향을 미치는 기본적인 능력이므로 매우 중요하다. 언어적 주의집중력과 비언어적 주의집중력은 선택적으로 손상될 수 있으므로 각각 따로 평가되어야 한다.

- Digit Span Test, Letter Cancellation Test, Visual Span Test, Trail Making Test

3) 언어 기능

언어기능의 평가는 언어 유창성(fluency), 언어 이해력, 이름 대기(naming) 능력, 따라 말하기, 읽기 및 쓰기 등에 대한 종합적인 평가를 포함한다.

- Boston Naming Test(BNT), 범주 유창성 검사(category fluency test), 글자 유창성 검사(letter fluency test), Boston Diagnostic Aphasia Examination(BDAE), Western Aphasia Battery(WAB)

4) 시공간 능력

시공간 능력의 장애는 친숙한 환경에서 갑자기 길을 잃거나 새로운 장소에 대한 학습이 되지 않거나, 친숙한 가족이나 친지의 얼굴을 알아보지 못하는 등의 증상으로 나타나게 된다.

- Rey-Osterreith Complex Figure Test(copy), Judgement of Line Orientation Test, 지도 읽기, 미로 검사, 얼굴 변별 검사, WAIS의 토막짜기 소검사, 시계 그리기 검사, 겹친 오각형 그리기 검사

5) 실행증

어떤 일을 수행하기 위해 필요한 기본적인 감각기능이나 운동기능, 지시를 이해하는 기능은 정상인데도 어떠한 운동 행동을 실행하는 능력에 장해가 생긴 것을 실행증(Apraxia)이라 한다. 예를 들면 환자는 가위질하는 흉내를 시켰을 때 이를 해내지 못한다.

이와 같이, 실행증은 냄새 맡는 흉내, 휘파람 부는 흉내, 빨대로 빠는 흉내, 윙크하기, 망치질하는 흉내, 열쇠로 여는 흉내, 김밥 썰기 흉내 등을 해 보도록 하여 제대로

해내는지를 평가한다.

6) 관리 기능

추상적인 사고, 문제 해결 능력, 인지적 전환, 계획을 달성하고 목표를 추진해 나가거나, 그에 맞게 계획을 수정하는 능력과 같은 고차적인 기능을 담당하는 전두엽의 손상은 일상생활에서의 문제 해결 능력에 현저한 손상을 가져오게 된다. 또한 욕구나 정서 표현, 반응을 억제하는 능력에도 장해가 생겨 이전과는 다른 행동 및 성격 특성, 정서적 변화를 초래하기도 한다.

전두엽–관리 기능(Frontal-Executive function)은 인지적 유연성, 창의성, 계획력, 추상적 사고, 통찰력, 자발성, 억제력, 적절한 정서, 성격 및 사회적 행동들을 주 요소로 들 수 있다.

- Wisconsin Card Sorting Test, Stroop Test, Category Test, Raven Progressive Matrices Test, WAIS의 이해 소검사 및 공통성 소검사
- Luria loop, Contrasting program, Go-No-Go Test, Fist-Edge-Palm, Alternating square and triangle, Motor impersistence, Word fluency test
- K-FONT(Kims 전두엽–관리기능 검사)

7) 성격 및 정서, 일상 행동에 대한 평가

뇌손상은 인지 기능의 손상뿐 아니라 성격 및 정서, 일반적인 사회적 행동에 대한 변화까지 초래하게 되는 경우가 많다. 환자의 보호자들은 보통 "전과는 다른 사람이 된 것 같다"는 말로 표현하곤 한다. 우울, 무기력, 분노 폭발, 공격 행동의 증가, 욕구 억제의 실패(예 : 성적 충동의 무분별한 표현, 식탐 등) 등이 흔히 나타나며, 때로는 정신병적 증상이나 망상적 사고를 보이는 경우도 있다.

노인 환자들의 경우 인지기능의 저하는 정상적인 노화과정에서 일어날 수 있는 정서적 변화에 의한 것일 수도 있고(이 경우는 '가성 치매'라 부름), 진성 치매에 의한 것일 수도 있다. 이에 대한 변별 또한 중요한 문제가 된다.

일반 환자의 경우 EBS(Executive Behavior Scale)를, 노인 환자의 경우 가성 치매와 진성 치매의 구분을 위해서 GDS(Geriatric Depression Scale), CUSPAD(Columbia University Scale for Psychopathology in Alzheimer's Disease), CSDD(Cornell Scale for Depression in Dementia) 등을 사용할 수 있다.

환자가 망상이나 환각, 기타 정서적인 장해 등을 나타낼 때는 다른 정신과적 장애와의 감별 진단을 위해서 본격적인 심리학적 평가가 필요하게 된다.

- 이와 같이 각 기능 영역들에 대해서 각각 검사를 선정하여 사용할 수도 있고, 앞서 언급한 바와 같이 총집(battery)으로 구성되어 있는 검사를 사용할 수도 있다.
- 우리나라에서는 SNSB(Seoul Neuropsychological Screening Battery), CERAD(the Consortium to Establish a Registry for Alzheimer's Disease), K-DRS(Korean version Dementia Scale) 등이 총집형 검사로서 널리 사용되고 있다.

제 3 장

MMPI(다면적 인성검사)

1. 개관

MMPI, 즉 미네소타 다면적 인성검사(Minnesota Multiphasic Personality Inventory)는 1943년 미국 미네소타 대학의 Starke Hathaway와 Jovian McKinley에 의해 처음 발표된 이후, 진단적 도구로서의 유용성과 다양한 장면에서의 적용 가능성이 인정되었고(Lubin, Larsen, & Matarazzo, 1984), 현재 세계적으로 가장 널리 사용되고 광범위한 연구가 이루어진 구조화된 성격검사이다(Piotrowski, 1997). 근래에 몇 가지 다른 성격검사들의 사용이 활발해지고 이러한 검사들이 가지는 장점이 인정되고는 있지만, 여전히 MMPI는 독보적인 위치를 차지하고 있다(Keller et al., 1990).

원래 MMPI는 정신질환자들을 평가하고 진단함에 있어서 보다 효율적이고 신뢰로운 심리검사를 개발하려는 목적으로 제작된 검사이다. 따라서 MMPI는 정신과적 진단분류가 일차적인 목적이며 일반적 성격특성을 측정하기 위한 것은 아니다. 그러나 정상적인 성격 경향성과 정신 병리적 증상이 질적 차이라기보다는 양적인 차이라는 전제하에서, 오늘날에는 정신 병리에 대한 평가뿐 아니라 임상 집단과 정상인 집단 모두에 대해서 성격경향성을 평가하는 데도 널리 사용되고 있다.

MMPI가 대표적인 자기보고식 검사로 자리 잡게 된 이유는 검사실시와 채점의 용이성, 시간과 노력의 절약, 객관적 규준에 의한 비교적 간편한 해석방식 등을 들 수 있다. 이러한 특징들로 인하여 비교적 덜 숙련된 임상가라 할지라도 투사적 검사에 비해서 보다 쉽고 정확하게 결과를 해석할 수 있는 것으로 흔히 알려져 있다. 그러나 실제 임상장면에서는 기계적인 해석은 가능하지 않으며, 올바르고 풍부한 해석을 위해서는 여타의 검사들과 마찬가지로 임상가의 수련과 경험을 필요로 한다.

또한 MMPI 검사가 이 검사 하나만으로 수검자의 모든 것을 알 수 있게 해주는 만능의 검사인 것은 아니다. 때문에 앞서 언급된 바와 같이, 많은 경우 수검자에 대한 올바른 방향의 풍부한 가설을 얻기 위해서는 검사는 총집(battery)으로 실시되어야 할 뿐 아니라 철저한 면담과 관찰도 요구된다. 또한 이런 여러 가지 방법으로 얻어진 정보를 의미 있는 전체로 통합시키는 데 바탕이 되는 정신 병리 및 성격에 대한 지식들을 필요로 한다.

그러나 적절한 실시와 체계적인 해석적 접근에 의한 MMPI는 그 자체만으로도 수검자에 대한 많은 정보와 의미 있는 가설을 제공해 줄 수 있다.

따라서 임상가는 MMPI에 대한 기본적인 바탕을 충실히 하여, 진단과 평가에 있어서 이 검사가 줄 수 있는 이점을 충분히 살릴 수 있도록 하는 것이 필요하다.

2. 검사의 제작과정

심리검사를 제작하는 방법에는 크게 이론적인 방법과 경험적인 방법이 있다. 이론적 근거에 의한 제작방법은 특정한 이론적 틀에 기초하여 제작자가 미리 개개 문항과 채점방향을 선정하는 방식을 말한다. 예를 들어 '꿈을 많이 꾸니까?'라는 질문에 대해 '그렇다'라고 대답하는 것이 우울한 속성을 반영한다고 검사제작자가 생각한다면 그 문항을 우울증 척도에 포함시키게 된다.

20세기 초반의 심리 검사들은 주로 이런 이성적 혹은 이론적 제작방법에 의해 만들어졌다. 그런데 이런 방법에 의하여 제작된 검사들은 논리적으로 이론에 근거하여 분류한 반응이 실제 환자들의 반응과 일치하지 않을 수 있다는 문제점을 가지고 있었다(Bass & Berg, 1959). 이러한 문제점을 해결하기 위한 시도에서 경험적인 제작방법의 필요성이 대두되었는데, MMPI는 이런 경험적인 방법에 의해 제작된 검사이다(Hathaway & McKinley, 1940)(제1장의 '심리검사는 어떻게 발전되어 왔는가' 참조).

경험적인 방식에 의해 제작된 검사는 이론적 근거를 전제로 하지 않고, 단지 그 검사가 변별해내고자 목표하는 집단에 속한 사람들이 통제 집단에 속한 사람들과는 '다르게' 대답하였기 때문에 그 문항을 선택하는 방식으로 만들어진다. 검사 제작의 초기단계에서는 검사개발에 필요한 문항들을 얻기 위하여 이론적 접근을 통해 문항들을 뽑아 두기는 하지만(item pool 구성), 최종 단계에서 그 문항을 질문에 포함시키느냐의 여부는 목표 집단과 통제 집단에서 반응에 차이가 있었는지의 여부에 따라 결정된다. 예를 들어 검사제작자가 "때때로 나는 아침에 일어날 수가 없다"와 같은 문항이 이론적, 논리적으로 생각할 때 우울증을 평가하는 데 사용할 수 있는 그럴듯한 진술문이라고 보았더라도, 우울한 환자들의 표본 집단이 그 질문에 대해서 통제 집단과 다르게 반응하지 않았다면 그 문항은 포함되지 않는 것이다.

Hathaway와 McKinley는 이런 방법을 사용하여, 최초의 문항표본을 이전에 개발된 여러 척도들을 포함하는 다양한 자료들로부터 뽑아낸 1,000여 개 이상의 진술문들로 구성하였다. 그들은 이 중에서 중복되는 문항이나 검사목적에 별로 중요치 않다고 여겨지는 문항들은 제거하고 504개의 최종 문항들을 표집하였다. 다음 단계로 이 문항들을 검증해 보기 위하여 정상집단과 정신과적 환자집단(임상 집단)을 구성하였는데, 정상인 집단은 미국 미네소타 대학병원에 입원해 있는 환자들의 친구나 친척들 중에서 채택된 724명으로 구성하였으며, 임상 집단은 그 당시 미네소타 대학 병원에서 치료를 받고 있던 환자들 중에서 각 진단별로 50명 정도를 뽑아서 구성하였다. 진단이 확실하지 않거나 복합진단을 받은 환자는 연구에서 제외되었다.

이렇게 임상집단과 정상집단이 결정된 다음에, 각 집단의 응답방식을 비교하여 두 집단을 완벽하게 구별하는 항목들을 골라내는 문항선택 작업이 실시되었다. 임상집단과 정상집단별로 각 문항에 대한 "그렇다" 반응과 "아니다" 반응의 빈도를 계산하여, 기준집단과 규준집단 간의 반응빈도 차이가 통계적으로 유의미할 경우 그 항목을 임상척도에 포함시켰다.

이와 같은 방법으로 문항을 선택한 후, 새로운 정상 집단들을 선발하여 다른 임상 환자 집단의 반응과 비교해 봄으로써 교차타당도를 검증하였다. 이렇게 한 이유는 단지 724명의 정상인들이 임상집단들과 문항에 다르게 반응했다고 해서 그 문항이 임상적인 감별을 위한 목적에 성공적으로 사용될 수 있다는 것을 확증해 주는 것은 아니기 때문이다. 교차타당화 실시 결과, 정상집단과 임상집단 간에 유의미한 차이가 계속해서 나타나는 문항들만으로 최종 척도들이 구성되었다.

척도 1(Hypochondriasis)이 맨 처음 제작되었으며 그 이후에 척도 2(Depression)(Hathaway & McKinley, 1942), 7(Psychasthenia)(McKinley & Hathaway, 1942), 그리고 3(Hysteria), 4(Psychopathic Deviate)와 9(Hypomania)(McKinley & Hathaway, 1944)가 제작되었다.

다른 세 개의 임상척도들—5(Masculinity-Feminity), 6(Paranoia) 및 8(Schizophrenia)—은 1956년까지 정식 출판되지는 않았으나, 실제로는 그 이전부터 10년 이상이나 상례적으로 사용되어 왔다.

척도 5(Masculinity-Feminity)와 척도 0(Social introversion)은 다른 임상척도들과는 다른 방식으로 제작되었다. 척도 5는 원래 동성애적인 성적 지향을 가지고 있는 남자와 이성애적인 성적 지향을 가지고 있는 남자를 구별하기 위한 의도에서 만들어졌으나 이런 기능을 효과적으로 수행할 수 있는 문항이 거의 없다는 것이 발견되었다. 그후 이 척도는 사회적으로 '남성들이 가지고 있는 것' 또는 '여성들이 가지고 있는 것'으로 여겨지는 특징들을 구별하는 문항들로 확장되었다.

마지막으로 척도 0이 첨가됨으로써 표준 MMPI의 임상척도들이 완성되었는데, 이는 1946년에 Drake에 의해 개발되었다. Drake는 Minnesota T-S-E 검사에서 사회적인 내향성-외향성 영역에만 한정하여, 상위 65퍼센타일 이상에 속하는 50명의 대학생들과 하위 35퍼센타일 이하에 속하는 50명의 학생들을 구별해 주는 문항들을 선별하여 이 척도를 개발한 뒤, 표준 MMPI에 합병시켰다.

■ MMPI-2의 출판

이렇게 개발된 원판 MMPI는 미국뿐 아니라 전 세계적으로 가장 널리 쓰이는 성격검사로 자리 잡게 되었다. 그러나 1943년에 개발된 이래 MMPI-2가 출판된 1989년에 이르기까지 개정 없이 계속 쓰여 왔던 원판 MMPI는 검사 제작 시 사용한 표본 집단이 연구자의 편의에 의해서 구성되었다는 점(원판의 표준화 연구에 참여한 사람들은 주로 당시 미네소타 주의 미니애폴리스 인근에 사는 사람들로 거의 모두 백인에 35세 정도의 기혼자였음), 그래서 일반적인 모집단을 대표하지 못한다는 비판이 제기되어 왔고, 세월이 지나면서 현재의 평균적인 사람들을 반영하지 못한다는 문제도 생겨나게 되었다.

또한 원판 MMPI에서 사용된 문항들의 단어나 표현이 현재의 어법에 잘 맞지 않게 되었다는 점, 성차별적이거나 종교적인 문제를 야기할 수 있는 단어들이 포함되어 있다는 점, 정규 교육을 받지 않은 사람들은 이해하기 어려울 수 있는 표현들도 문제로 제기되었다. 더불어, 원판 MMPI의 문항 선정에 포함된 예비 문항의 폭이 좁았기 때문에 중요하게 고려되어야 할 성격특성들을 충분히 평가하지 못한다는 비판도 제기되었다.

이런 문제들에 대해서 개선을 하기 위해서 1982년 미네소타 대학의 출반부가 재표준화 위원회를 구성하였고 J. Butcher, W. Dahlstrom, J. Graham을 위원으로 위촉하였다. 이 위원회의 권고를 바탕으로 MMPI의 개정이 결정되었으며 이후 수년간의 개정작업을 통해 1989년 MMPI-2가 출간되게 되었다.

이 과정에서 성인 자료의 수집과 함께 청소년 자료에 대한 수집도 이루어졌고, 청소년에게 적합한 새로운 문항들을 추가하고 검토하여 1992년에는 청소년을 위한 MMPI-A도 출간되었다.

이렇게 원판 MMPI가 MMPI-2로 개정되기는 하였으나, 재표준화 프로젝트의 초기부터 개정의 주 방침은 원판 MMPI와 MMPI-2 사이에는 연속성을 유지시키는 방향으로 나아가야 한다는 것이었다. 이는 원판 MMPI가 출간되고 사용되어 오면서 축적된 방대한 연구결과들을 현대에도 지속해서 적절하게 활용하기 위함이었다(Graham, 1999).

따라서, MMPI-2는 거의 대부분의 영역에서 원판 MMPI와 유사하며, 원판 해석과 관련된 수많은 연구들은 MMPI-2에서도 마찬가지로 직접 적용될 수 있다.

우리나라에서는 1960년대부터 쓰이던 한국판 MMPI를 1989년에 재표준화한 개정판 다면적 인성검사(김영환 외, 1989)가 출판되어 계속 쓰여 오다가, 미네소타 대학 출판부로부터 철저한 검증과 승인을 받아 2005년 MMPI-2를 출간하게 되었다(김중술 외, 2005).

 ## 3. 검사의 구성

원판 MMPI는 566개의 문항(반목문항 16개 포함)으로 구성되어 있었으나, MMPI-2는 문항의 개선 작업을 통해서 567문항으로 개정되었다. 각 문항에 대해 "그렇다"와 "아니다"로 대답하게 되어 있는 질문지형 검사이다. 원판은 4개의 타당도 척도와 10개의 임상척도를 합하여 총 14개의 척도로 구성되어 있었던 데 비해, MMPI-2에서는 타당도 척도가 9개로 늘어났고, 9개의 재구성 임상척도, 5개의 성격병리 5요인척도, 15개의 내용척도와 내용 소척도, 15개의 보충척도가 포함되었다. 이 척도들이 1989년에 한꺼번에 포함된 것은 아니고, 성격병리 5요인 척도는 2002년에, 재구성임상척도는 2003년에, FBS 척도는 2009년에 추가되었다.

표 3-1에 각 척도의 명칭과 기호 및 척도를 구성하는 문항 수가 제시되어 있다.

각 임상척도의 명칭은 MMPI가 제작되었던 시기인 1940년대에 사용되었던 정신과적 진단명이다. 이 명칭들은 그 의미나 내용이 오늘날의 진단명과는 다소 차이가 있다. 또한 실제 임상장면에서 이 검사를 사용해 오면서 특정 하위 임상척도에서 높은 점수를 받더라도 그 척도명과 일치하지 않는 진단이 내려지는 경우가 빈번하게 나타났기 때문에, 현재는 임상척도 이름을 직접 사용하는 대신 10개 임상척도에 일련번호를 붙여서 Hs 척도부터 차례로 척도 1, 척도 2 등으로 명명하여 사용하고 있다.

[표 3-1] MMPI-2의 척도 구성

척 도 명	기 호	약 자	문항수
타당도 척도			
모르겠다 (Can not say)		?	
무선반응 비일관성 (Variable Response Inconsistency)		VRIN	49
고정반응 비일관성 (True Response Inconsistency)		TRIN	20
비전형 (Infrequency)		F	60
비전형-후반부 (Back Infrequency)		F(B)	40
비전형-정신병리 (Infrequency–Psychopathology)		F(P)	27
증상 타당도 (Symptom Validity)		FBS	43
부인 (Lie)		L	15
교정 (Defensiveness)		K	30
과장된 자기제시 (Superlative Self–Presentation)		S	50
임상척도			
건강염려증 (Hypochondriasis)	1	Hs	32
우울증 (Depression)	2	D	57
히스테리 (Hysteria)	3	Hy	60
반사회성 (Psychopathic Deviate)	4	Pd	50
남성특성-여성특성 (Masculinity–Feminity)	5	Mf	56
편집증 (Paranoia)	6	Pa	40
강박증 (Psychasthenia)	7	Pt	48
정신분열증 (Schizophrenia)	8	Sc	78
경조증 (Hypomania)	9	Ma	46
사회적 내향성 (Social introversion)	0	Si	69

4. 실시

MMPI의 실시에 앞서, 먼저 고려해야 할 수검자의 조건들이 있다.

■ 수검자에 대한 고려 사항

1. 독해력 : 가장 중요한 요소로, 적어도 초등학교 6학년 수준 이상의 독해력이 필요하다. 6년 내지 8년간의 정규교육을 받은 사람이라면 MMPI를 수행하는 데 별 어려움은 없을 것이다.

2. 나이 : 만 19세 이상은 MMPI-2를, 만 13~18세는 MMPI-A로 검사를 받게 된다. 독해력이 가능하면 나이의 상한선은 없다고 할 수 있다

3. 지능 : 지적 기능은 다소 낮아도 가능하나, 표준화된 지능검사로 측정되는 IQ가 적어도 80 이상은 되어야 적절한 수행이 가능한 것으로 본다.

4. 수검자의 정신상태 : 심하게 혼란되어 있거나 동요되어 있는 경우를 제외하면 정신적인 손상이 수행에 방해가 되는 것은 아니다. 그러나 수검자의 인지적, 심리적 상태에 따라 검사수행에 걸리는 시간이 달라질 수 있으므로 검사소요시간을 기록하는 것이 필요하다. 너무 긴 시간(우울증 환자나 강박적인 성격을 가진 사람)이나 너무 짧은 시간(충동적이거나 비협조적인 사람)은 진단적으로 유의미할 수 있다. 보통 검사수행에 소요되는 시간은 1시간에서 2시간으로 다양한데, 읽기능력이 제한되어 있거나 비협조적인 태도를 가진 환자의 경우에는 상당히 오래 걸릴 수도 있다.

위에 제시된 요건들이 충족되면 검사를 실시하게 된다. 그런데 MMPI는 투사법적 검사에 비해 상대적으로 실시하기가 쉽기 때문에, 많은 임상가들은 검사자가 수검자의 검사 수행 태도에 미치는 영향과 그로 인해 왜곡된 결과가 초래될 수 있다는 사실을 간과하곤 한다. MMPI를 건네주고 실시요강을 말해주는 의례적이고 단순한 과정에서부터 검사자와 수검자 사이에는 관계가 형성되며 이러한 관계형성이 MMPI뿐 아니라 다른 검사에도 많은 영향을 미치게 된다.

검사자는 진지하고 성실한 태도로 검사의 목적과 결과의 비밀보장 등에 관하여 설명하여 주고, 이 검사에서 얻어지는 정보가 환자와 치료자에게 매우 중요한 자료가 됨을 강조할 필요가 있다.

답안지를 수거하는 과정에서도 검사자는 신중을 기해야 하는데, 채점을 하기 전에 검사자는 수검자가 완성한 답안지를 전체적으로 검토해야 한다. 수검자가 응답을 하지 않은 문항이 얼마나 되는지, 끝까지 완성하였는지, 알아보기 힘들 정도로 형편없이 기입하지는 않았는지, 응답 내용을 반복적으로 지우지는 않았는지 등을 검토한다. 적절하게 응답되지 않았다면 검사에 재응답할 것을 권유해야 한다. 이러한 사항에 대한 검토는 검사의 타당성을 평가해 줄 수 있을 뿐 아니라 수검자의 행동특징을 파악하는 데도 유용하게 사용된다.

검사에 대한 지시는 다음과 같이 한다.

"이 질문지는 일상생활에서 당면하는 여러 가지 문제들을 문항들로 만들어 두었습니다. 문항들을 하나하나 읽어 가면서 그 문항이 당신을 잘 나타내고 있거나 당신 생각과 같으면 답안지의 '그렇다'에 해당하는 칸에 빗금표시를 하시고 그렇지 않으면 '아니다'에 해당하는 칸에 빗금표시를 하십시오."

수검자들이 가장 자주 하는 질문 중 하나는 "내가 요즘 느끼는 대로 대답해야 하나요? 아니면 과거의 일을 생각해서 대답해야 되나요?"에 관한 것이다. 보통 검사자들은 "현재의 상태를 기준으로 하라"고 말해 준다. 때로는 자신이 경험하지 않은 것이기 때문에 대답하기 어렵다고 말하는 경우가 있는데 이때는 "어떤 사실 자체보다 그 문항에 대해 당신이 어떻게 생각하고 느끼는가 하는 것이 더 중요하다"고 말해 준다.

수검자의 불안을 경감시키거나 혼동되는 것을 막기 위해 몇 가지 덧붙여서 얘기해 줄 수도 있는데, 예를 들면 "가능한 솔직하게 대답하라"는 것과 "답을 쓸 때 두 번 표기하지 않도록 주의하라"는 것, "'그렇다', '아니다'로 대답하기 어려운 경우 가장 비슷하다고 느껴지는 방향으로 응답하라"는 것 등이 있다.

5. 해석 방법

MMPI의 해석 시 가장 유의해야 할 점은 다른 모든 검사의 경우도 그러하지만, 면담이나 다른 정보 없이 MMPI 하나만으로 '무정보 해석(blind interpretation)'을 해서는 안 된다는 것이다. MMPI는 수검자에 대한 가설을 제공하는 것이지 수검자에 대한 확실하고 완전한 특성 파악이나 구체적인 행동을 예언하는 것이 아니다.

이와 같은 점을 단적으로 지지해 주는 예로 우리나라에서 행해진 MMPI의 진단 기능에 관한 연구 중 김영환(1981)의 연구를 들 수 있겠다. 그는 '정상인', '신경증 환자', '정신증 환자', '성격 장애자' 네 집단에게 MMPI를 실시하고 진단변별력을 측정하였다. 그 결과, 전체집단의 정확한 진단 분류 예언율은 56% 정도였고, 장애 집단 전체에 대한 예언율은 50% 수준에 불과하였다. 집단별 측정치를 보면, 정상인과 성격장애자는 80% 이상의 예언율을, 신경증 집단은 70%, 정신분열증 집단은 37.9%의 예언율을 나타내었다.

이러한 결과에서 시사되듯이 MMPI만으로 진단적 평가를 내리는 것은 위험한 일이며, 여러 가지 진단적 준거들 가운데 하나의 지표로 보는 것이 바람직함을 알 수 있다. 따라서 면담 및 다른 검사들을 통해 얻은 정보들과 통합하여 가설들을 추론해 가는 과정이 반드시 필요하다.

MMPI나 여러 검사들을 종합적으로 평가할 때 임상가는 나름대로의 틀을 가지고 해석을 시도하고 가설을 검증해 나가게 된다. 여기서는 임상장면에서 자주 쓰이는 절차들을 총 7단계로 나누어 소개하기로 하겠다. 각 단계는 다음과 같이 요약할 수 있다.

■ MMPI의 일반적인 해석 단계

1단계 : 수검자의 검사태도를 검토한다.

2단계 : 척도별 점수를 검토한다.

3단계 : 척도들 간 연관성(혹은 인과성)에 대한 분석을 한다.

4단계 : 척도들 간의 응집 혹은 분산을 찾아보고 그에 따른 해석적 가설을 세운다.

5단계 : 낮은 임상 척도에 대해서 검토한다.

6단계 : 형태적 분석을 한다.

7단계 : 전체 프로파일 형태에 대한 분석을 한다.

각 단계에 대해서 보다 자세히 살펴보기로 하자.

1) 검사태도에 대한 검토

검사태도는 크게 양적, 질적 두 가지 측면에서 평가하게 된다.

양적 측면은 기존의 ?, L, F, K의 네 가지 타당도 척도에 더하여 6개의 새로운 타당도 척도(VRIN, TRIN, F(B), F(P), FBS, S)를 같이 고려하여 검토한다. 여기에 대해서는 뒤에 자세히 기술하도록 하겠다.

검사태도의 질적인 면은 검사 완료에 소요되는 시간, 검사를 수행할 때 보이는 구체적인 행동을 근거로 판단하게 된다. 해석적인 측면과 관련하여 좀더 자세히 살펴보면 다음과 같다.

앞서 지적된 바와 같이 일반적으로 검사에 소요되는 시간은 1시간에서 1시간 30분 정도이다. 2시간 이상 소요되는 수검자는 강박적 경향이 심하여 우유부단하거나, 우울증으로 인하여 정신-운동 기능이 지체되어 있거나, 정신병적 증상들로 인해 혼란되어 있거나, 검사에 저항을 보이는 것일 수 있다. 반대로 검사를 1시간 이내로 지나치게 빨리 끝내는 수검자는 충동적인 사람이거나, 검사에 성의 없는 태도를 보이는 것일 수 있다.

검사 수행 태도도 중요하다. 검사와 관련하여 질문을 지나치게 많이 하거나 한자리에 오랫동안 앉아 있지 못하고 이동을 하거나 주변 자극에 주의가 분산되거나 하는 등의 행동을 보일 수 있다. 이런 다양한 행동특징들은 수검자의 현재 상태와 성격 분석에 중요한 정보를 주게 된다.

그러므로, 검사자는 MMPI가 자기 보고식 검사라고 하여 수검자를 방치하지 말고, 검사를 수행하면서 나타나는 수검자의 행동을 놓치지 말고 잘 관찰하여야 한다.

2) 척도별 점수에 대한 검토

각 척도의 상승 정도를 파악하고 그것이 그 수검자에게서 어떠한 의미로 해석될 수 있는지를 검토해 본다.

각 척도의 점수가 이 수검자에게 있어서 정상범위에 속하는지, 비정상범위에 속하는지, 또한 성별, 연령, 교육수준, 수검자의 증상이나 상황을 고려할 때 가장 가능성 있는 해석은 어떤 것인지에 대한 가설들을 만들어 본다.

개별척도의 상승은 척도가 나타내는 특징들을 수검자가 얼마나 가지고 있는지를 알려 준다. 척도점수가 상승할수록 해당 척도가 대표하는 "문제"들의 심각도가 보다 커지는 것으로 가정할 수 있을 것이다.

3) 척도 간 연관성에 대한 검토

어떤 특정 개별척도의 점수가 의미하는 바와 그로부터 유추할 수 있는 가설들을 종합한 뒤 그것을 근거로 다른 척도들의 상승, 하락 여부에 대한 예측을 해 볼 수 있다. 예를 들어 척도 2(depression)가 상승한 경우 임상가는 척도 9(Hypomania)의 점수가 낮을 것으로 예측할 수 있다. 예측이 맞아 들어가는 경우 임상가는 자신의 가설에 보다 자신감을 가지게 될 것이고, 불일치하는 경우 새로운 의문을 가지고 이러한 문제들을 해결해 가면서 구체적으로 수검자의 모습을 그려 나가도록 한다.

가설이 일관되는 방향으로만 나타나는 프로파일은 매우 드물다고 할 수 있다. 따라서 상반된 가설들을 해결하는 과정이 전체 프로파일 해석에서 매우 중요하다. 수검자의 개인력이나 주 호소내용과 일치하지 않는 정보가 나타날 때는 특히 잘 검토하여 통합적으로 해석적 가설을 세워야 한다.

4) 척도 간 응집 및 분산에 대한 분석

이는 가장 보편적인 해석방법으로, 가장 높이 상승한 두 개의 임상척도 간의 관계를 중심으로 분석하면서 동시에 타당도 척도와의 연관성을 함께 고려하는 것이다.

MMPI 해석체계의 핵심인 상승척도 쌍의 분석을 하기 위해서는, 한 개의 척도만 T점수 70 이상으로 상승하는 단독상승 프로파일도 있으나, 대부분 두 개의 임상척도가

T점수 70 이상(또는 65 이상)으로 상승하는 것을 원칙으로 한다.

또한, 해당 척도의 (동반)상승뿐 아니라 다른 척도들과의 분산도 중요하다. 다른 척도와의 분산이 크면 클수록 상승한 척도들이 나타내는 특징이 보다 뚜렷해진다고 볼수 있다. 예를 들어, 같은 2-4 코드의 프로파일이지만, 다른 척도들에 비해 T점수 10점 이상 차이가 나는 경우가 다른 척도와의 점수 차이가 크게 나지 않는 경우에 비해임상적인 해석이 더욱 확실해지는 것이다.

5) 낮은 임상척도에 대한 검토

해석을 처음 시작하는 초보자들은 흔히 상승척도 쌍이나 높이 상승된 척도에만 주의를 기울일 뿐 점수가 낮은 척도에 대해서는 등한시하는 경향이 있다.

Graham(1999)은 낮은 점수에 대해서 경험적인 연구자료가 비일관적이기 때문에보수적으로 접근할 것을 권유하고 있다. 그는 비임상 장면(예 : 인사선발)에서는 타당한 프로파일인 경우 낮은 점수는 높거나 보통 수준의 점수들보다 더 긍정적인 적응을 시사하는 것으로 해석해야 한다고 말하고 있다. 또한 타당한 프로파일이더라도방어성향이 시사되는 경우와 임상 장면에서의 프로파일은 낮은 점수는 해석하지 말것을 권유하고 있다.

그러나 저자의 의견으로는, 낮은 점수가 반드시 높은 점수가 의미하는 것과 반대되는 내용만을 나타내는 것은 아니고 낮은 점수 나름대로의 특별한 의미가 있는 경우가 종종 있으므로, 프로파일의 낮은 점수에도 충분한 주의를 기울여 이를 해석에포함시키는 것이 좋다고 생각한다.

6) 형태적 분석

이것은 척도를 보다 집단으로 묶어서 검토하는 것이다.

대표적인 방법으로는 세 쌍 또는 네 쌍을 동시에 고찰하는 방법이 있다. 이때에는세 쌍이나 네 쌍의 전반적인 상승 정도뿐 아니라 그 쌍들 내에서의 각 척도의 상대적인 상승 정도도 고려해야 하므로 분석은 더욱 복잡해진다.

먼저, 상승한 셋 또는 네 척도의 형태 내에서 각 척도의 상승 정도에 따른 행동 및임상적 특성을 면밀히 고찰한 후, 거기서 얻어진 정보들을 전체적인 척도 형태의 해석과 종합하도록 한다. 최종적으로는 이 형태 분석으로부터 얻어진 가설들이 지금까지의 분석에서 도출된 다른 정보들과 일치하는지 아닌지를 검토하여 일치하는 가설을 환자의 중요한 특징으로 간주한다.

7) 전체 프로파일 형태에 대한 분석

이 단계에서 주로 고려하게 되는 것은 신경증 영역의 척도들(척도 1, 2, 3)과 정신증 영역의 척도들(척도 6, 7, 8, 9)이 보이는 상승도 및 기울기이다.

이 임상척도들의 전반적인 상승도는 수검자가 얼마나 고통을 심하게 겪고 있는가 하는 것과 그 수검자가 시인하고 있는 증상들이 얼마나 자아 수용적(ego-syntonic)이 냐 혹은 자아 비수용적(ego-dystonic)이냐 하는 것을 나타낸다.

'정적 기울기'는 정신증 네 척도가 신경증 세 척도보다 더 높이 상승한 상태를 말하는데, 이는 대개 수검자에게 충동통제력의 제한, 현실과의 관계 손상, 지남력의 상실 및 혼란 상태를 수반한 심리적 장애가 있을 때 잘 나타난다. '부적 기울기'는 정적 기울기의 반대 형태로, 불안, 우울, 사기저하 및 여러 가지 신체적 증상을 주로 보이면서 정신증적 왜곡현상이 없는 다양한 신경증적 상태에서 나타난다.

6. 개별 척도에 대한 해석

이하에서는 MMPI-2를 구성하고 있는 개별 척도들이 각각 평가하고자 하는 바에 대해서 살펴보기로 한다. 각 척도별 해석적 의미와 점수 수준별로 추론가능한 가설들에 대해서도 함께 살펴볼 것이다.

1) 타당도 척도

자기보고식 검사는 시간과 노력이 절약되며 객관적인 표준화가 용이하고 실시가 간편하다는 면에서 많은 장점을 가지고 있다. 자기보고식 검사가 효과적인 성격평가 방법이 되기 위해서는 수검자가 자신의 행동이나 마음상태를 정확히 알고 있어야 한다는 것과 왜곡 없이 솔직하게 검사에 반응해야 한다는 전제조건이 있어야 한다.

그러나 자신의 심리상태를 정확히 파악하고 있는 사람은 드물고 자기보고식 검사는 자신이 원하는 방향으로의 조정이 가능하기 때문에, 자기의 상태를 솔직하게 보고하지 않고 지나치게 좋은 측면만을 나타내려고 하거나 혹은 경우에 따라서는 부정적인 측면을 과장하여 보고할 가능성이 많게 된다. 수검자가 자신의 상태에 대한 인식이 부족하여 제대로 된 대답을 하지 못하였든지 아니면 고의로 올바른 대답을 하지 않았든지 간에 검사자는 수검자가 올바르게 반응하지 않았을 가능성에 대해서 알고 있는 것이 중요하다.

MMPI는 이와 같은 문제들을 고려하기 위하여 수검자가 취한 검사태도에 대해서

까지 측정할 수 있도록 한 최초의 검사이다. Meehl과 Hathaway는 검사태도를 두 가지로 나누어, 좋게 보이려는 태도(faking-good)와 나쁘게 보이려는 태도(faking-bad)로 구분하고 이것들을 측정하기 위한 방법들을 고안하였다. 동일문항을 똑같은 형태로 반복하는 방법 혹은 긍정문을 부정문으로 바꾸어 제시하는 방법 등을 통해 수검자가 일관성 있게 반응하는지(반응경향성)를 보고자 하였다. 또한 좋게 보이는 방향으로 반응하거나 나쁘게 보이는 방향으로 반응할 수 있는 기회를 제공하는 문항들을 별도로 제작하여 검사에 포함시켜 수검자의 검사태도를 파악하고자 하였다.

이런 방식으로 개발된 타당도 척도는 원판 MMPI에서는 ?, L, F, K의 네 가지였으나, 언급한 바와 같이 MMPI-2에서는 VRIN, TRIN, F(B), F(P), FBS, S의 6개가 추가되어 모두 10개가 되었다. 이들 타당도 척도들은 잘못된 검사태도를 탐지하게 해 줄 뿐 아니라, 임상척도와 함께 검사 장면 외에서의 행동에 대하여 유추할 수 있는 자료까지도 제공해 준다.

MMPI-2에서의 타당도 척도에 대해서 살펴보면 다음과 같다.

(1) ?척도 (모르겠다, Can not Say)

?척도의 점수는 응답하지 않은 문항, 즉 답하지 않았거나 "예", "아니요" 모두에 답한 문항들의 총합이다.

■ 원점수가 10 이하

정상 범위에 속한다고 볼 수 있으나, 누락된 문항들이 무작위적인가 아니면 어떤 패턴을 이루고 있는가 등 누락된 항목들의 내용을 검토해 보는 것이 바람직하다.

■ 원점수가 10에서 30 미만

대개의 사람들이 나타내는 것보다는 더 많은 문항들을 빠뜨린 것이다. 임상적 프로파일의 전체적인 상승이 낮아져서 개인 특유의 성격특징을 정확하게 알 수 있는 가능성이 감소된다. 따라서 그것들이 속하는 척도를 알아볼 필요가 있으며 다시 한 번 문항들을 완성하도록 격려할 필요가 있다.

■ 원점수가 30 이상

프로파일이 무효일 가능성이 높다. 다음과 같은 가능성을 살펴보아야 한다.

1. 문장을 읽고 이해하는 데 어려움이 있음.
2. 검사 및 검사자에 대한 강한 불신감이 존재함.
3. 검사 및 검사자에 대한 반항적이고 비협조적인 태도

4. 자신에 관한 정보를 누설시키지 않으려는 경향성.

5. 지나친 강박성으로 인해 어떤 것이 '바른' 답인지에 대한 결정을 내리기가 어려움.

6. 개인에게 특별히 민감한 부분에 대해서 개방하는 것을 꺼림.

7. 정신적 혼란으로 인하여 문항을 빠뜨린 사실조차 알지 못함.

8. 심한 우울증으로 인하여 문항에 대한 결정을 내리기가 어려움.

(2) VRIN (무선반응 비일관성 척도, Variable Response Inconsistency)

VRIN척도는 내용이 유사하거나 또는 상반도는 문항 쌍으로 구성되어 있으며, 각 문항 쌍의 내용에 비추어 서로 불일치하는 비일관적인 반응이 나타나는지를 통해 검사 태도의 타당성을 살피게 된다. 즉, 수검자가 무선적으로, 즉 문항의 내용을 고려하지 않고 '아무렇게나' 반응하는 경향을 탐지한다.

일반적으로 VRIN척도의 원점수가 13점 이상(T≥80)일 때는 검사의 타당성을 의심해야 한다.

F척도 점수가 상승한 경우 VRIN척도와의 관계를 통해 어떤 이유로 상승했는지를 이해하는 데 도움을 받을 수 있다. 예를 들어, F척도와 VRIN척도가 함께 상승했다면 수검자가 무선 반응을 했을 가능성이 시사된다. F척도는 높지만 VRIN척도는 낮거나 보통 수준이라면, 자신의 문제에 대해서 솔직하고 타당하게 응답한 경우이거나 자신의 문제를 과장하려는 의도를 가진 경우라고 생각할 수 있다.

(3) TRIN (고정반응 비일관성 척도, True Response Inconsistency)

TRIN척도는 모두 내용이 상반된 문항쌍으로 이루어져 있다. 이를 통해 수검자가 문항 내용과 관계없이 모든 문항을 '그렇다'로 반응하거나 '아니다'로 반응하는 경향을 탐지한다.

TRIN의 원점수가 13점 이상(T≥80)인 경우는 '그렇다' 방향으로 답한 경우(80T)이며, 원점수가 5점 이하(T≥80)인 경우는 '아니다' 방향으로 답한 경우(80F)이다. 이두 경우 모두 검사 자료의 타당성을 의심해야 한다.

(4) F척도 (비전형 척도, Infrequency)

F척도는 검사문항에 대해 개인이 보고하는 내용들이 대부분의 사람들과 얼마나 다른가를 반영하는 60개의 문항들로 구성되어 있다.

보통 사람들과는 다른 생각(예 : 정신병을 가진 사람)이나 이상한 태도(예 : 비행청소년), 이상한 경험을 가진 사람들에게서 F척도가 상승한다. 또한 무작위적으로 대답하였거나, 문항내용을 이해하지 못한 사람, 의식적으로 자신을 부정적으로 보이려고 하는 사람에게서도 F척도가 상승한다. 극단적인 상승은 정신장애와 관련이 있으며 현실검증력의 손상을 반영하기도 한다. 이 점수가 높을수록 정신 병리가 심하다고도 볼 수 있다.

F척도가 높을 때는 우선 VRIN척도를 살펴보아야 한다. 문항들에 무작위로 대답한 경우, VRIN척도의 점수가 상승하게 될 것이기 때문이다. VRIN척도의 T점수가 79이상이라면 그 프로파일은 해석이 불가능하다. 그러나 VRIN척도가 보통 범위에 있다면 수검자가 무작위로 대답하여 F척도가 상승했을 가능성은 배제할 수 있다.

다음으로는 TRIN척도를 검토해야 한다. 고정 방향으로 대답하는 태도 때문에 F척도가 상승했다면 TIRN척도도 상승할 것이기 때문이다. 따라서 TRIN척도의 T점수가 79이상이라면 그 프로파일은 해석이 불가능하다.

그러나 VRIN이나 TRIN이 모두 평균 범위 내에 있다면 F척도의 상승은 심각한 정신병리를 시사하거나 심리적 문제를 과대보고하려는 수검자의 태도를 반영하는 것일 수 있다. 이에 대해서는 F(P) 척도를 고려하여 판단에 도움을 받을 수 있다.

■ T점수 50 이하
사회적인 순응성이 높고 특별한 괴로움이 없이 정상생활을 하는 사람으로 볼 수 있다. 그러나 20 이하의 지나치게 낮은 점수를 보이는 경우는 성실하지만 보수적이고 융통성이 없는 사람에게서 보일 수 있다. 또는 일부 정신과 환자에게서 나타날 수 있는데, 정상인처럼 보이기 위해 자신의 문제를 부인하거나 최소화하는 경우가 있을 수 있다.

■ T점수 50~64
어떤 특정한 영역(가정문제, 종교문제, 건강문제 등)에 문제가 있을 가능성을 나타내기도 하고 사고의 독자성이나 완고함을 나타내기도 한다. 청소년이나 대학생 집단 또는 창의적인 사람들은 이 정도로 F척도가 상승하기도 한다.

정신 병리를 가지고 있는 사람인 경우 자신이 가진 문제에 적응되어 심하게 괴로워하지 않는 상태일 수 있다.

■ T점수 65~79
이 범위에 속하는 F척도를 보이는 사람들은 심리적 고통이 심하거나 비정상적이고 비관습적인 사고나 태도를 가지고 있을 수 있다. 자아정체감이나 소속감에 문제가 있을 수 있다. 우울하고 불안하며 안정적이지 못한 상태에 있음을 나타낸다.

■ T점수 80 이상

고의적으로 자신의 문제를 과장하여 반응하였거나, 문맹 등의 이유로 문항을 이해하지 못하였거나, 비협조적인 태도로 인해 아무렇게나 문항에 기입하였을 가능성이 있다. 또는 망상적 사고나 현실검증능력의 장해와 같은 정신증적인 문제로 인해 심하게 혼란된 환자나 뇌손상 환자에게서도 나타날 수 있는데, 이런 경우 F척도는 매우 심한 정신병리를 의미한다.

만약 척도 2, 척도 7과 같은 정서적 고통감을 나타내는 척도가 정신증 상태를 나타내는 척도 6, 8 또는 척도 9번보다 높게 상승되었다면 환자가 극도로 불안하여 도움을 요청하고 있음을 반영한다.

(5) F(B) (비전형–후반부 척도, Back Infrequency)

검사 후반부의 비전형 반응을 탐지한다. 검사를 실시하는 과정에서 발생하는 수검자의 수검태도 변화를 알아내는 데 사용된다.

원판의 F척도에 속하는 문항들은 모두 검사지의 전반부에 배치되어 있었기 때문에, 표준적인 F척도만으로는 검사지의 후반부에 수검자가 타당하게 응답했는지의 여부를 평가할 수 없었다. 이를 보완하기 위하여 F(B)척도는 검사지의 후반부에 배치되었다.

표준 F척도가 타당하다고 여겨지는 자료에서 F(B)척도의 점수가 상승했다면, 이는 수검자가 검사지의 후반부에 제시된 문항들에 대해서는 타당하지 않은 방식으로 응답했을 가능성이 있음을 의미한다. 이런 경우 검사지의 전반부에 배치된 문항들을 중심으로 채점되는 표준척도들(L, F, K 및 임상척도들)은 해석할 수 있지만, 검사지의 후반부에 배치된 문항들을 중심으로 채점되는 보충척도, 내용척도 및 기타 척도들은 해석해서는 안 된다.

F(B)척도의 점수가 유의미하게 상승했고(임상장면에서 T≥110, 비임상장면에서 T≥90) F(B)가 F척도의 T점수보다 적어도 30점 이상 높을 경우에는 후반부의 수검태도가 변화했을 가능성이 크다고 보아야 한다고 제안되고 있다.

(6) F(P) (비전형–정신병리 척도, Infrequency-Psychopathology)

정신과 외래 환자와 일반 규준 집단 모두에서 매우 낮은 빈도로 반응한 문항들로 구성되어 있다. 즉, 일반 규준 집단뿐 아니라 정신과 환자들마저도 채점되는 방향으로는 거의 응답하지 않는 문항들로 되어 있다. 따라서, 정상인들이 거의 응답하지 않기 때문에 선정된 문항들로 구성된 F척도에 비하여 F(P)척도들은 실제로 심각한 정신병리를 반영할 가능성이 훨씬 낮다고 볼 수 있다. 이를 이용해 F척도가 상승되었을 때 실제적인 정신병적 문제로 인한 것이지 아니면 의도적으로 자신을 부정적으로 보이려는 태도로 인한 것인지를 판별하게 된다.

F척도가 높으면서 F(P)척도도 높다면 이는 부정왜곡하려는 태도를 나타내며, F척도는 높지만 F(P)는 높지 않다면 이는 실제의 정신 병리를 반영하고 있다고 볼 수 있다.

F(P)척도의 T점수가 100 이상인 경우 부정 왜곡 또는 무선 반응이 시사된다고 알려져 있다.

(7) FBS (증상 타당도, Symptom Validity)

이 척도는 개인 상해 소송 장면에서 자신의 증상을 과장하려는 사람들을 가려내기 위해서 개발되었다.

VRIN이나 TRIN이 상승하였을 경우에는 비일관적인 반응의 가능성을 고려하여 해석하여야 한다. 그러나 FBS가 평가하는 과대보고 영역은 다른 과대보고 측정치인 F, F(B), F(P)와는 다르므로, 독립적인 해석이 가능하다. T점수가 79 이하인 경우에는 과대보고의 증거가 없다고 보고 해석가능한 것으로 판단하지만, 그 이상이 되면 수검자가 자신의 증상에 대해서 과대보고하고 있는 것으로 판단하게 된다.

(8) L척도 (부인 척도, Lie)

L척도는 자신을 양심적이고 사회적으로 바람직하며 모범적인 사람으로 보이려는 솔직하지 못한 태도를 파악하고자 구성되었다.

15개의 문항들로 구성되어 있는데, 이 문항들은 극히 양심적인 소수의 사람들에게서나 찾아볼 수 있는 태도나 행동을 나타내는 항목들이다. 대개는 사소한 부정직이나 사소한 인간적인 결점과 같은 문항들로, 어떤 것이 비정상적인 반응인지를 쉽게 알아볼 수 있는 명백 문항들이기 때문에 교육 수준이 높고 심리적으로 자신을 세련되게 방어하는 사람들은 대체로 이러한 문항들에 반응하지 않는다. 따라서 교육배경이나 사회경제적 배경을 고려하여 판단하여야 하는데 그 사람의 교육수준이나 지능수준에서 기대된 수준보다 L척도 점수가 높다면 수검자가 자신을 긍정적인 모습으로 보이고자 지나치게 노력하며 자신의 문제를 부인(denial)하고 있을 가능성에 대해 고려해 보아야 한다.

모든 L척도는 '아니다'로 채점되므로, L척도의 경향을 파악하기에 앞서 우선 TRIN 척도의 반응 경향성을 살펴볼 필요가 있다.

■ T점수 53 이하

수검자는 문항에 솔직하게 대답하였으며, 자신의 사소한 결점이나 문제점들을 인정할 수 있을 정도로 자신에 대한 신뢰감이나 자신감이 높다고 볼 수 있다.

■ T점수 53~60일 경우

사회적으로 순응적이고 관습적이며, 자기 통제나 도덕적 가치문제에 대해 걱정이 많다. 부인(denial)의 방어기제를 주로 사용한다.

■ T점수 60~70일 경우

보편적인 인간적 결함까지 부인하면서 좋게 보이려는 욕구가 강한, 방어적인 사람이다. 매우 경직되어 있고 완고한 사람으로, 자신의 결점이나 수용할 수 없는 욕구를 억압(repression)하거나 부인(denial)하며 자신의 동기나 행동에 대한 통찰력이 부족하다. 자기의 생각만을 고집하고 자기중심적인 면이 있으며 스트레스에 대한 인내력도 부족하여 실제적인 문제해결력이 떨어진다.

■ T점수 70점 이상

삽화성 우울이나 불안을 가진 사람으로, 긴장되어 있고 불안해 보이며 수동적이고 고립되어 있다. 사람을 쉽게 사귀지 못하고 다른 사람이 자신을 어떻게 보고 있는가에 대해 잘 모르며 상황에 대해 느리고 자연스럽지 못한 반응을 보인다.

(9) K척도 (교정 척도, Defensiveness)

L척도에 비하여, 포착되기 어렵고 보다 효과적인 방어적 태도에 대해서 측정한다. 30개의 문항으로 구성되어 있다.

K척도는 일차적으로 타당도 척도이지만 자아강도, 현실접촉, 대처능력, 검사태도 등과 같은 임상적 정보들도 알려 준다. 방어심과 경계심을 측정한다는 점에서 L척도가 측정하는 행동과 유사한 부분이 있지만, L척도보다는 세련되고 간접적인 방식으로 자신을 방어한다는 점에서 차이가 있다.

그러나 적절한 수준으로 상승된 K점수는 자신의 심리적 문제를 다룰 수 있는 능력이 있으며 적절한 수준의 자아강도나 현실감각이 있음을 나타내 준다.

이 척도는 하나를 제외하고는 모두 '아니다' 방향으로 채점하게 되므로, 상승한 경우 우선 TRIN척도를 검토할 필요가 있다.

■ T점수 45 이하

이 점수에 속하는 K점수를 보이는 수검자는 자신의 심리적 문제를 기꺼이 인정하고 있으나, 대처능력이나 방어수준이 저하되어 있어 스스로의 힘으로는 자신의 문제를 해결할 자신이 없다고 생각하며 자기비판적인 경향이 있다.

35 이하의 매우 낮은 T점수를 보이는 수검자는 자신의 문제점이나 단점을 과장해서 보이는 경향이 있거나, 극단적으로 자기비판적인 사람일 수 있다. 즉각적인 도움을 요청하거나 입원을 요하는 급성 정신증적 상태의 환자가 아닌 경우라면 꾀병(malingering)을 의심해 볼 수 있다.

■ T점수 45~60

자기노출과 자기보호 간에 적절한 균형을 유지하고 있으며 일반적으로는 자신의 생활을 잘 통제하고 있다고 느끼는 사람이다. 임상척도가 상승하더라도 합리적인 대처능력을 가진 편이어서 임상척도에서 나타나는 심리적 증상이 덜 극적이며 다른 사람들에게 명백하게 드러나지 않는 경향이 있다.

심리치료에도 충분히 견딜 수 있는 자원이 있어 치료에 잘 반응하며 예후도 좋은 편이다.

■ T점수 60~70

심리적 문제를 잘 인정하려 하지 않는 방어적인 사람으로 부인(denial)과 억압(repression)의 방어기제를 주로 사용한다. 정상인인 경우에는 독립적이며 활력 있고 융통성이 있으며 다양한 영역에 관심이 있고 자신의 삶을 잘 통제하고 이끌어 나가고 있다는 느낌을 반영하기도 한다.

■ T점수가 70 이상

매우 방어적이며 자신에게 문제가 있다거나 자신의 생활을 통제하는 데 어려움이 있음을 시인하는 것을 견디지 못하는 사람에게서 나타날 수 있다. 정서적 문제를 가진다는 것은 약한 모습이라고 생각하여 외부에 자기자신의 적절성과 통제력을 과시하려고 지나치게 노력하며 외부의 평가에 민감하다. 자신의 문제에 대한 이해나 통찰력도 부족한 편으로, 심리치료에 대한 예후도 좋지 않다.

(10) S (과장된 자기제시 척도, Superlative Self-Presentation)

방어성에 대한 추가적 정보를 주는 척도로, 긍정 왜곡을 하는 경우를 탐지해 내도록 구성되었다. 이 척도의 문항 50개 중 44개가 모두 '아니다'로 채점되기 때문에 TRIN 척도와의 관계를 고려하여 해석하여야 한다.

대체로 T≥70일 때는 수검자가 매우 방어적인 태도로 응답하여 검사자료를 무효로 간주할 수 있음을 시사한다. 특히 임상장면에서 이렇게 상승한다면 다른 자료들을 해석하지 말아야 한다. 비임상 장면에서는 수검자들이 어느 정도 방어적 성향을 보이는 것이 전형적이므로 T≥75일 때 자료를 해석하지 말아야 하며, 70~75점 사이일 때에는 다른 척도들의 점수가 다소 과소 추정되었을 것이라는 것으로 감안하여 해석할 수 있다.

T점수 70 이하의 보통 점수일 때에는 그리 방어적이지 않은 태도로 응답했으며 다른 척도들의 점수를 해석할 수 있음을 시사한다.

부정 왜곡하려는 경우에 T점수 40 이하로 떨어지는 경우도 있지만, 증상을 허위로 꾸며내는 경향을 탐지하기 위해서는 앞서 설명된 다른 타당도 척도들을 고려하는 것이 좋다.

2) 타당도 척도의 여러 형태

사실, 이 단락의 내용은 L, F, K척도가 프로파일상 나란히 나타나던 원판 MMPI에서 적용되던 것들이다. 현재의 MMPI-2에서는 더 이상 이런 모양의 타당도 형태가 나타나지 않지만, 상대적인 상승 정도를 하나의 형태로 고려하던 기존의 방식이 현재에도 시사하는 바가 있다고 생각하여 여기에 실어 두기로 한다.

원판 MMPI에서는 L, F, K 세 가지의 타당도 척도를 상대적인 상승도에 따라서 다음과 같은 유형들로 구분하여 의미를 파악해 왔다. 각 경우에 해당되는 해석적 가설들은 다음과 같다.

(1) 삿갓형(∧형)

① L척도와 K척도가 T점수 50 이하 / F척도는 T점수 60점 이상
임상 장면에서 가장 자주 보게 되는 프로파일 형태로, 수검자가 자신의 신체적·정서적 곤란을 인정하고 이와 같은 문제들을 스스로 해결할 자신이 없어 도움을 요청하고 있는 상태이다.

② L척도와 K척도는 T점수 55~60 사이 / F척도는 T점수 70 이상으로 상승
수검자가 자신의 문제를 인정하면서 동시에 이들 문제에 대하여 자신을 방어하고자 애쓰고 있지만, 이러한 방어가 비효율적이어서 실제로 자신의 문제를 해결하지 못하고 있는 상태이다. 만성적인 적응 곤란 환자들에게서 전형적으로 볼 수 있는 프로파일이다.

③ L척도가 T점수 50 이하 / F척도는 K척도와 같거나 보다 큼 / K척도는 T점수 55 이상인 경우

오랫동안 지속되어 온 문제를 가지고 있으나 이제는 거기에 적응되어 별 불편을 느끼지 않는 상태. F척도가 70점 이상으로 상승하여도 이에 대한 심리적 고통을 거의 느끼지 않으며 단지 현재 증상이나 당면한 문제만을 처리할 수 있게 되기를 바란다. 현재의 스트레스가 경감되면 이에 만족하고 F척도도 감소하게 된다.

(2) V형

L척도와 K척도는 적어도 T점수 60 이상, 때로 T점수 70 가까이 상승하는 반면 F척도는 T점수 50 이하인 경우로, 바람직하지 못한 감정이나 충동 혹은 문제들을 부인하거나 회피하려고 하며 자신을 가능한 좋게 보이려고 애쓰는 상태를 반영한다.

방어적인 정상인이나 입사 지원자들에게서 흔히 나타나며 히스테리 환자 또는 건강염려증 환자 등에서도 자주 나타난다. 입원환자의 경우 만성적인 정신장애를 가지고 있을 경우에도 이러한 프로파일을 보일 수 있다. 이러한 패턴을 보이는 사람들은 부인(denial)과 억압(repression)의 방어기제를 많이 사용하며 치료에 자발적으로 응하는 경우는 거의 없다.

(3) 정적 기울기(/ 모양)

L척도는 F척도보다 낮고, F척도는 K척도보다 낮은 형태는(일반적으로 L척도가 T점수 40 정도이며 F척도는 T점수 50~55 정도, K척도는 T점수 60~70에 속함) 일상생활에서 흔히 당면하는 여러 가지 문제들을 해결할 수 있는 적절한 능력이 있고 현재 어떠한 심한 갈등이나 스트레스 같은 것을 겪고 있지 않는 정상적인 사람에게서 흔히 볼 수 있다. 대졸 학력자나 입사지원자 또는 자신을 좋게 보이려는 경향을 가진 사람에게서도 나타날 수 있다. "세련된 방어 프로파일"이라고 부르기도 한다.

(4) 부적 기울기(\ 모양)

L척도는 F척도보다 높고, F척도는 K척도보다 높은 경우이다(일반적으로 L척도는 T점수 60 정도이며 F척도는 T점수 50 정도를 보이고 K척도는 T점수 40~45에 위치함).

다소 유치한 방식으로 자신을 좋게 보이려고 애쓰는 사람들로, 대개는 교육수준이나 사회경제적 수준이 낮은 계층에서 많이 나타난다. 좋게 보이려는 시도는 미숙(naive)하여 대개는 실패하며, 신경증 세 척도(1, 2, 3)가 동반 상승하는 경우가 많다.

3) 임상 척도

이제부터는 각 임상척도의 구성과 그 척도의 점수가 의미하는 내용에 대해서 살펴보도록 한다. 앞서 해석 부분에서 언급했듯이, 일반적으로 T점수가 70점 이상으로 상승되는 높은 척도와 지나치게 낮은 척도들에 대해서 해석을 하며 단일 척도 점수보다는 척도들의 형태들을 분석하는 것이 일반적이다.

T점수가 30~70 사이에 있을 경우를 정상범위로 보고 이러한 프로파일에 대해서는 특별한 해석을 하지 않는 것이 통례이지만, 다른 검사에서 나타나는 증후나 신상자료, 현 병력과 일치하지 않는다면 해석을 달리해야 할 것이다. 따라서 여러 다른 검사자료나 환자의 정보들을 통합적으로 살펴봐야 하며 절대적인 점수뿐 아니라 전체 프로파일의 형태에서 나타나는 상대적인 점수차이나 다른 척도와의 연관성도 함께 고려해야 한다.

(1) 척도 1: 건강염려증(Hypochondriasis, Hs)

척도 1은 신체기능에 대한 과도한 불안이나 집착 같은 신경증적인 걱정이 있는지를 알아보려는 것이다. 총 32문항으로 구성되어 있으며 실제로 기질적인 원인이 있는지 없는지와는 관계없이 '신체적 증상에 대한 과도한 관심과 염려'를 나타낸다.

■ 척도 1이 높은 경우
- 척도 1이 T점수 70 이상 높게 상승된 사람들은 자신의 신체적 증상에 과도하게 집착하며 다양한 신체증상을 호소한다.
- 신체적 호소는 대개 모호하지만, 대부분 위장계통의 장애를 호소하며 그다음으로는 만성적인 피로감, 통증 및 무력감 등을 호소한다.
- 자기중심적이고 자기도취적인 성격을 가지고 있다.
- 스스로에 대한 불만감이나 불행감이 심하고 주위 사람들까지 비참하게 만든다.
- 대인관계에서 불평이나 비난을 많이 하고 요구적이며 의존적인 태도를 보인다.
- 비관적이고 패배주의적이며 도움을 주려는 노력들에 대해 냉소적인 반응을 보인다.
- 타인에 대한 적개심을 간접적으로 표현한다.
- 타인을 지배하고 조종할 목적으로, 실제적이거나 혹은 상상적인 신체증상을 나타낸다.
- 불안이 많으나 이를 언어적으로 잘 표현하지 않는다.
- 신체적 증상은 의존욕구가 전치된 것이며 불안을 다루는 수단이 되기도 한다.
- 자신의 심리적 문제에 대한 통찰력이 부족하다.
- 심리적 및 신체적 치료에 대한 예후가 좋지 않다.
- 흔히 신체형 장애, 우울장애, 불안장애 진단이 내려진다.
- 실제로 신체적인 질병이 있는 개인에게 나타나기도 하는데, 이때는 중간 정도로 상승되는 점수를 보이는 경우가 많다.

- 정상인이 척도 1에서 60~65T 정도의 가벼운 상승 점수를 보일 경우에는 양심적이며 사려 깊고 신중한 태도를 반영한다.

■ **척도 1이 낮은 경우**
- 심각한 질병이 아닌 이상 어떠한 신체적 고통이나 아픔 정도는 무시할 정도로 건강에 대한 자부심을 갖고 있다.
- 보건직에 종사하는 사람이나 건강염려증 환자의 가족에게서도 나타난다.
- 병을 나약함과 동일시하여 부정적으로 생각하는 경향이 있을 수 있다.
- 일반적으로 이들은 일상생활에서 별 문제 없이 효율적으로 살아간다.
- 자신의 심리적 문제들에 대해 통찰력을 가지고 있고, 예민하고 기민하며 책임감과 지각이 있다.

(2) 척도 2: 우울증(Depression, D)

척도 2는 우울증상을 측정하기 위한 것으로 총 57개의 문항으로 구성되어 있다. 슬픔, 사기저하, 미래에 대한 비관적인 생각, 무기력 및 절망감 등을 나타낸다. 척도 2는 현재의 정서상태에 민감하고 단독상승하는 경우는 드물기 때문에 나머지 다른 프로파일의 형태를 고려해서 해석하도록 해야 한다.

■ **척도 2가 높은 사람**
- T점수 70 이상으로 높게 상승되었을 경우 우울 증상이 나타난다.
- 불행감과 우울한 기분을 느끼며 일상생활에 대한 흥미나 즐거움이 상실되어 있다.
- 불안하고 위축되어 있으며 자존감이 낮고 비관적이다.
- 지나치게 과민하고 걱정이 많으며 죄의식을 잘 느낀다.
- 자신이 무가치하고 일을 잘 해낼 수 없다고 느끼며 쉽게 포기한다.
- 어떤 일을 시작하거나 결정을 내리는 데 어려움을 느낀다.
- 잘 울며, 동작이 느리고 기운이 없으며 피로감을 자주 느낀다.
- 집중력이 감퇴되며 초조감을 자주 느낀다.
- 불면증이나 식욕감퇴 등의 신체증상을 나타내기도 한다.
- 어떤 일을 시작하거나 결정을 내리는 데 어려움을 느낀다.
- 타인과의 친밀한 관계를 회피하며 혼자 있고 싶어한다.
- 흥미 범위가 좁아지며 과거 즐겨했던 활동들을 그만둔다.
- 불쾌한 일에 직면하기를 피하며 지나치게 자신을 억제하고 양보한다.
- 현재 상황에 대한 불만을 인정하며 주관적 고통을 느끼고 있으므로 심리치료에 반

응적이다. 그러나 지나치게 높은 경우에는 무기력감 때문에 치료에 대한 의욕조차 결여되어 있다.

- 중간 정도로 높은 점수(60~70T)는 생활에 대한 가벼운 불만을 의미하며, 이 같은 불만이 아주 심하지 않으므로 크게 걱정할 정도가 아니든가 혹은 너무 오랫동안 지속되어 그것과 더불어 살고 있는 상태임을 나타낸다.

■ 척도 2가 낮은 사람
- 자신감 있고 활동적이며 활기가 넘친다.
- 기민하고 재치가 있다.
- 정서적으로 안정되어 있으며 낙관적이다.
- 사회적인 상황에서 편하게 느끼며 외향적인 사람으로 보여진다.
- 경쟁적이고 지도자의 역할을 맡고자 한다.
- 자제력이 부족하고 자기중심적이거나 자기과시적인 경우도 있는데, 특히 척도 K 와 척도 9가 높을 때에 그러하다.
- 다른 사람들에게서 적대감을 불러일으킬 수 있고 가끔 권위자와 갈등상황에 놓일 수 있다.

(3) 척도 3: 히스테리(Hysteria, Hy)

60개의 문항으로 구성되어 있다. 심리적 고통을 회피하는 방법으로 부인(denial)을 사용하는 정도를 측정한다.

문항들은 서로 다른 두 가지 유형으로 구성되어 있는데, 하나는 특정한 신체적 증상을 나타내는 문항들이며, 다른 하나는 자신은 사회적으로 잘 적응하고 있고 어떠한 심리적 문제도 가지고 있지 않다고 주장하는 것을 나타내는 문항들이다.

부인(denial)을 많이 사용하는 사람들은 자신의 신체적 문제들은 인정하지만 심리적 혹은 정서적 문제들은 부인하려 한다. 또한 이 척도는 '표현'의 정도를 나타내주기도 하는데, 경미한 상승을 보이는 사람들의 긍정적인 특징으로 감정이 풍부하고, 예민하며, 정이 많고 우호적인 측면들을 들 수 있다. 그러나 이러한 장점들이 스트레스를 많이 받으면 심신장애나 부인방어(denial)를 나타내는 것으로 변모한다.

■ 척도 3이 높은 경우
- 현실적 어려움이나 심리적 문제를 다루는 방법으로 억압(repression)과 부인(denial)을 자주 사용한다.
- 주로 신체적 증상을 나타내어 책임을 회피하려 한다.

- 두통, 흉통, 위장불편, 무기력감, 심박항진 등을 호소하는데, 보통 스트레스를 받으면 갑자기 나타났다가 스트레스가 지나가면 사라진다.
- 긴장이나 불안감, 우울감 등의 정서적 고통은 잘 호소하지 않는다.
- 심리적으로 미성숙하고 어린애 같으며 감정기복이 심하다.
- 자기도취적이며 자기중심적이다.
- 타인으로부터 많은 주의와 애정을 요구한다.
- 타인으로부터 관심과 애정을 받으려고 간접적이고 부정한 수단을 동원하기도 한다.
- 적절한 관심을 받지 못하게 되면 적대감을 가지지만, 이와 같은 감정을 부인(denial)하며 직접적으로 분노를 표현하지 못한다.
- 외양적으로는 우호적이고 정서적 친밀감을 표현하지만, 실제로는 피상적이며 타인에 대한 공감능력이 부족하다.
- 타인에게 관심을 기울이는 것은 상대방에게 무엇을 얻기 위함이며 실제로는 무관심한 경우가 많다.
- 감정이나 동기에 대한 통찰력이 부족하다.
- 첫인상을 좋게 하기 위해 노력하므로 치료초기에는 순응적인 것처럼 보이나, 행동 이면의 동기에 대해 통찰을 요구하게 되면 저항하며 심리치료에 잘 반응하지 않는다.
- 피암시성이 높다.
- 전환장애나 심인성 동통장애의 진단이 자주 내려진다.
- 경미한 상승(41~59T)을 보이는 경우 감정이 풍부하고 정이 많으며 낙천적이다.

■ **척도 3이 낮은 경우**
- 억압(repression)과 부인(denial)을 적게 사용한다.
- 관심범위가 좁고 현실적인 면에 치중하며 비모험적이다.
- 정서적으로 둔하며 냉정하다.
- 문제해결 방식이 현실적이고 논리적이다.
- 타인을 신뢰하지 않으며 다소 의심이 많고 세상을 냉혹한 것으로 지각한다.
- 대인관계에서 재치가 부족하고 지도적 책임을 회피한다.
- 타인에게 비우호적이고 사람을 싫어하는 경우가 흔하며 사회적으로 고립되어 있다.
- 단조롭고 재미없는 생활방식에 만족해한다.

(4) 척도 4: 반사회성(Psychopathic Deviate, Pd)

총 50개의 문항으로 구성되어 있으며 대표적으로 '공격성'의 정도를 나타낸다.

가족이나 권위적 대상에 대한 불만, 일탈행동, 성문제, 자신 및 사회와의 괴리, 일상생활에서의 권태 등이 이 척도에서 측정하는 주요 대상이다.

■ 척도 4가 높은 경우
- 사회적 가치를 내면화하는 데 어려움이 있으며 규칙이나 법규에 저항적이다.
- 화를 자주 내고 다른 사람과 다투기를 잘한다.
- 주로 권위적인 인물과의 관계에 어려움이 있으며 반항적인 태도를 보인다.
- 가족과의 갈등이 있으며 자신의 문제에 대해 가족에게 원인을 돌리며 적대감을 표현한다.
- 계획성이나 판단력이 부족하고 충동적이며 좌절인내력이 낮다.
- 모험적이며 경험을 통해 배울 줄 모르고 동일한 문제를 되풀이하는 경향이 있다.
- 자기중심적이고 미성숙하며 이기적이다.
- 자기도취적이고 과시적인 경향이 있어 자기의 행동을 과대하게 표현한다.
- 외향적으로 활발하고 말을 잘하며 자신감이 있어 보이므로 타인에게 좋은 첫인상을 주지만, 오래 사귀기는 힘들다.
- 다른 사람의 욕구나 감정에 무감각하며 무책임하고 신뢰성이 결여되어 있다.
- 따뜻한 인간관계를 형성하지 못하며 대인관계가 피상적이다.
- 깊은 정서적 반응이 결여되어 있으며 이로 인한 권태감이나 공허감이 생기기도 한다.
- 외향화(externalization), 행동화(acting-out), 합리화(rationalization) 및 주지화(intellectualization)의 방어기제를 자주 사용한다.
- 심리치료에 대한 예후가 불량하다.
- 임상적으로 반사회적 성격이나 수동-공격성 성격 장애의 진단이 흔하게 내려진다.
- 경미하게 상승된 정상인(56~64T)의 경우 자기 주장적이고 독립적이며 정력적, 활동적인 성향을 나타낸다.

■ 척도 4가 낮은 경우
- 관습적이고 순응적이며 권위나 사회적인 규칙에 대하여 수용적이다.
- 수동적이고 비주장적이며 타인들이 자기에게 어떻게 반응할 것인가에 관심이 많다.
- 대인관계에서 진지하고 신뢰할 수 있다.
- 자기비판적이고 충고나 제안을 잘 받아들인다.
- 자기주장을 못하고 경쟁에 약하다.

- 흥미범위가 좁고 독창적이거나 자발적인 면이 적다.
- 욕구 수준이 낮을 수 있고 문제해결에 있어서 인내심이 강하다.
- 도덕적이고 엄격한 견해를 가지는 경향이 있다.
- 자신의 행동에 관한 책임을 받아들이는 것을 두려워한다.
- 치료에 있어서 지나치게 의존적이 되는 경향이 있다.

(5) 척도 5: 남성성여성성(MasculityFeminity, Mf)

총 56문항으로 구성되어 있으며, 직업과 취미에 대한 흥미, 심미적이고 종교적인 취향, 능동성과 수동성 그리고 대인관계에서의 감수성에 대한 내용을 포함하고 있다.

본래 남성성과 여성성의 이탈 정도를 알아보기 위해 제작된 것이긴 하나, 점수의 상승이 반드시 그 사람의 동성애적인 성향을 반영한다고 볼 수는 없다.

점수가 상승될 경우 남자는 수동-의존적 성향이 두드러지는 것으로 해석해 볼 수 있고 여자는 남성 성향이 보다 우위에 있다는 정도로 생각해 볼 수 있다. 척도 5의 문항들에 대한 반응은 남자들에게서는 여성 특성을, 여자들에게서는 남성 특성을 나타낼 때 비정상적으로 채점된다. 이 중에서 5개 문항은 비정상적인 성적 행동을 인정하는 문항이므로 같은 반응이 남녀 모두에서 비정상적으로 해석되고, 나머지 55개 문항에 대해서는 비정상반응에 대한 채점이 남녀에 따라 반대가 된다.

【 남자 】

- **5번 척도가 높은 경우**
- 취미가 광범위하고 호기심이 많다.
- 사람들과의 관계에서 다른 사람에 대해 공감할 줄 알며 이해심이 많고 따뜻한 감정을 표현할 줄 안다.
- 관계형성에 관심이 많고 수동적이고 의존적이다.
- T점수 60 이상으로 상승할 경우 미술, 음악, 문학과 같은 심미론에 흥미가 많고 성역할에 대한 유연성을 갖추고 있다. 대학교육을 받은 남자들은 T점수 60~70 사이를 얻는 경우가 보편적이다.
- T점수 70 이상으로 상승할 경우 전통적인 남성적 역할에 동일시하지 않으며 자신의 남성적인 역할에 부적절감을 느낀다.
- 이 척도 점수의 상승은 4번 척도, 6번 척도, 9번 척도에서 보이는 외현적 공격성을 무력화시키는 경향이 있기 때문에 이들 척도와 함께 상승할 경우 수동-공격적인 행동을 보일 수 있다.

■ 5번 척도가 낮을 경우
- 전통적인 남성적 특성을 과시하려는 경향이 있고 따라서 신체적인 힘이나 정력을 지나치게 강조한다.
- 생각보다 행동이 앞서며, 공격적 충동성을 적절히 해소하는 데 어려움이 있다.
- 타인에게 공격적이고 거칠며 겁이 없는 사람으로 표현된다.
- 관심의 범위가 좁고 사고방식이나 문제해결 방식이 경직되어 있으며 융통성이나 독창성이 부족하다.
- 감정을 편안하게 다루기가 어렵다.
- 이들이 보이는 남성적 특징에 대한 지나친 과시는 자신의 남성성에 대한 의심을 은폐하기 위한 보상행동일 수 있다.

【 여자 】

■ 척도 5가 높을 경우
- 전통적인 여성적 역할에 거부감을 가지고 있으며 일과 관련되어 성취지향적인 특성을 보인다.
- 대인관계에서 자기주장적이고 공격적이며 경쟁적이다. 특히 척도 4의 상승이 동반될 경우 이러한 특성이 더욱 두드러지게 나타난다.
- 능동적이고 자신감이 있으며 외향적이다.
- 합리적으로 행동하며 계산적이다.
- 감정적인 행동을 하지 않는다.

■ 척도 5가 낮을 경우
- 전통적인 여성적 역할에 동일시하며 다른 사람들에게 의존적인 특성을 보인다.
- 복종적이고 수동적이며 유순하다.
- 수줍음이 많고 쉽게 양보하며 때로 스스로 무력감을 느끼기도 한다.
- 대인관계에서 관계가 멀어질 것에 대한 두려움으로 자기주장을 잘하지 못하는 경우가 많다.
- 교육수준이 높은 여성의 경우에는 여성적 역할에 대하여 균형 잡힌 견해를 갖고 있음을 의미하며, 유능하고 양심적이며 편견이 많지 않은 사람으로 비춰진다.
- 점수가 극단적으로 낮을 경우는 위축되어 있고 자기연민에 빠져 있으며 다른 사람의 흠잡기를 잘하고 자기비하적이다.

(6) 척도 6: 편집증(Paranoia, Pa)

총 40개의 문항으로 구성되어 있다. 대인관계 예민성, 피해의식, 만연한 의심, 경직된 사고, 관계망상 등을 포함하는 편집증의 임상적 특징을 평가하는 것이 주된 목적이다.

척도 6은 크게 세 가지 특징을 나타낸다. 첫째로, 이 척도가 조금 상승(T점수 60~70)되었을 때는 대인관계에서의 민감성을 의미한다. 둘째로, 척도 6이 T점수 70점 이상으로 상승되었을 때는 민감성뿐 아니라 의심성도 반영되어, 타인이 악의적인 의도를 가지고 있다고 생각하여 경계를 하는 상태라고 볼 수 있다. 세 번째 특징은 자기정당성으로, 자신이 한 행동에 대해 타인이 정당한 대우를 하지 않는다고 생각하는 경향을 나타낸다.

■ 척도 6이 높은 경우
• 주위 환경에 경계심과 의심이 많다.
• 분노를 느끼기 쉽고 이런 분노는 특정인에게 집중되어 있다.
• 자주 다투거나 논쟁하기를 좋아한다.
• 대인관계에서 방어적이고 불신감이 많으며 경직되어 있어서 대인 접촉이 어렵다.
• 주위에서 일어나는 일이나 말들이 자신을 겨냥한 것이라 과해석하고 다른 사람들의 사소한 거부나 비판에도 민감하게 반응한다.
• 방어기제로 투사를 주로 사용하여 자신의 문제를 인정하기보다는 타인의 탓으로 돌린다.
• 감정적 문제에 대해서 이야기하려 하지 않으며 합리화(rationalization)를 잘한다.
• T점수 70 이상으로 상승되었을 경우 사고장애가 있을 수 있고 피해망상이나 과대망상, 관계망상을 보이며 정신분열증으로 진단될 수 있다.

■ 척도 6이 낮은 경우
• 정신과 환자인 경우 대체로 고집이 세고 회피적이며 지나치게 조심스런 사람들일 수 있다.
• 관심의 범위가 협소하고 자기와 직접 관계가 있는 일이 아니면 관심을 갖지 않는다.
• 통찰이 부족하고 사회적 흥미나 융통성이 부족하다.
• 다른 사람들의 동기에 무감각하고 남을 쉽게 믿으며 잘 속는 경향이 있다.
• 정상인의 경우 사회적으로 유능하고 균형이 잡혀 있으며 관습적이다.
• 극단적으로 낮은 점수를 보이는 사람은 자신의 사고과정을 감추려 하는 편집증적인 경향이 있을 수 있으며 높은 점수를 보이는 사람과 유사한 양상을 가진다.

(7) 척도 7: 강박증(Psychasthenia, Pt)

총 48문항으로 구성되어 있다. 강박적 행동을 측정하는 것 외에 자기비판, 자신감의 저하, 주의집중 곤란, 우유부단 및 죄책감 등을 측정한다.

실제로 강박적인 환자들에게서 척도 7이 상승하지 않는 경우도 많이 있는데, 이는 그들의 강박적 사고와 행동이 불안을 경감시키는 효과가 있기 때문이다. 척도 7은 척도 K와 상관이 높고 척도 2와 함께 '정서적 고통감' 척도라고 알려져 있는데, 두 척도가 함께 상승하는 경우가 많다. '불안'을 가장 잘 측정하는 유일한 지표라고 할 수 있다.

경미하게 상승할 경우는 시간 약속을 잘 지키고 일을 잘 조직화하는 능력이 있으나, 높은 경우에는 지나치게 걱정을 하고 우유부단하며 사소한 일에 집착하는 등의 부적응적인 행동을 보일 수 있다.

■ 척도 7이 높은 경우
• 불안, 긴장, 초조하며 주의집중에 어려움이 있다.
• 불안에 대한 방어로 강박적인 생각, 강박적이고 의식적인 행동을 한다.
• 사소한 일에 대해서 걱정이나 두려움이 많고 과민하다.
• 완벽을 추구하고 높은 목표를 설정하며 자신이 정한 목표에 도달하지 못할 경우 종종 우울감을 느낀다.
• 자기비판적이고 자기비하적이며 죄책감을 많이 느낀다.
• 자신에 대한 회의감이 많고 자신감이 부족하다.
• 엄격하고 도덕적이며 사고의 유연성이나 독창성이 부족하다.
• 사회적 상황에서 수줍음이 많고 타인의 반응에 민감하며, 대인관계에서 서툰 행동을 한다.
• 방어기제로 주지화(intellectualization)를 주로 사용하며 합리화(rationalization)나 취소의식(undoing)의 기제도 나타난다.
• 자신의 신체적 장애에 관심을 보이고 특히 소화기나 비뇨기 계통의 장애를 보인다.
• 적당히 상승되면 약속이나 시간을 잘 지키고 자신에게 주어진 일을 성실하고 꼼꼼하게 처리하며 신뢰로운 사람으로 비춰질 수 있다.
• 척도 2가 같이 상승할 경우는 우유부단한 행동을 보이고 우울감이 동반된다.
• 척도 8이 같이 상승할 경우는 사고장애가 동반된다.

■ 척도 7이 낮은 경우
• 걱정이나 불안이 없고 편안하게 이완된 상태를 유지한다.

- 자신감 있고 유능하며 성공지향적이다.
- 안정감을 느끼고 현실적이며 일처리에 효율적이다.
- 사회적 상황에서 적응력이 뛰어나며 성공이나 지위, 사회적 인정을 중요시한다.
- T점수가 40점 이하로 낮을 경우 정상적인 불안을 느끼지 못하고 타인의 감정에 둔감하며 관습적이다.

(8) 척도 8: 정신분열증(Schizophrenia, Sc)

총 78문항으로 구성되어 있다. 이 척도의 점수가 높을수록 정신적으로 혼란되어 있음을 반영한다.

그러나 이 척도가 유의한 상승을 보였다고 해서 반드시 정신분열증인 것은 아닌데, Hathaway(1956)는 척도 8이 정신분열증 환자의 약 60%만을 감별해 줄 수 있다고 보고한 바 있다. 이에 대해 Graham(1990)과 Ganellen(1996)은 척도 8이 내용상 이질적인 문항들로 구성되어 있기 때문이라고 제안하였다. Harris와 Lingoes(1995)가 제시했듯이 척도 8의 내용 영역은 사고, 감정, 행동들의 장애뿐 아니라 사회적 소외, 정서적 소외, 가족 간의 갈등, 주의집중 및 충동억제의 곤란, 성생활 장애 등 다양한 영역을 포함하고 있다.

한편 정상인에서는 상상력을 반영하는 것이기도 하여, 경미하게 상승된 경우(60~69T) 다른 사람들이 놀라고 받아들일 수 없는 전의식적인 사고나 감정도 잘 수용한다.

■ 척도 8이 높은 경우
- T점수 70점 이상으로 상승되었을 경우 사고와 의사소통에 곤란이 있고 사고장애를 가지고 있을 수 있다.
- 주의집중력에 어려움을 보이며 정신운동 지체 현상을 보일 수 있다.
- 현실을 회피하며 받아들일 수 없는 충동들을 환상이나 공상을 통해 대리 충족하려 한다.
- 현실과 공상을 구별하는 데 어려움이 있다.
- 분노, 적개심, 공격적 충동이 내재해 있으나 적절한 방식으로 표현할 줄 모른다.
- 정서적으로 무감동하고 냉담하며 자신이 처한 환경으로부터 소외감과 괴리감을 느낀다.
- 열등감과 부적절감, 불만족감을 느낀다.
- 사회적인 규범에 순응하지 못하고 사회적 적응에 필요한 지식이나 기술이 부족하다.
- 타인과의 접촉을 회피하며 사회적으로 고립되어 있다.

- 성적인 집착과 성적 역할의 혼란을 경험한다.
- T점수 80에 가깝거나 보다 높을수록 사물에 대한 지각적 왜곡이 심하고 지남력이 상실되며 판단력 장애가 있을 수 있다. 기괴하고 비현실적인 사고나 이상한 행동, 망상, 환각 등을 보일 수 있다.
- T점수 90 이상으로 상승되어 있을 경우 급성적인 정신적 혼란상태나 심한 불안상 태를 반영하는 것일 수 있다. 심한 환경적인 스트레스가 존재하거나 자아정체감에 위기를 경험하여 나타날 수 있으며 정신분열증은 아닐 수 있다.
- 정상인으로 T점수 60~70의 범위에 있는 사람들은 자기불만감이 많고 화를 잘 내지만 창의적이고 개성이 있으며 상상력이 풍부한 사람으로 보일 수 있다.

■ 척도 8이 낮은 경우
- 사회적 규칙을 잘 준수하고 관습적이며 권위적 대상에 순종적이다.
- 보수적이고 현실적인 사람으로, 사변적이고 철학적인 이론에는 관심이 없다.
- 상상력이나 창의력이 부족하며 사고의 유연성이나 융통성이 떨어진다.
- 자신과 다르게 지각하고 행동하는 사람을 이해하기 어려워하며 경직되어 있고 짜여진 생활을 좋아한다.
- 다른 사람과 깊은 감정적 관계를 맺기 어렵다.

(9) 척도 9: 경조증(Hypomania, Ma)

총 46개의 문항으로 구성되었다. 척도 9는 정신적 에너지를 측정하는 척도로서, 이 척도가 높은 사람들은 정력적이고 자신만만하며 자신을 과대평가한다. 예민성이나 부정적인 정서를 부인하는 특징을 보인다.

■ 척도 9가 높은 사람
- 이 척도가 높은 사람들의 세 가지 주요 특징은 과잉활동성, 정서적 흥분성 및 사고의 비약이다.
- 경쟁적이고 말이 많고 생각보다는 행동하기를 좋아하며 다양한 활동에 참여한다.
- 쉽게 권태나 싫증을 느끼며 욕구좌절에 대한 내성이 약하다.
- 힘이 넘치고 계획은 많으나 에너지를 효율적으로 사용하지 못하여 계획한 일들을 완성하는 일은 많지 않다.
- 비현실적이고 근거 없는 낙관성을 가지며 자기자신의 가치나 중요성을 과대평가한다.
- 기분이 고양되어 있고 행복감을 표현하나, 정서가 불안정하며 안절부절못하고 화를 잘 낸다.

- 충동통제력에 어려움이 있으며 주기적으로 초조감, 적개심, 공격적 충동의 폭발을 보인다.
- 외형상의 자신감과 안정에도 불구하고 자신이 인생에서 얻은 것에 대하여 불만감이 많고 신경질적이며 긴장되고 걱정이 많다고 말한다. 때로는 주기적인 우울 기간을 경험한다.
- 주위에 사람들이 있는 것을 좋아하지만 대인관계는 피상적이다.
- 이 척도가 높은 사람들이 자주 사용하는 방어기제는 부인(denial)과 행동화(acting-out)이며, 특히 척도 4가 함께 상승되어 있으면 행동화 경향이 더욱 현저하다.
- 다른 척도가 시사하는 행동이나 문제를 활성화하는 역할을 한다.
- 치료에 대한 예후는 좋지 못하여 조기에 치료를 중단하는 경우가 많다.
- 치료자를 적개심의 대상으로 삼는 경우가 많고, 문제를 반복하는 경향이 있다.
- T점수가 80점 이상으로 상승되면 조증 증상(사고의 비약, 과대망상, 기분의 변동성, 환각, 과잉활동성 등)을 보인다.
- 정상인의 경우 우호적이고 사교적이며 정력적이다.

■ 척도 9가 낮은 경우
- 에너지 수준이나 활동성 수준이 낮다. 일시적인 피로나 병에 기인할 수 있으나 점수가 낮을수록 만성적으로 에너지가 부족할 가능성이 높다.
- 신뢰성 있고 남들이 보기에 겸손하고 진지하다.
- 자신감이 부족하고 감정이 억제되어 있다.
- 극단적으로 낮은 점수(T점수 40 이하)를 보일 경우 무감동적이고 기운이 없으며 의욕이 없고 만성적인 피로감이나 무력감을 호소한다. 척도 2의 점수가 높지 않더라도 우울한 것이 보통이며, 우울증상의 가능성을 고려해 봐야 한다.
- 다른 정신장애에 비해 예후가 좋다.

(10) 척도 0: 내향성(Social introversion, Si)

이 척도는 그 사람이 혼자 있는 것을 선호하는가(점수가 높을 때), 아니면 다른 사람들과 함께 있는 것을 선호하는가(점수가 낮을 때)를 측정하는 척도이다. 69개의 문항으로 되어 있으며, 대인관계 욕구, 대인관계 상황에서의 예민성 또는 수줍음, 사회적 불편감이나 회피, 자기비하 등의 내용으로 구성되어 있다.

척도 0을 해석할 때 주의할 점은, 현재 우리나라의 문화특성상 외향성이 더 좋다는 식의 해석을 하기 쉬운데 이와 같은 가치판단의 전제를 가지지 말아야 한다는 것이다. 어느 쪽이 더 좋다고 일반적으로 말할 수는 없는 일이다. 이런 내향성은 성격적인 성향일 수도 있고 증상의 일면일 수도 있다.

■ **척도 0이 높은 경우**

• 사회적으로 내향적이다.

• 사회적 상황에서 불안하고 불편해지며 특히 이성들 앞에서 더 불편해진다.

• 자기억제가 심하고 감정표현을 못한다.

• 관계형성에 냉담하고 자기비하적이다.

• 혼자 또는 몇 명의 사람과 있는 것이 편하며, 여러 가지 사회적 활동에 참여하는 것을 싫어한다.

• 수줍음이 많고 소심하며 회피적이다.

• 자신감이 부족하고 남의 눈에 잘 띄려 하지 않는다.

• 마음을 잘 터놓지 않아 속마음을 알기가 어렵다.

• 다른 사람들이 자신을 어떻게 생각할까 매우 예민하다.

• 행동에 앞서 생각이 많고 문제해결 방식이 조심스럽다.

• 척도 0과 다른 척도들이 동반 상승된 경우 적응상의 문제를 나타낸다.

• 남들이 차갑고 거리가 있는 사람이라고들 말한다.

• 경미한 수준(60~69T)으로 상승된 경우에는 대인관계 형성의 능력은 있으나, 일반 적으로 혼자 있는 것을 더 좋아한다. 자율성이나 독립성을 적절히 갖추고 있는 정 상성인에게서도 0번 척도의 점수가 어느 정도 상승되어 나타난다(내향형의 성격).

■ **척도 0이 낮은 경우**

• 외향적이고 사교적이다.

• 사람을 좋아하고 다양한 사람과 잘 어울린다.

• 활발하고 유쾌하고 말이 많은 편이다.

• 남 앞에 나서기 좋아하고 과시적이다.

• 적극적이고 정력적이며 경쟁적 상황을 찾아 나선다.

• 충동억제가 부족하고 만족을 지연시키기 어려우며 다소 미숙하다.

• 혼자 있는 것을 어려워한다.

• 나이가 들면 척도 0의 점수는 상승한다. 청소년들에게는 낮은 점수가 흔한 편이다.

• 극단적으로 낮으면(T점수 45 이하) 대인관계에서 의존적이며 피상적이고 진실한 친밀성이 결여되어 있다. 변덕스럽고 다른 사람을 조종하고 기회주의적인 경향이 있으며 특히 척도 3, 4가 상승하면 현저하다. 또한 다른 사람에게 매력적으로 보 이는 데 과도하게 관심을 가지고 있다.

4) 새로 포함된 척도들

(1) 재구성 임상 척도 (Restructured Clinical Scale, RC)

이 척도는 MMPI의 임상 척도들이 상호간에 높은 상관을 가진다는 제한점을 해결하기 위하여 개발되었다.

정신과 입원 환자 집단과 비임상집단의 반응을 대조하는 경험적인 방식으로 제작된 임상 척도들의 특성 때문에, 각각의 임상척도에는 정신과 환자라면 공통적으로 치료받고 싶어 하는 정서적 고통 및 불행감과 관련된 내용들이 포함되어 있다. 따라서 특정 척도에서 높은 점수를 얻었을 때 그 점수에는 그 척도의 핵심적 구성 개념과 관련된 특성뿐 아니라 척도들 간의 이런 공통된 변량이 포함되어 있을 것이다. 이런 경우 해석의 명확성은 떨어지게 된다.

이런 문제점을 보완하여 임상척도의 상승이 의미하는 바를 보다 명확히 하기 위하여, 정신과 환자들이 일반적으로 공유하는 어떤 특성을 '환자적 특성' 이라고 보고, 이를 분리하여 제외시킨 뒤 남은 부분을 각 임상척도들이 고유하게 측정하는 핵심적 특성이라 전제하였다. 이를 토대로 개발된 것이 RC 척도이다.

'환자적 특성' 을 측정하기 위한 RCd와 (척도 5와 척도 0을 제외한) 척도들 각각의 재구성 척도(RC1~RC4, RC6~RC9) 8개를 합하여 총 9개가 개발되었다.

RC는 매우 유용하나, 아직 경험적 자료와 임상가의 경험이 제한적이기 때문에 독립적으로 해석하기보다는 임상 척도의 해석을 명료화하는 보조수단으로 사용하는 것이 바람직하다.

[표 3-2] 재구성 임상척도

RCd	의기소침
RC1	신체증상 호소
RC2	낮은 긍정 정서
RC3	냉소적 태도
RC4	반사회적 행동
RC6	피해의식
RC7	역기능적 부정 정서
RC8	기태적 경험
RC9	경조증적 상태

(2) 성격병리 5요인 척도 (PSY-5 Scale)

성격 병리 5요인 척도는 성격 장애와 정상 성격에 대한 근본적인 주제를 다루는 연구들을 바탕으로 개발되었다. 정상적인 기능과 임상적인 문제 모두와 관련되는 성격 특질을 평가하기 위하여 제작된 척도이며, 5가지의 폭넓은 성격 영역을 다루고 있다.

공격성(AGGR), 정신증(PSYC), 통제결여(DISC), 부정적 정서성/신경증(NEGE), 내향성/낮은 긍정적 정서성(INTR)의 5가지로 구성되어 있다.

(3) 내용 척도 (Content Scale)

원판 MMPI에서 채점에 사용되지 않는 문항들을 삭제하고, 자살, 약물 및 알코올 남용, Type A행동, 대인관계 등에 대한 문항들을 새로 추가하여, 원판의 내용척도(Wiggins 내용척도 13개)와는 다른 15개의 새로운 내용 척도를 개발하였다.

새로운 내용척도 15개는 원판 MMPI의 Wiggins 내용척도와 척도명에서는 유사하나, 전혀 다른 문항 구성을 가지는 새로운 내용 척도이다.

[표 3-3] 내용 척도

ANX	불안(Anxiety)
FRS	공포(Fears)
OBS	강박성(Obsessiveness)
DEP	우울(Depression)
HEA	건강염려(Health Concerns)
BIZ	기태적 정신상태(Bizarre Mentation)
ANG	분노(Anger)
CYN	냉소적 태도(Cynicism)
ASP	반사회적 특성(Antisocial Practices)
TPA	A 유형(Type A) 행동
LSE	낮은 자존감(Low Self-esteem)
SOD	사회적 불편감(Social Discomfort)
FAM	가정 문제(Family Problems)
WRK	직업적 곤란(Work Interference)
TRT	부정적 치료 지표(Negative Treatment Indicator)

(4) 보충 척도 (Supplementary Scale)

원판 MMPI를 토대로 개발된 기존의 보충 척도에 더하여 남성적 성역할 척도(GM), 여성적 성역할 척도(GF), 중독 인정 척도(AAS), 중독 가능성 척도(APS), 결혼생활 부적응 척도(MDS) 등이 새로 개발, 추가되면서 총 15개의 보충 척도를 제공하고 있다.

[표 3-4] 보충 척도

A	불안(Anxiety)
R	억압(Repression)
Es	자아강도(Ego Strength)
Do	지배성(Dominance)
Re	사회적 책임감(Social Responsibility)
Mt	대학생활 부적응(College Maladjustment)
PK	외상후 스트레스 장애(PTSD)
MDS	결혼생활 부적응(Marital Distress)
Ho	적대감(Hostility)
O-H	적대감 과잉통제(Overcontrolled Hostility)
MAC-R	MacAndrew의 알콜 중독 척도
AAS	중독 인정(Addiction Admission)
APS	중독 가능성(Addiction Potential)
GM	남성적 성역할(Gender Role-Masculine)
GF	여성적 성역할(Gender Role-Feminine)

7. 임상척도들에 대한 2코드 유형에 따른 해석

코드타입 해석은 개별 척도의 해석보다 임상적으로 더욱 유용하고 정확하다. 코드 유형 해석은 T점수가 적어도 65점 이상으로 상승한 프로파일을 대상으로 해석하는 것이 적절하며 T점수가 60~70 정도의 범위에 있을 경우에는 극단적인 설명은 배제하고 해석에 주의를 기울여야 한다. 두 척도 중 한 척도가 10점 이상 높을 경우, 높은 척도에 중점을 두고 해석을 해야 하며 척도의 상승 정도가 똑같다면 동일하게 강조해야 한다. 만일 두 개 이상의 척도가 동일하게 상승하고 있을 경우, 예를 들어 2, 7, 8 척도가 같이 상승하고 있다면 2-7/7-2와 7-8/8-7, 2-8/8-2의 세 가지 측면 모두에 대해서 해석을 해야 한다.

단독상승 1

오랫동안 모호한 신체적 증상을 호소해 왔으며 이를 통해 타인의 동정심을 이끌어 내려고 한다. 이들은 미성숙하고 통찰력이 결여되어 있으며 자기중심적이다. 자신의 심리적 문제를 부인(denial), 억압(repression)하고 신체증상을 통해 내적인 긴장이나 갈등을 다루려고 한다. 이들이 나타내는 신체적 증상의 호소는 타인을 조종하려는 목적을 가지거나 위장된 분노감의 표현일 수 있다.

1-2 / 2-1

1-2/2-1 척도쌍을 보이는 사람들의 주요특징은 다양한 신체적 증상을 호소하며 신체적 기능에 대한 과도한 염려를 보인다는 것이다. 임상적으로 기질적인 원인이 발견되지 않음에도 불구하고 신체적인 고통을 호소하며, 실제로 신체적 증상이 있다 하더라도 그 정도를 과장한다. 주로 호소하는 증상은 두통, 소화불량, 복통, 구토, 불면증, 피로감 등이다. 이들은 어떤 스트레스나 갈등에 직면하면 신체적인 증상들을 나타내는데, 이러한 신체적 증상은 심리적인 문제를 회피하기 위한 수단으로 사용된다.

이러한 신체적 증상 호소 외에 나타나는 특징으로는 우울, 불안, 긴장과 같은 정서적 고통에 대한 호소이다. 현저한 임상적 우울증이 동반되는 경우는 드물지만 이들은 불행감과 우울감을 느끼고 걱정이 많으며 사소한 일에도 신경질적이 된다. 특히 3번 척도와 7번 척도가 상승되면 이러한 특징은 더욱 두드러지게 나타난다.

성격적으로 이들은 내향적이고 수줍음이 많으며 위축되어 있다. 타인이 자신을 어떻게 볼 것인가에 신경을 많이 쓰고 타인의 관심이나 지지에 민감하다. 대인관계는 수동-의존적이어서, 충분한 관심을 주지 않는 사람에게는 종종 적의를 품지만 이를 직접적으로 나타내지 않고 신체적인 증상을 통해 타인을 조정하려고 한다. 자신의 정서적 문제나 심리적 갈등을 억압(repression), 부인(denial)하며 변화보다는 신체적 고통을 견디려 하기 때문에 전통적인 심리치료에 대한 예후는 좋지 못하다.

1-3 / 3-1

1-3/3-1 코드 유형이 척도 2가 상승되지 않는 전형적인 "전환 V프로파일(척도 1과 3이 65점 이상으로 상승하고 척도 2는 그보다 많이 낮은 형태를 보이는 프로파일)"을 보이는 경우, 이러한 형태를 보이는 환자들의 대부분은 신체형 장애, 그중에서도 특히 전환장애의 진단을 받는 경우가 많다. 이러한 프로파일을 보이는 사람들의 전형적인 특징은 자신의 정신적인 고통이나 심리적인 문제를 신체적인 증상으로 전환시킴으로써 문제를 그들 밖으로 외재화(externalization)시키려 한다는 것이다. 이들은 심리적 갈등을 신체적 갈등으로 전환하기 때문에 불안을 거의 경험하지 않으며 신체적인 고통에 관해서만 과도하게 불편감을 호소한다. 그러나 다른 척도들과의 관계를 고려해 봐야 하는데, 만약 2번과 7번 척도가 높다면 전환증상이 이들의 갈등을 효

과적으로 처리해 주지 못하여 불안과 우울을 함께 경험하고 있음을 의미한다.

주로 호소되는 신체증상은 두통, 흉통, 요통, 감각상실, 거식증, 폭식증, 구토가 있고, 현기증, 피로감, 수면부족 등이 호소되기도 한다.

척도 3이 척도 1보다 높을 경우에는 스트레스를 직면하여 신체적인 증상을 나타내는 경향이 더욱 현저해지며 종종 신체적 불편감을 2차적인 이득을 위하여 사용하는 경우가 많다. 신체적 증상은 책임과 의무를 회피하게 해 주며 다른 사람들로부터 동정을 이끌어 냄으로써 타인을 통제하도록 해 준다. 3번이 높을수록 억압(repression)과 부인(denial)의 기제를 강하게 사용하며 낙천적인 태도를 보인다. L이나 K척도가 동반 상승되는 경우가 흔한데, 이런 경우 환자는 극단적으로 방어적이며 자신을 극히 정상적인 사람으로 나타내려 한다.

성격적으로 미성숙하고 자기중심적이며 이기적일 뿐 아니라 애정이나 주의에 대한 욕구가 강하고 매우 의존적이다. 겉으로는 외향적이고 사교적인 것처럼 행동하나 대인관계가 피상적이고 진실한 감정의 깊이가 결여되어 있다. 주의나 관심에 대한 욕구충족이 좌절될 경우 적대감과 분노감을 느끼지만 이를 직접적으로 표현하지 못하고 수동-공격적인 방식으로 표현한다.

이러한 프로파일을 보이는 사람들은 증상의 기저에 있는 심리적 요인을 인정하지 않으려 하기 때문에 심리치료는 기대하기 어렵다. 이들이 가지는 높은 피암시성을 이용하거나 애정욕구의 좌절로 인해 상처받은 감정을 치료자가 공감해 줌으로써 환자를 치료에 끌어들이는 방법이 흔히 권고된다.

1-4 / 4-1

1-4/4-1 척도쌍은 드물게 나타나지만 이러한 프로파일을 보이는 사람들은 심각한 건강염려증을 가지고 있을 수 있기 때문에 중요하다. 이들은 자기중심적이고 타인의 주의를 요구하며 신체적인 불편감과 관련된 염려를 표현한다. 척도 4의 상승은 척도 1이 나타내는 비관적이고 잔소리 많은 성질을 강조한다고 보여진다. 이들은 사회적인 규칙들에 대해 불만감이 많고 부모를 비롯한 권위적인 대상에 대해 반항적이나, 이를 직접적으로 표현하지 못하며 우유부단하고 자기연민이 많다. 다른 사람들에게 요구적이고 불만족스러워 보이며 화난 사람 같다는 평가를 받는다.

정신과 환자의 경우 알코올 남용이나 약물중독, 대인관계의 문제를 보이며 실직, 범법행위 등의 과거력을 가지고 있을 수 있다.

이들에게 가장 흔하게 내려지는 진단은 건강염려증과 성격장애, 특히 반사회성 성격장애이다. 이들은 치료에 저항적이며 자신의 심리적 문제에 대하여 부인하므로 심리치료에 잘 반응하지 않는다.

1-6 / 6-1

누적된 스트레스에서 비롯된 신체화 증상과 적대감이 특징적으로 나타난다. 이들은 완고하고 융통성이 부족하며 쉽게 화를 잘 내고 타인의 비판에 예민하다. 그러나 이들은 자기가 가지고 있는 적개심을 부인하고 다른 사람이 그를 다루는 방식 때문이라고 타인을 비난하는 경향이 많기 때문에, 대인관계에서 종종 갈등을 일으킨다.

편집증적 경향성과 사고장애를 고려해 볼 필요가 있으며 이러한 경우 이들이 보이는 신체증상은 망상적 성질을 띠고 있을 수 있다. 특히 척도 8이 조금이라도 상승되어 있으면 망상적 요소를 내포한 편집증적 장애나 정신분열증을 감별해 보아야 한다.

1-7 / 7-1

만성적인 불안이나 긴장을 가지고 있기 쉬우며 신체적 기능과 관련하여 과도한 걱정을 보인다. 신체화(somatization) 경향을 보이며, 우울하고 감정억제가 심하며 강박적 사고를 수반한다. 죄책감, 열등감, 비관주의, 자기주장의 어려움이 내재되어 있다.

1-8 / 8-1

보통 모호하고 의학적으로 흔하지 않은 기괴한(bizarre) 신체적인 증상을 호소하는 경우가 많다. 때로는 신체장애에 대한 집착이 너무 강하여 신체적 망상을 나타내기도 한다. 이들은 사고상의 혼란과 지남력 상실, 주의집중 곤란 등 정신증적 장애를 경험하고 있을 가능성이 있으나, 신체적 증상에 초점을 맞춤으로써 정신증적 현상의 발현을 억제하거나 혼란된 사고를 통제하려고 한다.

이들은 타인에 대한 신뢰감이 부족하여 사람들을 멀리하며 사회적 관계에서 부적절감이나 소외감을 느낀다. 사교를 위한 기술이 서툴고 대인관계가 빈약하며 사회적인 적응수준이 낮다. 적대적이고 공격적인 정서를 통제된 방식으로 표현하는 데도 미숙하여, 이러한 감정을 심하게 억제하고 있다가 때때로 지나치게 호전적이고 부적절한 방식으로 표현하기도 한다.

1-9 / 9-1

이 척도쌍은 급성적인 정신적 스트레스에서 나타나는 긴장이나 불안과 관련된다. 이러한 척도쌍을 보이는 사람들은 신체기능의 저하나 역기능에 대해서 과도하게 염려하며 주로 소화기 장애, 두통, 피로감을 호소한다. 때로는 중추신경계나 내분비계의 기능이상과 관련된 기질적 문제를 시사할 수 있다.

이들이 나타내는 신체적 증상이 기질적인 문제에서 기인된 경우라면 이들은 신체적인 어려움이나 고통을 회피하고자 과도한 에너지를 사용하는 것이다. 겉으로는 외향적이고 활발하며 수다스러운 모습을 보이지만 이들은 긴장되어 있고 안절부절못하며 정서적 불안과 고통을 경험한다.

기질적 원인이 아니라면 이들이 나타내는 신체적 증상이나 증가된 에너지 수준은 기저의 우울을 숨기려는 시도일 수 있다. 이들의 우울은 강한 의존욕구에서 비롯된 것이며 표면적으로는 외향적이고 공격적이지만 근본적으로는 수동-의존적이다. 그러나 이들은 이와 같은 심리적 특징을 부인하고, 야심차고 높은 수준의 목표를 설정하곤 하지만 확고한 목표를 설정하지 못하여 결과적으로는 좌절에 이르게 된다.

단독상승 2

척도 2는 임상집단에서 흔하게 상승하는 척도이지만 단독상승하는 일은 드물고 현재의 정서상태나 정서적 변화에 민감하다. 그러므로 척도 2의 해석은 나머지 척도들의 형태를 고려해서 이루어져야 한다.

척도 2는 환경적 스트레스에 대한 반응성 우울을 나타내는데, 척도 9가 T점수 45 이하인 경우에는 보다 만성적이고 심각한 우울이 존재할 가능성이 있다.

활동의 감소, 무력감, 열등감, 자기비하, 미래에 대한 비관적 생각, 죄책감과 같은 전형적인 우울증의 특징들이 나타난다. 특히 자살사고나 계획에 대한 주의 깊은 평가가 이루어져야 한다.

척도 2가 높은 사람들은 대개 순응성이 높기 때문에 치료에 잘 반응하며 예후도 비교적 좋은 편이다.

2-3 / 3-2

주요 특징은 만성적인 피로감과 무력감, 위장계통의 신체적 증상 호소이다. 이들은 실제로 많은 우울이나 불안감을 느끼고 있지만, 이런 정서가 모두 신체적 증상 때문이라고 생각한다.

이들의 정서는 과도하게 억제되어 있는데, 이들에게는 감정을 표현한다는 것이 익숙하지가 않다. 일상생활에 대한 흥미나 참여도가 낮고 일을 시작하고 몰두한다는 것이 어려우며 종종 무력감을 느끼기도 한다. 이들의 이런 모습은 다른 사람에게 유약하고 의존적으로 비춰지며 보호본능을 불러일으키게 된다.

　사회적 상황에서 부적절감을 느끼고 자신의 정서가 타인에게 잘 수용되지 못할 경우 불안을 느끼며 사소한 비판에도 쉽게 상처를 받게 된다. 이들은 만성화된 우울을 지니고 있으며 따라서 오랫동안 지속되어 온 비효율적인 상태에서 기능을 유지해 가고 있다.

　이들의 성격특징은 수동적, 순응적이며 의존적이기 때문에 타인으로부터의 관심과 수용 그리고 보호를 받기도 한다. 이들은 깊은 관계를 잘 유지하지 못하고 피상적인 관계를 통해서 어느 정도의 안정감을 얻게 된다. 대인관계에서 미성숙하고 부적절하며 불편감을 느끼기 때문에 사회적 상황을 회피하게 된다.

　일과 관련해서는 성공이나 성취에 대한 욕구를 강하게 느끼고 있지만 경쟁상황에 대한 부담감과 실패에 대한 두려움으로 인해 종종 이런 상황에 직면하는 것을 회피하게 된다.

　이들의 주요 방어기제는 부인(denial)과 억압(repression)이다. 치료라는 장면은 이들의 방어기제에 위협이 될 수 있기 때문에 효과적인 개입이 쉽지가 않다. 통찰력이 부족하고, 갈등이 생길 경우 불편감과 불평들을 신체로 호소하게 되면서 모든 문제들을 이런 신체적 증상으로 설명하려고 한다. 이들을 치료하기에 어려운 이유 중 하나는 오랫동안 불편감이나 불행, 고통들을 인내하는 데 익숙해져 있다는 사실이다. 이들에게는 통찰지향의 치료보다는 지지치료가 더 도움이 될 것이다.

2-4 / 4-2

이 프로파일의 주요 특징은 충동 조절의 어려움이다. 이들은 사회적으로 받아들여지지 않는 형태로 그들의 충동을 행동화(acting-out)한 후 행동의 결과에 대한 죄책감과 불안을 경험한다.

　이 코드를 해석할 때 고려해야 할 것은 이 사람들이 보이는 우울이 내부적(만성적 우울) 원인에 의해서인가, 아니면 외부적(반응성 우울) 원인에 의해서인가 하는 것이다.

　상황적 요인인 경우 이 사람들이 보이는 우울증은 현재 그들이 처한 곤경이나 외부에서 가해진 행동에 대한 제약 때문에 일시적으로 생겨난 것으로, 일단 어려움에서 벗어나게 되면 이들이 경험하는 우울이나 정서적 고통은 금방 사라지게 된다. 이러한 유형은 범법행위로 인해 수감되었거나 정신감정을 목적으로 병원에 강제 입원된 반사회성 성격 소유자의 경우에서 빈번하게 나타난다. 이들이 나타내는 우울은 현재 상황에 대한 반응이며 스트레스가 사라지거나 그 상황을 자신이 조작할 수 있다고 생각되면 우울은 경감된다.

상황적인 요인에 의해 우울증이 나타난 경우가 아니라면 이들은 만성적으로 우울을 경험하는 사람들로, 적개심이나 분노감, 불만족감을 경험하며 흔히 적응상의 문제를 가지고 있을 수 있다. 과도하게 통제적이고 무력감을 느끼게 하는 환경적 압박이 존재하거나 부부관계의 불화, 가족 간의 갈등을 가지고 있기 쉬우며, 권위상에 대해 분개하고 타인과의 깊은 관계형성을 두려워한다. 이들은 의존적이고 자기중심적이며 자신이 처한 곤경에 대해 자기연민에 빠지거나 타인을 원망하는 경향이 있다. 이들이 보이는 적개심은 직접적이기보다 수동-공격적인 방향으로 표현되거나, 때로는 조절하지 못하고 격분하여 과잉반응하는 경우가 많다. 특히 두 척도 모두가 매우 높을 때 자살생각이나 자살기도가 있을 수 있으며 이는 흔히 주변 사람에게 죄의식을 느끼게 하려는 동기에서 비롯될 수 있다.

이 프로파일은 알코올중독자나 약물중독자들에게서 가장 빈번하게 나타나는 상승 척도쌍 중 하나이다. 이들은 스트레스 상황에서 술을 마시거나 약물을 남용함으로써 스트레스 상황을 회피하거나 우울을 경감시키고자 한다.

이들은 표면적으로는 공손해 보이며 도움을 청하지만 실제로는 변화에 대한 동기가 낮고 통찰력이 결여되어 있어 심리치료에 대한 예후는 좋지 않다.

2-6 / 6-2

이 프로파일의 특징은 자기 자신 및 타인을 향한 분노감이다. 이들은 타인에 대한 부정적인 개념을 가지고 있어서, 다른 사람들이 그들에게 공격적이고 적대적이라고 지각한다. 사소한 비판이나 거절에도 극도로 민감하여 적개심을 갖게 되며 분노감을 쉽게 표출하는 경향을 보이지만, 2번 척도가 많이 상승될 경우 타인에 대한 분노감을 내재화(internalization)하여 스스로를 비난하며 우울감을 경험하게 된다.

이 프로파일 형태는 잘 고쳐지지 않는 만성적인 적응양상을 의미하며 특히 척도 6이 척도 2보다 높고 척도 7과 척도 8번이 함께 상승한다면 정신분열증이나 다른 정신증의 전조일 가능성이 있다.

2-7 / 7-2

우울, 불안하고 긴장되어 있으며 걱정이 많고 예민하다. 어떤 문제가 생기기도 전에 그 문제를 예상하고 걱정하며 실제적이거나 상상적인 위협에 취약하여 사소한 자극에도 과민반응을 보일 수 있으며 정서적으로 쉽게 불안정해진다.

우울한 감정을 보고하지 않더라도 체중감소, 불면증, 식욕부진, 흉통 등의 신체증상과 지연된 사고, 동작의 느림과 같은 우울증의 임상적 증상이 나타나며 비관적인 생각이 많고 죄책감을 자주 느낀다.

이들은 지나치게 엄격하고 완벽주의적이며 생각이 많아 결정을 잘 하지 못하고 우유부단한 경향이 있으며 사고와 문제해결에 있어서 융통성이 부족하다. 자기자신에 대한 기준이 높아서 성취한 부분이나 장점보다는 실패한 부분이나 결함에 초점을 맞추고 강박적으로 이에 집착하거나 자책을 한다.

이들은 성격적으로 성취욕구가 강하고 성취한 일로 타인의 인정을 받기를 강하게 원하는 사람들로, 스스로에 대한 존중감이 부족하며 열등감이나 부적절감을 많이 느낀다. 어떤 일이 잘못되어 갈 때 주로 자기 자신을 비난하거나 자기처벌적이며, 타인에게 공격성을 표출하거나 자기주장을 하는 일은 좀처럼 하지 못한다.

대인관계에 있어서 온순하고 수동-의존적인 패턴을 보이며 타인과 정서적 관계를 형성하는 능력을 갖추고 있으나 타인에게 지나치게 맞추거나 기대려는 경향을 보일 수 있다.

임상적으로는 대개 신경증 진단(우울, 불안, 강박성)을 받는 경우가 많으며 때로는 양극성 장애와 같은 심한 우울증의 진단을 받는 경우도 있다.

이들은 심한 고통으로 인하여 치료에 대한 동기가 높고 자기성찰이나 내성능력을 갖추고 있어 심리치료에 적합한 조건을 가지고 있다고 할 수 있다.

2-8 / 8-2

이 프로파일을 보이는 사람들의 주요 특징은 불안과 초조, 안절부절못하는 증상을 동반한 심한 우울증과 통제력 상실의 두려움을 보인다는 것이다. 이와 함께 대인관계로부터의 철수와 해리현상이 나타나는데, 이전 상태는 사고의 지연, 혼란, 기억력장애, 주의집중의 곤란을 유발하게 된다. 이는 스스로 해결하기 힘든 문제들로 인한 내적인 갈등이 존재하며 이로 인해 혼란을 겪고 있음을 반영한다.

이들은 종종 히스테리적인 원인을 가진 다양한 신체증상을 보이기도 하나, 전형적인 히스테리 환자와는 달리 비사교적이며 대인관계에서 예민하고 의심이 많은 특징을 보인다. 이들의 상당수가 자살사고를 보이며 자살에 대한 구체적인 계획을 가지고 있다.

T점수가 75에서 85 이상으로 상승되면 정신증적 증상을 보이는데, 특히 8번 척도

가 더 높게 상승될 경우 정신분열증적인 양상들을 더 많이 나타내는 경향이 있다. 환청이나 환시 및 망상이 있을 수 있고, 사고장애를 수반하며 때로는 신체적 망상을 보이기도 한다.

2-8/8-2 척도쌍을 보이는 환자들의 대다수가 정신증의 진단을 받는데, 정신증적 양상이 있는 우울장애와 분열정동장애의 진단이 가장 흔하게 내려진다.

2-9 / 9-2

2번 척도와 9번 척도는 우울증과 경조증이라는 반대되는 특징을 나타내기 때문에 두 쌍이 동시에 상승하는 경우는 매우 드물게 나타나며 임상적으로 예측하기가 쉽지 않다고 하겠다. 크게 세 가지 경우를 생각해 볼 수 있다.

첫 번째는 2번 척도와 9번 척도가 T점수 70 이상으로 상승될 경우로, 기질적인 뇌손상을 입은 사람들일 가능성이 있다. 이들은 기능저하나 능력손실을 인식하고 우울한 감정을 느끼지만, 자신의 결함을 방어하고자 지나친 활동을 나타낸다. 이때 9번 척도의 상승은 보상활동뿐 아니라 기질적 뇌손상에 의한 통제력 상실을 반영하기도 한다.

두 번째로는, 조증상태에 있는 양극성 장애 환자에게서 이러한 유형이 나타날 수 있다. 자신에 대한 부적절감과 무가치감, 내면의 우울감을 방어하기 위해 과대감, 과잉 활동, 고양된 정서와 같은 경조증적 양상을 드러내지만, 이러한 행동이 우울증적 요소들을 충분히 은폐하지 못하고 있음을 나타낸다고 할 수 있다. 심한 흥분성 우울 상태임을 반영하는 것일 수도 있는데, 이들은 과도하게 정서를 표현하며 비탄에 빠져 있으나 자신의 잠재적인 부적절감을 부인하려 하며, 활동 증가와 피로감이 교차하여 나타나기도 한다. 아동일 경우 관심을 얻기 위해 과잉행동이나 지나친 감정표현을 나타낼 수 있다.

세 번째로, 자기반추나 자기몰입의 상태를 반영하는 것일 수 있다. 정체감의 위기를 겪고 있는 청소년들에게서 흔하게 나타나지만, 자기자신이나 자신이 중심이 되는 세상에 대한 문제들에 자기도취적으로 몰입해 있는 성인에게서도 나타날 수 있다.

단독상승 3

타인과의 친밀한 관계나 조화를 중시하며 지나치게 관습적인 사람들이다. 타인의 승인이나 지지, 애정을 지나치게 추구하며 분노를 표현하거나 독립적인 의사결정을 내리는 상황에서 불편감을 느낀다. 자기자신이나 당면한 상황의 부정적인 측면은 무시하고 지나치게 낙관적인 태도를 유지하여 극심한 재앙 앞에서도 '모든 게 잘될 것이다' 라는 자세를 취하기도 한다.

성격적으로 미성숙하고 자기중심적이며 의존적이다. 타인의 도움을 얻기 위해 모든 사람들의 사랑을 받고자 하며 버림받는 것에 대한 공포를 가진다. 순응적이고 어린아이같이 순진한 모습을 보이며 타인에게 깊은 인상을 심어 주기 위해 애쓴다.

불만이나 적대감의 감정들을 부인(denial), 억압(repression)하며 이를 간접적으로 표현하는 경향이 있고 특히 스트레스 상황에서 이차적 이득을 얻기 위해 신체적인 증상을 나타내기도 한다. 심리치료를 받으러 오는 경우는 드문데, 오더라도 흔히 신체적인 증상만을 강조하고 자신의 심리적인 문제를 보는 것은 매우 어려워한다.

3-4 / 4-3

3-4/4-3 상승척도쌍은 공격성과 적개심을 통제하는가 못하는가의 지표이다. 이와 같은 척도쌍을 보이는 사람들의 주요 특징은 만성적이고도 강한 분노감을 가지고 있으나 이러한 감정을 적절하게 발산하지 못한다는 것이다.

만약 척도 3이 척도 4보다 더 높다면 감정이나 충동을 보다 억제하는 경향이 강하며, 분노의 감정을 간접적으로 표현하거나 반항적이고 공격적인 사람들과 어울려 다니면서 대리적으로 표출하는 양상을 보인다. 일반적으로 이들은 자기중심적이지만 겉으로 보기에는 조용하고 순종적으로 보인다. 감정을 지나치게 억누르고 있기 때문에 한번 폭발하면 과도할 정도로 공격적이 되는 경향이 있으나 곧 이성을 되찾는다. 종종 이러한 사람들은 의존과 독립에 대한 갈등을 경험하며 대인관계에서 양가적인 태도를 보일 수 있다.

반면에 척도 4가 척도 3이 더 높다면, 대부분은 자신의 감정을 과도하게 억제하고 있다가 주기적으로 분노감이나 적개심을 폭발적으로 나타내는 경향이 있다. 보통 때는 말이 없다가 극히 사소한 자극에도 격렬하게 화를 내기 때문에 주변 사람들은 이를 이해하지 못하고 놀라움을 나타낸다. 그러나 이러한 감정 폭발은 다소 오랜 기간 동안 감정을 억눌렀다가 터트리기 때문에 나타나는 것으로, 척도 8이 동반 상승될 때 나타나는 것과 같은 비논리적이거나 비합리적인 성격을 띠는 것은 아니다.

3-4 유형이나 4-3 유형을 보이는 사람들 모두 가족원에 대한 만성적인 적개심을 지니고 있다. 타인으로부터 인정이나 주의를 받고자 하는 욕구가 강한데, 이들은 거부를 당하는 것에 매우 민감하고 비난을 받게 되면 적대적인 반응을 보인다. 겉으로는 순응적이고 사교적인 것처럼 보이지만, 속에는 분노감이 많고 반항적이며 성적 적응장애 및 부부간의 불화가 있는 경우가 많다. 자살기도율이나 음주에 대한 의존도

높은 것으로 알려져 있다.

3-6 / 6-3

표면적으로 나타나는 특징은 비판에 민감함과 타인에 대한 의심, 긴장, 두통이나 소화기 계통의 신체증상을 호소하는 것이다. 겉으로 보기에는 이들은 자신이 의심이 많고 경쟁적이라는 것을 부인하면서 세상을 단순하게 우호적이고 긍정적인 관점으로 바라보며 낙천적인 태도를 취하는 것처럼 보인다.

그러나 이면에는 가족관계에 뿌리를 둔 만성적이고 광범위한 분노감과 적개심이 내재되어 있다. 이들은 이같은 감정을 부인(denial)하며 합리화(rationalization)하려고 애쓰며 만약 자신에게 심한 분노의 감정이 있음을 알게 되더라도 이를 타인의 행동 때문인 것으로 정당화하려고 한다. 이러한 프로파일을 보이는 사람들은 자기중심적이고 방어적이며 비협조적이어서 사귀기가 힘들다.

만약 척도 6이 3보다 T점수 5점 이상 높으면 편집증이나 정신증적 상태를 고려해 보아야 한다.

3-7 / 7-3

3-7/7-3 상승척도쌍을 보이는 사람들은 긴장과 불안을 주로 보이며 이와 함께 심리적 스트레스나 갈등에 기인한 만성적 두통, 사지통증을 호소한다. 불안과 긴장이 외현적으로 드러남에도 불구하고 심리적 문제의 존재는 부인(denial)하며 자신의 장애에 대해서 무관심한 태도를 보이고자 애쓰거나 신체적 증상에 대해서만 걱정한다.

이들은 두려움이 많고 공포를 잘 느끼며 수면장애를 보일 수도 있다. 이 사람들이 보이는 증상의 기저에는 충족되지 않은 의존욕구가 자리 잡고 있으나 이들은 이같은 사실을 부인한다.

임상적 진단으로는 불안장애의 가능성이 많다. 심리치료는 이들이 주로 사용하는 부인(denial)의 방어기제로 인해 매우 더디고 힘들다.

3-8 / 8-3

이러한 프로파일을 보이는 사람들은 불안, 공포, 우울, 긴장과 같은 다양한 정서적 고통을 경험하며 두통, 마비와 같은 신체증상을 호소한다. 이런 정서적 불편감과 신체증상 외에도 이들은 특이한 사고와 행동을 보이며 망상이나 기괴한 연상과 같은 사고장애를 보일 수 있고, 주의집중 곤란, 기억력 장애를 가진다.

겉으로 보면 무감각하고 철수되어 있는 것처럼 보이나 이들은 성격적으로 히스테리적인 요소를 가지고 있어서, 강한 애정욕구가 내재되어 있고 정서적으로 상당히 취약하고 미성숙하다. 강한 의존욕구에도 불구하고 이들은 타인으로부터 거절을 당하는 것에 대한 두려움으로 인해 타인과의 밀접한 관계를 회피하며 사회적인 이질감이나 소외감을 느낀다. 때로는 타인으로부터 애정을 이끌어 내기 위해 부적절하거나 유치한 행동을 보이며 유아적이고 퇴행된 행동이나 성적 행동을 주된 특징으로 한 일시적 정신증적 상태를 보이기도 한다. 그러나 이들은 정신증적 에피소드에 대한 기억을 하지 못하는 경우가 많다.

3번 척도가 8번 척도보다 상대적으로 높고 8번 척도와 F척도가 T점수 70보다 낮을 경우에는 신체화 장애나 해리장애를 고려할 수 있으며, 반대로 8번 척도와 F척도가 높게 상승되어 있다면 정신분열증을 의심해 볼 수 있다.

정신증적 증상은 전형적으로 퇴행, 와해된 행동, 기괴한 연상 등을 동반한다. 정신증적 요소가 잠재되어 있으므로 통찰치료는 적절하지 않고, 히스테리적 방어기제를 강화시켜 주는 지지치료가 보다 도움이 된다.

3-9 / 9-3

공황발작, 가슴 통증, 심장혈관 계통의 증상, 두통 등과 같은 갑작스런 신체증상을 호소하며 급성의 정신적 고통을 경험한다. 이들은 타인에게 요구적이면서 신체증상과 관련한 불평이 많고 충동적이며 화를 잘 내는 등, 정서적으로 불안정하고 변동이 심하다.

이들은 성격적으로 사교적이며 외향적인 사람들로, 사람들과 어울리고 타인의 주목을 끌기를 좋아하지만 대인관계는 상당히 피상적인 경향이 있다(특히 척도 0이 T점수 40 이하일 경우 그러함). 지배적인 어머니에 대한 적대감이 존재하며 의존과 독립에 대한 갈등이 있을 수 있다.

임상적으로는 신체형 장애의 진단을 받는 경우가 많고 히스테리성 성격장애일 가능성도 있다. 치료에 대한 예후는 좋은 것으로 알려져 있으나 일단 신체증상이 호전되면 치료를 잊어버리며 재발될 가능성이 높다.

단독상승 4

충동적인 행동, 반항성, 권위적 대상과의 갈등이 주요 특징이라고 볼 수 있다. 좌절인내력이 낮고 분노를 통제하기 어려우며 쉽게 공격성을 표출할 수 있다. 이들은 미성숙하고 자기중심적이며 타인의 입장이나 감정을 무시하고 자신의 욕구만을 주장하는 경향이 있다. 대인관계에서 얕은 관계를 재빨리 형성하나, 타인에 대한 감정이 피상적이어서 친밀한 관계를 이루는 데는 어려움이 많고 자신의 욕구충족을 위해 타인을 조정하거나 이용하려는 경향이 있다.

사회생활에서의 적응곤란이 흔히 나타나는데 이들은 자신의 태도에 대한 통찰이 부족하고 대인관계에서의 문제를 타인의 탓으로만 돌리려 하며 자신은 희생자라고 주장한다. 특히 자신의 문제에 대한 원인을 가족에게서 찾으려는 경향이 있고 적절한 대우를 받지 못한 것에 대한 불만감이나 억울한 감정이 존재한다.

4-5 / 5-4

4-5/5-4의 상승척도쌍을 보이는 사람들은 사회적인 가치에 비순응적이며 공격적인 특징을 보인다. 이들은 미성숙하고 자기중심적이며 성적 정체감에 문제를 보일 수 있다. 우울이나 불안과 같은 정서적 곤란은 거의 보이지 않으며 만약 정서적 동요를 느끼더라도 이는 일시적으로 나타나고 곧이어 충동적인 공격행동을 보인다. 이러한 행동화(acting-out) 후에는 잠시 후회와 죄책감을 가지지만, 이들은 기본적으로 자기 도취적이고 자기애적인 경향이 있고 좌절인내력이 낮기 때문에 이러한 행동화 경향은 반복되어 나타난다.

척도 6이 빈번하게 동반 상승되는데, 이러한 경우 4-6/6-4 코드타입으로 해석할 수 있다. 이들은 자신의 정서상태나 의존욕구에 대한 인식을 잘 하지 못하지만, 의존에 대한 양가감정이나 갈등이 존재할 수 있다.

이 프로파일을 보이는 여자들의 경우, 자기상을 수동적인 것과 결부시키기를 거부하며 전통적인 여성상에 반발한다. 능동적이고 자기주장적이며 실제적이다. 전문적인 역할을 강조하는 상위문화에 속하려 하고 일 중심적인 경향을 보인다. 이들이 보이는 이러한 특성의 기저에는 의존적인 관계를 발달시키는 것에 대한 두려움이 존재하는 것으로 보인다.

남자들의 경우, 자신의 비순응적인 측면을 별다른 갈등 없이 공공연하게 나타내는 경향이 있으며, 특히 교육수준이 높을 경우에는 자신의 불만족을 사회적인 원인으로 돌리고 주류문화에 대한 조직화된 분노를 표현하는 경우가 많다. 사회적인 전통을 무시하고 도전하는 것을 즐기는데, 보통 이들의 일반적 행동과 외모에서 이런 경향이 드러난다. 이 형태를 보이는 남성들이 비순응적이긴 하나, 실제로 비행행동을 보이는 일은 드물다고 하며 보통 수동-공격적인 대처양식을 보인다. 지배와 의존성이 이들에게 중요한 문제로, 의존성에 대한 강한 욕구를 지니고 있으나 친밀한 관계에 있는 사람에게 지배당하는 것을 두려워한다. 동성애적인 경향을 가지고 있는 사람에게 많이 나타나며 이들은 자신의 동성애적 충동에 대한 염려와 걱정을 많이 보이고 이를 부인한다. 자신의 동성애적 경향을 인정하는 경우에는 능동적인 동성애자들이 이러한 패턴을 보이는 경우가 많다.

이들의 문제는 만성적이고 뿌리 깊은 성격적 특성에서 기인하기 때문에 치료에 의한 변화 가능성은 낮은 편이다.

4-6 / 6-4

이 상승척도쌍의 주요 특징은 분노와 적개심, 불신이다. 이런 양상을 보이는 사람들은 까다롭고 타인을 원망하며 화를 잘 내고 논쟁을 자주 벌인다. 특히 권위적인 대상에 대한 적개심이 많고 권위상에 손상을 입히려고 한다.

사실상 이 사람들은 주의나 관심에 대한 욕구가 많고 다른 사람이 자신을 어떻게 대우하는가에 극히 예민한 사람들이어서, 사소한 비판이나 거부에도 부당한 취급을 받았다고 여기고 심한 분노감을 표출한다. 타인의 동기를 의심하고 남을 잘 믿지 못하며 타인의 요구를 잘 들어주지 않는다. 밀접한 대인관계가 거의 없고 타인에 대한 불신감으로 인해 깊은 정서적 교류를 회피한다.

이들은 갈등을 유발하고 대인관계를 악화시키는 자신의 태도에 대해서는 전혀 생각하지 않고 분노나 갈등의 원인을 항상 외부로 전가한다. 어떻게든 타인의 잘못이나 실수를 찾아내어 이를 비난하며, 자기자신은 보호하고 과대평가한다. 자기평가에 있어서 비현실적이며 때로는 과대망상적인 경향도 보인다.

정신과 환자집단에서는 흔히 성격장애(특히 수동-공격적)와 정신분열증(특히 망상형)의 진단이 내려지며 특히 척도 4와 6의 상승도가 높을수록, 그리고 척도 6이 척도 4보다 더 높을수록 성격장애보다는 정신증적 상태에 있을 가능성이 높다.

V모양의 척도 4-5-6 형태(수동 – 공격형 V)

척도 4와 6이 상승되어 있고 척도 5가 이들 척도보다 10점 이상 낮거나 T점수 50점 이하로 하락되어 있는 형태를 말한다. "수동-공격형 V" 또는 "Scarlett O'Hara V"라고도 부르는데, 여자들에게서 많이 나타난다.

이런 여자들은 매우 수동적이고 의존적이며 전통적인 여성적 역할에 과도하게 동일시하는 경향이 있다. 표면적으로는 사교적이고 자신만만해 보이지만, 내면에는 분노감과 적대감이 가득 차 있으며 애정에 대한 강한 욕구가 숨어 있다. 타인에게 지나칠 정도로 애정을 요구하면서 만족할 줄 모르고, 특히 남자에게 의지하는 경향이 있다. 남자에 대한 의존성은 다소 수동-공격적인 양상을 띠는데, 이들은 그들이 원하는 것을 얻기 위해 요구적이고 도발적인 태도를 보이며 타인을 조정하려고 한다. 이러한 방식은 결국 타인을 짜증나게 만들고 중요한 타인을 떠나가게 만드는 결과를 가져온다.

여기서 척도 6은 편집증적인 경향을 나타내는 것이 아니라 타인을 비난하고 자신의 결점이나 실패를 외부환경으로 돌리는 경향성이나 만성적인 분노감을 반영한다. 이러한 여자들은 타인을 화나게 만드는 데 능숙하나 그것에 기여한 자신의 책임을 인정하지 않으려 하기 때문에 치료적 개입이 매우 어렵다.

4-7 / 7-4

이 프로파일의 주요 특징은 분노의 충동적 표현과 이에 대한 죄의식 및 자기 비난의 주기적 반복이다. 한동안은 척도 4의 특징이 우세하게 나타나서 사회적 관습이나 타인의 욕구 및 감정을 무시하고 충동적으로 행동하다가, 다음에는 척도 7의 특징이 우세하여 그와 같은 행동을 저지른 것에 대하여 후회하고 죄책감을 느끼며 자기비하에 빠진다. 이 기간 동안 과도한 행동억제를 보이긴 하지만 이런 죄의식과 행동억제 양상은 일시적이어서 다음의 충동적 행동의 재발을 방지하지는 못한다.

이들의 이런 행동의 기저에는 의존과 독립에의 갈등이 있다. 실제로 이들은 의존적이고 불안정한 사람들로, 다른 사람들의 지지 속에서 자신의 가치를 확인받기를 원한다. 그러나 주변 사람들로부터 많은 제지를 받았고 충분히 인정받지 못하였다고 느끼는 데서 비롯된 분노감이 많다. 이는 특히 가족 내에서의 갈등과 관련된 것이 많다. 이들의 행동화(acting-out)는 독립에 대한 미성숙한 표현이라고 할 수 있다.

4-8 / 8-4

4-8/8-4의 상승척도쌍을 보이는 사람들은 타인으로부터 소외당했다고 느끼는 사람들로, 최소한의 사회적응력을 보인다. 이들은 타인의 눈에 기이하고 별나게 보이는 독특한 사고패턴을 가지고 있으며 행동은 예측불허하고 충동적이며 사회적 판단력이 부족한 것처럼 보인다. 타인의 감정에 공감하거나 의사소통을 하는 데 어려움이 있으며 타인을 불신하고 분노나 원한 같은 감정들 때문에 사람들을 회피한다.

이들은 정서적으로 변동이 심하고 불안정하며 부적절하게 화를 잘 낸다. 사회적 혹은 법률적 문제를 일으키는 일이 흔한데, 이들이 사고를 일으키는 원인은 4-9 상승척도를 보이는 사람들이 보이는 양상처럼 사고를 일으킴으로써 얻게 되는 흥분을 갈망해서가 아니라, 판단력의 부족이나 논리 및 사고의 결함 때문에 나타난다. 강간범, 매춘행위, 노출증 환자들한테서 흔히 나타나는 형태라고 보고된다.

이들은 정서적 유대를 거부하는 측면이 있음에도 불구하고 애정과 주의에 대한 강한 욕구를 지니고 있으며 뿌리 깊은 불안정감(insecurity)을 느낀다. 생애 초기에 타인이 신뢰롭지 못하며 거부적이고 위험한 대상임을 학습하였고 그에 대한 대처반응으로서 세상으로부터 철수하거나 아니면 자신을 보호하려는 시도에서 분노감을 행동화하는 것을 확립하였다.

이들의 자아개념은 매우 부정적이어서, 스스로 실패와 타인들에 의한 배척을 자초하는 경향이 있다. 자살감에 강박적으로 집착하기도 하며 자살기도도 빈번하다. 또한 자신의 성정체감에 대해서도 심한 열등감을 가지고 있어서 자신의 성적 적절감을 드러내려는 시도로서 반사회적 성행위를 저지르기도 한다.

임상적 진단은 정신분열증 망상형이 흔하고 분열성 성격장애나 편집성 성격장애 혹은 반사회성 성격장애의 진단을 받기도 한다.

4-9 / 9-4

이 상승척도쌍의 주된 특징은 공격적이고 충동적인 행동의 외현화된 표출(acting-out)이다.

강한 적개심이나 공격성을 내면에 가지고 있고 이를 외현적 행동으로 표현하는 것이 이러한 유형을 보이는 사람들의 전형적인 특징이라고 볼 수 있다. 이들은 사회적 규범과 가치관에 대해 무관심하거나 이를 무시하고 권위상과의 문제가 흔히 나타나는 등, 반사회적인 경향을 보인다.

생각보다 행동이 앞서며 욕구충족을 지연시키는 데 어려움을 가진다. 항상 쾌락을 추구하고 욕구좌절에 대한 인내력이 낮으며 정서적으로 불안정하다. 이들은 경험으로부터 배울 줄 모르며 자신의 행동에 대한 책임을 지지 않으려 하고 다른 사람에게 곤란의 원인을 돌린다. 또한 이들은 양심의 발달이나 윤리적 가치관의 확립이 잘 되어 있지 않아서 도덕적 발달수준이 낮으며 비행행동이나 범죄행동까지도 드물지 않게 보일 수 있다. 아내구타, 아동학대, 알코올 혹은 약물남용이나 성적 행동화, 폭력적 행동화 등을 범하는 사람들에서 이 상승척도쌍이 잘 나타난다.

이와 같은 과격하고 반사회적인 행동특징 이외에 또 다른 특징으로, 피상적이고 착취적인 대인관계 행동을 들 수 있다. 이들은 외견상 불안이나 걱정 같은 것을 보이지 않으므로 활력이 넘치고 자신감에 차 있는 것으로 보이며 화술도 좋기 때문에 일시적으로는 좋은 인상을 준다. 그러나 시간이 갈수록 이들이 대인관계는 피상적이며 타인을 이용, 착취하려 들며 무책임하고 신뢰롭지 못하다는 것이 드러난다.

이들이 주로 쓰는 방어기제는 행동화(acting-out)이며 합리화(rationalization)도 자주 사용한다.

임상진단은 반사회성 성격장애가 흔하고 때로는 기분장애(양극성 장애)가 진단되기도 한다. 청소년 환자들의 주된 문제는 반항적이고 도발적인 행동과 불복종, 그리고 무단결석이다.

단독상승 5

척도 5는 병리적인 특성을 재는 척도가 아니므로 임상적 정보를 제공하기보다는 다른 척도에서 나타나는 특징들을 강화 또는 약화시키는 역할을 한다. 그러므로 다른 척도들을 해석한 후 그와 관련하여 척도 5의 특징을 통합시키는 것이 바람직하다. 척도 5가 높은 여자의 경우 전통적인 여성적 역할에 비순응적이며 자유분방한 태도를 보인다. 이들은 공격적이고 경쟁심이 강하며 지배적인 성격을 가지고 있는데, 특히 척도 4가 상승되어 있다면 이러한 특징이 두드러지게 나타난다. 교육수준이 높을 경우에 다소 상승하는 경향이 있다.

척도 5가 높은 남자는 수동-의존적이며 비주장적이고 유약한 특징을 보이는데, 특히 척도 4가 낮을 경우 그러하다. 척도 5에서 높은 점수를 받았다고 동성애로 진단받는 경우는 드물지만, 높은 점수는 성정체감의 갈등을 경험하고 있음을 반영한다.

교육수준이 높을수록 척도 5가 상승되는 경향이 있다. 중간 정도의 상승범위를 보이는 경우 타인의 감정에 잘 공감하고 자기조절능력이 있으며 융통성 있고 상식적인 사람들일 수 있다.

단독상승 6

대인관계에 예민하고 경계적이며 의심이 많고 타인을 불신하는 등의 편집증적 경향을 나타낸다. 이들은 융통성이 부족하고 완고하며 경직된 사람들로, 타인의 비판에 민감하고 자신의 정당성이나 도덕성을 강조한다. 세상을 신뢰롭고 우호적인 것으로 지각하기보다는 적대적이고 위협적인 것으로 지각하며, 자신이 대우를 잘못 받았다고 생각하는 경향이 많다. 주된 방어기제는 투사(projection)로 자신의 문제를 인정하기보다는 타인에게 책임을 전가하려는 특징을 보인다.

반사회성 성격장애자나 일부 히스테리 환자에게서도 6번 척도가 상승하는 경우가 있으나, 6번 척도가 T점수 65 이상으로 상승하였거나 단독 상승하였을 경우에는 정신증을 감별진단하는 것이 필요하다.

6-8 / 8-6

이 프로파일은 심각한 정신병리의 가능성을 시사하며 보통 F척도가 함께 상승된다. 만약 척도 6과 8이 T점수 70 이상 상승되어 있고 척도 7과 10점 이상 차이가 나면 정신분열증을 의심해 보아야 한다.

주요 증상은 현저한 사고과정의 어려움, 자폐적이고 산만하고 우회적인 사고경향성과 기괴한 사고내용이다. 주의집중력의 곤란, 기억력의 저하, 판단력 장애도 흔히 나타난다. 피해망상과 과대망상 및 환각이 나타나며 현실검증력의 장애를 보인다.

정서적으로 둔화되어 있고 이들이 나타내는 감정반응은 상황에 맞지 않는 부적절함을 보인다. 의심과 불신이 많고 타인에게 적대감을 품고 있으며 친밀한 관계를 회피한다. 이들의 행동은 예측할 수 없고 부적절한 사회적 행동을 보인다. 대인관계 기술이 부족하고 혼자 있을 때 가장 안정감을 느끼며 사회적으로 철수되어 있다.

이들은 심한 열등감과 불안정감을 가지고 있고 자신감과 자존감이 결여되어 있다. 방어기제 발달에 실패하여 적절한 방어기제가 결여되어 있으며, 스트레스에 부딪히면 공상과 백일몽으로 도피한다.

임상진단은 정신분열증(편집형)이며 다음으로는 분열성 혹은 편집성 성격장애이다.

6-9 / 9-6

6-8/8-6 유형과 마찬가지로 정신과적 진단이 일차적으로 고려된다. 주의집중의 곤란, 판단력 장애, 현실검증력 장애, 환청, 과대망상, 관계망상, 피해망상이 주로 나타나며 급성 정신증적 상태인 경우가 많다.

이러한 유형을 보이는 사람들은 긴장되어 있고 불안해하며 경미한 상황도 위급상황인 것처럼 과잉반응하는 경향이 있다. 이로 인하여 사소한 스트레스에도 공상세계로 도피하는 특징을 보인다. 이들은 정서적으로 흥분되어 있으며 감정조절 능력이 부족하여 과잉통제와 정서적 폭발을 번갈아 나타내는 등 정서적인 변동이 심하다.

대인관계에서 의심이 많고 화를 잘 내며 타인과의 정서적 관계형성을 두려워하여 일정한 거리를 유지하려는 경향을 보인다. 이들은 투사(projection)를 주된 방어기제로 사용하는데, 자신이 하는 일의 정당성을 끊임없이 주장하며 타인의 비판에 예민하고 문제가 발생할 경우 다른 사람을 비난하거나 외부상황 탓으로 돌리려 한다.

타인에 대한 불신감이나 적대감이 많으나 한편으로는 과도한 애정욕구를 지니고 있다.

이 상승척도쌍을 보이는 환자들은 정신분열증 편집형의 진단이 가장 많다. 그다음으로 양극성 장애가 진단되는데, 이 경우 편집증적 사고와 과대망상이 함께 나타난다.

단독상승 7

불안하고 긴장되어 있으며 걱정이 많고 우유부단하다. 사고의 융통성이 부족하고 경직되어 있으며, 높은 도덕성과 완벽성을 추구하여 자신과 타인에게 높은 행동기준을 요구한다. 내성적이고 수줍음을 잘 타며 자기반추적인 생각이 많고 죄책감을 잘 느낀다.

불안장애가 고려되는데, 특히 T점수가 상승할수록 공황장애나 공포증일 가능성이 높다. 불안을 수반한 우울장애에서도 나타나는데, T점수가 비교적 덜 높은 경우에는 강박장애일 가능성이 많다.

7-8 / 8-7

이 프로파일은 신경증과 정신증으로 진단이 양분되는 경향을 보인다. 신경증인 경우는 불안장애, 우울장애 또는 이들의 혼합이 많고 신체화 장애가 다소 나타난다. 정신증의 경우에는 조증형태는 거의 나타나지 않으나 다양한 범위의 정신증이 나타난다.

이와 같은 상승척도쌍을 보이는 사람들의 주요 특징은 걱정과 생각이 많고 정서적으로 혼란되어 있다는 것이다. 이들은 예민하고 안절부절못하며 우울이나 정서적 불안정성을 호소한다. 심한 주의집중의 곤란, 판단력의 장애와 사고장애를 보이기도 한다. 내성적이며 과잉사고형이라고 할 수 있다.

8-7형에 비해 7-8형은 비록 효율성은 저하되어 있으나 자신의 문제를 가지고 능동적으로 싸움을 하고 있으며 심각한 사고나 행동장애의 정착에 저항하고 있는 상태임이 암시된다. 이로 인해 과도한 불안과 초조감이 나타나고 심리적인 불편감을 경험하게 된다.

8-7형은 비교적 심한 정신증적 증상에 적응된 상태로, 주로 정신병이나 정신분열형 성격장애에서 나타난다. 특히 척도 2가 상승될 경우 분열정동장애를 시사하며 이러한 경우 자살위험률이 높다.

성격적으로 이들은 위축되어 있고 수동적이며 현실회피적인 특징을 보인다. 부적절감, 열등감, 불안정감이 뿌리 깊으며 대인관계 형성을 위한 사회적 기술이나 능력이 부족하다. 다른 사람들과 있는 것에 안정감이나 편안함을 느끼지 못하고 가급적 대인관계를 회피하려 한다. 관계가 형성될 경우에는 수동-의존적인 패턴을 보인다. 이들은 과거에 사회적 보상경험을 가질 기회가 부족하였고 방어기제가 잘 확립되지 않았으며, 대신 풍부한 공상세계를 발달시켜 온 것으로 보인다.

이들은 비교적 자신의 심리적 문제를 인정하지만 심리적 갈등의 성질이 만성적이며 대인관계 형성이 어렵기 때문에 심리치료가 어려우며 약물치료가 선행될 필요가 있다.

단독상승 8

현실적 압박으로부터 도망가려는 경향성 또는 수용할 수 없는 충동을 공상세계에서 대리 충족시키려는 특징을 나타낸다. 독창적이고 비관습적이며 독특한 사고양상을 보이고, 적당히 상승했을 경우에는 과묵하고 초연하며 진보적인 관점을 가진다고 보여진다. 대인관계에 어려움이 많고 현실에 불만족하며 자신에 대한 부적절감이나 사회적인 고립감이 나타난다. 점수가 높을 경우 제한된 현실검증력과 정서조절의 어려움을 반영하며 기괴한 생각, 망상, 비현실감, 환각 등 정신분열증의 증상을 보일 수 있다. 반드시 사고장애를 감별해야 한다.

8-9 / 9-8

두 척도 점수가 T점수 70을 약간 정도만 웃돌지라도 심각한 정신 병리가 존재하는 것으로 볼 수 있다. 주의집중에 어려움이 있고 혼란, 망상, 환각, 지남력 장애를 나타내며 현실검증력에 손상이 있다. 사고는 기괴하고 자폐적이며 하나의 주제를 중심으로 사고를 진행할 수 없다.

부적절한 정서나 퇴행이 특징적으로 나타나고 자제력이 부족하여 쉽게 흥분하고 화를 잘 낸다. 이들의 행동은 예측불허하며 기대치 않은 행동을 보일 수 있고 자신의 행동을 적응적인 방법으로 조정하거나 표현할 줄 모른다.

애정이나 관심을 받고자 하는 욕구가 많고 타인에게 유아기적 욕구충족을 기대하지만, 타인에 대한 의심과 불신이 많고 깊은 정서적 교류를 두려워하기 때문에 친밀한 관계형성을 회피하며 사회적으로 철수되어 있다.

발병형태는 급성인 경우가 많고 전형적으로 정서적 흥분, 지남력 상실, 비현실감과 당혹감과 같은 증상들을 보인다. 진단적으로는 정신분열증이 가장 흔하고 양극성장애와 약물로 인한 정신증도 의심해 볼 수 있다.

사회적 회피와 대인관계에 대한 두려움 때문에 치료를 진행하기가 어렵고 하나의 화제에 집중하지 못하므로 치료장면에서 특정 문제를 다루기가 힘들다.

단독상승 9

높은 활동성이나 충동성이 특징이다. 부적응적인 과잉활동이나 안절부절못한 양상을 보일 수 있으며 욕구 지연을 참지 못하고 사소한 장애나 좌절에도 화를 잘 내는 경향이 있다. 말이 많고 기분이 들떠 있으며 행복감을 표현하다가도 갑자기 짜증을 내는 등, 정서적 불안정이 심하고 자기자신을 과대지각하는 경향을 보인다.

그러나 실제로는 우울한 사람들로, 이들이 보이는 과도한 활동성은 우울감을 피하기 위한 노력일 수 있다. 이들은 표면적으로 즐겁고 활기차며 우호적인 태도를 보이기 때문에 초기에는 좋은 인상을 줄 수 있으나 지나친 낙관주의, 자기과시, 타인을 조정하려는 경향 등으로 인해 타인에게 신뢰감을 주지 못하고 대인관계에 어려움을 가져온다. 점수가 적당히 상승하는 사람들은 생산적인 방향으로 그들의 에너지를 쏟을 수 있으며 독립적, 낙천적이고 열정적인 사람들일 수 있다.

진단적으로는 일차적으로 조증상태인지를 확인해 봐야 하며 기분장애, 정신분열증, 성격장애의 진단이 내려질 수 있다.

단독상승 0

척도 0만 상승하는 경우는 매우 드물게 나타나는데, 행동상의 문제를 두드러지게 보이지 않는다. 이들은 대인관계 상황에 대한 불편감이 크며 사회적 기술이 부족하다. 내향적이고 자신감이 부족하며 수줍고 소심한 사람들로, 사회적 상황에서 쉽게 당황하는 경향이 있다. 분열성 성격이나 신경증에서 나타날 수 있는데, 신경증인 경우 걱정이 많고 자신감이 부족하며 우울감이 나타난다.

8. 3코드 유형에 따른 해석

1-2-3 / 2-1-3

신체적 고통감이 가장 주된 증상으로, 소화기 계통의 장애나 피로감, 신체적 허약을 주로 호소한다. 만성적인 건강염려증을 나타낸 과거력이 있고 우울하고 불안하며 흥미의 상실, 무감동(혹은 냉담)을 경험한다. 수동-의존적이고 짜증을 잘 내며 삶에 있어서 적극성이 결여되어 있다.

진단적으로는 신체형 장애, 불안장애, 우울장애가 흔히 내려진다.

1-3-7

심한 불안이 존재함을 시사하는 형태로, 공황발작이나 공포증을 보일 수 있다. 이들은 융통성이 없고 경직되어 있으며 환경의 변화에 잘 적응하지 못한다. 수동-의존적이고 미성숙하며 자기자신이나 타인에 대한 공격성을 수용하지 못하고 억누르는 경향이 있다. 직업적인 적응을 잘하지 못하고 현실감도 떨어져 주변 사람에게 의지하는 경우가 많다.

1-3-8 / 8-3-1 / 3-1-8

기괴한 생각이나 믿음을 가지고 있기 쉽다. 특히 종교나 성적 문제, 신체증상과 관련된 망상을 나타낼 수 있다. 명백한 사고장애나 강박행동이 관찰되기도 하며 우울증 삽화나 자살에 대한 집착이 나타나기도 한다. 이들이 보이는 신체증상에 대한 과도한 걱정은 정신증적인 증상들이 현저하게 드러나 보이는 것을 막아 주는 역할을 한다.

부모에 대한 양가감정이나 공공연한 분노감을 나타내며 타인을 의심하고 질투하는 편집증적인 경향을 보일 수도 있다.

정신분열증 망상형, 경계성 성격장애의 진단이 흔히 내려진다.

1-3-9

다양한 신체적 불편감을 나타내며 좌절인내력이 낮아 쉽게 짜증을 내고 정서적 흥분이나 분노폭발을 자주 보일 수 있다. 히스테리적 성격이 기저에 깔려 있는 신체형 장애나 기질성 장애의 가능성이 있는데, 기질적인 문제가 있을 경우 예기치 않은 공격행동이나 파괴행동을 보일 수 있다.

2-4-7 / 2-7-4 / 4-7-2

만성적인 우울, 불안을 가지고 있으며 수동-공격적인 성격패턴을 보인다. 분노 감정을 가지고 있으나 이를 적절히 표현하지 못하고 이에 대한 죄책감을 가진다. 4번 척도가 가장 상승되어 있을 때는 보다 충동적이고 쉽게 화를 내는 양상을 보인다. 스트레스 내구력이 낮고 사소한 일에도 과민반응을 보이며 정서적으로 불안정하다. 자기 스스로에 대한 열등감이나 부적절감이 많고 우울감을 경감시키기 위해 약물이나 알

코올에 과도하게 의존하는 경향이 있다. 기본적인 신뢰감이나 애정욕구가 좌절된 구
강-의존기적인 성격특징을 가지는 것으로 보인다.

2-7-8 / 7-2-8

이들이 보이는 주요증상은 우울, 불안, 긴장과 같은 정서적 고통감과 심한 강박적 특
징이다. 걱정과 생각이 많고 우유부단하며 위축되어 있다. 자기반추적인 사고를 보이
며 자살에 대해 집착한다. 이들은 꼼꼼하고 완벽주의적인 성향을 가지고 있으며 자신
과 타인에 대해 높은 기준을 부과한다. 이 기준에 부합되지 못할 경우 강한 죄책감을
가지며 과도한 내성과 스스로에 대한 압력을 가함으로써 우울과 불안을 가중시킨다.
자존감이 낮고 자기개념이 불안정하며 정서적으로 몰입하는 데 두려움이 많고 사회
적으로 고립되어 있다.

때로는 주의집중과 사고의 어려움을 호소하고 사고장애의 가능성이 있을 수 있다.
이 경우 표면적으로는 신경증적 증상을 나타내지만 사실상 정신증적 요소(pseudoneu-
rotic schizophrenia)가 내재되어 있다. 불안장애, 강박장애, 우울장애의 진단이 내려지
는 경우가 빈번하나 정신증적 요소가 잠재되어 있는 경우가 많으므로 주의를 요한다.

4-6-8

만성적인 정서적 문제가 존재함을 나타내는데, 특히 성격장애나 정신분열증 편집형
이 시사된다. 이들은 심리적인 갈등에 대해서 회피적이고 방어적인 태도를 취하며
대인관계에서 적대적이고 화를 잘 내며 의심이 많다. 타인의 비판에 쉽게 상처를 받
고 상대방의 행동에서 악의를 읽어 내며 관계사고를 발전시키는 경향이 있다. 자신
의 문제를 인정하기보다는 외부로 귀인하여 다른 사람을 탓하거나 비난함에도 불구
하고, 자신의 심리적인 불안과 긴장을 없애지는 못한다.

자기도취적이고 자기중심적인 태도로 타인의 주의나 애정, 동정을 이끌어 내려 하
며 대인관계나 부부간의 문제를 흔히 일으킨다.

합리화(rationalization)를 잘하고 논쟁적이며 권위상에 대한 뿌리 깊은 분노감이 내
재해 있어 이들을 치료하거나 면접을 하기는 상당히 어렵다.

4-9-6 / 9-4-6

분노나 공격성의 폭발이 주된 특징이며 판단력이 부족하고 정서통제력이 낮다(특히
척도 K가 50 이하일 때). 파괴적이고 공격적이며 살인행동에 대한 각별한 주의를 요

하는데, 특히 척도 8이 상승되었을 때 이와 같은 특징들이 두드러지게 나타날 수 있다. 이들은 기괴한 방식으로 갑작스럽게 폭력을 행사한다.

6-8-7 / 8-6-7

척도 6, 8, 7이 상승되어 있되 척도 6과 척도 8이 척도 7보다 유의하게 상승되어 있는 경우 "정신증 V형(paranoid valley)"이라고 불린다.

이 프로파일은 심각한 정신병리를 암시하며 임상적 진단으로는 정신분열증 편집형이 가장 흔하게 내려진다. 피해망상, 과대망상, 환각이 나타나고 감정적으로 둔화되어 있거나 부적절한 정서를 보인다. 타인에 대한 의심이나 분노감이 많고 사회적으로 철수되어 있다.

9. MMPI에서의 정신역동적 해석

Trimboli와 Kilgore(1983)는 정신역동적 관점에서 MMPI의 해석을 시도하였는데, 이들은 MMPI에는 ① 방어기제, ② 불안을 처리하고 견딜 수 있는 능력, ③ 공격성과 적대감을 다루는 방법, ④ 대상관계의 질, ⑤ 급성 및 만성상태에 대한 정보들이 담겨져 있다고 보았다.

여기에서는 이러한 기능들에 대한 개념적 틀을 MMPI를 통해서 소개하고자 한다.

척도 1, 2, 7, 8은 증상척도로, 현실생활에서 경험되는 고통에 따라 변화되기 쉬운 특성을 가지고 있으며, 척도 3, 4, 5, 6, 9, 0은 전형적인 방어기제를 반영하는 성격척도로 생각되고 있다.

1) 방어기제

방어기제는 갈등을 일으키는 충동이나 욕구들로 인해 일어나는 불안을 경감시키는 기능을 하는 무의식적인 정신내적 과정이다.

■ 척도 3

이 척도는 기저에 히스테릭한 성격구조를 가지고 있으며 전환반응을 나타낼 수 있는 사람들을 밝혀내는 것이다. 전환증상은 T점수 80 이상일 경우에 드러난다. 일반적으로 T점수 60 이상을 보이는 사람들은 부인(denial)이나 억압(repression)의 방어기제를 사용하여 내적 갈등을 의식밖으로 차단하거나 모호한 신체증상으로 돌림으로써 갈등의 직면을 회피하려 한다.

■ 척도 4

이 척도에서 높은 점수를 받은 사람들은 외현화(externalization), 행동화(acting-out), 합리화(rationalization) 또는 주지화(intellectualization)의 방어기제를 사용함으로써 불안을 처리한다. 높은 점수를 받은 사람들은 반항적이고 충동적이고 쾌락적이며 반사회적인 특성을 가지고 있다. 대인관계에서 상당히 적대적이고 공격적인 경향을 보이는데, 특히 부부나 가족관계에서 어려움을 보이고 권위적인 인물과 잘 지내지 못한다.

■ 척도 5

이 척도는 조심스레 해석할 필요가 있다. 극단적인 점수의 상승이나 하락은 모두 효과적인 방어기제의 발달 실패를 의미하는 부적절한 동일시과정(faulty identification process)을 반영한다.

경미하거나 중간 정도로 여성성 방향(여자의 경우↓, 남자의 경우↑)의 상승을 보이는 사람들은 적응적이고 보다 높은 수준의 방어기제에 해당하는 '승화(sublimination)'를 사용한다. 중간이나 높게 상승된 점수를 받은 사람들은 직접적인 충동 표현을 억제하는 '수동성(passivity)'을 방어기제로 사용한다. 아주 높게 상승된 점수를 받은 사람들은 의식적이고 보다 효과적이지 못한 '억제(supression)'를 방어기제로 사용한다.

남성성 방향으로의 상승(여자는↑, 남자는↓)은 사회 경제적 관심사가 상당히 현실적이고 실용적인 사람들에게 주로 나타난다. 중간 정도나 높은 수준의 상승된 점수를 받은 사람들은 여러 상황에서 주장성 내지는 공격성을 자주 표출한다. 정신역동적 관점에서 이들의 이런 공격성은 공격적 충동을 적절한 통로로 표출할 수 있는 방어적 능력이 부족한 데서 기인한 것이라 본다.

■ 척도 6

이 척도에서 T점수 65 이상이거나 35 이하의 점수를 받은 사람들은 주로 투사(projection)나 더욱 원시적 형태의 외현화(externalization) 방어기제를 사용한다. 점수가 하락될 경우는 편집증적 병리가 외부적으로 표출되는 것을 억제할 능력이 있다고 본다.

■ 척도 9

이 척도에서 최소한 중간 정도 이상의 점수를 받은 사람들은 부인(denial)이나 주의산만(distraction)의 방어기제를 사용한다. 이런 주의산만 책략을 사용하는 사람들은 불안과 관련된 정신적 갈등을 정신운동(psychomotor) 통로를 통해 직접적으로 발산하고 있는 것이다. 특히 척도 4가 함께 상승될 경우는 행동화(acting-out) 방어기제를 사용할 가능성이 높다.

▪ 척도 0

이 척도에서 높은 점수(T점수 70 이상)를 받은 사람들은 사회적인 상황에서 매우 불편해하는데, 회피(avoidance)나 철수(withdrawal)를 통해 이런 어려움들을 다룬다. 이들은 양보를 하거나 아예 개입하지 않는 방법을 통해 수동적으로 압력에 저항함으로써 어려운 상황에 직면하는 것을 피해 간다.

▪ 타당도 척도

K척도의 상승을 보이는 사람들은 자신의 약점을 인정하지 않으려는 특성을 가진 사람들로, 억압(repression)이나 합리화(rationalization)의 방어기제를 사용한다.

L척도에서 높은 점수를 받은 사람들은 더욱 원시적 형태의 억압(repression)과 경직된 형태의 부인(denial) 방어기제를 사용한다.

F척도는 상승되어 있는 반면 L과 K척도에서는 하락된 점수를 보이는 사람들은 효율적인 방어기능이 상실되었다는 것이 시사된다. 반대로 F척도는 하락되어 있고 L과 K척도에서는 상승된 점수를 받은 사람들은 억압(repressing)이나 부인(denial)의 방어기제를 사용한다.

2) 불안에 대한 대처

불안을 처리할 수 있는 안전장치나 방어기제가 잘 작동되지 않을 경우 증상척도가 상승한다. 따라서 불안이 높아질 경우 전체 프로파일 형태상 증상척도가 성격척도보다 더 상승되며, 성격척도 상에서는 척도 3, 4가 척도 6, 9보다 더 상승하게 된다.

▪ 척도 2

척도 2의 상승 정도는 개인의 방어기제가 붕괴되고 있는 정도를 보여 주는 유일한 지표이다. 척도 2의 상승은 신경증적 갈등의 자각을 막는 억압(repression)이 실패함으로써 불안이 출현했다는 것을 의미한다.

▪ 척도 1

척도 2, 7, 8 상승의 경우보다 불안을 효과적으로 다루는 경우인데 전환(displacement)을 통해 정서적 문제를 신체적 관심으로 돌린다.

▪ 척도 7

갈등이 심화되어 가면서 척도 2와 함께 척도 7이 동반 상승되는데, 이는 정신 성적 발달의 초기단계 특징인 마술적 사고(magical thinking), 반추(rumination), 의식(rituals) 등의 방어기제가 부활되었음을 시사한다.

■ **척도 8**

척도 8이 크게 상승된 경우는 더 큰 스트레스에 직면해서 방어기제가 약화된 경우로, 인지적 혼란, 고립, 정서적 혼란의 기제가 작동된다. 따라서 갑작스럽고 심각한 고통에 직면할 경우에는 척도 2, 7이 함께 상승되고, 상황이 더욱 악화되어 갈 경우에는 척도 8이 함께 상승하게 된다.

■ **2-7-3**

척도 2, 7의 상승과 함께 척도 3이 상승될 경우는 현재의 갈등으로 인해 발생되는 불안을 억압하려는 시도가 증대된 것이라고 볼 수 있다.

■ **2-7-4**

척도 2, 7의 상승과 함께 척도 4가 상승될 경우는 압도당할지도 모른다는 위협감을 주는 불안을 밖으로 발산시키려는 시도라 볼 수 있다.

■ **7-9**

척도 7과 척도 9가 척도 6, 8, 0보다 높을 경우, 척도 7, 9의 상승이 의미하는 초조감이나 불편감이 개인에게 고통스럽기는 하지만 현실적 왜곡은 보다 덜 하고 현재 경험하고 있는 고통을 다룰 만한 능력이 있다는 좋은 신호가 될 수도 있다.

■ **척도 8, 척도 0과 척도 9**

척도 8, 0이 척도 9보다 상승되어 있을 경우 냉담함과 철수가 동반된 사회적 · 정서적 고립이 더 심각한 수준에 이르렀음을 의미한다.

■ **척도 8과 척도 7**

척도 8이 7보다 상승되어 있을 경우(10T 이상)는 반추적 방어(ruminative defense)가 인지적 분열(cognitive fragment)을 방어하지 못하고 있음을 의미한다.

■ **척도 6과 척도 7**

척도 6이 척도 7보다 상승되어 있을 경우에는 과도한 투사(projection)를 통해 세계에 대한 지각을 재형성함으로써 정교하고 기괴한 망상을 형성하게 된다.

■ **척도 6, 8, 0**

척도 6, 8, 0이 상승되어 있을 경우는 방어기능의 실패로 인해 퇴화(deterioration)의 과정으로 가고 있음을 의미한다. 결국 앞에서 보여지는 증상과 성격척도에서의 방어실패는 스트레스나 불안에 대처하려는 시도나 노력이 실패했다는 것을 의미한다.

3) 공격성과 적대감에 대한 대처방식

공격성을 처리하는 방법은 크게 세 가지로 나누어 살펴볼 수 있다. 첫 번째는 공격성이 다른 사람을 향해 직접적으로 표현되는 방법인데 이 경우 척도 4 또는 척도 6이 상승하거나 척도 4, 6, 9가 함께 상승한다. 두 번째는 다른 사람을 향해 간접적으로 공격성을 표현하는 경우로 척도 3이 상승하거나 척도 1, 3 또는 척도 3, 4가 상승하게 된다. 마지막으로 공격성이 자기 자신을 향해 있는 경우로 척도 2가 상승하거나 척도 2, 8, 5 또는 척도 1, 5가 상승하게 된다.

(1) 공격성을 직접적으로 표현하는 경우

■ 척도 4

척도 4가 T점수 70점 이상일 경우 사회적 승인, 권위적 인물, 부모상에 대해 적대감을 가지고 있음을 반영해 준다. 이들의 공격성은 잘 합리화되어 있고 분노의 초점은 확산(diffuse)되어 있다.

■ 4-9

척도 4와 9가 함께 상승되는 사람들은 타인에게 직접적으로 공격성을 표출함으로써 발생되는 결과를 고려하지 않은 채 행동화(acting-out)하는 경향이 있다.

■ 척도 6

척도 6이 상승되어 있을 경우 이들은 특정대상에게 향해 있는 보다 초점화된 분노를 가지고 있다. 척도 6이 80점에 가까울 경우는 적대감의 망상적 투사(projection)의 지표가 된다.

■ 4-6 / 6-4

척도 6과 4가 함께 상승될 경우는 미숙한 충동통제, 정서적 폭발, 폭력 경향성을 보인다. 특히 척도 9가 함께 상승될 경우는 타인에게 직접적으로 행동화(acting-out)할 경향성에 대한 뚜렷한 위험 신호가 될 수 있다.

■ 3-4 / 4-3

척도 3이 4와 함께 상승되어 있을 경우는 척도 3의 억제 효과가 분노의 직접적 표출을 어느 정도 저지해 준다.

(2) 공격성을 간접적으로 표현하는 경우

척도 3이 상승한 사람들은 직접적인 방법을 억제하고 보다 은밀한 방법으로 분노를 표현한다. 이들이 표현형태는 어떤 척도가 함께 상승하느냐에 따라 달라진다.

■ 단독상승 3 또는 1-2-3 / 3-1-2

척도 3이 단독으로 상승하거나 척도 3이 척도 1, 2와 함께 상승할 경우는 가족 구성원, 의사 또는 치료자에게 벌을 주기 위해 신체적 증상이나 냉담함을 사용한다.

■ 3-4-6 / 3-6-4

척도 3이 척도 4, 6과 함께 상승되어 있을 경우는 보다 공공연히 분노를 표현한다. 척도 3과 6이 함께 상승되어 있을 경우 본인은 자신이 표현하고 있는 분노를 잘 알아차리지 못하지만 타인들은 이들의 분노를 쉽게 관찰할 수 있다.

■ 3-4 / 4-3

척도 3과 4가 함께 상승되어 있는 사람들은 강한 공격적 충동을 가지고 있지만 적절한 방법으로 분노를 표현하지 못한다. 척도 3이 척도 4보다 상승되어 있는 것은 수동-공격적인 사람들에게서 흔히 볼 수 있는데 이들은 분노를 보다 은밀하고 숨겨진 방식으로 표현한다. 척도 4가 척도 3보다 상승되어 있는 사람들은 대부분의 시간 동안 분노를 과잉 통제하다가 간혹 폭력적 행동화(acting-out)를 보이게 된다.

(3) 공격성이 자신에게 향해 있는 경우

척도 2가 높이 상승된 사람들은 공격성을 적절하고 효과적인 방법으로 표출할 만한 능력이 부족하다. 이 사람들은 그런 공격적 충동을 다른 사람에게 표출하기보다는 자신에게 향하게 함으로써 강력한 불안을 느끼게 된다. 이런 불안은 안절부절못함, 초조, 자기-불만족감, 재앙적 사건에 대한 예상으로 표현된다(T점수 65~75일 경우). 척도 점수가 80 이상으로 상승될 경우는 임상적 우울증상의 하나인 신체적 증상(vegetative symptom)이 나타날 것이다.

■ 단독상승 2 또는 2-7

척도 2가 단독으로 상승되거나 척도 2, 7이 함께 상승되어 있을 경우 자살상념이나 자살 사고를 보일 수 있으나, 척도 7의 상승은 자살에 대한 불안을 야기하기 때문에 실제 자살행동은 시도되지 않는다.

■ 2-4-9 또는 2-4-8

척도 2가 충동조절의 어려움을 시사하는 척도 4, 9와 함께 상승되거나, 판단력의 문제를 시사하는 척도 8과 함께 상승될 경우는 자살행동에 대한 위험이 높다. 척도 3은 척도 2의 자살 위험을 감소시키는 역할을 한다.

■ 5-8

척도 5, 8은 정체성의 문제와 관련되어 있는데, 이 두 척도가 함께 상승할 경우 원시적 형태로 공격자와 동일시하고 있다는 것을 시사한다. 자기정체감에 자신이 없고 가학적 인물과의 초기 경험이 있을 경우 그런 가학적 행동에 동일시를 할 수 있고 공격성은 자신에게로 향한다.

4) 대상관계

대상관계에 있어서의 심각한 병리는, 미분화된 방식으로 대상과 관계하고 있어서 타인을 자기와 분리된 존재로 인식할 수 없거나 또는 대상을 "모든 것이 좋은 사람으로만" 혹은 "모든 것이 나쁜 사람으로만" 인식하여 관계하고 있을 경우 발생할 수 있다.

(1) 대상과의 미분화된 관계

미분화된 대상관계를 가지는 정신증적 환자들은 자기표상과 대상표상이 모두 혼란되어 있으며 이들이 보이는 정신증은 만성적 수준이다. 이들은 자기의 생각, 감정을 타인의 그것과 구분하지 못한다.

■ 척도 F와 척도8

척도 F와 척도 8이 함께 상승하는 경우 자기 체계의 안정성이 결여되어 있거나 정체성에 혼란을 느끼고 있다는 것을 시사한다.

■ 5-8

전형적인 성역할에 동화하는 데 대한 어려움을 반영하는 척도 5가 척도 8과 동시에 상승되는 경우, 병리의 수준이 심각하고 자기와 대상표상 영역에서 심각한 손상이 있다는 것을 시사한다.

(2) 부분적인 대상 관계(part-object manner)

현실적이고 통합적인 대인관계 능력이 결여되어 있어 "모든 것이 좋은 사람" 또는 "모든 것이 나쁜 사람"이라는 이분법적인 대상표상을 형성하고 있고, 이런 두 가지 대상표상이 번갈아 가며 나타나기도 한다.

■ 1-2

척도 1이나 척도 2가 상승하는 사람들은 강하고 힘이 있으면서 "모든 것이 좋은 사람으로" 인식되는 대상에 의존하고 싶어 한다. 척도 1과 2가 같이 상승하는 경우는 다른 사람에게 도움을 구하는(help-seeking) 행동을 빈번히 하거나 또는 타인과 상호작용을 하는 데 있어 종종 무력감을 느낀다.

■ 척도 5(남자)

척도 5가 여성성 방향으로 상승할 경우는 타인에게 의존하거나 관계하고 싶어 하는 욕구를 반영한다.

■ 척도 3과 척도 9

척도 3이나 척도 9가 상승할 경우는 "모든 것이 좋은 사람으로" 인식되는 대상에게서 지지를 얻고자 하는 보다 미묘한 시도를 할 수 있고, 중요한 타인을 이상화하고 이런 이상화된 대상과의 동일시를 통해 자기존중감을 증가시키고자 한다.

■ 척도 0

척도 0이 낮을 경우는 중요한 타인으로부터 인정을 받고자 하는데, 이는 자신의 자기애적 욕구를 삶에서 충족받고자 하는 보다 직접적인 시도라 볼 수 있다.

■ 4-6

척도 4와 6이 상승하는 사람들은 "모든 것이 나쁜 사람으로만" 인식되는 대상표상을 지니고 있다. 특히 척도 4가 높이 상승하는 사람들은 자기중심적이고 타인의 욕구를 무시하며 자기 욕구를 충족시키기 위해 타인을 이용하는 사람들이다. 척도 6이 높게 상승하는 사람들은 분노를 특정인에게 초점화시키기 때문에 더욱 강력하고 명백한 방식으로 분노를 표출하게 된다.

5) 급성과 만성 증후군의 감별

정신 병리의 급성 정도를 감별하는 방법은 개인이 경험하는 주관적인 고통의 양이다. 주관적 고통의 양은 증상 척도, 즉 척도 1, 2, 7, 8의 상승 정도로 알 수 있다. 이 척도들은 병식을 관찰하는 데 중요하다. 일반적으로 점수가 더 높게 상승된 경우는 급성 증후군 프로파일이고 점수가 중간 정도로 상승된 경우는 만성 증후군 프로파일이라고 본다.

(1) 급성 증후군

증상척도와 F척도가 상승되어 있을 경우 환자가 고통을 느끼고 자신의 삶에서 붕괴가 일어나고 있다는 것을 감지하고 있음을 말해 준다. 척도 K가 하락되어 있을 경우 스트레스 대처에 대한 무력감을 시사한다.

(2) 만성 증후군

증상척도가 상승하지 않은 가운데 척도 1, 8이 척도 2, 7보다 조금 더 상승되어 있으며 척도 K는 중간 정도로 하락되어 있다(T점수 45~55). F척도가 하락되어 있을 경우는 부적응적 행동에 점차 익숙해지고 습관화되어 있음을 시사한다.

■ 만성 신경증적 환자

만성 신경증적 환자들은 척도 점수가 상승한다. 가령 신체화나 정서적 어려움을 부인하는 신경증적 환자의 경우 척도 1과 3은 상승하고 척도 2가 하락되어 있다면 이 병이 만성 수준에 이르렀다는 것을 말해 준다.

■ 만성 정신증적 환자

만성 정신증적 환자들은 중간 정도의 점수를 보인다. 급성 정신증적 환자들은 척도 6, 8이나 때로 척도 9가 상승되기도 하지만, 정신증적 상태가 점차 만성화될수록 이 척도 점수는 하락하게 된다.

10. 특정 증상 영역을 조직화하기 위한 특별해석 지침

■ 억제(supperession)

척도 5(남자에게 국한됨)와 척도 0은 종종 억압(repression)척도라고 간주되는데, 하나 또는 두 개 모두 상승이 되면 억압의 경향이 있거나 다른 상승척도에서 나타나는 성격특성의 표현이 '약화' 된다.

■ 행동화(acting-out)

척도 5 및 척도 0과 대조적으로, 척도 4와 척도 9는 '행동화' 또는 '흥분척도'라고 간주된다. 만약 하나 또는 두 개가 모두 상승되면 그 개인은 행동통제상의 어려움이 시사된다. 만약 척도 0이 낮다면 이러한 경향성은 더욱 현저하게 나타난다.

■ 내적 대처 스타일

만약 2, 7, 0의 척도 점수가 4, 6, 9의 점수보다 높다면 그 개인은 내적 대처 스타일을 가지고 있다고 간주된다.

■ 외적 대처 스타일

반대로 4, 6, 9의 척도 점수가 2, 7, 0의 점수보다 높은 개인은 외적 대처 스타일을 가지고 있다고 간주된다.

■ 과잉통제(억제)

충동, 특히 적대감에 대한 과잉통제는 척도 3의 상승에서 암시된다.

■ 주관적 고통감

개인이 경험하고 있는 주관적 스트레스의 정도는 척도 2와 척도 7에서 알 수 있다.

■ 불안

척도 7이 상승하고 특히 척도 7이 척도 8보다 높을 때 불안이 암시된다.

■ 우울

척도 2의 점수가 높고 척도 9의 점수가 낮을 때 우울이 암시된다.

■ 경조증

척도 2의 점수가 낮고 척도 9의 점수가 상승될 때 경조증이 암시된다.

■ 정신증

척도 8이 상승된다. 특히 척도 8이 척도 7보다 10점 이상 높을 때 정신증이 시사된다.

■ 혼란과 감각 상실

척도 F와 척도 8, 척도 7이 80점을 넘는 것은 정신적으로 혼란되어 있고 지남력이 상실되어 있는 상태임을 암시한다. 정신적 혼란은 척도 5와 척도 0을 제외한 8개 척도의 평균점수가 70점을 넘는다면 더욱 지지된다.

■ 의심

척도 6이 보통 높게 상승된다. 특히 척도 6이 가장 높은 점수라면 의심과 불신이 강하게 암시된다.

■ 약물 또는 알코올 문제

척도 4, 척도 2, 척도 7의 상승이 약물 및 알코올 관련문제와 상관된다.

■ 대인관계의 질과 스타일

대인관계 패턴을 이해하기 위한 가장 유용한 척도는 다음과 같다.

- 척도 0 : 사회성 수준, 수줍음, 사회적 회피, 고립
- 척도 4 : 첫인상은 좋지만 자신의 욕구대로 타인을 이용한다. 외향적이고 말이 많고 활동적이지만, 얕고 피상적인 관계를 형성
- 척도 6 : 의심이 많고 경계적이며 화를 잘 낸다. 도덕적이고 경직되어 있으며 과도하게 민감하다.
- 척도 8 : 사회환경으로부터 고립되고 은둔적이다. 타인으로부터 이해받지 못한다고 느끼며 소외감이 많다.

제4장

BGT(Bender-Gestalt Test)

1. 개관

BGT(Bender-Gestalt Test)는 간단한 기하학적 도형이 그려져 있는 9개의 자극 카드들을 수검자에게 한 장씩 차례로 보여주면서 그것을 종이 위에 따라 그리도록 하고 여러 가지 변형된 추가 단계를 실시한 뒤, 여기서 나온 정보들을 통해서 인지, 정서, 성격 같은 수검자의 심리적 특성들에 대해서 분석하는 검사이다.

이 검사는 1938년 Lauretta Bender가 미국 예방 정신의학 협회(America Ortho-psychiatric Association)의 연구지 제3호에 "시각-운동 형태 검사 및 그 임상적 활용(A Visual-motor Gestalt test and its clinical use)"이라는 논문을 발표하면서 개발되었다. Bender는 여러 가지 유형의 정신 병리와 지각과의 관계를 연구하려는 목적에서 이 검사를 개발하였는데, 그녀는 형태심리학자인 Wertheimer(1923)가 지각의 형태 심리학적 법칙(접근성, 유사성, 연속성, 공통성, 완결성 등)을 연구하기 위하여 고안한 수많은 도형 중에서 9개 도형을 선별하여 응용하였다.

1938년에서 1946년 사이에 있었던 BGT에 대한 초기 연구의 대부분은 발달적인 측면에서 기술되는 데 그쳤으며(각 연령집단의 반응을 비교분석하는 방식이었음), 해석에 대한 경험적인 증거나 신뢰도에 대해서는 간과되었다. 그러나 1940년대 중반에 들어서면서 Hutt에 의하여 BGT가 비언어적인 투사적 검사가 될 수 있음이 강조되면서, BGT에 대해 정신역동적인 관점이 대두되기 시작하였다. Hutt는 1945년에, Wertheimer의 지각적 원리를 보다 잘 반영할 수 있다는 생각에서 Bender가 사용했던 원래의 BGT 도형들에서 선의 질, 각도 및 도형의 크기 등의 불규칙성을 제거시켜서 보다 모사(模寫)하기 쉬운 도형들을 새로 개발하였고 여기에 자신의 방법을 적용시켜 검사를 실시하였는데(1960년에 재발행됨), 이를 'HABGT(Hutt Adaptation of the Bender-Gestalt Test)'라 한다.

한편, 1946년에서 1960년 사이에 BGT가 임상가들 사이에서 매우 널리 사용되게 되면서, 신뢰롭고 객관적인 채점 체계에 대한 필요성이 인식되기 시작하였다. 이런 인식하에 BGT에 대한 심리측정적 접근이 시작되면서 많은 연구들이 행해졌다. 이 시기의 연구들은 이전의 초기 연구들과는 달리 채점체계, 신뢰도, 타당도, 규준, 지각적 성숙 등 경험적인 주제에 대한 것이 대부분이었는데, 이런 접근방식에 의하여 BGT가 기질적인 손상이 있는 환자들에 대한 진단 목적으로 사용될 수 있음이 주목받게 되었다. 이런 객관적인 채점 방식은 1951년 Pascal과 Suttell의 채점체계가 개발된 이래 1958년에서 1978년 사이에는 최소 6가지가 개발되었는데, 가장 널리 쓰여지고 있는 것은 Pascal-Suttell(1951), Hain(1964), Hutt-Briskin(1960)의 세 가지 체계이다.

현재 BGT는 신경심리적인 목적과 투사적인 목적 모두를 위하여 사용되고 있으며, 임상가들은 필요에 따라 각각의 입장에서 BGT 결과를 해석, 사용하고 있다. 도형의 사용에 있어서도 목적에 따라 Bender의 도형이나 Hutt의 도형 모두가 사용되고 있다.

이 책에서는 BGT의 투사적인 성격에 초점을 두어, Hutt의 방식 중 투사법적인 부분을 중심으로 기술하기로 하겠다.

Hutt는 HABGT를 적용할 수 있는 경우를 다음과 같이 제시하고 있는데, 이런 수검자들에게도 적용할 수 있다는 것이 BGT의 강점이 된다.

① 수검자가 말로 의사소통을 할 능력이 충분히 있더라도 그의 언어적 행동에 의해서 성격의 강점이나 약점에 대한 적절한 정보를 제공받을 수 없을 때.

② 적절히 말할 수 있는 능력이 없거나, 능력은 있더라도 표현할 의사가 없는 수검자.

③ 뇌기능 장애가 있는 수검자 : 기질적 장애를 가진 사람들은 언어를 통해 평가될 수 없고, 또한 통상적인 신경학적 진단절차를 통해서 기능상의 이상이 밝혀지지 않는 경우가 많았기 때문에, BGT는 간과하기 쉬운 뇌기능 장애의 가능성을 밝히는 데 매우 유용하게 쓰여왔다.

④ 정신 지체가 있는 수검자 : 이런 수검자들의 심리적인 면에 대해서 평가하기 위해서는 언어 및 문화적 요인에 편향되어 있지 않으면서 지적 기능과 정서적 요인을 동시에 평가할 수 있는 비언어적 검사를 사용해야 하는데, 이러한 경우에 유용하게 사용할 수 있다.

⑤ 문맹자, 교육을 받지 못한 수검자, 외국인 수검자 : 이런 수검자들의 경우에도

지능이나 성격 평가를 위해 문화적인 요인이나 교육적인 배경과 관계없이 사용할 수 있으면서 동일한 규준으로 비교해 볼 수 있는 검사를 사용해야 하는데, 이때 BGT가 사용될 수 있다.

2. 이론적 배경

BGT는 기본적으로 지각 및 시각-운동 기능에 대한 검사로 형태심리학적 이론에 기초를 두고 있으며, 또한 역동심리학의 이론에 근거를 두고 개인의 심리적 과정에 대한 분석을 시도하고 있다.

형태심리학적 입장에 따르면, 자극 표상은 접근성(proximity), 유사성(similarity), 방향성(direction), 포괄성(inclusiveness) 등과 같은 지각적 원리에 따라 조직화되는데, 이런 원리는 자극들을 형태화하려는(pattrening) 경향에 의하여 나타난다고 한다. 즉, 우리에게는 자극을 하나로 통합하여 지각하려는 경향이 있다는 것이다.

이런 경향으로 인해 자극이 잘 통합된 것이든 통합되지 않은 것이든 간에, 우리들의 지각 양상은 일정한 법칙의 지배를 받게 된다. 이런 지각적 원리를 Wertheimer (1923)는 다음과 같이 제시하고 있다.

① 접근성의 요인(factor of proximity)
시간적 공간적 차원에서 서로 근접해 있는 자극 요소들은 함께 묶여 지각된다는 원리이다. 아래 그림을 보면 나열되어 있는 점들은 a와 b, c와 d 등은 각각 한 군으로 통합되어 보인다. 이와 같은 근접성에 의한 구조는 의식적인 노력 없이 저절로 나타나 보이게 되는데, 형태심리학자들은 바로 이러한 지각적 경향성을 우리에게 내재되어 있는 지각적 구성이 개입되는 증거로 해석하고 있다.

② 유사성의 요인(factor of similarity)
자극의 속성이 유사한 것끼리는 뭉쳐서 지각되는 경향이 있다는 원리이다.
다음 그림에서 보는 바와 같이, 검은 점은 검은 점끼리, 흰 점은 흰 점끼리 통합되어 지각된다. 유사한 것끼리 묶여서 지각되는 것을 알 수 있다.

③ 폐쇄성의 요인(factor of closure)

자극 대상에 틈이 있는 경우 우리는 그 빈틈을 채워서 완전한 전체적 대상으로 지각하는 경향이 있다. 아래 그림에서 보듯이, 실제 자극은 점선으로 되어 있는 불연속적인 것이지만, 우리는 그 틈을 메꾸어서 완전한 사각형이나 타원으로 지각하게 된다.

④ 공통 운명의 요인(factor of uniform destiny)

함께 변하고 함께 움직이는 것끼리 뭉쳐서 지각되는 경향이다.

아래 그림에서 abc, def, ghi, jkl은 각각 통합되나 ab, cd끼리는 연합되어 지각되지 않는다.

a b c　　d e f　　g h i　　j k l

⑤ 연속성의 요인(factor of contiguity)

될 수 있는 대로 연속적인 형태로 묶어서 지각되는 것으로, 아래 그림에서 보듯이 동일한 것이 연결되어 있으면 점과 선을 비롯한 그 영역을 하나의 단위로 지각하게 된다.

이런 식으로, 우리는 전체로, 좋은 형태(good Gestalt)로, 그리고 가장 간결하고도 규칙적인 방향으로 통합을 하는 경향이 있다.

그러나 지각의 성립에는 위와 같이 단순히 지각 자체의 '형태성'에 입각한 선택 작용만이 개입하는 것이 아니다. 지각에는 지각하는 개인의 경험과 욕구, 가치관, 성격 특성 같은 심리적인 요인이 큰 영향을 미친다. 즉, 우리는 외부 대상을 인지하는 과정에서 자극 내용을 단순히 형태적인 특징에만 근거하여 지각하는 것이 아니라 받아들이는 개인 나름대로의 심리적 작용에 의하여 이해, 해석하고 또는 상상을 하면서 받아들이게 된다. 이러한 점을 고려하여 형태심리학에 역동적인 면의 중요성을 강조하는 입장에서 나온 검사가 BGT이다.

이상과 같은 원리들에 의하여, 수검자가 BGT 도형들을 모사, 변형, 연상하는 과정에서 보이는 형태의 재구성이나 오류, 왜곡 등은 그 개인의 잘못된 지각이나 재생과정에서의 오류, 통합기능의 장애, 또는 이런 여러 요소의 복합에 의해서(Bender, 1938), 또는 지각 과정에 개입되는 그 개인의 심리적인 특징과 심리적 과정에 의해서도 일어날 수 있다(Billingslea, 1963)고 해석되고 있다.

3. 도구의 구성

BGT 자극 카드는 도형 A와 도형 1에서 도형 8까지 총 9장으로, 약 11×10cm 크기의 카드에 각각 1개씩 그려져 있다. 도형 A는 원과 장방형의 결합, 도형 1은 12개의 점, 도형 2는 3개의 원이 11개 열로 되어 있고, 도형 4는 장방형에 종 모양의 곡선이 결합되어 있다. 도형 5는 19개의 점으로 된 곡선에 7개의 점으로 된 선이 달린 것, 그리고 도형 7은 2개의 6각형 모양으로 되어 있으며, 도형 8은 긴 육각형 안에 작은 마름모꼴이 들어 있는 모양으로 구성되어 있다.

그림 4-1에 BGT를 구성하는 모형들이 제시되어 있다.

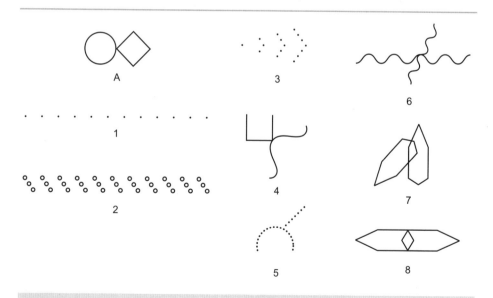

[**그림 4-1**] BGT 도형

4. 실시

1) 준비물

BGT 카드, 모사할 용지(A4) 여러 장, 지우개, 연필, 초시계, 도형모사에 지장을 주지 않을 판판하고 매끄러운 책상, 의자가 필요하다.

2) 실시상의 유의사항

BGT를 수행할 때 어떤 수검자는 BGT를 단순한 것으로 생각하여 검사에 신중하게 임하지 않고 되는 대로 아무렇게나 반응하는가 하면, 반대로 어떤 수검자는 단순함 그 자체에 어떤 심각한 의미가 있을 것으로 생각하고 불안해하는 경우도 있다. 따라서 실시에 앞서 검사자는 이 검사가 수검자에게 도움을 주는 것이라는 인식을 심어 주면서 심리적 안정을 취할 수 있도록 해 주어야 한다.

■ 실시 과정에 대한 지침

① 자극 카드는 보이지 않게 차례로 엎어 두고, 도형 A부터 시작해서 도형 8까지 차례로 제시한다.

② 자극카드는 수검자의 왼쪽에 놓아준다.

③ 모사용지는 여러 장을 준비하여 수검자가 요구하면 더 사용할 수 있게 한다.

④ 모사용지는 세로로 놓아준다.

⑤ 모사할 때 자 등의 보조도구를 사용하게 해서는 안 된다.

⑥ 제시내용 이외의 질문에 대해서는 보통 "좋을 대로 하십시오" 혹은 "마음대로 해도 됩니다"라고만 대답하면 된다.

⑦ 스케치하듯이 그리는 것, 용지나 도형을 회전하는 것, 도형을 구성하는 점의 수를 헤아리는 등의 행동은 첫 번째에는 제지하는 것을 원칙으로 한다. 그러나 연속해서 같은 반응을 보일 때는 행동 관찰에 기록하여 해석에 참고하도록 한다.

⑧ 기타 수검자의 검사태도, 검사행동을 잘 관찰하여 해석에 참고하도록 한다.

3) 여러 가지 실시 방법들

이하에 제시되는 6가지 방법들은 필요에 따라서 임의로 채택되어 쓰이게 된다.

일반적으로, 심리적인 문제를 가진 수검자에게는 '모사' 단계를 기본으로 하면서, '변용 묘사' 단계, '연상' 단계를 조합하여 사용하며, 기질적인 손상이 의심되는 수검자들에게는 '순간 노출' 단계를 먼저 실시한 뒤 '모사' 단계, '회상' 단계의 순으로 실시한다.

▪ 모사(copy phase)

먼저, 수검자에게 모사할 용지, 연필, 지우개를 주고 9매의 BGT 카드를 책상 위에 엎어둔 뒤, 다음과 같이 지시한다.

> "(카드를 가리키면서) 지금부터 이 카드를 한 번에 한 장씩 보여드리겠습니다. 각 카드에는 간단한 그림이 있습니다. 그림을 보고 종이에 그대로 따라서 그리십시오. 빨리 그리든 천천히 그리든 상관없습니다. 이 검사는 미술능력의 검사는 아니지만 될 수 있는 대로 정확하게 그리십시오."

앞서 언급되었듯이, 검사자는 이런 기본적 지시 후에 어떤 질문이 나오든 이상의 지시 범위 내에서 답변하여야 하고 검사 방법에 대한 어떤 시사도 주어서는 안 된다. 질문이 나오면 "좋을 대로 하십시오"라고만 대답한다.

수검자에게서 주목해야 할 행동에 대해서는, Hutt는 다음과 같은 6가지를 들고 있다.

① 사전 계획을 하는가? 또는 충동적으로 빨리 그리는가?

② 점 등을 세는가, 아니면 되는 대로 그리는가?

③ 자주 지우는가? 만약 지운다면 어느 도형 또는 어떤 부분에서 가장 곤란을 느끼고 있는가?

④ 도형의 어느 부분을 먼저 그리기 시작하는가?

⑤ 도형을 어떤 방향으로 그려 나가는가? 위에서 아래로 그리는가? 안에서 밖으로 그려 나가는가?

⑥ 스케치하는 식으로 그리는가?

Hutt의 채점체계에서는 시간요인이 중요하지는 않으나, 지나치게 길거나 짧은 반응시간에 대해서는 주의 깊게 검토해 보아야 한다. 지나치게 긴 반응시간은 정신-운동 속도의 지연을 나타내는 지표가 되며 여러 가지 정신적인 문제를 반영하고 있을 수 있다. 반대로 지나치게 빨리 그리는 것도 불안이나 회피, 강한 반항적 경향 등과 같은 태도의 지표가 될 수 있다.

▪ 변용 묘사(elaboration phase)

이 단계의 주된 목적은 투사적 반응을 극대화시켜 수검자의 독특한 심리적 특징이 드러나게 하려는 데 있다.

모사 단계가 끝나면 수검자가 그린 그림을 치운 뒤, 새 용지를 수검자 앞에 놓고 다음과 같이 지시한다.

> "이제 이 카드의 그림들에 대해서 다른 것을 해 보도록 합시다. 이번에는 이 그림들을 어떤 방식으로든 하고 싶은 대로 고쳐서 그려 보세요. 그림 모양은 어떤 모양으로 바꾸든 상관없고, 단지 당신의 마음에 들도록 그리면 됩니다. 무슨 말인지 이해하시겠죠?"

이런 지시를 한 다음 각 도형을 순서대로 다시 제시하면서 "이것을 당신 마음에 들도록 마음대로 고쳐 그려 보세요"라고 다시 말한다. 만일 수검자가 그대로 좋다고 하면 "좋습니다. 그러면 있는 그대로 다시 한 번 그려 보세요"라고 말한다.

▪ 연상(association phase)

연상 단계는 변용 묘사 단계에서 그린 그림에 대해서 연상을 해 보도록 하는 것이다.

방법은,

> "자, 당신이 다시 그린 도형을 보십시오. 이 그림이 무엇처럼 보입니까? 그리고 무슨 생각이 듭니까?"

라고 묻는 것으로 시작한다.

이 변용 묘사 단계와 연상 단계에서 수검자의 성격적 특성과 역동적인 면에 대해서 많은 정보를 얻을 수 있다.

▪ 회상(recall phase)

이것은 모사 단계에서 그린 그림을 기억해서 다시 그리게 하는 것이다.

회상법은 주로 기질적 손상이 있는 환자와 그렇지 않은 환자를 변별하는 데 유용하다.

▪ 순간 노출 단계(tachistoscophic phase)

순간 노출법은 뇌기능 장애가 의심될 때 사용되는 방법으로, 자극 도형을 노출하는 데 시간차를 두는 것을 제외하고는 모사 단계와 별 차이가 없다. 지시 내용은 다음과 같다.

> "당신에게 몇 장의 카드를 보여드리겠습니다. 그 카드에는 어떤 그림이 그려져 있습니다. 그런데 이 카드들을 몇 초 동안만 보여드리고 치울 테니 그림을 잘 기억해 두었다가 그리시면 됩니다. 아시겠습니까?"

이렇게 지시한 다음, 도형 A를 5초 동안 보여주고 치운 뒤 수검자에게 이를 그려 보게 한다. 이러한 방식으로 9장의 도형을 다 그리게 하면 된다.

이 방법은 주로 기질적인 환자를 감별하는 기능을 하나, 이 방법만으로는 완전하지 못하므로 보충적인 자료로만 활용해야 할 것이다.

■ 한계 음미(testing the limits phase)

이 단계는 모사 단계에서 얻어지는 정보가 모호하여 확증을 얻기 어려울 때 관련 도형을 재모사하도록 하여 정확한 정보를 얻으려는 목적에서 시행된다.

예를 들어 모사 단계에서 도형의 일탈이 나타나서 뇌기능 장애가 의심되는 경우에, 여기서 나타난 단서가 어느 정도로 신뢰로운지, 일반적인 실수로 나타난 것은 아닌지에 대한 의문이 제기된다. 이때 한계 음미를 해 보면, 기질적 장애가 있는 경우에는 도형의 일탈을 수정하지 못하며, 정서 장애를 가지고 있는 경우에는 약간의 주의를 두면 수정이 가능하다. 만약 수검자가 자발적으로 수정을 할 수 있었다면 뇌기능 장애의 가능성은 일단 약화시켜 생각할 수 있다. 아동의 경우에는 지각-운동 기능의 미성숙으로 인해서 묘사에 일탈이 일어날 수 있다.

5. 평가 항목들과 그에 대한 해석

HABGT에서 평가되는 항목들은 크게 '조직화 방식(organization)', '크기의 일탈(deviation in size)', '형태의 일탈(deviation in form)', '전체적 왜곡(gross distortion)', '그려 나가는 방식(movement)' 등 5개의 유목으로 나뉘어진다. 객관적인 분석을 할 때는 각 항목을 수치화하여 규준에 따라 양적인 면에서 해석하나, 여기에서는 각 항목의 투사적인 의미에 중점을 두어 살펴보기로 하겠다.

1) 조직화 방식(organization)

조직화 방식은 일반적으로 개인의 조직성, 계획성 등과 관련 있다고 알려져 있다.

(1) 배열순서(sequence)

9개의 도형을 용지에 배열하는 순서의 규칙성을 말한다. 대부분 왼쪽에서 오른쪽 또는 위에서 아래로 배열하는데, 이런 배열 방식에서 벗어날 때, 또 수검자가 정한 순서에 변화가 일어날 때 평가의 대상이 된다.

객관적 접근방식에서는 도형을 처음에 오른쪽에서 왼쪽으로, 아래에서 위로 배열하는 것이 나타나면 1회 변화일탈로 채점하고, 그 외에는 순서가 달라질 때마다 그 횟수를 세어 둔다.

1회 정도의 일탈은 정상적인 것으로 받아들일 수 있다. 강박적인 사람은 아주 정확한 순서로 배열하고, 불안이 매우 심하여 그에 압도되어 있거나 정신증적 증상을 가진 사람들은 계획성 없이 혼란된 방식으로 그려 나가는 경향이 있다.

(2) 도형 A의 위치(position of the first drawing)

도형 A를 어디에 그리는가에 대해서 평가하는 것이다. 도형 A가 용지 상부의 1/3 이내에 있고 가장자리에서는 (어느 가장자리에 그리든) 2.5cm 이상 떨어져 있다면 정상적인 위치에 있는 것으로 볼 수 있다.

그러나 용지의 왼쪽 또는 오른쪽 아래의 모서리에 A도형을 그리면 매우 병리적인 상태임이 시사된다. 소심하거나 겁이 많은 사람은 A도형을 극단적으로 왼쪽 위의 모서리에 배치하고 도형을 전체적으로 작게 그리는 경향이 많다. 반면 자기중심적이고 주장적인 사람은 용지의 중앙에 배치하면서 크게 그리는 경향이 있는데, 도형 하나에 용지 1매를 사용하는 경우도 있다.

(3) 공간의 사용(use of space)

이어서 그린 도형들 사이의 공간의 크기에 대해서 평가한다. 연속되는 두 도형 간의 공간이 앞 도형의 해당 축(수평 또는 수직 축)의 크기보다 1/2 이상 떨어져 있거나 1/4 이내로 좁으면 비정상적인 것으로 본다.

도형 사이의 공간이 지나치게 큰 것은 적대적이고 과장을 잘하며 독단적인 성격을 가진 사람들에서 많이 나타난다. 반면에 사이의 공간이 아주 좁으면 수동적 경향, 퇴행, 분열성 성격 특성을 반영할 수 있다.

(4) 그림의 중첩(collision)

도형들이 서로 중첩되어 그려진 경우이다. 즉, 한 그림이 다른 도형에 접해 있거나 겹쳐서 그려진 것을 말한다.

중첩되게 그리는 것은 그 수검자의 자아 기능에 큰 장애가 있음을 시사한다. 또한 계획능력의 빈약, 극단적인 충동성을 반영하기도 한다. 그리고 뇌기능 장애를 가지고 있는 환자의 경우에도 나타날 수 있다.

(5) 가장자리의 사용(use of margin)

도형을 용지 가장자리에서 약 2cm 이내에 배치하는 것을 말한다. 7개 이상의 도형에서 나타날 때 유의미한 것으로 본다.

　그림을 종이의 가장자리에 지나치게 치우쳐 그리는 것은 내재된 불안의 지표가 될 수 있으며, 한편으로는 외부의 도움을 받아 자아통제를 유지해 보려는 노력의 일환으로 해석할 수도 있다. 모든 그림을 가장자리에 바짝 붙여 그리는 것은 뇌손상 환자와 심하게 불안한 사람, 망상을 가지고 있는 사람들에게서 많이 볼 수 있다.

(6) 용지의 회전(shift in the position of the paper)

주어진 용지를 수직 위치에서 수평 위치로 회전시키는 것으로, 약 90도 정도로 회전시키게 된다.

　용지회전은 제멋대로 하려는 경향을 시사하는 것으로, 잠재적 혹은 외현적인 저항, 자기중심적인 경향이 있을 때 나타난다.

2) 크기의 일탈(deviation in size)

(1) 전체적으로 크거나 작은 그림(overall increase or decrease in size)

자극 도형과 비교했을 때 모사된 도형의 크기가 어떠한가에 대해서 평가한다. 자극 도형의 수직 또는 수평축의 크기보다 1/4 이상 크거나 작게 그린 것이 5개 이상일 때 유의미한 것으로 본다.

　그림의 크기가 매우 작으면 퇴행, 불안, 두려움, 내면의 적대감과 관련이 있으며, 그림의 크기가 매우 크면 독단적, 반항적, 자기중심적인 경향을 반영한다고 볼 수 있다. 반면 부적절감이나 무력감이 있을 때도 그림을 크게 그릴 수 있다. 그러나 몇 개의 그림만이 크거나 작다면 해석을 달리 해야 한다.

(2) 점진적으로 커지는 그림과 작아지는 그림(progressive increase or decrease in size of drawings)

그림을 그려나가면서 점점 크기가 커지거나 작아지는 것을 말한다. 이는 6개 이상의 도형이 뚜렷이 점점 커지거나 작아질 때 유의미한 것으로 평가한다.

　이런 양상은 자아 통제가 빈약하고 욕구좌절에 견디는 힘이 부족한 경우에 나타나는데, 크기가 커지는 것은 충동성으로 인해서, 크기가 작아지는 것은 에너지 수준의 저하로 인해서 나타나는 것으로 해석된다.

(3) 고립된 큰 그림과 작은 그림(isolated increase or decrease in size)

한 도형 내에서 일부분이 상대적으로 아주 크거나 작은 경우 또는 어느 한 도형이 다른 도형들에 비하여 아주 크거나 작은 것을 말한다. 도형의 한 부분이 크고 작음의 유의미성 준거는 해당 부분이 다른 부분보다 1/3 정도 크거나 작은 것이고, 전체 도형과 비교할 때에는 전체 도형에 비해서 어느 한 도형이 1/4 이상 크거나 작은 것이다.

도형 A의 경우 각 부분의 크기가 변하는 것은 여성상(원)과 남성상(장방형)에 대한 상대적인 태도를 반영한다고 알려져 있다.

3) 형태의 일탈(deviation of form)

(1) 폐쇄 곤란(closure difficulty)

한 도형 내에서 폐곡선을 완성시키지 못하거나 부분들을 접촉시키는 데 어려움이 있는 것을 말한다. 이러한 폐쇄 곤란이 일어나는 도형은 A, 2, 4, 7과 8이다.

폐쇄 곤란은 적절한 대인관계를 유지해 나가기가 곤란함을 시사하며 이와 관련된 정서 문제를 반영하는 지표가 될 수 있다.

(2) 교차 곤란(crossing difficulty)

도형 6과 7에 해당되는 항목으로, 다각형들의 교차 곤란을 말한다. 선이 서로 교차되는 지점에서 지우고 다시 그린다거나 스케치하는 경우, 선을 지나치게 꾹 눌러 그리는 경우가 있을 수 있다.

이 현상은 심리적 단절(psychological blocking)의 지표가 될 수 있으며, 강박증과 공포증 환자, 대인관계의 곤란을 겪는 사람들에게서 많이 나타난다.

(3) 곡선 묘사 곤란(curvature difficulty)

도형 4, 5, 6에 있어서 곡선의 성질이 명백히 변화된 것으로, 진폭이 커지거나 작아지는 경우이다.

이 요인은 정서와 밀접한 관련이 있는데, 곡선의 진폭이 커졌을 때는 정서적인 민감성이나 정서적 반응성이 큼을 나타내는 것으로 해석된다. 반면 곡선의 진폭이 작아졌을 때는 커졌을 때와는 상반되는 해석을 한다. 우울한 환자는 진폭을 작게 그리는 경향이 있다.

(4) 각의 변화(change in angulation)

도형 2, 3, 4, 5, 6, 7에서 각도가 15도 이상 커지거나 작아지는 것을 말한다.

정확하게 각도를 그리는 능력은 지적 발달이나 지각의 문제와 관련이 깊다고 볼 수 있다. 각을 부정확하게 그리면 기질성 뇌손상 혹은 정신지체와 관련이 많고, 각도에 의미 있는 변화가 일어났을 때는 감정조절과 충동통제가 제대로 안 되고 있음을 반영할 수 있다.

4) 형태의 왜곡(distortion of the gestalt)

(1) 지각적 회전(perception rotation)

자극도형과 용지는 정상적인 표준위치를 유지하고 있는데도 불구하고 묘사된 도형은 그 주된 축이 회전된 것을 말한다.

심한 회전은 다른 명백한 요인이 없으면 자아 기능 수행에 심한 장애를 시사하는 것으로 해석할 수 있는데, 이러한 현상은 뇌기능 장애, 정신지체, 정신증 환자들에서 흔히 볼 수 있다. 또한 시계방향으로의 경미한 회전은 우울증과 관련이 깊고, 역시계방향의 회전은 반항적 경향과 관련이 깊다고 알려져 있다.

(2) 퇴영(retrogression)

자극 도형을 아주 유치한 형태로 묘사하는 것이다. 예로는, 도형 2에서 원을 고리 모양으로 그려 버리거나 도형 1, 3, 5에서 점 대신 봉선으로 그리는 경우, 도형 2에서 원 대신 점으로 찍어 버리는 경우를 들 수 있다.

일반적으로 퇴영은 심리적 외상에 대한 비교적 심하고 만성적인 방어 상태에서 일어나며, 자아 통합과 자아 기능 수행의 실패를 나타내 주는 것으로 해석된다. 또한 정신분열증 환자나 방아기제가 약화된 심한 신경증 환자에게서 나타나는 경우도 많다.

(3) 단순화(simplification)

자극 도형을 훨씬 단순화시켜 그리는 경우를 말한다. 여기에는 ① 도형 A에서 두 부분을 접촉시키지 않는 경우, ② 도형 1, 2, 3, 5에서 구성 요소들의 수를 최소 3개 이상 감소시키는 경우, ③ 도형 6에서 곡선의 수를 감소시키는 경우, ④ 도형 7, 8에서 다각형을 장방형으로 그리는 경우가 있다.

단순화는 과제에 대한 집중력의 감소를 나타내며, 행동의 통제나 자아를 실행하는 기능의 장애와도 관련이 있다.

(4) 단편화(fragmentation)

자극의 형태가 본질적으로 파괴된 것인데, 여기에는 도형 묘사를 분명하게 완성하지 못하는 경우, 형태가 결합되어 있지 않고 부분 부분이 각각 떨어져 있는 모양으로 묘사되어 전체적인 형태가 상실된 경우가 있다.

단편화는 지각-운동 기능 수행에 심한 장애를 반영하며, 추상적 사고능력과 통합

능력의 저하와도 관련이 깊은 것으로 알려져 있다.

(5) 중첩 곤란(overlapping difficulty)

도형 7의 두 부분을 겹치는 것이 잘 안 되는 것과 도형 A와 4에서 두 부분의 접촉에 특별한 곤란을 보이는 것을 말한다. 여기에 속하는 것으로는 ① 자극 도형 A와 4에는 존재하지 않는 중복을 크게 겹쳐 그리는 것, ② 도형 7에서 두 부분을 겹치지 못한 것, ③ 도형 7의 겹치는 지점에서 어느 한쪽 그림의 여러 부분을 단순화시키거나 왜곡시키는 것이 있다.

중첩 곤란은 뇌기능 장애와 관련이 있다고 해석할 수 있다.

(6) 정교화 또는 조잡(elaboration or doodling)

너무 정교하게 그리거나 낙서하듯 되는 대로 그려서 그 모양이 크게 변해 버린 것이다. 정교화는 원래 도형 모양에 고리나 깃 모양을 덧붙인다거나 선 또는 곡선을 더 그림으로써 형태를 변화시키는 것을 말한다.

조증 삽화를 보이는 환자들에게서 많이 볼 수 있는데, 이 요인은 충동통제의 문제나 강한 불안과 관계가 된다.

(7) 보속성(perseveration)

앞 도형의 요소가 뒤 도형에 이어서 이용되거나, 한 도형의 요소들이 자극 도형에서 요구되는 이상까지 연장해서 그려진 경우를 말한다.

보속성은 장면을 변화시킬 능력의 부족이나 이미 설정된 장면을 유지하려는 완고성을 나타내는 것이다. 이는 자아 통제력이 크게 저하되어 있음을 반영할 뿐 아니라, 현실 검증력의 저하 때문인 것으로도 해석할 수 있다.

(8) 도형의 재묘사(redrawing of the total figure)

첫 번째로 모사한 것을 완전히 지우지 않고 그대로 두거나, 지우개를 사용하지 않고 줄을 그어 지워 버리고 다시 그리는 것을 말한다.

이러한 현상이 한 번만 일어날 때는 현재 불안 수준이 상승되어 있음을 반영하고, 한 번 이상 일어날 때는 계획 능력의 부족 또는 지나친 자기 비판적 태도라고 해석할 수 있다.

5) 그려 나가는 방식(movement)

(1) 그려 나가는 방향에서의 일탈(deviations in direction of movement)

도형의 선과 곡선을 그리는 데 있어서, 처음에 수검자가 정하고 시작한 방향으로부터의 일탈이 일어난 것을 말한다. 통상적인 운동방향은 역시계 방향, 위에서 아래쪽 방향 및 도형의 내부에서 외부의 방향이 있다.

이들 요인들에 대해서는 연구가 덜 이루어졌으나, 역시계 방향의 운동은 정상적인 성격 적응을, 반면 시계 방향의 운동은 수동-공격적인 경향과 자기중심성을 시사한다.

(2) 그려 나가는 방향의 비일관성(inconsistency in direction of movement)

그려 나가는 방향이 일정하지 않고 비일관되게 변화하는 경우를 말한다.

이러한 현상은 검사나 어떤 행동에서 긴장이 일어남으로써 생길 수도 있으며, 그 도형이 수검자에게 특징적이고도 상징적인 의미를 가질 때 나타나기도 한다. 또한 현재의 어떤 심리적 갈등을 시사한다고도 볼 수 있다.

(3) 선의 질(line quality)

도형 묘사에 사용된 선의 질을 말한다. 지나치게 굵은 선, 협응이 빈약하고 지나치게 굵은 선, 지나치게 가는 선, 협응이 빈약하고 지나치게 가는 선, 빈약한 협응 및 스케치한 선 등이 있다.

이러한 현상들은 뇌기능 장애, 강렬한 불안, 적응을 못하는 사람들에서 나타난다.

6. BGT에서 나타나는 진단별 반응 특징

진단별로 BGT에서 나타낼 수 있는 반응특징을 요약해 보면 다음과 같다.

1) 기질적 뇌손상

제시되는 반응(sign)들은 뇌손상의 유형, 기간, 심각도, 환자의 과거 성격 특성 등에 따라서 달라질 수 있다.

- 중첩(경향)
- 뚜렷한 각의 변화

- 심한 회전(특히 수검자가 회전되었다는 사실을 모르거나 그것을 수정할 능력이 없을 때 더욱 중요)
- 단순화
- 심한 단편화
- 중첩 곤란(경미한 것에서 심한 것까지 다양)
- 경미한 정교화
- 전 도형을 재모사함
- 선의 굵기가 일정치 않음
- 경직성(concreteness)

2) 정신분열증

- 혼란스런 배열 방식
- 도형 A의 위치가 심하게 비정상적임
- 지나치게 큰 그림/용지를 과도하게 많이 사용
- 지나친 가장자리의 사용(특히 편집형에서)
- 심한 패쇄 곤란
- 심한 곡선 곤란
- 경미한 회전(대부분 수정할 수 있음)
- 퇴영
- 단편화(경미한 것에서 심한 것까지)
- (심한) 정교화
- 전 도형을 재모사함
- 단순화

3) 신경증(성격장애 제외)

- 지나치게 엄격하거나 불규칙한 순서
- (심한) 아주 작은 그림
- (현저한) 고립적인 크기의 변화
- 곡선 곤란(경미)
- 각의 변화(경미)
- 회전(경미)
- 그려 나가는 방식의 비정상 또는 불일치

- 교차 곤란
- 선의 질이 매우 굵거나 가늘거나 심하게 비일관적

제5장

HTP(집/나무/사람) 검사

1. 개관

'그림'은 인간의 '기본적인 언어'라고 할 수 있다.

문자가 생기기 훨씬 이전인 원시시대부터 사람들은 벽화나 토기의 그림 등을 통해서 자신의 감정과 행동을 기록해 두었음이 발견되어 오고 있다. 또한 사람은 글을 배우기 전인 아주 어린 시절부터 어떤 형태가 되었든 '그림'으로 자기 표현을 하기 시작한다. Freud 또한 정신과 환자들도 말보다는 오히려 그림을 통해 자기를 전달하는 것이 보다 용이하다고 말한 바 있다.

그림을 그릴 때 사람은 자기도 모르게 스스로 생각하고 있는 자기의 모습, 혹은 자기가 되고 싶은 모습을 드러내는 경향이 있다. 이런 점에서 일찍이 "예술가가 초상화를 그릴 때 그는 그 자신과 모델 두 사람을 그리는 것이다" 또는 "예술가는 사물을 보는 것이 아니라 자신을 보는 것이다"라는 의견들이 대두되어 왔다.

우리 주위의 여러 가지 대상들 중에서도 '집', '나무', '사람'은 누구에게나 친숙하면서 한편으로는 상징성이 강한 대상이다. 이런 대상들에는 그 대상을 인지하여 개념화하는 사람의 성격 발달과 연합되어 있는 독특한 정서적, 표상적 경험이 쉽게 스며들면서 하나의 상징체를 형성하게 된다. 우리는 이러한 상들을 그려보게 함으로써, 수검자의 경험을 '투사'라는 형태로 만날 수 있는 하나의 방법을 얻을 수 있는 것이다.

성격 검사 도구로서의 인물화 검사는 지능 검사의 부산물로 탄생되었다. Florance Goodenough(1929)는 아동용 지능검사 도구로서 인물화 검사를 고안하였는데, 주로 세부 묘사를 얼마나 많이 했는가를 측정의 대상으로 삼아 지능에 대해서 연구하였다. 그러나 그 검사를 사용해 나가는 과정에서 인물화가 지능만이 아니라 성격적 요인에 대해서도 풍부히 드러내고 있음을 발견하게 되었다.

먼저 'Draw a Person'(DAP) 검사가 개발되었으며, 이후 'House'(집)와 'Tree'(나무)가 부가됨으로써 현재의 'HTP(house, tree, person)' 검사가 탄생되게 되었다. 'DAP'에 'House'와 'Tree'가 부가된 이유는, 검사 시행시 갑자기 "사람을 그려 보라"고 했을 때 불안을 느끼는 수검자가 많았으나 'House'와 'Tree'는 보다 중립적인 자극이어서 이를 그리라고 하면 위협감을 덜 느낀다는 것을 발견했기 때문이었다. 게다가 'House'나 'Tree'도 'Person' 못지않게 자기상을 풍부하게 투사할 수 있는 대상임이 밝혀졌다.

인물화 성격 검사의 선구자라 할 수 있는 Karen Machover(1949) 역시 아동의 지능 측정을 목적으로 Goodenough의 도구를 사용하다가 투사적 성격검사로서의 인물화 검사 체계를 개발시켰다. 그녀는 예를 들어 '팔'을 그리면 지능상으로는 똑같은 점수를 받게 되지만, 수검자가 그린 그 팔의 '묘사'가 다양하다는 점(팔짱을 낀다든지, 그냥 옆으로 내려뜨리든지, 등뒤로 감추는 등)에 주목하게 되었다. 또한 세부 묘사뿐 아니라 크기, 위치, 획의 강도 등에서 다각적으로 가치 있는 진단적 자료가 드러나고 있음을 알 수 있었다.

이러한 '상징적 언어'를 해석하기 위한 여러 해 동안의 노력 끝에 Machover는 '신체 심상(body image)의 투사'라는 기본적 가정을 확립하였다. 즉, 인간의 성격은 발달 초기에 신체의 운동, 느낌, 생각을 통하여 발달되며, 투사된 신체 심상은 수검자의 충동, 불안, 갈등, 보상 등을 반영한다. 이런 전제하에서, 그림으로 표현된 인물은 바로 '그 사람'이며 그려진 종이는 '환경'을 의미하는 것으로 보았다.

즉, 그림 검사의 이론적 가정은 사람은 세계를 자신에게 형성되어 있는 심상과 같은 것으로 보는 경향이 있으며, 이는 투사를 통해 나타나게 된다는 것이다. 따라서 자아 심상에 왜곡이 있는 경우에는 투사적 그림을 통해 그것이 드러나게 된다.

최근까지 그림 검사의 타당도와 신뢰도에 대해 일부 논박이 있어 왔으나, 그럼에도 불구하고 HTP 검사는 임상 장면에서 널리 받아들여지고 있다. 그 이유는 사용상의 여러 가지 이점들 때문인데, 그 이점들로는 ① 실시가 쉽다(연필과 종이만 있으면 된다), ② 시간이 많이 걸리지 않는다(보통 20~30분), ③ 중간 채점이나 기호 채점의 절차를 거치지 않고 그림을 직접 해석할 수 있다, ④ 수검자의 투사를 직접 목격할 수 있다, ⑤ 언어 표현이 어려운 사람, 즉 수줍거나 억압된 아동 또는 외국인이나 문맹자에게도 적용할 수 있다, ⑥ 연령, 지능, 예술적 재능에 제한받지 않는다(그림 솜씨나 훈련이 성격 평가에 큰 영향을 주지 않음), ⑦ 환상에 시달리는 환자는 그것의 해소가 가능하며 때로는 치료적 효과도 가진다는 점 등을 들 수 있다.

투사 그림의 해석은 여러 가지 연구를 토대로 이루어진다. 해석의 단서들은 정신분석에서 밝혀진 상징에 대한 의미, 민간 전승적 의미, 정신증 상태의 환자들이 보이는 노골적인 상징이 드러나는 그림들, 전이(displacement), 대치(substitution)와 같은 방어기제와 전환 증상, 강박 사고, 강박 행동, 공포증 등의 여러 병리적 현상에서 나타나는 상징성에 대한 연구 등을 통해 축적되어 왔다.

'집' 그림은 전반적으로 가정 생활과 가족 간의 관계에 관한 인상을 반영한다. 예를 들어 굴뚝에서 짙은 연기가 뿜어져 나오는 집을 그린 수검자는 집 안의 거친 정서적 분위기 같은 갈등 상황을 표현한 것으로 생각할 수 있다.

'나무'나 '사람' 그림은 주로 성격의 핵심적인 갈등 및 방어에 대한 정보를 제공해 준다. '사람' 그림이 보다 의식적인 측면을 반영하는 반면, '나무' 그림은 더 깊고 무의식적인 감정을 반영해 준다. '나무' 그림은 자기 노출을 하는 데 대한 불편감이 덜하여 방어의 필요성을 약화시키기 때문에, 보다 심층적이면서 (드러내 표현하는 것이) '금지된' 감정을 투사하기 쉽게 된다.

한편, '사람' 그림은 기본적으로 자기 개념(self-concept)이나 신체 심상(body image)을 나타낸다고 볼 수 있으나, 때로는 상황에 따른 태도나 정서가 나타나기도 한다. 예를 들어, 외과 수술을 기다리고 있던 한 성인 환자는 수술 전 검사에서 퇴행된 형태의 그림을 그렸으나, 수술 후 재검사 시에는 이러한 경향이 없어짐을 보였다. 신체 심상(body image) 가설이 적용되지 않는 경우도 있는데, 예를 들면 아동이 어른을 그리는 경우이다.

그림 검사의 해석 시에는 구조적 요소와 내용적 요소 두 측면을 모두 고려해야 하며, 한 개의 반응만으로 해석의 결정적인 증거를 삼아서는 안 된다. 예를 들어 '사람' 그림에서 이목구비가 생략된 양상은 대개 정신분열증 환자에게서 잘 나타나지만, 정상인도 이러한 그림을 그릴 수 있다는 점을 유의해야 한다.

또한 이 검사가 수검자에 대한 많은 함축적인 정보를 주기는 하지만, 여기서의 결과만을 가지고 지나친 해석을 해서는 안 된다. 즉, 총집의 검사 자료, 환자의 개인력 및 면담 등에서 얻은 임상적 인상 등과 함께 고려되어야 할 것이다.

2. 실시

1) 그림 단계

- 준비할 도구는 A4 백지 4장, HB 연필, 지우개, 초시계이다.
- 검사에 대한 지시는 다음과 같이 한다.

  "지금부터 그림을 그려 봅시다. 잘 그리고 못 그리는 것과는 상관없으니 자유롭게 그려 보세요."

  이렇게 말하고 나서, 수검자에게 A4 용지 한 장을 가로로 제시하며 "여기에 집을 그려 보세요"라고 말하고, 그리는 시간을 측정한다.

  수검자가 여러 질문을 할 수 있는데 이에 대해 "마음 내키는 대로 그리라"고만 대답한다. 그림을 그릴 줄 모른다고 하는 수검자에게는 "그림 솜씨를 보려는 것은 아닙니다"라고 말해 준다.
- '집' 그림이 끝나면 두 번째 종이를 세로로 제시하며 "이번에는 나무를 그려 보세요"라고 말하고 그리는 시간을 측정한다.
- '나무' 그림이 끝나면 세 번째 종이를 역시 세로로 제시하면서 "여기에 사람을 그려 보세요"라고 말한다.

  얼굴만 그리는 수검자에게는 "전신 그림을 그리도록" 지시한다. 그려진 그림이 만화적이거나 막대형의 그림(뼈대만 그리는 것)이라면 '온전한 사람'을 다시 한 번 그리도록 한다.

  사람을 다 그리면 그림의 성별을 묻고 수검자가 응답한 성별과 함께 첫 번째 사람 그림이라는 점을 완성된 종이에 표시해 둔다(예 : ① M).
- 다음에는 네 번째 종이를 세로로 제시하면서 방금 그린 그림의 반대 성을 그리도록 지시하고 시간을 측정한다(예 : "이번에는 '여자'를 한번 그려 보세요.")
- 검사 수행시 수검자의 말과 행동을 관찰, 기록해 둔다. 이는 모호한 상황에서 수검자가 어떻게 대처하는지에 대한 단서를 제공한다.

2) 질문 단계

그림 단계가 끝난 후 각각의 그림에 대해 여러 가지 질문을 하는 단계이다.

정해져 있는 일정한 형식은 없고 각각의 수검자에게 맞는 질문을 하는 것이 좋다. "이 그림에 대한 당신의 느낌을 자유롭게 말씀해 보세요"라거나 "이 그림에 대한 이야기를 한번 만들어 보세요" 정도의 질문도 좋다. 이것은 그림에서 수검자가 나타내고 있는 개인적인 의미, 즉 현상적 욕구나 압박의 투사 등을 보기 위함이다.

　일반적으로 하는 질문들의 예를 들어 보기로 하자.

(1) 집

1. 이 집에는 누가 살고 있습니까?
2. 사는 사람은 어떤 사람(들)입니까?
3. 이 집 안의 분위기는 어떻습니까?
4. 당신이라면 이 집에서 살고 싶을 것 같습니까?
5. 앞으로 이 집은 어떻게 될 것 같습니까?
6. 이 그림에 더 첨가해서 그리고 싶은 것이 있습니까?
7. 당신이 그리고 싶은 대로 잘 그려졌습니까? 그리기 어렵거나 잘 안 그려진 부분이 있습니까?
8. (이해하기 힘든 부분에 대해) 이것은 무엇입니까? 어떤 이유로 그렸습니까?

(2) 나무

1. 이 나무는 어떤 나무입니까?
2. 이 나무는 몇 살 정도 되었습니까?
3. 지금 계절은 언제입니까?
4. 이 나무의 건강은 어떻습니까?
5. 이 나무는 어디에 있습니까?
6. 이 나무의 주변에는 무엇이 있습니까?
7. 만약 이 나무가 사람처럼 감정이 있다면, 지금 이 나무의 기분은 어떨까요?
8. 나무에게 소원이 있다면 무엇이 있을까요?
9. 앞으로 이 나무는 어떻게 될 것 같습니까?
10. 이 그림에 더 첨가해서 그리고 싶은 것이 있습니까?
11. 당신이 그리고 싶은 대로 잘 그려졌습니까? 그리기 어렵거나 잘 안 그려진 부분이 있습니까?
12. (이해하기 힘든 부분에 대해) 이것은 무엇입니까? 어떤 이유로 그렸습니까?

(3) 사람(각각의 그림에 대하여)

1. 이 사람은 무엇을 하고 있습니까?
2. 이 사람은 몇 살쯤 됐습니까?

3. 이 사람의 직업은 무엇입니까?

4. 지금 기분이 어떤 것 같습니까?

5. 무슨 생각을 하고 있는 것 같습니까?

6. 이 사람의 일생에서 가장 좋았던 일은 무엇이었을 것 같습니까? 가장 힘들었던 일은 무엇이었을 것 같습니까?

7. 이 사람의 성격은 어떤 것 같습니까? 장점은 무엇입니까? 단점은 무엇입니까?

8. 당신은 이 사람이 좋습니까? 싫습니까?

9. 당신은 이러한 사람이 되고 싶습니까?

10. 당신은 이 사람과 친구가 되어 함께 생활하고 싶습니까?

11. 이 사람은 앞으로 어떻게 될 것 같습니까?

12. 누군가 생각하며 그린 사람이 있습니까?

13. 당신은 이 사람을 닮았습니까?

14. 이 그림에 더 첨가해서 그리고 싶은 것이 있습니까?

15. 당신이 그리고 싶은 대로 잘 그려졌습니까? 그리기 어렵거나 잘 안 그려진 부분이 있습니까?

16. (이해하기 힘든 부분에 대해) 이것은 무엇입니까? 어떤 이유로 그렸습니까?

3. 해석

이하에서는 그림 검사에서 해석의 초점이 되는 다양한 요소들과 각 요소들에 따른 해석적 가설에 대해서 소개할 것이다.

1) 구조적 / 표현적 요소

(1) 검사 시의 태도와 소요시간

검사 시에 보인 피험자의 태도에 따라 같은 그림도 다르게 해석될 수 있다. 예를 들어 세부묘사가 불충분하고 생략된 부분이 많은 그림이라도, 피험자가 성실히 그렸을 때와 불성실하게 그렸을 경우 그 의미가 다르다.

그림을 그리는 데 소요되는 시간이 지나치게 짧거나 지나치게 길 때, 지시를 하고 나서 한참 동안 그리지 않는 경우는 그 그림이 수검자에게 특별한 의미가 있으며 그 그림을 그리는 것에 대한 어떤 갈등이 있음을 보여준다. 그림 속의 어떤 부분을 계속 지우고 고쳐 그리는 경우는 그 부분이나 그 부분이 상징하는 것에 대한 갈등을 나타내는 것이라 할 수 있다.

(2) 순서

① 욕구나 방어, 적응 등이 어떤 순서로 나타나는가를 볼 수 있다. 예를 들어 그림 속 인물의 어깨를 좁게 그렸다가 다시 넓은 어깨로 고쳐 그린다면, 새로운 상황에 처했을 때 열등감으로 반응하나 곧 과장된 자신감으로 자기를 포장할 것이라고 가정해 볼 수 있다.

② 남성상/여성상을 그린 순서와 그려진 모습을 비교한다. 자기 성과 같은 성을 먼저 그리는 것이 일반적이다. 다른 성을 먼저 그리는 경우, 성 역할 동일시에 갈등이 있거나 또는 현재 생활에서 특정 이성에 대한 비중이 (긍정적이든, 부정적이든) 큰 상태임을 시사한다. 또한 그려진 남녀상의 모습을 비교해서 중요한 단서를 얻을 수 있다. 예를 들어 여성상은 크고 위협적으로 그린 데 비해서, 남성상은 조그맣고 약하게 그린 남자 수검자는 여성을 위협적으로 지각하여 소극적이고 복종적인 태도로 대할 가능성이 있다.

③ 그림을 그려 나가는 일반적인 순서에서 이탈된 경우 중요한 반응이 된다. 예를 들어 인물상의 경우 머리부터 그려 나가는 것이 일반적인데, '발 → 머리 → 무릎 → 다리'의 순서로 그린다면, 사고장애의 지표로 볼 수 있다. 이러한 경우 완성된 그림만 보아서는 알아차릴 수 없으므로 그리는 과정을 관찰하는 것이 중요하다.

④ 그려 나가는 양상에서 에너지의 양, 이를 통제하는 양상도 시사된다. 검사태도에서 처음에 다소 혼란을 보이다가 곧 안정을 찾는 경우는 상황불안을 나타내는 것으로, 심각한 문제는 아닐 수 있다. 처음에는 잘 그리다가 차츰 피로를 드러내고 미완성으로 끝내는 경우에는 쉽게 지치고 포기해 버리는 우울 상태를 의심해 볼 수 있다.

(3) 지우개의 사용

- 알맞은 지우개 사용과 그에 따른 그림의 질적 향상 : 유연성/만족스런 적응
- 과도한 지우개 사용 : 불안정/초조
  자신에 대한 불만
  불안/조력에 대한 욕구
  신경증, 특히 강박 장애에서 자주 보임

(4) 위치

- 용지의 중앙 : 정상/안정된 사람

  정확히 중앙인 경우 : 불안정감/완고성—특히 대인관계의 융통성 결여

  아동의 경우 : 자기중심성/정서적 행동 경향

- 용지의 가장자리 : 의존적/자신감 결여

- 용지의 왼쪽 : 충동적인 행동화 경향/즉각적인 욕구충족 추구

  외향성

  자기중심적

- 용지의 오른쪽 : 비교적 안정되고 통제된 행동

  욕구충족의 지연/정서적 만족보다는 지적 만족을 선호

  내향성

  환경의 변화에 민감

- 용지의 위쪽 : 욕구 수준 높음 또는 에너지 수준은 낮은데 과잉보상 방어를 함

  공상을 즐김/야심이 높음/성취를 위한 투쟁

  냉담/초연/낙천주의

- 용지의 아래쪽 : 불안정감/부적절감

  우울경향

  (이론적, 추상적이기보다는) 구체적·현실적 사고경향

  조용하고 나서지 않는 성격

  아동의 경우 : 신경증 가능성

- 용지 위쪽의 왼쪽 모퉁이 : 퇴행/미성숙/불안정감/철수와 공상

  R/O 정신증

  아동의 경우 : 초등학교 저학년 수준인 경우에는 정상

- 용지 위쪽의 오른쪽 모퉁이 : 불쾌한 과거를 억제하고 싶은 욕구/미래에 대한 과
  도한 낙관

- 어느 쪽 모퉁이든 : 철수 경향

- 종이의 아래쪽이나 가장자리에 그림

  - 불안정감 및 낮은 자기 확신과 관련된 지지 욕구/불안

  - 의존경향/독립적 행동에의 두려움/새로운 경험을 거부하는 경향

  - 환상에 심취

  - 종이 아래쪽에 작고 희미하게 그린 경우 : 우울

■ 종이가 모자라서 그림이 완성되지 못하는 경우
  • 뇌손상
  • 아래쪽이 모자란다면 : 과도한 억압 혹은 폭발적 행동화 가능성
  • 왼쪽이 모자란다면 : 미래에 대한 두려움에 고착, 강박적 행동의 가능성
  • 오른쪽이 모자란다면 : 불쾌한 과거로부터 탈출하고 싶은 욕망
  • 위쪽이 모자란다면 : 환상의 과용

(5) 선의 강도

이는 수검자의 에너지 수준에 대한 지표로, 그림의 어떤 특정 영역을 진하게 그리는 경우는 그 부분에 대한 고착 또는 그 부분이 상징하는 것에 대한 억압이나 적대감을 나타낸다.

■ 강한 선
  • 자신감이 있는 수검자
  • 주장적/독단적/공격성/분노 감정
  • 기질적 뇌손상/극도로 긴장되어 있는 수검자

■ 흐린 선
  • 우유부단/겁많은/억제된 성격
  • 낮은 에너지 수준
  • 감정 표현에 있어서 억제와 억압, 위축
  • 지능이 낮은 수검자
  • R/O 신경증 상태−불안, 강박 증상 동반
  • R/O 우울증
  • R/O 만성 정신분열증

■ 흐린 선의 아동
  • 에너지 수준이 낮음
  • 억제적 성격/강한 억압/박탈이나 거부의 경험

(6) 크기

20cm 정도의 크기에, 용지의 2/3 정도를 활용하여 그리는 것이 일반적이다.
  그림의 크기를 통하여 수검자의 자존감, 자기상, 자기 확대의 욕구, 공상적 자아 등에 대한 단서를 제공받을 수 있다.

- 지나치게 큰 그림
  - 공격적/행동화 경향/낙천적/과장적 경향
  - 부적절감을 보상 또는 억압 방어함
  - R/O 조증 상태
  - R/O 뇌손상 또는 지능지체
  - R/O 반사회적 성격
  - R/O 신체화
  - 아동일 경우 : 정상(그러나 만약 25cm를 넘는다면 정서 문제가 있을 가능성)

- 지나치게 작은 그림
  - 열등감/부적절감/자존감 낮음/불안
  - 수줍음/위축/과도한 자기억제/철수 경향
  - 퇴행적/의존적 경향/스트레스 상황에서 위축된 행동
  - 자아 구조가 약하거나 자아 강도가 낮음
  - 강박적 성향
  - 종이의 위쪽에 위치할 경우 : 낮은 에너지 수준에 대한 통찰력이 부족한, 과도한 낙천주의를 나타냄
  - R/O 우울증
  - 매우 작을 경우 : R/O 정신분열증
  - 아동이나 노인 : 정상(그러나 만약 5cm 미만일 경우 정서 문제가 있을 가능성)

(7) 그림의 선

- 선의 방향
  - 수평선 강조 : 약함/두려움/자기 방어적 경향/여성성
  - 수직선 강조 : 남성적 주장성/결단력/과잉활동성
  - 곡선 강조 : 유연성/관습을 좋아하지 않음
  - 경직된 직선 강조 : 경직성/공격성/억제적 경향

- 선의 질
  - 망설임 없이 확신에 찬 선 : 안정성/일관성/의욕적
  - 끊긴 곡선 : 우유부단/의존적/감정적 경향/복종적
  - 들쭉날쭉한 선과 가장자리 강조 : 공격성/충동적 행동화 경향/불안
  - 스케치된 선 : 불안정감/소심/정확함과 신중함에 대한 욕구/우유부단/스트레스

상황에서의 과대경향

청소년의 경우 : 나쁜 자기개념/낮은 자기 확신/갈등

- 끊기지 않고 곧은 선 : 재빠르고 결단력 있음/자부심 강한/주장적
- 떨리고 혼들리는 선 : R/O 알코올 중독을 포함하는 기질적 상태

R/O 지능지체

R/O 정신증

■ 선의 길이
- 긴 획 : 행동을 잘 통제함(억제적일 수도 있음)
- 짧고 이어지지 않는 선 : 충동적/흥분하기 쉬움

R/O 기질적 상태/R/O 정신분열증

(8) 세부 묘사

각각의 그림에는 필수적으로 그려야 하는 세부요소들이 있다. 예를 들면 '집' 그림에서는 최소한 문 하나, 창문 하나, 벽 하나, 지붕 하나를 포함해야 한다. '나무' 그림에서는 줄기와 가지가 포함되어야 하고, '사람' 그림에서는 머리, 몸, 두 다리, 두 팔, 두 눈, 코, 입, (두 귀) 등이 포함되어야 한다(Buck, 1948).

정상인은 그리려는 주제의 필수적인 세부요소와 그에 더하여 몇몇 부가적인 세부를 그린다. 기본적인 부분을 생략하지 않으며 과도하게 세부에 집착하지도 않는다.

■ 필수 세부의 생략 : • (정신분열증 등으로) 심하게 퇴행된 환자
- R/O 지능지체
- 청소년 : R/O 성격장애

■ 세부 묘사의 결여 : • 불안/철수/부정적인 신체 심상
- 적응이 어려운 아동
- R/O 우울증
- R/O 신체형 장애
- R/O 기질적 상태
- R/O 지능지체

■ 지나친 세부묘사 또는 빈틈없는 묘사
- 강박증/경직성/불안/과민
- 행동화하게 될 것에 대한 두려움

(여기에는 외부 세계를 위험한 곳으로 지각하는 것의 투사가 포함되며 이런 행동은 자기 통제력을 유지하기 위한 노력을 반영한다)
- R/O 정신분열증 초기
- R/O 기질적 뇌손상 초기
- R/O 조증 상태

■ 기괴한 세부 : R/O 정신증
                     아동−심각하게 와해된 성격

■ 세부들에 이름 붙이기 : R/O 정신증

(9) 왜곡

대상을 일반적인 형태로 그리지 않고 왜곡된 형태로 그리는 것을 말한다.

■ 전반적인 왜곡 : • R/O 정신증
                  • R/O 지능지체
                  • R/O 기질적 뇌손상
                  • 청소년−부정적인 자기 개념. 종종 심리적 혼란감이 동반된다.
                  • 아동−적응의 어려움/학업 성취의 부족/스트레스를 받고 있는
                     정상아동

■ 심하지 않은 왜곡 : 불안

(10) 대칭

■ 대칭의 결여 : • 불안정/부적절감/신경증 환자의 신체적 불편감
                  • 부주의성/과활동으로 통제력 약화
                  • R/O 기질적 뇌손상
                  • R/O 지능지체
                  • 아동−공공연한 분노

■ 엄격한 양측 대칭 : • 강박적인 정서통제/억압과 주지화의 기제/불안정감
                      • 정서적으로 차갑고 거리를 둠/통제가 불안정한 경직된 성격
                      • R/O 우울하며 과잉 긴장하는 신체형 장애
                      • 기계적이고 형식적이거나 기괴하게 보인다면 : R/O 정신분열
                                       증 망상형

(11) 투명화

현실적으로는 볼 수 없는 대상의 내부를 보이는 것처럼 그리는 경우를 말한다. 특히 '사람' 그림에서 내장기관이나 뼈 등을 그려 넣는 경우 임상적으로 주목하여야 한다.

- 아동 : 정상
- 나이든 아동 : 미성숙/적응상의 문제/기질적 뇌손상
- 청소년 : 나쁜 자기 개념/적응 장애
- 성인 : 불안/성적인 집착
- 현실 접촉력이 저하된 퇴행/판단력 저하
- R/O 정신증
- R/O 기질적 뇌손상

(12) 동작의 묘사

- 그림에 재능 있는 아동 : 동작이 나타남
- 우울 상태 : 동작이 별로 없음
- 지능지체 : 동작이 거의 없음
- 정신증 : 동작이 별로 없거나 반대로 여러 가지 많은 동작이 나타나기도 함

(13) 기타 여러 가지의 투사적 요소

- 지시에 적절하게 반응할 수 없음 : 기질적 상태
- 고의적으로 그림 내용을 손상시키거나 격하시킴 : 공격적 반응 경향
- 같은 내용을 반복해서 그리는 보속성 : 기질적 상태
- 그리기를 거부하거나 완성하지 않음 : 반항성
- 구름 : 불안
- 그림자 : 불안/갈등
- 과도하게 크게 그려진 태양 : 부적절감(특히 권위자와의 관계에서)
- 주어진 종이의 방향을 돌림 : 반항성/공격적 경향

(14) 정신증적 지표

그림에서 통합이 안 되는 것은 정서적 혼란 상태를 나타내며, 정신증적 지표로 볼 수 있다.

정신증 환자의 붕괴된 정신은 그림에서도 통합을 못하고 붕괴된 형태를 그리는 것으로 나타난다. 또 극히 지저분한 음영을 그려 놓는 경우도 많다. 정신증 환자의

그림은 환상적이고 기묘하고 괴이할 뿐만 아니라 때로는 무엇을 그렸는지 알 수 없기까지 하다. 간혹 그림과 글씨를 섞어 놓기도 하는데 이는 기본적인 전달 능력이 붕괴되고 있다는 느낌 때문에 보상적 시도를 하고 있는 것으로 추정할 수 있다.

정신증의 또 하나의 특징은 같은 주제를 반복해서 그리는 것(perseveration)이다.

2) 내용적 요소

여기서는 '집', '나무', '사람' 각각에 대해서 Machover(1951), Levy(1958)가 제시한 해석적 가설들을 중심으로 소개하기로 하겠다.

집(House)

집 그림은 수검자의 자기-지각, 가정 생활의 질 혹은 가족 내에서의 자신에 대한 지각을 반영한다. 집 그림은 수검자의 현실의 집, 과거의 집, 원하는 집 혹은 이것들의 혼합일 수 있다. 또는 수검자의 어머니를 상징적으로 표현한 것일 수도 있고, 어머니에 대한 느낌을 드러내는 것일 수도 있다.

집 그림에서는 그림의 전체적인 모습을 평가함과 더불어 필수요소인 지붕, 벽, 문, 창 등을 어떻게 그렸는가에 유의해서 해석해야 한다.

(1) 지붕

지붕은 정신생활, 특히 공상 영역을 상징한다.

- 과도하게 큰 지붕 : 환상에 과몰입되어 있고 외부 대인접촉으로부터 철수되어 있음
- 지붕이 전부인 그림 : 공상적 세계 내에서 생활

  R/O 분열성 성격

  R/O 정신분열증
- 지붕이 없거나 벽의 양끝을 연결하여 한 줄로 그린 지붕 : 지능지체

  심각한 성격 위축
- 일차원 지붕 : 제한된 성격/경직된 성격
- 여러 번 덧칠하거나 진하게 칠함으로써 지붕선의 강조 : 환상의 위협으로부터 자신을 보호하려는 시도. 정신증 전단계에서 빈번히 나타남
- 지붕의 꼭대기가 열려 있는 경우 : 현실과 환상을 구별하기 어려움/자아 경계 약화
- 바람에 휩쓸리는 지붕 : 자신의 통제 밖에 있는 압력에 압도당하는 느낌
- 처마의 강조 : 과잉 방어/의심 많은 태도

(2) 벽

수검자의 자아 강도에 대한 정보를 준다.

- 벽의 지면선 강조 : 불안/잘 통제되지 않는 부정적 태도
- 적절히 연결되지 않은 벽 : 일차적 욕구가 통제되지 않음/이인증 느낌
  R/O 기질적 상태
- 하나의 벽면만 그려짐 : 대인관계에서 수용될 수 있을만한 모습을 유지하고자 하
  는 강력한 욕구
  회피적 경향
  아동-정상
  옆쪽의 벽면만 그려짐 : 심각한 철수/반항적 경향
  R/O 편집증
- 허물어지려는 벽 : 붕괴된 자아
- 벽의 경계선 강조 : 정신증 초기 상태에서 자아의 경계를 유지하기 위해 철저하
  고 과민하게 의식적으로 노력
- 흐린 벽선 : 임박한 성격붕괴와 약한 자아통제의 느낌
  → 벽선을 강조하는 경우보다 정신 병리의 표출이 임박해 있음
- 투명한 벽 : 성인-상황을 가능한 조화시키려는 강박적 욕구/현실검증력의 심각
  한 손상
  R/O 지능지체
  R/O 기질적 뇌손상
  아동-정상/지각능력의 미성숙
- 벽에서 수평선 강조 : 환경적 압력에 취약
- 벽에서 수직선 강조 : 공상을 통한 만족이 두드러짐/현실과의 접촉이 적음
- 지면과 떨어진 벽 : 비현실감/현실 접촉력의 저하

(3) 문

환경과의 직접적인 상호작용을 나타내는 부분으로, 수검자의 대인관계에 대한 태도
를 보여준다.

- 문이 없음 : 심리적 접근 불가/철수 경향/고립감/가족 내 거리감
  R/O 정신증
- 문을 가장 나중에 그림 : 대인관계 접촉을 꺼림/현실에서 철수하려는 경향

■ 집, 창문의 크기에 비해 작은 문 : 환경과의 접촉을 꺼리는 경향/대인관계로부터
　　　　　　　　　철수/사회적 부적절감과 우유부단/과묵한 성격
■ 과도하게 큰 문 : 타인에게 매우 의존적/사회적 접근을 통해 타인에게 인상적인
　　　　　　존재가 되고 싶은 욕구
■ 열린 문 : 외부로부터 정서적 따뜻함을 받고자 하는 강렬한 욕망
　　　　(→ 만일 질문 단계에서 '집이 비어 있다'라고 말한다면 : 자아 강도의
　　　　심한 약화와 적절한 방어 기제의 부족)
■ 자물쇠 강조 : 편집증적 경향/철수와 방어 강화
■ 문이 집의 바닥선보다 높게 위치 : 타인이 쉽게 접근할 수 없도록 하는 시도
■ 문 손잡이 강조 : 남근에 대한 과도한 관심/타인의 접근과 대인관계에 대한 과도
　　　한 염려
■ 가장자리에 그려진 문 : 철수/외부 세계에 대한 의심과 경계

(4) 창문

환경과 간접적인 접촉 및 상호작용을 하는 매개체로, 인간의 '눈'과 같은 역할을 한다.

■ 창문 생략 : 철수 경향
　　　　R/O 정신증
■ 창문 수 적음 : 퇴행
■ 창문 수 많음 : R/O 노출증
　　　　차양이나 덧문이 없는 경우－환경과의 접촉에 준비되어 있음
　　　　차양이 있는 경우－환경과의 접촉에 대한 과도한 염려
■ 커튼과 차양이 없는 경우 : 자신의 감정을 숨길 필요성 못 느낌
■ 커튼 달린 창문 : 쉽고 자유롭게 그려지는 경우－정상적인 가정 생활
　　　　철수 경향/접근성 보류
　　　　커튼이 닫혀져 있다면 : 회피적 경향/병리적 방어
　　　　커튼이 닫혀져 있지 않다면 : 다소의 불안을 가지고 의식적으로
　　　　　　　　통제된 사회생활을 함
■ 창문 밖까지 확장된 차양 : R/O 정신증
■ 창문 강조 : 대인관계에 과도한 염려
■ 열린 창문 : 구강기 고착/타인에게 심리적으로 접근하는 데 대한 염려와 그로 인
　한 불만족스러운 자아통제
■ 달걀 모양의 창문 : 여성의 경우, 실험적이고 진보적인 태도

- 매우 작은 창문 : 심리적 접근 불가/사람에 대한 관심 부족
- 창문의 격자가 없는 경우 : 적대적이고 반항적 경향/구강기적·항문기적 에로티시즘
- 창문의 격자가 많은 경우 : 심리적 접근성의 유보
- 창문이 잠긴 것 강조 : 외부로부터의 위협에 두려움을 느끼며 과도하게 방어적임

(5) 굴뚝

친밀한 인간관계에서의 따뜻함이나, 남성의 성기를 상징

- 쉽고 빠르게 그린다면 만족스런 적응을 나타냄
- 덧칠이나 크기 등으로 강조한 굴뚝 : 가정의 심리적 따뜻함에 대한 과도한 염려
    성적 관심-정력을 증명하려는 욕구/거세 불안
    R/O 노출증 경향
    R/O 지능 퇴화의 초기 단계
- 여러 개의 굴뚝 : 성 충동에 대한 과도한 염려/성적 부적절감을 보상
    친근한 인간 관계에 대한 과도한 염려
- 굴뚝 생략 : 가정에서 심리적 따뜻함을 느끼지 못함
    성 충동의 부족(그러나 굴뚝을 강조하는 수검자보다 덜 심각함)
- 2차원의 굴뚝 : (남자 수검자)성적 부적절감
- 연기 나는 굴뚝 :
    연기가 왼쪽에서 오른쪽으로 완만하게 불어간다면 : 정상/보수 경향
    연기가 오른쪽에서 왼쪽으로 불어간다면 : 회의주의/압력을 받는 느낌
    연기가 오른쪽과 왼쪽 모두로 분다면 : R/O 정신증 상태에서의 현실검증력 저하
    짙은 연기 : 환경적 압력을 받는 느낌
    많은 양의 연기 : 가정 생활에서 상당한 내적 긴장과 불안을 겪음
    한 줄로 그려진 연기 : 가정 생활에서 느끼는 정서적 따뜻함 부족

(6) 진입로와 계단

- 균형 있으면서 쉽게 그려진 진입로 : 심리적 접근가능/정서적 안정
    대인관계를 통제할 수 있으며 적절히 기능함
- 매우 긴 진입로 : 심리적 접근이 어려움/좀 더 사교적일 필요성 느낌
- 출입문 쪽으로 가면서 좁아진 진입로 : 피상적 관계만 맺으며 초연한 상태로 있

기를 원함

- 넓은 진입로 : 사회적 접근 가능성
- 문이 없는 벽으로 올라가는 계단 : 타인의 접근과 관련된 갈등/철수 경향

현실 검증력 저하를 야기하는 갈등

R/O 기질적 뇌손상

(7) 그 밖의 특징들

- 홈통을 강조해서 그림 : 강화된 방어와 회피/의심
- 집의 각 부분들을 단일한 전체로 통합하지 못하고, 선이 구불구불하거나 접촉이 좋지 않음 : R/O 기질적 문제
- 의인화된 집 : 퇴행

R/O 기질적 문제

R/O 정신지체

아동−정상

- 집의 청사진을 그림 : 가정 내에서 심각한 갈등이 있음

잘 그렸을 경우−편집증적 경향

못 그렸을 경우−R/O 기질적 상태

- 집의 뒷면을 그림 : 철수/반항적, 부정적 경향/편집증적 경향
- 집의 각을 짓지 못함 : R/O 기질적 상태
- 구름 같은 지면선 위의 집 : 현실 접촉력 저하

(8) 기타의 부속물

그리면서 수검자가 특히 강조하거나 다른 부분과 조화를 이루지 못하는 부속물이 있을 경우 질문 단계를 통해 수검자가 그것에 대해 갖고 있는 특별한 의미를 밝혀내야 한다.

- 집 주위와 벽에 수풀, 나무 등 다른 세부 묘사를 함 : 주의를 끌려는 욕구,

의존욕구/안정감의 부족

- 울타리 : 방어의 책략
- 해 : 의존성
- 구름 : 일반화된 불안
- 배경에 산을 그림 : 방어적 태도와 함께 독립에의 욕구가 있음
- 지표면 : 불안정감

- 그림자 : 불안
- 집 주위에 관목을 그림 : 불안정감과 자기 방어막을 세우고 싶어하는 욕구
- 튤립이나 데이지 꽃을 그림 : 미성숙/퇴행/R/O 분열성(schizoid) 성향
- 많은 나무들 : 강력한 의존 욕구

나무(Tree)

나무를 그릴 때 수검자는 수많은 기억으로부터 그가 가장 감정이입적으로 동일시했던 나무를 선택한다(Hammer, 1958). 수검자는 자신의 내적인 감정이 가는 방향으로 나무를 수정하고 재창조하면서 그림을 그려 나가게 된다. 그러므로 나무 그림은 자기자신에 대한 무의식적이고 원시적인 자아 개념의 투사와 관련이 있다. 이를 통해 수검자의 성격 구조의 위계적 갈등과 방어, 정신적 성숙도 및 환경에의 적응 정도를 엿볼 수 있다.

예를 들면, 어떤 수검자는 타인과 상호작용하며 즐거움을 나누는 경험이 적어서 '가지'를 빼고 그리기도 한다. 때로, 가지가 부러진 나무를 그림으로써 수검자가 겪은 환경적 압력으로 인한 상처를 반영하기도 한다. 이런 식으로 나무를 그리는 과정에 수검자 자신의 내적 상을 투사하게 되는 것이다.

Buck(1948)의 주장에 따르면, 나무 그림의 둥치는 기본적 힘과 내적인 자아 강도에 대한 수검자의 느낌을 제시하며, 가지는 환경으로부터 만족을 얻을 수 있는 능력에 대한 수검자의 느낌을 묘사하고, 그려진 나무 전체의 구조는 수검자의 대인관계 균형감을 반영한다고 한다.

나무 그림을 해석할 때는 전체적, 직관적으로 파악하는 과정이 필요하다. 우선적으로 전체적인 모습을 파악함으로써 조화, 불안, 공허, 단조로움 혹은 적의, 경계 등의 인상을 받을 수 있다. 이것이 해석의 첫 단계이고, 이후 체계적인 분석을 하는 것이 필요하다.

(1) 주제

그림에서 표현되는 분위기와 주제는 개인의 심리적 상태를 반영한다.
- 사과나무 : 성인—미성숙/퇴행/임신한 여자(아이에 대한 욕구)

　　　　　아동—의존 욕구/애정욕구

　　　　　사과가 떨어져 있다면—거부당한 느낌
- 가지가 축축 늘어진 버드나무 : 우울
- 크리스마스 나무 : 의존 욕구

- 죽은 나무 : 철수/심리적으로 매우 혼란되어 있음

  우울과 죄책감으로 자살 욕구를 갖고 있음

  깊은 부적절감 및 열등감과 함께 심각한 무가치감과 무감동

  예후가 나쁨

  R/O 심각한 신경증

  R/O 분열성(schizoid) 성격

  R/O 정신분열증

- 거대한 나무 : 공격적 경향/지배욕구

  과잉 보상적 행동/환상/과민감

  언덕 위에 서있다면—지배욕구

  아동—권위상을 무시/자기 중심적

- 작은 나무 : 에너지 수준이 낮은 약한 자아/열등감/부적절감/내향적/철수 경향

  언덕 위에 그려졌다면—고립감(어머니의 보호를 바라는 것과 관련)

- 언덕 꼭대기에 홀로 서 있는 나무 : 과대감/우월감

  고립감/자율성을 위한 노력

  요원하거나 이룰 수 없는 목표를 위해 악전고투

  나무가 크다면—지배 욕구/자기 과시 성향

  나무가 작다면—모성 의존

- 왼쪽으로 기울어진 나무 : 과거에 고착/미래에 대한 불안/내성적 성격

  R/O 자폐적

  R/O 자기애적 성격

- 오른쪽으로 기울어진 나무 : 충동적 정서에 대한 두려움에서 기인한 성격적 불균형

  불유쾌한 기억을 억압하려는 욕구

  미래에 대한 과도한 낙관주의

- 열쇠 구멍처럼 생긴 나무 : 반항적, 적대적 충동

  검사에 비협조적이거나 동기가 적음

  잠재적으로 정서적 폭발의 가능성이 있는 경직된 성격

- 남근 모양의 나무 : 부적응 경향

  9~10세 이상의 남자가 그렸다면—성적 관심/미성숙

  8세 미만의 아동이 그렸다면—정상

- 묘목 : 미성숙/퇴행

  →나무에 투사된 나이는 수검자의 심리-사회적 성숙 수준과 관련

■ 나무에 의해 생긴 그늘 : 불안

태양이 그려진 후 이로 인해 그늘이 졌다면—강박적 경향

■ 1차원의 나무가 나란히 있으며, 각각 독립적인 가지를 갖고 있다면 :

R/O 정신증

R/O 기질적 뇌손상

■ 위에서 내려다보이는 나무 : 우울/패배감

■ 개가 나무에 소변보는 그림 : 공격적 성격/낮은 자기 존중감/자기 비하

(2) 둥치(trunk)

수검자의 자아 강도나 기본적인 심리적 힘(basic power), 심리적 발달에 대한 지표를 제공해 준다.

■ 빈약하거나 절단된 혹은 작은 둥치가 그루터기에서 자라남

: 심리적, 정서적 발달이 저해됐으나, 최근 심리 치료 등의 효과로 환경에 대한 호기심과 심리적 성장이 생김

■ 둥치의 윤곽선이 끊어진 경우 : 충동적이고 참을성 없음

임박한 성격 붕괴나 정체감의 상실에 대한 불안

■ 거대한 둥치 : 환경적 압박감/공격적 경향

가지 구조가 빈약하다면—기본적 욕구만족에 좌절하여 불안정한 적응을 함

■ 매우 가는 둥치에 큰 가지 구조 : 과도한 만족 추구 행동으로 인한 불안정한 적응

■ 작고 가느다란 둥치 : 부적절감/약한 자아

■ 긴 둥치에 작은 수관(crown) : 발달 지체/유아적/신경증적 퇴행

■ 짧은 둥치에 매우 큰 수관 : 자기 확신/야망/자신감/자부심/열망

■ 다른 부분보다 뿌리 쪽이 좁은 둥치 : 심리적 혼란/약한 자아/금지와 억압

■ 일차원 둥치에 구조화되지 않은 일차원 가지가 달린 경우 : 무가치감

자아 강도 낮음

R/O 기질적 뇌손상

■ 2차원 둥치에 하나의 2차원 가지가 그려졌을 때

: 초기 심리적 발달은 잘 이루어졌으나 이후 심각한 심리적 외상 발생

■ 주변 말단부의 강조 : 성격 통제와 통합을 지키고자 하는 욕구/보상적 방어

■ 둥치에 옹이를 그림 : 외상적 경험(뿌리 가까운 쪽에 옹이가 존재할수록 어린 나이의 심리적 외상)

- 음영 : 기본적 부적절감/성격의 원상을 유지하고자 하는 욕구/증상의 신체화
  R/O 초조성 우울
- 나무 구멍을 통해 동물이 엿보고 있는 나무
  : 아동-정상
  성인 또는 나이 든 아동-의존/퇴행 경향
  여성-주장적 성격

(3) 가지(branch)

가지는 성격 조직과 함께, 환경으로부터 만족을 구하고 타인과 접촉하며 성취를 향해 뻗어나가는 피검사자의 자원을 나타낸다.

가지는 사람 그림에서의 팔과 무의식적인 유사성을 가진다. 때때로 수검자들은 환경으로부터 만족을 얻을 수 없을 것 같다는 깊은 무기력감을 피상적이고 보상적인 낙관주의로 대체하려고 한다. 예를 들어, 사람을 그릴 때 매우 긴 팔을 그리지만 나무 그림에서는 절단되고 부러진 가지를 그린 수검자는, 이를 통해 그가 기본적으로 성공의 희망을 느끼지 못하고 있음을 드러낸다.

가지가 윗쪽(환상 영역)으로 뻗어갈 뿐 아니라, 옆(현재 환경)으로 뻗어나가는 그림은 만족 추구의 분포가 잘 균형잡힌 사람에게서 나타난다.

- 가지 구조가 원근에 따라 굵거나 가늘게 융통성 있는 모양으로 조화됐으며, 둥치에 적절한 크기 : 환경으로부터 만족을 얻는 능력이 있음. 가장 바람직한 형태
- 부러지거나 잘린 가지 : 외상적 경험
- 밑으로 향하는 가지 : 환경적 압력에 대처해 나갈 수 없다는 느낌
- 가지 없음 : 대인관계에서 즐거움 얻지 못함/타인과 어울리는 데서 만족을 얻지 못함
- 짧은 곤봉 같은 가지나 작살 같은 가지 : 행동화 가능성이 잠재되어 있는 공격적 성향
- 짧고 황폐한 가지 : 환경을 황량하고 불행하게 지각하고 있음
- 종이의 상단까지 닿는 긴 가지 : 과도한 공상에 빠져 있는 수검자
  부적절한 충동 통제
- 길고 좁은 가지 구조 : 과도한 공상적 만족 추구
  환경에서 만족을 추구하는 데 두려움
- 안쪽으로 뻗은 가지 : 자기 중심적/내향 경향/강박적 경향
- 가지와 잎이 과도하게 많음 : 과잉 이상화/R/O 조증 상태

- 작은 둥치에 과도하게 큰 가지 구조 : 환경에서 만족을 추구하기 위한 행동을 지나치게 강조
  부적절감의 보상일 수 있는 지나친 성취 경향
  불안정한 성격 균형
- 큰 둥치에 매우 작은 가지 구조 : 환경에서 만족을 추구할 수 없는 좌절감과 부적절감
- 둥치의 아래쪽에 있는 가지 : 퇴행
- 둥치와 연결되어 있지 않은 가지 : 환경에 성공적으로 대처할 수 없는 무기력감
- 서로 부적절하게 연결되면서 둥치에 부적절하게 접목된 일차원 가지
  : 부적절감/성적 무능감/낮은 자아 강도
  환경에 만족스런 자원이 불충분
  R/O 기질적 뇌손상
- 오른쪽 가지 강조 : 충동적 욕구 만족 행동과 관련된 성격 불균형
- 왼쪽 가지 강조 : 정서적 만족을 지나치게 부인하거나 지연시키는 경향과 관련된 성격적 불균형
- 매우 희미한 가지 : 우유부단/불안
- 끝이 뾰족한 가지 : 공격적 행동화 경향
- 얇고 매우 짧은 '잘려진' 가지 : 자살 경향
- 부러지거나 죽은 가지 : 만족 추구를 위한 자원의 상실을 동반하는 외상적 경험
- 바깥쪽으로 갈수록 두꺼워지는 가지 : 반항적/공격적/야심 많음/참을성 없음
- 끝부분이 열린 2차원 가지 : 부적절한 정서 통제
- 태양을 향해 호소하는 듯 뻗어 있는 경우 : 애정욕구의 좌절을 겪은 아동에게서 보임
  권위적인 대상으로부터 따뜻함을 구하는 경우
- 뾰족한 가지 끝을 구름 같은 잎이 감싸고 있는 그림 : 공격성이 있으나 외부로 방출하지 않고 자기 자신에게 벌을 주는 경향

(4) 수관(crown)

- 구름 같은 수관 : 적극적 공상/낮은 에너지 수준/현실 부정
- 아무렇게나 그린 선으로 뒤범벅된 수관 : 혼란/흥분/충동적/정서적 불안정
- 소용돌이 모양의 수관 : 참을성 부족/열광적/수다스러우며 적극적 사회 활동
  소용돌이의 선이 굵다면—내적 긴장과 혼란이 시사됨
- 납작한 모양의 관 : 환경적 압력/금지의 느낌/부적절감/무망감

고통스런 공상 세계를 거부하거나 부정하려는 시도

■ 수관에 음영을 그림 : 대인관계가 피상적일 수 있으나 정상적이고 재치 있음

수검자가 부적응을 보이고 있다면—신경 과민/불안정

/R/O 우울

(5) 뿌리

수검자의 성격적 안정성, 안전에 대한 욕구, 현실과의 접촉 정도를 알려 준다.

■ 죽은 뿌리 : 현실과 접촉할 능력을 상실한 느낌

심각한 동기 상실/성격적 불균형

강박적 경향

■ 뿌리와 지면을 생략 : 불안정감/부적절감

■ 뿌리를 과도하게 강조 : 현실접촉을 과도하게 강조하거나 염려하는 상태

■ 발톱모양처럼 땅을 움켜쥔 듯한 뿌리 : 현실접촉이 상실될지도 모른다는 위기 의
식 반영

편집증적 공격 성향

■ 투명한 땅을 통해 보이는 뿌리 : 현실검증력 손상

정신분열증 상태를 암시

■ 종이의 아래쪽을 지면으로 이용하는 경우

: 부적절감으로 인해 불안정한 상태. 보상적 안정성을 위해서 종이 밑면에 의지

그림의 위치가 용지의 하단에 위치할 때—우울한 상태. 희미한 선에서 에너지
의 고갈이 나타남

■ 뿌리에 음영을 그림 : 불안/불안정감

(6) 잎

■ 잎 생략 : 내적 황폐/자아통합 어려움(그러나 계절을 감안하여 해석해야 함 : 겨울
에는 잎이 없는 그림 많음)

■ 떨어지는(떨어진) 잎 : 사회적 요구에 순응할 수 없음, 혹은 그러한 느낌

유연하게 적응할 능력의 상실

■ 많은 잎 : 생산적이고 효과적으로 보이고 싶은 욕구/강박적 경향

■ 가지로부터 떨어져 있는 잎 : 보상 작용의 상실

가지로부터 떨어져 있는 잎이 많다면—R/O 강박증

■ 끝이 뾰족한 잎 : 공격적/행동화 경향

- 2차원으로 꼼꼼하게 그려진 잎 : 강박적 경향
- 2차원이며 가지에 비해 너무 큰 잎 : 적절하게 적응하고 있는 모습 이면에 있는
  부적절감
  현실에 대해 과잉 보상적으로 비약
- 매우 성긴 잎 : 적응에 좀 더 정교한 방법을 개발하려는 욕구
  순응적 외양의 뒤편에 자기 개념을 숨기려는 욕구

(7) 나무 껍질

- 쉽게 그려진 껍질 : 정상
- 불연속적으로 그려지거나 강조된 껍질 : 불안
- 꼼꼼하게 그려진 껍질 : 환경과의 상호작용에 과도한 염려를 하는 강박적 성향
- 여러 개의 덩굴 같은, 수직선으로 접촉되지 않게 그려진 껍질 : 분열성(schizoid)
  성격 경향

사람(Person)

사람 그림은 '집'이나 '나무'보다 더 직접적으로 자기상을 나타낸다. 그러나 '사람'을 그리는 것은 수검자로 하여금 방어를 유발하게 하는 면도 있어서, 자신의 상태를 의식적, 무의식적으로 왜곡시켜서 표현하게 만들기도 한다. 사람 그림은 자화상이 될 수도 있고 이상적인 자아, 중요한 타인 혹은 인간 일반을 어떻게 인지하고 있는지를 나타내기도 한다.

'자화상'은 수검자가 자신에 대해서 스스로 어떨 것이라 느끼는 점을 묘사하는 것이다. 우선 신체적인 면이 투사되는데, 생리적 약점이나 실제적인 신체적 장애를 가지고 있는 경우에는 그러한 약점이 수검자의 자아 개념에 영향을 주고 심리적인 감수성을 일으키는 경우에만 그림 속에서 재현된다. 신체적인 약점을 투사하는 것과 더불어 수검자들은 자신의 신체적인 장점도 투사한다. 넓은 어깨, 남성적 발달, 매력적인 얼굴은 예술적인 재능이 없는 수검자라 하더라도 투사되어 나타나는 경우가 많다.

한편, 신체적 자아뿐만 아니라 심리적 자아의 모습도 그림 속에 투사된다. 키 큰 수검자가 팔을 무기력하게 축 늘어뜨린 불쌍해 보이는 얼굴의 키작은 인물을 그린다면, 수검자의 신체적 자아는 위축되지 않았더라도 심리적으로는 자기 자신을 조그맣고, 무기력하고, 의존적이고, 남의 지지를 필요로 하는 존재라고 느끼고 것이 투사되어 나타난 것일 수 있다.

'이상적인 자아'란 수검자가 이상적으로 바라는 자기상을 투사한 것이다. 이런 경

우로는 홀쭉하고 연약한 편집증의 남자가 어깨가 건장한 권투 선수를 그린다든지, 결혼하지 않고 임신한 젊은 여성이 자신의 몸 윤곽에 대한 부끄러움 때문에 신체가 날씬하고 자유롭게 춤을 추고 있는 무희를 그리는 경우 등을 예로 들 수 있다. 또 흔히 소년들은 수영복을 입은 남성 운동선수를 그리고, 소녀들은 드레스를 입고 있는 영화 배우를 그리기도 한다.

'중요한 타인' 묘사는 수검자의 현재 혹은 과거의 경험과 환경으로부터 도출된다. 중요한 타인의 그림은 청소년이나 어른보다는 아동의 그림에서 더 잘 나타나는데, 일반적으로 '부모'의 모습이 표현된다. 이렇게 아동들이 부모를 그리는 이유는 그들의 생활에서 부모가 차지하고 있는 비중이 크며, 부모는 그들이 동일시해야 할 모델이기 때문이다.

(1) 머리

머리는 자아(self)의 자리이며, 지적·공상적 활동, 충동과 정서의 통제, 사회적 의사소통 등의 중추이다.

정상인은 대개 신체의 다른 부위보다 머리와 얼굴에 보다 주의를 두어서 그린다. 반면, 우울하거나 철수되어 있거나 신경증적인 문제가 있는 등의 부적응적인 사람들은 그렇지 않은 경향이 있다.

- 불균형하게 큰 머리
  : 지적인 능력에 대한 관심/지적 야심/성취욕/확장된 자아
    내성적/공상에 몰두함/과잉관념화(편집증)
    공격적 경향
    퇴행/억제/의존/미성숙/불안
    정서적, 사회적 부적응
    자신의 신체에 대한 불만족/두통
    R/O 기분 장애
    R/O 기질적 뇌손상
    R/O 지능지체
    R/O 정신증
    아동-의존성/열등한 학업 성취
- 작은 머리 : (지적, 사회적, 성적) 부적절감, 무능감, 열등감
            약한 자아 통제/강박증적 경향
            죄책감 등의 피하고 싶은 생각을 억압, 부인

            R/O 신경증

            아동-적응 문제

- 머리를 생략 : 불쾌한 생각을 제거하고 싶은 욕망

               R/O 기질적 상태

               R/O 정신증

- 흐릿하게 그린 머리 : 수줍고 자의식이 강함
- 머리를 가장 늦게 그림 : 대인관계 갈등

               R/O 사고장애

- 기형적인 머리 : R/O 기질적 뇌손상

               R/O 지능지체

               R/O 정신증 상태

- 이성상의 머리를 보다 크게 그림 : 이성을 보다 유능하고 우월하게 봄
- 성인남자가 여성상의 머리를 크게 그림 : 어머니상에 대한 정서적 고착
- 제 위치에 있지 않은 머리 : R/O 기질적 뇌손상
- 사람 그림에서 머리만 그림 : R/O 정신분열증

                    신체 영역에 대한 갈등

- 뒷머리를 그림 : 편집증적/분열성 성격 경향

(2) 얼굴

얼굴은 개인적 만족이나 불만족을 전하고, 상호 의사전달을 할 수 있는 중추이다.

- 이목구비의 생략 : 대인관계에서 마찰이 있고 이 문제를 회피함

               대인관계에서 회피적이고 피상적임

               과도한 경계와 소심함/공격 충동

               심리 치료의 예후가 좋지 않음

               R/O 정신증

               R/O 기질적 상태

               아동-적응 장애

- 머리윤곽을 강조하고 이목구비는 흐릿하게 그림 : 철수/소심/약한 자아 강도
- 이목구비는 강조하고 신체부위는 흐릿하게 그림

  : 열등감에 대한 보상적 방안으로 습관적으로 공상에 의존함

   신체의 부위나 기능에 대해 수치감이나 열등감을 느낌

- 인간이 아닌 동물이나 다른 기괴한 이목구비를 그림 : R/O 정신분열증

① 입

입은 관능적 만족의 원천으로, 아동의 그림에서는 머리와 입이 가장 어려서부터 나타난다.

- 입의 강조 : 어린아이/퇴행/알코올 중독자
  R/O 우울증
- 과도한 강조 : 식욕상실과 위장장애/구강 공격성
- 생략 : 구강 공격성에 대한 죄책감/타인과 의사소통하는 데 어려움/애정 욕구의 거부
  R/O 우울증
  R/O 정신증 상태
  아동−수줍음/불안/철수/강박성/우울
  R/O 적응 장애
- 성인이 이빨을 그림 : 유아적 구강 공격성
- 둥글고 두툼하며 벌려진 입 : 구강애적/의존적
- 한 선으로 묘사 : 긴장
- 짧고 진한 선으로 그려진 입 : 강한 공격 충동
- 튀어나온 입 : 퇴행
- 사선으로 그려진 입 : 비판적/구강 공격/분노/가학적

② 입술

- 남자가 두툼한 입술을 그림 : 나약/우유부단
- 정교한 입술 묘사를 하고 얼굴의 다른 부분도 짙은 화장을 한 듯한 그림을 그림
  : 성적인 집착
- 담배나 파이프를 물고 있음 : 구강애적 경향

③ 턱

턱은 전형적으로 힘과 결단력을 상징한다.

- 큰 턱 : 강한 욕구/공격적 경향/유약함과 우유부단에 대한 보상
- 자주 지우거나 강조되거나 튀어나온 턱
  : 유약/우유부단/책임지는 것을 두려워함
  사회적으로 강하고 우월해지려는 강한 욕구 시사

④ 눈

눈은 외부 세계와의 접촉을 위한 가장 기본적인 기관이다.

- 눈동자 없이 원모양으로 그림 : 자기중심적/미성숙/퇴행/히스테리적
- 강하게 점으로 그림 : 관계망상/편집증
- 눈을 강조 : 공격성/편집증
- 큰 눈 : 정보를 얻고자 세계를 자세히 조사/편집증적 성향
- 작거나 감은 눈 : 정보를 배제시키려 함−걱정에 사로잡혀 있거나 본 것에 대한 죄책감
- 눈 생략 : 관음증/환시 가능성

  R/O 정신분열증

  아동−부적응 상태

⑤ 눈썹

눈썹의 의미에 대해서는 충분히 밝혀져 있지 않으나, 머리카락의 의미와 같을 것으로 생각되고 있다.

- 가지런한 눈썹 : 세련, 단정함을 추구하는 경향/통제되지 않은 행동에 대한 비판적인 태도
- 더부룩한 눈썹 : 원시적이고 거칠고 자제력 없는 성격특징 시사
- 치켜올린 눈썹 : 경멸/거만/의심

⑥ 귀

귀는 기능적으로 보아 비교적 수동적인 기관이다. 세부적으로 묘사하는 경우는 드물다. 귀의 형태의 왜곡, 잘못된 위치, 세밀한 묘사 등은 그 크기의 강조나 덧칠보다 병리적이다.

- 귀의 강조나 확대 : 사회적 비평에 대한 과민성

  청각영역에서의 기질적 손상의 가능성(청각장애)

  환청/관계망상
- 귀의 생략 : 정상인에게서 대개 나타남

  환경과의 접촉을 피하고자 하는 욕구

  환청 가능성
- 귀걸이 : 노출증적 경향/과시적 경향

⑦ 머리카락

육체적 욕구와 관계가 있으며, 간접적으로는 성적인 에너지를 나타내는 것으로 생각된다.

- 머리카락의 강조 : 공격적/주장적 경향
  자기애적/동성애적 경향
- 턱수염, 구레나룻 등 얼굴의 털 : 성적인 부적절감/남성다움에 대한 회의
- 머리카락 생략 : 성적 부적절감
  R/O 정신분열증

⑧ 코

성적 상징으로 생각되고 있다.

- 넓거나 구부러져 있거나 툭 튀어나온 코 : 거부와 경멸을 나타냄
- 큰 코 : 성적 불능
- 극도로 큰 코 : 갱년기 우울증 남자
- 청소년 수검자의 큰 코 : 남성적 역할 확립을 추구하나 부적절감을 느낄 때
- 코의 생략 : 아동-수줍음/철수적/우울

(3) 목

목은 신체(충동)와 머리(지적 통제)의 연결 부위로서의 의미가 있다.

- 긴 목 : 이성과 감정의 분리/경직된 성격을 가진 사람
  본능적 충동을 통제하는 데 어려움이 있을 때
  목부분에 실제로 신체증상이 있을 때
- 매우 길고 가는 목 : 신체적 허약함이나 열등감을 느낌
  R/O 히스테리성 성격
  R/O 정신분열증
- 목을 선 하나로 그림 : 신체적 욕구와 지적 통제의 조화가 어려움
  유아적 충동에 대한 통제의 어려움
  R/O 정신지체
- 짧고 굵은 목 : 방종/충동적 표현
- 목의 생략 : 10대 후반 이후-충동성
  미성숙

R/O 기질적 상태

아동-부적응적 상태

■ 인후골(Adam's apple)을 그림 : 성역할 혼란/남성다움 추구

(4) 사지(四肢)

① 팔
팔은 물리적 환경의 통제자로, 자아발달과 환경과의 접촉, 대인 관계, 사회적 적응을 나타낸다.

■ 짧은 팔 : 접촉의 제한/수동 의존성

아동-부적응

■ 긴 팔 : 성취욕/획득욕
■ 길고 강력한 팔 : 환경을 통제하려는 시도/자율성에 대한 욕구
■ 길고 약한 팔 : 의존 욕구/무력감
■ 팔이 몸통에 붙어 있음 : 수동적/의존적/긴장상태
■ 팔이 몸통에서 바깥쪽으로 뻗쳐 있음 : 밖으로 향한 공격성
  도움이나 애정을 필요로 하면서 환경이나 대인 접촉에의 욕구
■ 팔의 생략 : 무력감/철수

R/O 우울

R/O 정신분열증

■ 팔짱을 낌 : 의심 많고 적대적/공격성을 경직되게 통제하려는 욕구
■ 뒷짐지고 있는 팔 : 대인 접촉에서 물러나 있음/공격성을 통제할 필요를 느낌

/죄책감

■ 길이가 다른 팔 : 손으로 하는 활동에 대한 불안

② 손
■ 흐릿하고 분명치 않은 손 : 사회적 접촉이나 생산활동에서 자신감 결여
■ 손에 덧칠을 함 : 공격적 충동 또는 자위행위와 관련된 죄책감, 불안
■ 손을 주머니에 넣음 : 회피의 표현(범죄자나 반사회성 성격장애)
■ 극단적으로 큰 손 : 부적절감에 대한 보상/충동적
■ 작은 손 : 불안정감/무기력감
■ 주먹쥔 손 : 억압된 공격성
■ 손 생략 : 학자들 간 의견 불일치-정상인에게서 자주 나타남

심리적 문제−우울/불안정감/부적절감/대인관계 갈등

③ 손가락

환경과의 실제 접촉 지점이며 조작의 도구이다. 건설, 파괴, 공격에의 잠재력을 갖고 있다. 손가락은 중요한 부분으로, 아동의 경우 손보다 손가락을 먼저 그리는 경우도 많이 있다.

- 성인이 손이 없이 손가락만 그림 : 유아적 공격성
- 매우 큰 손가락 : 공격성
- 심하게 덧칠 또는 강조된 손가락 : (절도, 자위행위와 관련된) 죄책감
- 창이나 맹수의 발톱같이 생긴 손가락 : 편집증적인 공격성
- 꽉 쥔 주먹 & 팔이 몸 밖으로 뻗쳐 있는 경우 : 청소년 범죄자, 반항적인 행동이 곧 터져나올 가능성
- 꽉 쥔 주먹 & 팔이 몸에 붙어 있을 경우 : 억압된 내적 반항
- 손가락은 자세히 그렸으나 선으로 둘러 놓았을 때
  : 억압된 공격성
  공격욕구가 표출되는 것을 방어하기 위해 정서적 접촉을 피함
- 비정상적으로 긴 손가락 : 사회적 · 직업적 적응을 못하는 메마르고 단순한 성격 /퇴행
- 5개 이상의 손가락 : 욕심 많은 성격/야심과 공격성
- 5개가 안 되는 손가락 : 의존/무력감
- 손가락, 손톱, 손마디까지 세밀히 묘사 : 공격성에 대한 강박적 통제/주지화 방어 /분노
  RO 정신분열증 초기에 강박적으로 신체 상에 집착

④ 다리와 발

어깨, 팔과 함께 접촉을 위한 부위이다. 신체를 유지하고 균형을 취하는 기능을 하며, 안정감이나 불안정감, 신체적 · 심리적 이동성과 관련있다.

- 앉아 있는 그림 : 우울/신체적 철수
- 다리의 강조 : 폭력적
- 허리 아래 부분을 안 그리거나 소홀히 그림 : 정신 성적 미성숙/성적 장애 R/O 정신분열증

아동-정서 문제

- 몸통은 뚱뚱하게 그리고 다리는 가늘고 약하게 덧칠해서 그림
  : 갱년기나 노년기에 있는 사람이 쇠퇴의 느낌을 나타내는 경우
- 종이 하단에 그려서 다리가 잘림 : 자율성 부족
- 매우 긴 다리 : 자율성에의 갈구
- 매우 짧은 다리 : 위축/비자율성
- 큰 발 : 과도하게 안정감을 추구함
- 매우 작은 발 : 불안정감/위축/의존성
- 발 생략 : 속박감/자율성 부족/무기력감
  아동-수줍은 성격/공격적/정서 문제
- 딱 붙어 있는 다리 : 경직성/긴장/성적 부적응
  아동-정서 문제

⑤ 발가락

- 옷을 입은 인물화에서는 보통 잘 안 나타난다.
- 나체가 아닌 그림에서 발가락을 그림 : 병적인 공격성
- 발가락의 페디큐어 : 공격성
- 뾰족한 발가락 : 공격성

(5) 나머지 신체부분

① 몸통

기본 추동(basic drive)과 관련된다.

- 둥근 몸통 : 여성적/비공격적/미성숙
- 각진 몸통 : 남성적
- 생략 : 매우 어린 아동-정상
  취학 아동-낮은 학업 성취
  R/O 적응 장애
  성인-갱년기/퇴행
  R/O 기질적 뇌손상
- 머리에서 몸통을 그리지 않고 다리를 연결함 : 퇴행
  심하게 붕괴된 성격의 지표
  R/O 정신증

- 매우 큰 몸통 : 욕구와 충동의 불만족
- 매우 작은 몸통 : 욕구의 거부/열등감
- 가는 몸통 : 신체적 허약을 나타냄

    비만에 대한 보상

    성인이 되는 데 대한 저항감

    분열성 성격 경향
- 불균형한 몸통 : R/O 히스테리성 성격 장애

    아동−분노

    R/O 뇌손상
- 몸통에 음영 : 신체적 충동의 거부

② 젖가슴
- 가슴의 강조 : 강한 구강기적 의존욕구

    남자 수검자−심리성적, 정서적 미성숙

    R/O 정신분열증

    여자 수검자−지배적인 어머니상에 강한 동일시를 하는 경우

    노출증 경향/자기애적

③ 어깨

신체적 힘에 대한 욕구를 드러내 준다.

- 딱 벌어진 어깨를 그리는 청소년 : 신체적인 부적절감을 과잉보상하려는 시도
- 지우개를 사용 또는 강조 : 남성다운 신체를 가지고 싶은 욕구
- 뾰족한 어깨 : 행동화 경향
- 네모진 어깨 : 공격성에의 과잉 방어
- 좁은 어깨 : 열등감
- 불균형한 어깨 : 성격 불균형

④ 허리선

몸통의 상부와 하부를 구분하여 준다.

- 몸통의 상부 : 남성에게는 신체적인 힘/여성에게는 양육과 성을 의미
- 몸통의 하부 : 남성에게는 성적 기능/여성에게는 성적, 생산적 기능을 상징

- 허리선의 강조 또는 선이 잘려 있을 때 : 신체의 상부와 하부의 기능을 통합하는

데 있어서의 문제를 직접적으로 표현

- 벨트의 강조 : 심미적이고 자기과시적인 형태로 신체와 관련된 충동을 비교적 잘
  통제하고 합리화함
  성이나 충동을 표현하고 통제하는 것 사이의 갈등/성적 집착
- 지나치게 꽉 조인 허리선 : 통제가 위태로움—신경질적으로 표출할 가능성 시사

⑤ **해부적 표현**

- 내장을 뚜렷하게 그림 : R/O 조증—신체망상 시사
  R/O 정신분열증
- 가슴이나 골반 부위에 스케치하듯 몇 개의 선을 그림 : 그 부위 신체에 대한 집착
- 갈빗대의 표시 : 신체적 힘의 표시이므로 반드시 병적 지표는 아닐 수 있음
- 성기관의 표시 : 미술학도
  정신 분석을 받고 있는 사람들
  R/O 정신분열증

(6) 인물에 대한 조망

- 옆모습을 그림 : 지적 성숙
  대인관계에 회피적 혹은 조심스러움/심각한 부적응/철수/반항성
- 몸은 정면이면서 머리만 옆모습으로 그림
  : 사회적 부적절감/사회적 접촉에 회피적/죄책감 느낌
  판단력 저하/퇴행
- 뒷모습을 그림 : 편집증 경향
  반사회적 경향
  R/O 정신분열증

(7) 의상

① **옷 일반**

- "옷을 입히느냐?"는 질문을 하는 경우 : 과도하게 신체를 의식하여 괴로움을 느끼
  는 사람
- 옷을 너무 많이 입힘 : 피상적이고 외향적 성격/사회적 지지에 대한 강력한 욕구
  유아적/자기 중심적/주목받고 싶은 욕구
  복장 도착증
  성 충동으로의 퇴행/성적 부적응

■ 옷을 너무 적게 입힘 : 사회적 접촉에 의한 진정한 만족의 결여

내향형으로, 환상을 통해 만족 추구

유아적/자기 중심적/신체적 발달에 집착/미대생

성적 부적응/신체 도취자/관음증 경향/노출증 경향

■ 몸이 투명하게 비치는 옷 : 관음증/노출증

R/O 성격장애

R/O 정신증 상태

R/O 기질적 상태

아동―정상

② 단추

모성의존을 나타냄

■ 단추의 강조(특히 덧칠, 부적합한 위치일 때) : 의존적/부적절한 성격/퇴행
■ 가운데 줄줄이 강조되어 있는 단추 : 자기중심적/신체집착
■ 커프스를 그리거나 눈에 잘 안 띄는 다른 위치에 단추를 그림 : 강박증적 경향

③ 주머니

사적 소유물을 보관하는 장소로, 물질적·애정적 박탈과 관련 있다.

■ 주머니의 강조 : 유아적/의존적

어머니에 대한 정서적 의존 때문에 갈등을 갖고 있는 청소년
■ 가슴 위의 주머니 : 구강의존적

④ 넥타이

성적 상징

■ 넥타이의 강조 : 성적 부적절감(특히 중년기 이후의 남성의 경우)
■ 작은 넥타이 : 성적 기관에 대한 열등감

(8) 기 타

■ 막대 같은 모습(stick figure)/추상화적 묘사 : 회피의 지표

불안정하고 자기회의적인 사람에게

서 자주 나타남
■ 광대, 만화 또는 바보같은 모습 : 자신에 대한 경멸과 적대감을 나타냄

거부당했다고 느끼는 청소년에게서 흔히 나타남

- 여성상을 마녀같이 그리는 경우 : 여성에 대한 적대감
- 땅을 나타내는 선이나 기대는 울타리를 그리는 경우 : 지지나 원조를 바라는 욕구
- 일단 그려놓고 다시 덧그리고 첨가하는 경우 : 강박적인 사람
- 정확하게 그리지 못하고 되는대로 그리는 경우 : 히스테리적/충동적/불안정
- 자신의 나이에 비해 어린 상을 그린 경우 : 히스테리적/정서적 고착/퇴행
- 자신과 반대의 성을 먼저 그리는 경우

    : 자신의 성 정체성에 대한 갈등/반대 성에 대한 관심/동성애 경향

      열악한 자기 개념

      R/O 알코올 중독

      R/O 약물 중독

◆ 정상적이고 건강한 '사람' 그림(Urban, 1963)

- 머리, 몸, 두 다리, 두 팔, 두 눈, 코, 입, (두 귀) 등의 필수적인 세부를 포함
- A4 용지에 대략 15~20cm의 크기로, 10~12분 정도에 걸쳐 완성
- 중앙이나 약간 아래에 위치
- 머리와 얼굴부터 그림
- 비율이 적당하고 적절한 자발성이나 움직임을 보임
- 비교적 균형이 잡혀 있고, 보기에 이상하지 않음
- 지우개를 거의 사용하지 않거나, 사용할 때는 그림의 질이 향상됨
- 필압과 획의 강도가 일정
- 수검자와 동일한 성에 대해서 먼저 그리며, 시간을 더 들이고 숙고하여 세부적인 부분까지 그림
- 눈에는 눈동자를 그리나, 코에는 콧구멍을 그리지 않음
- 옷이 입혀진 상태이며 '남성' 그림일 경우 벨트를 그림
- 발이나 귀가 강조되지 않음
- 생략된 부분이 최소한임

◆ 정신분열증을 의심해 볼 수 있는 반응(Donald P. Ogdon, 1981)

- 사람
- 지나치게 큰 머리(특히 남자 수검자의 경우)

- 머리만 그리는 경우
- 눈 생략
- 옆모습 그림에서 눈을 두 개 그린 경우
- 머리카락 생략
- 이빨을 그림
- 사람이 아닌 것 혹은 동물을 그리거나 사람을 그리면서 기괴한 얼굴 표정을 그림
- 비정상적으로 길고 얇은 목
- 사람 같지 않은 모습으로 그림
  : 몸통만 그림(torso boxy), 기계나 로봇 혹은 사각형 등의 기하학적인 모습으로 그림
- 어깨가 없음
- 팔 생략
- 날개 같은 팔
- 관절 강조(특히 편집형)
- 손 생략
- 남자가 그린 '여성' 그림에서 지나치게 큰 가슴
- 발 생략
- 경직된 자세(특히 편집형)
- 성기를 그림
- 옷을 입지 않은 그림
- 투명화(옷 속으로 몸의 세부를 그림)
- 단추가 강조된 그림
- 내부 장기를 표현
- 허리 아래를 그리기 거부하거나 몇 줄의 획만으로 그린 그림
- 뒷모습을 그림
- 옆 얼굴과 앞 얼굴이 뒤섞인 그림
- 빙빙 도는 움직임을 나타내는 그림
- 분절된 인간상을 그림

■ 집, 나무
- 지붕만으로 그린 집
- 매우 작게 그려진 집

- 각각 독립적인 가지를 가진 1차원의 나무 두 그루가 나란히 그려진 경우
- 죽은 나무를 그림
- 의인화된 나무를 그림

제6장

Rorschach Test(로르샤흐 검사)

1. 개관

Rorschach(이하 '로르샤흐'로 칭함) 검사는 현재 임상 실제에서 가장 널리 사용되는 대표적인 투사적 검사라 할 수 있다. 임상가에 의해서 사용되는 모든 검사들이 나름대로의 장점을 가지고 있으며 각기 독특한 정보를 주지만, 특히 로르샤흐 검사는 개인 성격의 여러 차원들, 이를테면 인지, 정서, 자기상, 대인관계 등에 대한 종합적이고 다각적인 정보를 준다는 강점을 가지고 있다.

그러나 어떤 투사적 검사나 마찬가지의 문제를 가지고 있지만, 특히 로르샤흐 검사의 경우 이 검사가 다양하고 복잡한 정보를 주면서 그 중요도가 높게 평가되고 있는 만큼, 검사의 신뢰도나 타당도에 관하여 많은 논의와 이의가 있어 왔다.

즉, 실시나 해석 과정에서 임상가의 주관이나 편향이 개입되어 결과가 달라지거나 오도될 가능성이 많으며, 해석자간 의사소통이나 의견일치가 되지 않을 수 있다는 문제점이 있는 것이다.

이러한 문제를 해결하기 위하여, 1921년 Hermann Rorschach에 의하여 성격분석의 도구로서 그 유용성이 인식되어 연구 발표된 이후 줄곧, 임상가들은 실시 및 해석에 표준화된 틀을 마련하고자 노력해 왔다.

잉크 반점을 이용하여 개인의 반응을 보는 검사 방식은 Rorschach가 처음 개발한 것은 아니고, 그 이전부터 이미 이 방법을 검사로서 이용해 보려는 시도들이 있어 왔다. Binet와 Henri(1895, 1896)는 지능검사를 고안해 내는 과정에서 이를 이용하였었고, 미국과 유럽의 여러 학자들은 상상력과 창의력을 연구하는 데에 이런 잉크 반점 자극들을 사용하였다(Dearborn, 1897, 1898; Kirkpatick, 1900; Rybakov, 1911; Pyle, 1913, 1915; Whipple, 1914; Parsons, 1917).

Rorschach가 이러한 이전 연구들로부터 어떤 영향을 받았는지는 분명치 않으나, 어린 시절 잉크 반점을 이용하는 일종의 연상 게임인 'Blotto 놀이'를 자주 즐겼던 경험 등을 통해서, 본격적으로 연구하기 이전에 이미 이 기법에 많이 친숙한 상태였던 것으로 보인다. Rorschach는 1911년 Munsterlingen 병원 정신과에서 수련을 받던 중에 Blotto 놀이에서 정상인이 보이는 반응과 정신과 환자들이 보이는 반응 양상에 차이가 있다는 사실에 홍미를 가지기 시작하였고, 1917년에서 1918년 사이에 이에 대한 본격적인 연구에 착수하였다. 1921년 9월에는 그간의 자료들을 분석하여 「Psychodiagnostik」이라는 논문과 함께 10개의 카드로 구성된 검사도구를 출판하였다. Rorschach는 이 논문에서 잉크 반점 검사법이 진단적으로 유용하며 특히 정신분열증 환자를 확인하는 데 유용하다는 사실과 함께, 이 검사법이 진단의 도구로서뿐 아니라 개인의 기질, 습관, 반응 양식 등을 알려 주는 도구로서도 쓰일 수 있을 것으로 생각된다는 연구결과를 제시하였다. 그는 이 검사법을 'Form Interpretation Test'라 명명하면서, 자신의 연구는 아직 예비적인 것이며 이후 계속적이며 체계적인 연구가 필요하다는 것을 분명히 하였다. 그러나 Rorschach가 1922년 4월에 37세의 나이로 갑작스럽게 병사하면서 이 검사법에 대한 체계적인 연구는 공백기를 맞이하게 되었다.

이후 Rorschach의 동료인 W. Morgenthaler, E. Oberholzer, G. Roemer 등은 이 검사법의 불완전함을 보완하기 위하여 반응 내용 면에서의 해석적 측면을 확장하고자 노력하였으며, H. Binder(1932)는 채점을 위한 상세한 도식을 만들기도 하였다. 그러나 로르샤흐 검사에 대한 본격적인 관심은 Samuel J. Beck과 Marguerite Hertz, Bruno Klopfer 등 당대 학자들의 노력에 의해서 1930년대 중반 무렵부터 고조되기 시작하였다. 이들은 각자 자신의 학문적 배경에 따라 독자적인 로르샤흐 체계를 발전시켜 나갔다.

S. J. Beck은 E. Oberhlozer에게서 로르샤흐 검사법에 대하여 배워 온 David Levy로부터 이 검사법에 대하여 소개받게 되면서, Levy의 격려하에 연구에 착수하게 되었다. 엄격한 경험주의적 입장에 따라 훈련받은 배경으로 인하여, Beck은 로르샤흐 검사 연구에서도 Rorschach가 원래 정해 놓았던 채점 및 부호화 방식의 기본틀을 그대로 지키려 하였다. 특히 그는 채점과 해석의 표준화, 규준 설정, 양적 분석의 중요성을 강조하였다. 1937년 그는 「Introduction to the Rorschach Method」를 출판하였는데, 이는 후에 'Beck's Manual'이라는 이름으로 알려지게 되었다.

Beck과 같은 경험주의적 훈련 배경을 가지는 M. Hertz는 처음에는 Beck과 같은 입장에서 출발하였으나, 그와는 달리 질적인 분석도 중시하여 후에는 주로 이를 위한 반응 빈도표를 정교화하는 연구를 독자적으로 진행시켜 나갔다.

B. Klofper는 현상주의적 입장에 따른 훈련과 정신분석적 훈련이라는 두 가지 배경을 가지고 있었다. 로르샤흐 연구 초기에 그는 Beck, Hertz 등과 의견교환을 하였으나, 로르샤흐의 원래 채점 체계를 유지하려는 Beck과 입장이 대립되면서 Hertz의 중립에도 불구하고 상호 의견 교환은 단절되었고 이후 독자적인 채점체계를 확립하여 나갔다. Klofper는 자신의 훈련배경에 따라 새로운 채점방식을 도입하였는데, 양적 채점 및 질적 채점 방식을 제안하였다. 또한 논리적이고 임상적인 근거에 따른 해석을 시도하였다. 그는 1942년『The Rorschach Technique』을 출간한 뒤 1954년에서 1970년 사이에 자신의 로르샤흐 체계를 계속 발전시키면서 이에 대해 소개하는 저서를 연속적으로 출간하였다.

이들 이외에도 Zygmunt Piotrowski, David Rapaport, Roy Schafer 등도 로르샤흐 검사의 발전에 중요한 역할을 하였다.

Z. Piotrowski는 실험심리학을 전공하고 신경학을 연구하는 과정에서 Klopfer의 강의를 듣게 되었는데, 로르샤흐 검사와 같은 모호한 자극에 대해서 신경학적 장애가 어떤 반응으로 나타날 것인지에 관심을 가졌다. 그는 로르샤흐 반응의 지각적인 해석에 대한 그 자신만의 지식들을 집약한 저서인『Perceptanalysis』(1957)를 발표하였다.

D. Rapaport는 정신분석적 훈련을 받았는데 한편 사고장애에도 큰 관심을 가지고 있었다. 그는 로르샤흐 검사가 사고장애를 평가할 수 있는 유용한 도구임을 인식하고 M.Gill, R.Schafer 등과 함께 로르샤흐를 포함하여 8가지 심리검사의 임상적 적용에 초점을 둔 저서인『Psychological Diagnostic Testing』을 1946년에 출간하였다. 이 연구들을 통해서 한 개인에 대한 통합적이고 풍부한 이해를 위해서는 검사들을 총집 형태로 사용하는 것이 유용하다는 사실이 주목받게 되는 큰 계기가 되었다.

또한 R. Schafer는『Psychoanalitic Interpretation in Rorschach Testing』(1954)을 출간하였는데, 이 책은 Rapaport가 창조한 로르샤흐 모델을 더 풍부하게 하고 있을 뿐 아니라 성격의 역동적인 측면에 대한 광범위한 접근을 위하여 내용분석(content analysis)을 사용하게 하는 데 획기적인 역할을 하였다.

이와 같이, 1940, 1950년대를 지나오면서 로르샤흐 검사에 대한 중요한 연구들이 진행되었으나, 각 학자들 간의 학문적 배경이나 강조점 등이 달라서 그에 따라 각각 다른 채점 체계가 생겨나게 되었다. 이로 인하여 연구자들이 어떤 체계를 어떤 식으로 사용하였는가에 따라서 각기 다른 연구 결과들이 양산되었고, 그런 결과들은 로르샤흐 검사법에 대한 연구가 체계적이고 일관성 있게 확장되어 나가는 데 어려움이 되었다. 이로 인하여 로르샤흐 검사에 대한 신뢰도와 타당도는 많은 의심을 낳게 되었다.

이런 문제점을 해결하기 위하여 J. Exner는 Klopfer와 Beck의 제안을 받고 1961년부터 연구에 착수, 각 체계들에 대한 분석을 통해 각각의 장점과 경험적으로 검증된 부분들만을 채택, 종합하여 타당성 있고 신뢰로운 통합체계를 발전시키고자 하였다.

이런 노력에 의하여 개발된 '로르샤흐 종합체계'(『The Rorschach: A Comprehensive System』, 1974, 1986, 1993, 2003)는 현재 임상가들 사이에서 가장 표준화된 체계로서 받아들여지며 널리 사용되고 있다.

Exner에 의한 종합 체계가 가진 장점은 기존의 각 방식들에서 경험적인 근거를 바탕으로 실증적으로 입증된 부분과 연구 결과들만을 채택, 종합함으로써 과학적인 근거를 갖게 됨과 동시에, 풍부한 해석 틀을 가지게 되었다는 것이다.

또한 그동안 각각의 체계들에서 나름대로 달리 쓰이던 채점 방식에 있어서 하나의 명백한 기준을 제시함으로써, 채점자 간 신뢰도를 높이게 되었으며 연구자 간의 의사소통을 원활하게 하였다. 한편, 구조적으로 체계화되어 있기 때문에 질적 분석 방식에 비하여 임상가들이 보다 용이하게 접근할 수 있다는 장점도 가지게 되었다.

가장 실용적인 의미에서, Exner 종합체계는 특히 표준화된 절차에 따른 체계적인 훈련이 필요한 초심자들에게 로르샤흐 검사에 대한 이해에 많은 도움을 줄 수 있다. 이런 이유에서, 이 책에서는 Exner 종합체계에 바탕을 두고 로르샤흐에 대한 채점 및 해석 체계를 소개하려 한다.

로르샤흐를 실시함에 있어서 주의할 점은 특히 초심자의 경우 반드시 표준화된 절차를 숙지하고 따라야 함은 물론, 해석에 있어서도 다양한 연구 결과나 경험 많은 임상가에 의하여 축적된 지식에 바탕을 두고 해 나가도록 해야 한다는 것이다. 이를 통해, (로르샤흐 검사의 사용에 있어서 가장 비판이 될 수 있는) 검사자의 주관에 따른 '점장이식' 해석을 하는 오류에서 벗어나기 위한 기초를 다질 수 있도록 노력해야 할 것이다.

2. 도구의 구성

총 10장의 카드로 구성되어 있다. 이중 Ⅰ, Ⅳ, Ⅴ, Ⅵ, Ⅶ번 카드들은 흑백으로만 구성되어 있으며, Ⅱ, Ⅲ번 카드는 흑백에 붉은색이 혼합되어 있다. 나머지 Ⅷ, Ⅸ, Ⅹ번 카드들은 여러 가지 색깔들로 혼합 구성되어 있다.

　　어떠한 카드도 특정한 대상이나 사물로 명명할 수 있을 만큼 명확한 형태를 가지고 있지 않다는 것이 특징이다. 이 때문에 보는 사람에 따라서 다양한 내용의 보고를 하게 되는데, 이 과정에 수검자의 다양한 성격 특징들이 영향을 미치게 된다.

3. 실시

1) 준비물

로르샤흐 카드 세트, 충분한 양의 반응 기록지와 반응영역 기록지(location sheets), 필기도구를 준비한다.

　　로르샤흐 카드들은 수검자에게 정확한 순서로 제시할 수 있도록 사전에 정리를 해 두어야 하며, 수검자의 반응에 영향을 줄 수 있는 얼룩이나 흠집, 연필자국 등이 없는 깨끗한 것이어야 한다.

　　수검자가 얼마나 많은 반응을 할지 알 수 없으므로, 검사 도중 모자라는 일이 없도록 반응기록지나 반응 영역 기록지 등은 미리 충분한 양을 준비한 뒤 시작하도록 한다.

2) 좌석 배치

검사자와 수검자가 얼굴을 마주보는 위치는 피하는 것이 좋으며, 옆으로 나란히 앉거나 90도 방향으로 앉는 것이 좋다(이는 다른 심리검사에서도 마찬가지다).

　　수검자의 눈이 닿는 곳에 주의를 산만하게 할 만한 것은 두지 않는 것이 좋다. 예를 들면 수검자를 창문이 바라보이는 위치에 앉힌다거나 다른 검사도구를 주변에 부주의하게 늘어놓는다거나 하지 말아야 한다. 로르샤흐 카드 세트도 수검자가 사전에 들춰보거나 하지 않도록 수검자의 손이 닿지 않으면서 검사자는 편안하게 집을 수 있는 곳에 두도록 한다.

3) 수검자에게 로르샤흐 검사를 소개하기

검사를 시작하기 전에 로르샤흐 검사에 대해서 자세하게 설명할 필요는 없다. 오히려 장황한 설명은 수검자에게 지나친 불안이나 선입견을 가지게 할 수 있다. 수검자와 검사자 간에 라포(rapport)가 충분히 형성되어 있고 검사 상황에 대해서 수검자가 잘 알고 있거나 익숙해져 있다면 굳이 자세히 설명할 필요는 없으며, 단지 간단히 소개를 해 주고 수검 요령에 대해서 일러주는 것으로 충분하다.

일반적으로 다음과 같이 소개하는 것이 무리가 없다고 생각된다.

"이제부터 우리가 하게 될 검사는 '로르샤흐'라는 검사입니다. 이것에 대해서 들어 본 적이 있거나 해 본 적이 있습니까?"

- 없다고 하면 : "이것은 잉크 반점으로 만든 검사입니다. 이제부터 여러 장의 카드들을 보여드릴 텐데, 이것이 **무엇처럼 보이는지를** 저에게 말씀해 주시면 됩니다."

- 수검자가 검사를 받아본 적이 있다고 하면 : 언제, 어디서, 어떤 목적으로 검사를 받았었는지, 당시의 반응 내용을 기억하고 있는지를 물어보아야 한다. 당시의 반응 내용을 기억하고 있는 수검자라면, "굳이 그때의 반응과 똑같이 하려고 하신다거나 틀리게 하려고 하실 필요는 없습니다. 그때 어떤 반응을 하셨는지에 상관없이, 지금 보이는 것을 말씀해 주시면 됩니다"라고 말해 둔다.

검사자가 무엇보다도 주의해야 할 것은 수검자에게 '상상력'이나 '창의력' 검사를 하고 있다는 인상을 주어서는 안 된다는 것이다. 그렇게 되면 수검자들은 그들이 '본 것'에 대해서가 아니라 잉크 반점에 대해 '연상(association)'한 것을 보고하게 된다. 또한 카드의 잉크 반점들이 모호하다거나 구조화되지 않은 자극이라고 설명하지 말아야 한다. 단지 "잉크 반점으로 만든 검사이다"라고 말하는 것으로 충분하다.

4) 지시

지시는 간단하게 한다. 첫 번째 카드를 제시하면서

"이것이 무엇으로(무엇처럼) 보입니까?"

라고 말하는 것으로 충분하며 그 외의 다른 말은 필요하지 않다. 이 외의 다른 말이나 다른 형태의 지시는 수검자의 반응을 달라지게 할 수 있음을 명심하고, 위와 같이 표준화된 방식을 따라야 한다.

5) 수검자의 질문에 응답하기

검사가 진행되는 동안 수검자는 여러 가지 질문을 할 수 있는데, 검사자의 응답 원칙은 비지시적으로 짧게 대답하도록 한다는 것이다.

예를 들어, 돌려 봐도 되느냐고 묻는다면 "편한 대로 하십시오", 다른 사람들은 몇 개나 반응을 하느냐고 묻는다면 "대부분 한 개 이상의 대답을 합니다", 다른 사람들은 이것을 무엇으로 보느냐고 묻는다면 "사람에 따라서 다릅니다"라는 식으로 응답하면 된다.

이 검사의 목적이 무엇이냐고 묻는 경우에는 수검자가 검사를 받는 목적이나 상황에 따라서 적절하게 응답해 주도록 한다. 예를 들어 상담 현장이라면 "당신의 문제를 보다 잘 이해할 수 있도록 하는 한 방법입니다", 병원 상황이라면 "앞으로의 치료 계획을 보다 잘 세우기 위해서 필요합니다"라는 정도의 대답이 적절할 것이다.

6) 반응 기록

원칙적으로 수검자가 말하거나 표현한 것은 모두 그대로 기록한다(verbatim).

수검자의 반응을 받아 적는 속도 자체보다는, 검사 진행에 일정한 속도가 유지될 수 있도록 하는 것이 바람직하며, 적은 내용을 다른 사람들도 정확히 알아보기 쉽도록 기록하는 것도 중요하다.

반응을 받아 적으면서 반응내용 기록을 배열할 때, 각 반응간에 충분히 간격을 두고 쓰도록 한다. 이는 질문 단계에서 수검자가 말하는 내용을 빠짐없이 받아 쓸 수 있도록 하기 위한 공간을 미리 확보하기 위함이다.

7) 질문 단계(Inquiry)

질문 단계의 목적은 수검자의 반응을 정확히 기호화, 채점하려는 데 있다. 즉, 수검자가 어떻게 그렇게 보게 되었는지를 명료화하려는 데 목적이 있는 것이지 새로운 반응을 이끌어 내려는 것이 목적이 아님을 명심하여야 한다. 이 과정에서 검사자의 질문이나 태도에 따라 수검자의 반응이 유도되기 쉬우므로 주의해야 한다.

방식은 다음과 같다.

Ⅰ에서 Ⅹ번까지 자유롭게 보고 난 뒤에 검사자는 다음과 같이 표준화된 지시를 해서 질문 단계를 수검자가 정확히 이해하도록 해야 한다.

"지금까지 10장의 카드에 대해서 잘 대답해 주셨습니다. 이제 카드를 다시 한 번 보면서 **당신이 본 것을 저도 볼 수 있도록** 말씀해 주시기 바랍니다. 제가 당신이 말했던 것을 그대로 읽으면 그것을 어디에서 그렇게 보았는지, 어떻게 해서 그렇게 보게 되었는지를 설명해 주십시오."

수검자가 질문단계에 대해서 충분히 이해했다고 생각되면, 카드를 다시 처음부터 한 장씩 제시하면서 "조금 전에 이 카드를 보고 ~라고 말하셨습니다"라는 식으로 수검자가 했던 반응을 그대로 반복해서 들려준다.

수검자가 "예, 그랬습니다"라고만 말하고 가만히 있는다면, "당신께서 그렇게 본 것을 저도 볼 수 있도록 해 주십시오. 어디에서 그렇게 보았는지, 무엇 때문에 그렇게 보았는지 말씀해 주십시오"라고 말하여 다시 한 번 질문 단계의 목적과 방법에 대해서 주지시킨다.

수검자가 말하는 내용을 반응 기록지에 기록하면서(그림 6-1 참조), 수검자가 가리키는 반점의 위치를 반응 영역 기록지에 표시하도록 한다.

검사자가 이 단계에서 얻어야 할 정보는 **① 반응 위치**(어디서 그렇게 보았는지), **② 반응 결정 요인**(무엇 때문에 그렇게 보게 되었는지), **③ 반응 내용**(무엇으로 보았는지)이다.

중요한 것은 검사자의 생각에 수검자가 그렇게 보았을 것이 틀림없다고 생각되더라도 수검자가 자발적으로 스스로 직접 말한 것이 아니라면 채점 단계에서 기호화해서는 안 된다는 것이다.

그러나 수검자들의 보고가 모호하여 채점하기 어려운 경우가 많다. 이런 경우 추가적인 질문을 할 수 있다. 그러나 질문은 비지시적이어야 하며 수검자가 반응단계에서 했던 반응 이외에 다른 새로운 반응을 하도록 유도하는 것이어서는 안 된다.

기본적인 질문은 다음과 같이 할 수 있다.

"당신이 본 것처럼 볼 수가 없군요. 나도 그렇게 볼 수 있도록 다시 한 번 말씀해 주세요."

또는 반응 위치는 확실히 파악되었다면 반응 결정인에 초점을 두어,

"당신이 무엇 때문에 거기서 그렇게 보았는지 잘 모르겠습니다. 그 부분에서 그렇게 보도록 만든 것이 무엇이었는지 다시 한 번 말씀해 주세요."

라고 하는 것도 적절할 수 있다.

카드	반응	질문	채점
I	1. 이것은 박쥐 같군요.	검 : (수검자의 반응 반복) 수 : 예. 날개, 몸통이 있고 이것들은 더듬이 　　같아요. 검 : 어디서 그렇게 보았는지 잘 모르겠습니다. 수 : 예, 보세요(지적하면서). 이 부분이 날개 　　같고 여기 중앙이 몸통이에요.	Wo Fo A P 1.0
	(수검자가 카드를 되돌려주려고 함) 검 : 서두르지 말고 천천히 보세요. 그러면 뭔가 다른 것을 볼 수 있을 것입니다.		
	2. 중앙부분은 팔을 위로 올린 여자처럼 보이네요.	검 : (수검자의 반응 반복) 수 : 예, 여기를 보세요(윤곽), 이것은 여자의 　　형태로 보입니다. 검 : 무엇 때문에 그렇게 보았는지 확실하지 　　않습니다. 수 : 글쎄요. 여기가 곡선이어서 마치 여자의 　　다리와 허리처럼 보였어요. 머리는 잘 보 　　이지 않는데 아마도 뒤로 젖히고 있고, 　　여기 손을 들고 있고 마치 춤추고 있거나 　　서 있는 것 같아요.	Do M^{p}o H
II	3. 두 마리 개의 머리 같아요.	검 : (수검자의 반응 반복) 수 : 그냥 그런 모양입니다. 보세요. 여기는 　　코, 여기는 목이 양쪽에 하나씩 있어요.	Do Fo (2) Ad
	수 : 돌려 봐도 됩니까? 〈∨〉	검 : 편한 대로 하세요.	
	4. 폭발하는 것처럼 보여요.	검 : (수검자의 반응 반복) 수 : 예, 선들이 밖으로 향하는 걸 보세요. 마치 　　불처럼 뭔가 폭발하는 것 같아요. 검 : 불이라고요? 수 : 이것이 붉어서 마치 불 같아요.	Dv m^a.CFo Ex,Fi

[그림 6-1] 로르샤흐 반응을 기록하는 형식

4. 채점 체계

'채점(Scoring)'은 수검자의 반응을 기호화하는 것을 말한다. 여기서는 수검자의 반응들을 로르샤흐 검사에서 약속된 기호로 바꾸어 기록한 뒤, 각 기호의 빈도, 백분율, 비율, 특수 점수 등을 산출하여 이를 수치적으로 요약하는 '구조적 요약(Structural Summary)' 과정을 거치게 된다.

여기서 나온 결과를 토대로 수검자의 성격 특성 및 병리 상태에 대한 해석이 이루어지게 된다. 즉, 수검자에 대한 해석은 이 채점 단계를 바탕으로 이루어지게 되므로, 채점이 정확해야만 해석의 타당성이 보장될 수 있다. 따라서 정확한 채점방법을 익히는 것이 중요하다.

Exner 종합체계에서의 채점은 기본적으로 다음과 같은 항목들로 이루어지게 된다.

1. 반응의 위치(Location) : 수검자가 반점의 어느 부분에 반응하였는가
2. 반응 위치의 발달질(Developmental Quality) : 그 위치 반응은 어떤 발달 수준을 나타내는가
3. 반응의 결정인(Determinant) : 반응을 결정하는 데 영향을 준 반점의 특징은 무엇인가
4. 형태질(Form Quality) : 반응한 내용이 자극의 특징에 적절한가
5. 반응 내용(Content) : 반응한 내용은 어떤 내용 범주에 드는가
6. 평범 반응(Popular) : 일반적으로 흔히 하는 반응인가
7. 조직화 활동(Organizational Activity) : 자극을 어느 정도 조직화하여 응답했는가
8. 특수 점수(Special score) : 특이한 언어반응을 하고 있는가
9. 쌍반응(Pair response) : 사물을 대칭적으로 지각하였는가

채점의 핵심 원칙은 다음과 같다.

1. 채점은 수검자가 반응 단계에서 응답할 당시에 일어난 인지적 작용에 대해서 이루어져야 한다.
   - 따라서 질문단계에서 검사자의 질문을 받고 유도된 반응은 원칙적으로 채점되지 않는다.

2. 반응 단계에서 나타난 모든 요소들이 채점에 포함되어야만 한다.
   - 1의 원칙에도 불구하고 이 원칙에 의하여, 질문단계에서 나온 것이라 할지라

도 검사자의 질문을 받고 한 것이 아니라 수검자가 **자발적으로** 응답한 것이
라면 채점에 포함시킨다.
- 또한 여러 개의 결정인이 복합적으로 사용된 경우, 각 요인들은 모두 개별적
  으로 채점되어야 한다(혼합 반응).

이런 원칙하에 반응을 기호화한 뒤에는 각 반응을 카드 순서에 따라서 '점수 계열
지(sequence of score)'에 기록한다. 이를 바탕으로 각 변인의 빈도, 총점수, 비율 등
을 계산하여 '구조적 요약지(structural summary sheet)'의 상단과 하단에 적게 된다.
각각의 예가 p.231~232의 그림 6-2(a, b)에 제시되어 있다.

1) 반응 영역과 발달질

◆ 반응 영역(Location)

기호화 과정에서 가장 먼저 결정하게 되는 것은 반응 영역, 즉 수검자가 잉크 반점
의 어느 부분에 대해 반응을 했는가 하는 것이다.

수검자는 반점 전체를 이용하여 반응을 하였을 수도 있고 일부만 이용해서 반응
을 했을 수도 있다. 전자의 경우에는 '전체 반응(Whole response)'이라 하고 'W'라
기호화한다. 반점의 일부를 이용한 부분 반응일 경우에는 그것이 일반적으로 사람들
이 흔히 사용하는 부분인가 그렇지 않은가에 따라서 기호화가 달라진다. 흔히 선택
되는 영역에 근거하여 일어난 반응(Common Detail response)이라면 'D'로, 흔히 선
택되지 않는 영역에 대해서 일어난 반응(Unusual Detail response)이라면 'Dd'로 기
호화한다. 만약 수검자가 카드의 흰 여백 부분에 대해서도 반응했다면(Space
response) 'S' 기호를 추가시킨다. 즉, 'S' 기호는 단독으로는 사용되지 않으며 W, D,
Dd 같은 다른 영역 기호에 추가적으로 사용된다.

각 영역 기호에 대하여 자세히 살펴보면 다음과 같다.

- **W** : 수검자가 반점 전체를 모두 이용하여 반응하였을 때만 기호화한다. 수검자가
  반점 전체를 사용하였는지 반드시 확인하여야 하는데, 얼핏 보기에 반점 전체를 이
  용하여 반응한 것같이 보이지만 실제로는 일부를 제외시키고 반응을 하는 경우가
  종종 있다. 예를 들면, 수검자가 카드 I에서 '박쥐'라고 반응하면서 "요 부분(Dd31)
  만 없다면요"라고 덧붙일 수 있다. 이처럼 작은 일부 부분이라도 제외되는 경우에
  는 W로 기호화할 수 없다.
- **D** : 수검자가 반점의 일부를 사용하여 응답한 경우, 그 영역이 D냐 Dd냐는 '일반

적으로 그 영역을 사용하는 빈도가 높은가 아닌가'에 좌우된다. 대부분의 D 영역이 반점의 큰 영역을 포함하고는 있지만 반드시 그런 것은 아니다. 즉, 그 크기가 크냐 작냐의 문제가 아니라 정상 규준 집단에서 사용되는 '빈도'에 따라 결정되는 것으로, 규준 집단에서 95% 이상 반응된 영역의 경우에 D로 채점된다. 종합체계에서는 79개의 D 영역을 명시하고 있다.

■ **Dd** : W나 D로 채점되지 않는 영역이라면 자동적으로 Dd로 기호화된다. 앞서도 언급되었듯이, 크기는 Dd의 결정에 중요한 요인이 아니다. 정상 규준 집단에서 5% 미만으로 반응되는 영역의 경우 Dd로 기호화하게 된다.

만약 수검자가 반응한 영역이 공식적으로 정해진 영역이 아니라면 Dd로 기호화할 수 있는데, 이때의 영역 기호는 Dd99이다.

■ **S** : 흰 공간 부분이 사용되었을 경우에 기호화되는데, 어떤 방식으로 흰 공간을 사용했든지 간에 단독으로는 기호화될 수 없다. 따라서 항상 WS, DS, DdS처럼 다른 기호들과 같이 사용된다.

수검자가 흰 공간을 이용하는 방식은 두 가지로, 흰 공간만을 사용하여 반응하거나 또는 흰 공간을 다른 반점 영역과 연관시키거나 통합하여 반응할 수 있다. 만약 반점 전체를 사용하면서 흰 공간을 같이 통합한 경우라면 WS, 반점의 일부를 사용하면서 흰 공간을 사용한 경우나 흰 공간을 단독으로 사용한 경우라면 DS나 DdS로 기호화할 수 있다.

■ **여러 영역들을 합성하여 응답한 경우** : 만약 수검자가 단일 영역이 아니라 몇 개의 D 영역을 조합하여 응답한 경우, 각각의 D 영역을 개별적인 대상으로 지각했다면 D로 채점하고, 특이한 하나의 사물로 지각한다면 Dd로 채점할 수 있다.

예를 들어 카드 III에서 D9과 D7영역에 대해서 "사람(D9)이 맷돌(D7)을 돌리고 있다"고 반응하였다면 D로 채점할 수 있다. 그러나 "큰 갈퀴손(D7)을 가진 사람"이라고 하였다면 Dd로 채점하게 될 것이다.

◆ 발달질(Developmental Quality of Location)

앞에서의 반응 영역에 대한 기호화는 반응 위치에 대해서만 나타내 줄 뿐이기 때문에, 각 반응의 '질'에 대해서 평가하는 것이 필요하다. 발달질은 이런 필요에 따라, 반응 형성에 포함되어 있는 인지적인 처리(processing)의 질을 구분하기 위하여 도입된 기호이다.

여기서는 반응들이 얼마나 구체적인가, 어떤 식으로 조직화되어 있는가를 평가하게 된다. 즉, 반응한 대상의 **형태(form)**가 얼마나 구체적인가, 반응한 대상들 간의 **관**

계는 어떤 식으로 지각되고 있는가에 따라서 채점이 달라지게 된다.

발달질(DQ)의 기호에는 +, o, v/+, v의 네 가지가 있다. 각 기준은 다음과 같다.

■ + (통합 반응, Synthesized response)

두 가지 혹은 그 이상의 각각 분리된 대상들을 지각하면서 서로 어떤 관계를 맺고 있는 것으로 지각하는 경우. 단, 반응에 포함된 대상들 중 적어도 하나는 원래 일정한 형태를 지니고 있는 것이거나 일정한 형태를 띠고 있는 것으로 지각되어야 한다.

　(예) Ⅲ (D1) "물건을 들어 올리려는 사람들" / Ⅳ (W) "그루터기에 앉아 있는 거
　　　인" / X (W) "바다 속에서 함께 헤엄치고 있는 물고기들"

■ o (보통 반응, Ordinary response)

하나의 반점 영역에 대해서 지각하면서 지각한 대상이 원래 일정한 형태를 가지고 있는 것이거나 구체적인 형태를 가지고 있는 것으로 묘사하는 경우

　(예) Ⅰ (W) "박쥐", "나비" / Ⅱ (D2) "물개" / Ⅷ (D1) "표범" / Ⅸ ∨(W) "버섯
　　　모양의 구름. 핵폭발할 때 나오는"

■ v/+ (모호/통합 반응, Vague/Synthesized response)

두 가지 혹은 그 이상의 분리된 대상들을 지각하면서 서로 어떤 관계를 가지고 있는 것으로 지각하는 경우. 단, 지각된 대상의 어떤 것도 일정한 형태나 구체적인 형태를 가지고 있는 것으로 묘사되지 않았을 경우에 한한다.

　(예) Ⅶ (WS) "바다 위에 떠 있는 섬" / Ⅸ (W) "연기와 구름이 서로 섞이고 있다."

■ v (모호 반응, Vague response)

하나의 대상을 보고하는데, 그 대상이 일정한 형태가 있는 것이 아니거나 구체적인 형태를 가진 것으로 묘사하지 않은 경우

　(예) Ⅰ (W) "밤의 무서움이다." / Ⅱ (D2) "피" / Ⅶ (W) "연기" / X (W) "물감들"

통합 반응(+ 또는 v/+)의 채점 기준은 '하나 이상의 사물들이 분리되어 있지만 상호 관련을 맺고 있다'는 점이다. 따라서 예를 들어 카드 Ⅱ에서 "두 사람의 어릿광대가 손을 마주 대고 있다"는 반응은 +로 기호화되지만, 단지 "두 사람의 어릿광대"라고만 했을 때는 반점의 대칭적인 측면에 대해서만 언급했을 뿐 두 대상간에 의미 있는 관계를 맺고 있는 것으로 지각한 것이 아니므로 o로 채점되어야 한다.

또 한 가지 주의할 점은 '형태'에 대한 문제이다. 수검자가 응답한 대상이 '일정한 또는 구체적인' 모양을 가지고 있느냐가 기준이 되는데, 이것을 구분하는 것이 좀처

럼 쉽지 않을 수 있다. 사람, 새, 나비, 거미, 표범, 의자, 배, 집 같은 단어들은 유목 내에서 어느 정도의 차이는 있지만 일반적으로 공통되는 구체적인 형태 특징을 가지는 대상들이다. 이에 비하여 구름, 연기, 섬, 호수, 수풀, 피, 페인트, 추상화 등은 매우 다양한 형태를 가지기 때문에 하나의 공통적인 특징을 가지는 것으로 볼 수 없다. 이런 경우에는 v 또는 v/+로 채점될 것이다.

그러나 만약 그냥 "구름"이 아니라 "사람 모양의 구름"이라거나, 그냥 "지도"가 아니라 "우리나라 지도"라는 식으로 구체적인 형태를 묘사한 경우라면 o나 +로 채점하게 된다. 또 "연기가 흘러가고 있다"고 한 경우에는 v가 되지만 "연기가 하늘로 피어오르면서 넓게 퍼지고 있다"고 한 경우에는 "하늘로 올라가면서 넓게 퍼지고"라는 형태를 묘사하고 있으므로 o로 채점할 수 있다.

2) 결정인(Determinants)

결정인은 수검자가 반응내용을 결정하는 데 영향을 미친 반점의 특징적인 요인들을 말한다. 쉽게 설명하자면, 반점의 모양 때문에 그렇게 본 것인가, 색깔 때문인가, 또는 얼룩덜룩한 특징 때문인가 등에 관한 것을 말하는 것이다(물론 결정인에는 이외의 여러 다른 요인들이 있다). 초심자의 경우 채점 과정에서 가장 어렵고 복잡하게 느끼는 것이 바로 이 결정인 채점 과정이다. 이를 정확하게 하기 위해서는 질문단계를 충실히 수행하는 것이 중요하다. 그러나 앞서 지적하였듯이, 검사자의 생각에 틀림없이 그 결정인이 사용되었을 것으로 보이더라도 수검자가 자발적으로 보고한 것이 아니라면 기호화해서는 안 되며, 수검자에게 직접 "이런 결정인이 영향을 미쳤느냐?"라는 식으로 질문하는 일이 있어서는 안 된다.

수검자가 잉크 반점을 보고 하나의 반응을 결정하게 되기까지는 여러 가지 많은 잠재적 반응들에 대해서 취사 선택하는 과정이 있게 된다. 마지막으로 선택, 결정하여 최종적으로 반응을 내어 놓는 과정에는 수검자의 습관, 성격특징뿐만 아니라 현재의 갈등, 욕구, 태도 등이 중요한 작용을 한다. 또한 검사를 하는 당시의 심리적인 상태도 영향을 미치게 된다. 결정인은 이런 복잡한 인지적 과정에 대해 중요한 정보를 줄 수 있으며 각각의 결정인은 수검자가 자극 영역을 해석하는 방식을 반영하고 있다.

결정인에는 크게 7가지의 범주가 있다. 각 범주는 단독으로 사용되기도 하고, 반응에 형태(form)를 사용한 방식에 따라, 또는 서로 다른 특성의 요소들로 인해 몇 가지 하위범주를 가지게 된다.

1. 형태(Form) : 반점의 형태에 반응한 경우. 대부분의 반응에서 가장 흔하게 사용되는 결정인. 단독으로 사용되거나 또는 다른 결정인과 같이 사용된다.
2. 운동(Movement) : 반응에 움직임이 묘사된 경우. 인간 운동 반응, 동물 운동 반응, 무생물 운동 반응으로 구분되며, 모든 운동 반응은 능동적(active) 또는 수동적(passive) 운동반응으로 나뉘어 기호화된다.
3. 유채색(Chromatic color) : 색채가 반응을 결정하게 한 경우
4. 무채색(Achromatic color) : 무채색이 반응을 결정하게 한 경우
5. 음영(Shading) : 반점의 음영을 사용한 정도에 따라서 재질(Texture), 깊이 또는 차원(Dimension), 확산(Diffuse)의 세 가지 하위범주를 가진다.
6. 형태차원(Form Dimension) : 반점의 크기나 모양을 근거로 차원을 지각했을 경우
7. 쌍반응(Pairs)과 반사 반응(Reflections) : 항상 형태를 포함하며 반점의 대칭성에 근거해서 반응했을 경우

표 6-1에 각각의 하위범주와 기호, 채점 기준이 요약되어 있다.

이제 각 결정인들에 대해서 보다 자세히 살펴보기로 하자.

(1) 형태

형태를 반응 결정인으로 사용한 경우, 수검자들은 "모양이 그렇게 생겼어요"라고 응답하기도 하고, "형태", "모양" 등의 단어를 직접 언급하면서 설명하지는 않지만 "보세요. 여기는 몸통 같고 여기는 날개처럼 생겼잖아요"라거나 "여기는 머리, 여기는 다리고 이건 손이에요"라는 식으로 그 대상의 형태적 특징이나 구조를 말하는 경우도 많다.

즉, 수검자가 말하는 내용에서 형태적 특징이 분명하게 나타나는 경우에는 F로 기호화할 수 있다. 원래 일정한 형태를 가지는 대상이 아니더라도 마찬가지의 원칙이 적용된다.

예를 들어 '연기'는 원래 일정한 형태가 없는 반응이다. 수검자는 "연기처럼 회색이에요"라고 말하면서 형태보다는 무채색(C′)을 반응 결정인으로 사용할 수도 있지만, "불규칙하게 둥글둥글한 것이 꼭 연기 같아요"라고 할 수도 있다. 이런 경우에는 수검자가 형태적 특징을 나타내는 단어를 사용하였기 때문에 F로 채점하게 된다.

이 F 기호는 다른 결정인들과 함께 사용되면서(운동 결정인은 제외) 각 반응에 형태에 대한 지각이 포함된 정도를 나타내기도 한다.

[표 6-1] 결정인의 종류와 채점 기준

범주	기호	채점 기준
형태 (Form)	F	**형태 반응** : 전적으로 반점의 형태 특징을 근거로 한 반응.
운동 (Movement)	M	**인간 운동반응** : 인간의 움직임이나 동물 또는 가공적인 인물이 인간같은 동작을 하고 있는 경우.
	FM	**동물 운동반응** : 수검자가 보고한 동물에서 자연스럽게 나타나는 운동을 묘사한 경우. 만약 그 동물에서 흔히 볼 수 있는 동작이 아니거나 자연적인 동작이 아닌 경우라면 M으로 채점한다.
	m	**무생물 운동반응** : 무생물 또는 감각이 없는 대상에 대해서 움직임을 묘사하는 경우.
유채색 (Chromatic color)	C	**순수 색채 반응** : 전적으로 반점의 유채색에 근거하여 반응한 경우. 형태는 포함되지 않았을 때 채점.
	CF	**색채-형태 반응** : 일차적으로는 반점의 색채가 주요 결정 요인이고 형태는 이차적인 결정요인으로 사용된 경우.
	FC	**형태-색채 반응** : 일차적으로는 형태가 주요 결정 요인이고 반점의 색채는 이차적인 결정요인으로 사용된 경우.
	Cn	**색채 명명 반응** : 반점의 색채를 명명한 경우로, 실제 색채의 이름이 반응으로 나타남.
무채색 (Achromatic color)	C'	**순수 무채색 반응** : 반점의 무채색, 즉 흰색, 검정색, 회색이 반응의 결정요인으로 사용된 경우. 형태는 포함되지 않아야 한다.
	C'F	**무채색-형태 반응** : 일차적으로는 반점의 무채색이 반응의 주요 결정요인이고, 형태는 이차적인 결정요인으로 사용된 경우.
	FC'	**형태-무채색 반응** : 일차적으로는 반점의 형태가 주요 결정요인이고, 무채색은 이차적인 결정요인으로 사용된 경우.
음영-재질 (Shading-Texture)	T	**순수 재질 반응** : 반점의 음영특징으로 인해 촉감을 지각한 경우. 형태는 포함되지 않아야 한다.
	TF	**재질-형태 반응** : 반점의 음영특징으로 인해 촉감을 지각한 것이 일차적인 반응 결정 요인이고, 형태는 이를 정교화 · 명료화하기 위하여 이차적으로 사용된 경우.
	FT	**형태-재질 반응** : 반점의 형태가 일차적인 반응 결정요인이고, 반점의 음영특징으로 인해 촉감을 지각한 것은 이차적인 결정요인으로 사용되었을 경우.

[표 6-1] 결정인의 종류와 채점 기준(계속)

범주	기호	채점 기준
음영-차원 (Shading-Dimension)	V	**순수 차원 반응** : 반점의 음영특징으로 인해 깊이감 또는 차원감을 지각한 경우. 형태는 포함되지 않아야 한다.
	VF	**차원-형태 반응** : 반점의 음영 특징으로 인해 깊이나 차원을 지각한 것이 일차적인 결정요인이고, 형태는 이차적인 결정요인인 경우.
	FV	**형태-차원 반응** : 반점의 형태가 일차적인 결정요인이고, 음영특징에 근거한 깊이 또는 차원감은 이차적인 결정요인으로 사용된 경우.
음영-확산 (Shading-Diffuse)	Y	**순수 음영 반응** : 반점의 음영 특징이 재질감이나 차원감으로 지각된 것이 아니고 단지 '음영' 자체로만 사용된 경우.
	YF	**음영-형태 반응** : 반점의 음영이 일차적인 결정요인이고, 형태는 이차적인 결정요인으로 사용된 경우.
	FY	**형태-음영 반응** : 반점의 형태가 일차적인 결정요인이고, 음영은 이차적인 결정요인으로 사용된 경우.
형태 차원 (Form Dimension)	FD	**형태에 근거한 차원반응** : 반점의 크기나 모양을 근거로 해서 깊이나 차원감이 지각된 경우. 음영은 전혀 개입되지 않아야 한다.
쌍반응 및 반사반응 (Pairs & Reflections)	(2)	**쌍반응** : 반점의 대칭성에 근거해서 두 개의 동일한 대상을 보고했을 경우. 두 대상은 모든 점에서 동일해야 한다. 거울에 비쳤다거나 반사된 것이라고 보고한 경우에는 쌍반응이 아니라 반사반응으로 채점된다.
	rF	**반사-형태 반응** : 반점의 대칭성 때문에 반사된 것이라거나 거울에 비친 모습으로 지각한 경우. 구름, 경치, 그림자와 같이 원래 일정한 형태를 가지고 있지 않은 대상을 보고했을 경우에 채점된다.
	Fr	**형태-반사 반응** : 반점의 대칭성 때문에 반사된 것이라거나 거울에 비친 모습으로 지각한 경우. 이때 지각된 대상이 원래 일정한 형태를 가지고 있는 것일 경우 채점된다.

(2) 운동

인간 움직임을 나타내는 M, 동물의 자연스러운 움직임을 나타내는 FM, 무생물의 움직임을 나타내는 m으로 나뉘어진다. 또한 모든 운동 반응은 '능동적 운동(a)'과 '수동적 운동(p)'으로 나뉘어서 각 해당 기호에 윗첨자로 덧붙여 표기하게 된다.

한편, 운동반응에는 형태가 이미 개입되어 있지만, 형태를 첨가해서 기호화하지는 않고 단독으로 사용한다.

- **M** : 모든 종류의 인간 움직임에 대하여 채점된다. '싸운다', '톱질한다', '들어 올린다', '뛰어오른다' 같은 매우 능동적인 움직임에서 '생각한다', '잠잔다', '기댄다', '기다리다', '쳐다보다' 같은 수동적인 움직임에 이르기까지 여러 가지가 있는데, 전자는 Ma로, 후자는 Mp로 기호화된다.

  '사람'의 움직임뿐 아니라 가공의 대상이 인간의 자세나 동작을 취하고 있는 경우나, 동물이나 무생물이더라도 인간의 동작을 하고 있는 것으로 지각한 경우에는 모두 M으로 채점한다. 예를 들어 "토끼 두 마리가 발끝으로 서서 훌라춤을 추고 있다", "두 마리의 개가 카드놀이를 하고 있다", "행복한 나무다", "거울이 씩 웃고 있다"라는 등의 반응은 모두 M으로 채점된다.

  또한 형태에 대한 지각이 없이 감각적 경험이나 추상적인 내용을 보고하는 반응도 M으로 채점된다. 예를 들면 "이것을 보니 우울해진다", "서로 사랑하는 것 같다", "이걸 보니 큰 소리가 들리는 것 같다" 등이 있다. 이 반응들을 모두 형태가 없는 반응들이다. 이런 반응들이 흔하지는 않지만, 이런 경우에는 형태가 없기 때문에 형태질(Form Quality) 평가는 하지 않고 'Mnone'(형태가 포함되지 않는 운동반응)이라고 기호화한다.

- **FM** : 모든 종류의 동물 움직임에 대해서 채점한다. 이때의 움직임은 "곰들이 먹이를 찾고 있다", "개가 짖고 있다", "새가 날아간다"와 같이, 원래 그 종에서 자연스럽게 나타나는 동작이어야 한다. 그렇지 않은 경우, 즉 인간과 같은 동작이나 자세를 취하고 있는 경우에는 M으로 채점된다(앞의 M 항목을 참조할 것). 또한 "물고기가 나무 위에 올라가 있다"와 같이 그 종에서 흔히 나타나지 않는 동작인 경우에도 M으로 채점된다.

  FM도 능동적인 움직임인가 수동적인 움직임인가에 따라 FMª나 FMᵖ로 채점된다.

- **m** : 인간이나 동물이 아닌 무생물의 움직임이 묘사되었을 때 채점한다. 예를 들면, "불이 타오른다", "피어오르는 구름", "바람에 휘날리는 깃발", "피가 떨어지고 있다", "물이 쏟아진다", "총알이 뚫고 지나간다" 등의 반응이 이에 해당된다.

  이런 분명한 움직임뿐 아니라 정적(靜的)인 움직임도 있을 수 있다. 예를 들면, "옷걸이에 걸려 있는 외투", "팽팽하게 펴 놓은 가죽", "물 위에 떠 있는 나뭇잎"과 같은 반응에서는 '자연스럽지 않은 긴장 상태'가 나타나고 있기 때문에 m으로 채점한다. 만약 "바닥에 깔려 있는 카펫"이라든가 "죽은 사람이 누워 있다"와 같이 '자연스럽지 않은 긴장 상태'가 들어 있지 않은 경우에는 m으로 채점되지 않는다. 즉, 이 경우에 대한 채점의 기준은 수검자의 표현 속에 '자연스럽지 않은 긴장상태'가 있는냐 없느냐를 파악하는 것이 된다.

m에서도 마찬가지로 m^a와 m^p가 있다.

- **능동(a)과 수동(p)** : 앞서 계속 언급되었듯이 모든 운동 반응에는 a와 p가 첨자로 표시된다. 그런데 어떤 움직임이 능동적인지 수동적인 것인지를 정확히 판단한다는 것이 상당히 어려울 수 있다. Exner는 공통적인 기준으로서 '이야기를 하고 있다(talking)'는 동사를 가장 적절한 기준으로 설정하여, 이 동사는 항상 수동적 반응, 즉 p로 채점하고 이를 기준으로 하여 다른 동사들의 a, p 여부를 분류하도록 제안하고 있다. 이 기준에 의하면 "속삭이다", "쳐다보다", "구부리다", "한숨 쉬다", "기대다" 등은 수동적 반응으로, "소리치다", "노려본다", "싸우다", "손을 뻗다" 등은 능동적 반응으로 구분될 수 있다(부록 I 참조).

그러나 수검자가 "추상화", "사진", "만화", "그림"이라는 등의 단어를 사용하여 대상을 정적인 것으로 제한하여 보고한 반응의 경우에는 어떤 움직임을 묘사하고 있든지 간에 p로 채점한다. 예를 들면 "두 사람이 싸우고 있는 그림", "폭포수가 흘러내리는 풍경 사진", "타오르는 불꽃을 그린 추상화" 같은 경우이다.

한편, 능동-수동이 함께 채점되는 경우도 있다. 두 가지 이상의 대상이 움직임을 보이고 있는데, 하나는 능동적 운동, 하나는 수동적 운동을 하고 있다면 동시에 채점하게 된다. 예를 들어 "가운데 한 사람이 서 있고(p) 그 주위에서 마녀들이 춤추고 있다(a)"로 반응한 경우에는 Ma-p로 기호화한다. 이 경우 반응의 빈도를 계산할 때, M은 한 번만 계산하지만 a와 p는 각각 따로 계산하여야 한다.

주의하여야 할 것은 이렇게 a와 p가 동시에 채점되는 것은 두 가지 이상의 대상이 운동을 하는 것으로 보고되었을 경우에 한한다는 것이다. 만약, 한 대상이 능동과 수동의 두 가지 움직임을 보이고 있는 경우라면 능동 운동만 채점한다. 예를 들여, "개가 앉아서(p) 달을 보고 짖고 있다(a)"라는 반응에 대해서는 FM^a로만 채점하여야 한다.

(3) 유채색

반점의 색채가 반응 결정 요인이 되는 유채색 결정인에는 순수 색채반응 C, 색채-형태 반응 CF, 형태-색채 반응 FC, 색채 명명 반응 Cn이 있다.

- **C** : 수검자가 형태적인 면에 대한 지각 없이 순수하게 반점의 색채에만 근거해서 반응했을 때 채점된다. 즉 형태에 대한 언급이 전혀 없을 때 채점하게 된다.

예를 들면, "이 빨간색은 피다", "이것은 파란색이라서 물같이 보인다. 얼음도 가끔 이런 색을 띤다", "서로 다른 색깔의 물감들이다"라는 반응을 들 수 있다. 이런 경우, 질문단계에서 검사자가 형태 결정인을 유도하지 않도록 주의해야 한다.

- **CF** : 일차적인 결정 요인이 반점의 색채특징이고 형태 특징은 이차적인 결정요인 일 때 채점된다. 즉 반응에서 색채가 지배적으로 사용되었고 형태는 이를 보조하는 입장에서(정교화하기 위하여) 사용되었을 경우에 채점하게 된다.

  예를 들면, "예쁜 나비예요. 색깔이 화려하고 알록달록한게 예쁘네요. 날개도 펴고 있어요"라는 반응처럼 수검자가 색채를 우선시해서 보고하고 형태는 부수적으로 언급하는 경우에는 CF로 채점한다.

  한편, "호수", "지도", "바닷속 풍경" 같이 원래 형태가 불분명한 대상에 대해 색채가 사용되는 경우도 흔히 CF로 채점된다. "많은 꽃들"같이 비교적 형태가 막연한 경우에도 CF로 채점될 가능성이 높다. 그러나 항상 수검자의 언어적 표현을 자세히 검토하여 채점하는 것이 필요하다.

- **FC** : 일차적인 결정 요인은 반점의 형태이고 색채는 이차적인 것으로 사용되었을 때 채점된다. 즉, 형태를 우선시해서 강조하고 색채는 부가적인 것으로 취급된 경우이다.

  예를 들면, "이 두 사람은 서로 이야기를 하고 있는가 봐요. 빨간 모자도 쓰고 있네요."라든가 "무궁화 꽃이요. 수술, 암술 모양이 있고… 꽃잎도 그런 모양이고. 색깔도 분홍색이어서 무궁화꽃 같아요"라는 응답은 색채를 사용하고는 있지만 이차적인 것으로 사용되었고 형태가 우선시되어 이야기되고 있기 때문에 FC로 채점하게 된다.

- **Cn** : 반점의 색채 이름이 그대로 반응으로 사용된 경우에 채점한다. 예를 들면, "빨간색이다", "이건 파란색, 녹색, 또 붉은색이 있다"와 같이 색깔을 그대로 지칭하는 경우가 해당된다.

  여기서 주의할 것은, 수검자가 단지 위치를 가리키기 위하여 색깔을 지적한 것인지, 아니면 실제로 색채를 반응으로서 사용하였는지를 확인하여야 한다는 것이다. 예를 들어 "여기 이 파란색은 문어다", "이 노란 부분이 꼭 새 같다"라고 한다면 이 것은 단순히 위치를 지정하기 위한 것이므로 색채 결정인이 사용된 것으로 채점해서는 안 된다.

  채점의 원칙은 이와 같지만, 실제 수검자의 반응으로부터 C, CF, FC를 구분하는 것은 쉽지 않은 일이다. 다음의 예를 통해서 각각의 반응을 비교해 보자.

반응 단계	질문 단계
① 주황색이 불 같아요.	수 : 불은 주황색이잖아요.
② 주황색을 보니 불꽃 같다는 생각이 들어요.	수 : 주황색이니까 불꽃 같아요. 위로 막 타오르는 불꽃이요.
③ 주황색이 불처럼 보여요. 이쪽과 이쪽에도 불꽃이 튀고 있네요.	수 : 꼭 불꽃처럼 위로 솟아 오르고 있어요.

이 세 가지 예는 반응 단계에서 모두 비슷하게 표현되고 있지만, 질문 단계를 통해서 서로 다른 양상의 반응들이라는 것을 알 수 있다. 반응 ①은 형태가 전혀 사용되지 않고 전적으로 색채에만 근거한 반응이므로 C로 채점할 수 있다. 반응 ②의 경우에는 색채를 중요하게 언급하고 있으나, 수검자가 "위로 타오른다"면서 형태도 언급하고 있기 때문에 CF로 채점하게 된다. 그러나 반응 ③에서는 반응 단계에서 색채가 사용된 것이 확인되지만 수검자는 형태를 중요하게 강조하여 언급하고 있으므로 FC로 채점해야 한다.

CF와 FC를 한 번 더 비교해 보자.

반응 단계	질문 단계
① 예쁜 꽃	수 : 주황색의 예쁜 꽃잎이 있고 녹색으로 잎사귀와 꽃받침도 달려 있어요.
② 예쁜 꽃	수 : 여기는 꽃잎이고 여기는 꽃받침과 잎사귀입니다. 수 : '예쁜' 꽃이라고 하셨는데? 수 : 예, 색깔도 아주 화려한 게 예쁘네요.

①번 반응과 ②번 반응을 비교해 보면 색채와 형태 중 어떤 것이 각 수검자에게 보다 중요한 결정인으로 작용하였는지 알 수 있을 것이다. 반응 ①은 CF로, 반응 ②는 FC로 채점했다면 올바르게 채점한 것이다.

한 가지 주의해서 볼 것은 수검자가 "예쁘다"고 했다고 해서 그것이 반드시 색채의 사용을 암시하는 것은 아니라는 것이다. 위의 예에서처럼 색채 때문에 예쁘다고 생각했을 수도 있지만, 수검자에 따라서는 "섬세하고 아기자기한 모양이 예뻐 보인다"고 응답할 수 있다. 이런 경우라면 F로 채점되어야 할 것이다. 따라서 이렇게 여러 가지 의미로 쓰일 수 있는 단어들에 대해서는 반응 ②에서의 검사자처럼 반드시 질문

단계에서 확인하는 것이 필요하다. 단, 비지시적이어야 하며 반응을 유도하거나 결정 인을 직접 확인하는 식의 질문이 되어서는 안된다.

※ 각 결정인에 F 기호를 조합하여 사용하는 요령은 모두 이와 동일하다. 따라서 이 하에서는 F 결정인에 의한 하위 범주들에 대해서는 간단하게만 설명하고 넘어가 기로 하겠다.

(4) 무채색

반점의 무채색, 즉 흰색, 검은색, 회색이 결정인으로 사용되는 경우들이다. 무채색 결 정인은 유채색 결정인에 비하여 사용되는 빈도가 적은 편이다. 무채색 결정인에도 유채색 결정인과 마찬가지로 무채색과 형태의 개입 정도에 따라 순수 무채색 반응 C′, 무채색-형태 반응 C′F, 형태-무채색 반응 FC′으로 나뉘게 된다.

일반적으로 대부분의 무채색 반응들은 "검은색", "흰색", "회색"과 같은 단어들을 포함하고 있는 경우가 많아서 비교적 쉽게 구분할 수 있다.

무채색 결정인의 예를 들어 보면 다음과 같다.

"이건 박쥐가 틀림없어요. 박쥐처럼 날개를 펼치고 있고 색깔도 박쥐처럼 까맣거든요." (FC′)
"하얀 눈이 쌓여 있는 것 같아요. 온통 하얀색인데 언덕처럼 솟아 있는 것 같군요." (C′F)
"연탄이예요. 까만 색이니까요." (C′)
"더럽혀진 옷이요. 커다란 겨울 외투 같은데, 때가 타서 색깔이 회색이 되었네요." (FC′)

주의할 것은 이 결정인이 음영-확산(Diffuse Shading) 결정인을 사용한 반응들과 혼동될 가능성이 있다는 것이다. 수검자가 "밝다" 또는 "어둡다"는 단어를 사용하였 을 경우, 이것은 무채색을 가리키는 것일 수도 있고 음영을 가리키는 것일 수도 있 다. 예를 들어, "이것은 어두운 밤 같다. 밤처럼 어둡다"고 했다면 무채색에 대한 반 응이지만, "여기는 다른 부분보다 더 어두운 것 같다"고 한다면 음영을 사용한 반응 이 된다.

특히 연기, 구름, X-ray 반응은 무채색 결정인 아니면 음영-확산 결정인일 가능성 이 높은데, 수검자들은 대부분 "색깔이 그렇게 보인다"는 식으로 말하는 정도에 그 치는 일이 많다. 그러나 이것은 무채색을 의미할 수도 아닐 수도 있다. 검사자는 다 시 한 번 수검자의 말을 반복하면서 질문해서 어느 쪽인지 결정할 수 있도록 해야 한다. 그러나 만약 수검자의 의도가 분명히 확인되지 않는다면 음영-확산 결정인으 로 채점하는 것이 더 적절하다.

(5) 음영-재질

이 결정인은 반점의 음영 특징에서 수검자가 촉감이나 재질을 지각했을 때 채점한다. 역시 형태를 사용한 정도에 따라서 순수 재질 반응 T, 재질-형태 반응 TF, 형태-재질 반응 FT로 나뉘게 된다.

촉감을 나타내는 "부드러운", "거친", "매끈매끈한", "털이 북실북실한", "젖은", "끈적거리는" 등의 단어가 사용되는 경우에 음영-재질 결정인이 채점될 수 있다. 이때 중요한 것은 수검자가 '음영특징을 사용했다'는 것을 어떤 식으로는 언급해야 한다는 것이다.

예를 들어 보자.

반응 단계	질문 단계
① 거친 동물 가죽이다.	수 : (표면을 문지르면서) 털이 많이 나 있는 것 같은데 그게 거칠거릴 것 같아요. 모양을 보니 호랑이 가죽인가 봐요.
② 거친 동물 가죽이다.	수 : 호랑이 가죽 같은데, 여기 가장자리들이 삐죽삐죽하니 거칠게 튀어나와 있어요.

반응 단계만 얼핏 보면 두 반응 모두 재질 반응을 포함하고 있는 것으로 생각될 수 있다. 그러나 반응 ①의 경우에는 '거친'이라는 단어는 수검자가 촉감을 지각하고 있는 것이 사용한 것이 분명히 드러나고 있으나 반응 ②에서 '거친'이라는 단어는 반점 가장자리의 모양으로 인하여 사용된 것이다. 따라서 전자의 경우에는 재질 반응을 포함하여 TF로 기호화할 수 있으나, 후자의 경우에는 형태만이 결정인으로 사용되었으므로 F로 기호화하여야 한다.

마찬가지로, "차가운", "뜨거운"과 같은 단어들도 음영 특징과는 관계없이 색채를 근거로 사용될 수 있기 때문에 주의해야 한다.

음영 재질 반응의 몇 가지 예를 들면 다음과 같다.

"말라 버린 나뭇잎 같다. 말라서 떨어져 나간 부분도 있고 표면이 거칠어 보인다." (FT)
"사탕이 녹아내린 것 같다. 끈적끈적해 보인다." (TF)
"뜨겁게 달아오른 못. 아주 뜨거운 금속처럼 바깥쪽이 훨씬 밝게 보인다." (FT)
"그냥 얼음 같아요. 느낌이 차갑고 매끈거릴 것 같아서." (T)

(6) 음영-차원(VISTA)

이 결정인은 반점의 음영 특징으로 인해 깊이감이나 입체감을 지각했을 때 채점된다. 역시 형태의 사용 여부에 따라 V(순수 차원 반응), VF(차원-형태 반응), FV(형태-차원 반응)으로 나뉘게 된다.

입체감이나 차원감의 지각은 "~의 아래에 있다", "~의 앞에 있다", "깊어 보인다", "멀리서 보는 것 같다", "공중에서 보는 것 같다", "앞으로 튀어나와 보인다" 등과 같은 표현을 통해서 드러나게 된다.

이때 차원감이나 입체감이 반점의 음영 특징 때문이 아니라 반점의 크기나 형태 특징 때문에 나타난 것이라면 차원 반응이 아니라 (뒤에 소개될) 형태 차원 반응 FD로 채점되어야 한다. 또 "울퉁불퉁한", "굴곡이 있는", "거친" 등의 형용사는 재질 반응에서도 나타날 수 있는 것이므로 이를 구분하는 것도 중요하다. 또다른 예로, 카드 IV에서 "머리를 다리 사이에 두고 있는 괴물"이라고 반응했다면 이것은 차원 반응일 수도 있고 단순히 형태를 사용한 반응일 수도 있다. 이런 경우 검사자는 "머리를 다리 사이에 두고 있다고 하셨나요?"라는 식으로 수검자의 반응을 되받아 질문하면서 결정인을 확인하도록 해야 한다.

차원 반응의 예를 들면 다음과 같다.

"깊은 구멍 같다. 가장자리는 둥글고 밑이 보이지 않을 만큼 깊어 보인다."(FV)
"이것은 바위 같은데 어떤 것은 뒤에 있고 어떤 것은 앞으로 튀어나와 있다. 울퉁불퉁하게 튀어나와 있다." (VF)
"수풀 뒤로 토끼 머리가 나와 있는 것이다. 수풀이 앞에 있고 토끼는 그 뒤에 있는 것처럼 보인다" (FV)
"나를 향해 찔러 오는 것 같다. 이 진한 부분이 그런 느낌을 준다." (V)

(7) 음영-확산(확산 음영)

반점의 밝고 어두운 특징에 따라서 반응이 결정된 경우에 채점한다. 음영을 사용한 반응 중에서 재질이나 차원 반응이 아닌 경우 대부분 음영-확산 반응(Y)으로 채점된다. 따라서 음영이 반응 결정인으로 사용된 경우, T나 V로 채점될 수 있는지를 살펴본 후 여기서 제외되면 Y로 채점하는 것이 하나의 채점 요령이 된다. 또한 앞서 언급한 바와 같이 무채색 반응이냐 확산 음영 반응이냐를 구분하기가 명확하지 않은 경우라면, 검사자가 보기에 무채색이 사용되었다고 확신할 수 있다면 C′으로, 채점하고 그렇지 않다면 Y로 채점하는 것이 타당하다.

여기서도 마찬가지로 형태의 사용 여부에 따라서 Y(순수 음영 반응), YF(음영-형태 반응), FY(형태-음영 반응)으로 구별하게 된다. 예를 들어 보면 다음과 같다.

"안개 아니면 연기. 얼룩 덜룩하다. (Q) 어둡고 밝고 그러니까." (Y)

"어둠이다. 왜 그런지는 설명하기 힘들다." (Y)

"구름인 것 같다. 예쁘고 불규칙한 모양이고 구름처럼 밝고 어둡고 그렇다. 뭉게구름인 것 같다." (FY)

"말라빠진 뼈. 여기가 더 밝아서 더 말라 버린 것처럼 보인다." (YF)

"밤에 배가 바다에 떠있는 풍경. 배 모양이고 주변이 이렇게 어두운 것을 보니 밤인 게 틀림없다." (FY)

(8) 형태차원

이 결정인은 반점의 상대적인 크기나 형태 또는 다른 반점 부분과의 관계로 인하여 깊이감이나 입체감, 거리감을 지각했을 경우에 채점된다. 앞서 소개된 음영-차원(V) 결정인과 혼동하지 않도록 주의해야 한다.

예를 들어, 카드 IV에서 "거인"이라고 반응한 뒤, "발 부분이 머리보다 훨씬 큰 걸 보니, 머리는 저 위에 있나 보다"라고 했다면, 반점의 상대적인 크기 때문에 거리감을 지각한 것이므로 FD로 채점하게 된다.

또 다른 반점 부분과의 관계를 통해서 입체감을 지각하는 경우에도 FD로 채점된다. 예를 들어, 카드 V에서 "사슴이 숲 뒤에서 뛰고 있다. 그런데 사슴 다리만 보인다"고 반응하고 질문 단계에서 "이 큰 부분이 숲인데 여기에 가려져서 사슴 몸은 안 보이고 다리만 보이는 거다"라는 식으로 말했다면 FD로 채점된다.

FD의 또 다른 예를 들어 보면 다음과 같다.

"멀리에 사람이 있다. 아주 멀리 있어서 작게 보인다."

"호수 뒤에 바위들이 서 있다. 원근화법으로 그린 그림 같다."

"누워 있는 사람. 발은 앞으로 뻗고 있고 머리는 등 대고 누워 있는 것처럼 뒤에 있다."

(9) 쌍반응 및 반사 반응

쌍반응은 반점의 대칭성으로 인해서 두 개의 같은 대상을 지각했을 경우를 말한다. 기호는 (2)를 사용한다. 수검자들은 보통 "두 마리의", "두 개" 또는 "여기 하나, 여기도 하나"라는 식으로 표현한다. 또는 "~들"이라는 식으로 복수로 표현하기도 한다.

주의할 것은 (2)는 대칭을 이루는 영역들에 대해서 지각하였을 때 채점된다는 것이다. 만약 "두 개"라고 하였으나, 대칭적인 부분에 대해서가 아니라 대칭적이지 않은 서로 다른 모양의 영역에서 지칭된 것이라면 쌍반응으로 채점되지 않는다.

또 반응 단계에서는 "두 사람"이라고 했다가 질문 단계에서 "한 사람은 착해 보이고 다른 사람은 못돼 보인다"라고 하는 경우와 같이, 대상을 구분하여 반응했다면 쌍반응으로 채점하지 않는다.

반사 반응은 반점의 대칭성에 의해서 '반사된 것'으로 지각한 경우에 채점한다. 이런 경우 수검자들은 "거울에 비친" 또는 "물에 반사된" 등의 표현을 사용하게 된다. 쌍반응에서와 마찬가지로, 반사 반응도 반점의 대칭성으로 인해서 지각한 것이어야 하며, 대칭적이지 않은 부분에서 반사되었다고 보고하는 경우에는 채점되지 않는다. 쌍반응과는 달리, 반사 반응에서는 형태의 사용 여부에 따라서 Fr과 rF의 두 가지로 나뉘어 채점된다. 즉, 형태가 일차적인 결정요인이고 반점의 대칭성에 의해서 반사를 지각한 것은 이차적인 결정요인일 경우에는 Fr, 그 반대의 경우에는 rF로 기호화된다(r 기호가 단독으로 사용되지는 않는다).

쌍반응과 반사반응의 예를 들어 보면 다음과 같다.

"작은 새가 여기에도 있고 여기에도 또 하나 있어요. 똑같이 생겼네요." (F (2))
"곰 두 마리가 재주를 부리고 있는 거예요. 손을 맞대고 서커스를 하나 봐요."(M^p (2))
"이건 배처럼 생겼군요. 아, 달밤에 배가 바다에 떠 있는 건데, 바다에 그게 비치고 있는 거예요." (Fr)
"마녀가 거울을 들여다보면서 주문을 외우고 있는 것 같아요. (Q) 마녀들이 쓰는 모자를 쓰고 지팡이를 들고 있어요." (M^p.Fr)
"파랗고 투명한… 얼음에 비친 건가? 이쪽이 이쪽에 비친 것 같네요." (CF.rF)
"쌍둥이 요정. 서로 바라보면서 이야기를 하고 있습니다." (M^p (2))

(10) 복합 결정인 : 혼합 반응(Blends)

앞에서 언급되었던 채점의 핵심 원칙 중에 '반응에 나타난 모든 요소들이 채점되어야 한다'는 사항이 있었던 것을 기억할 것이다. 특히 결정인 채점에서 이 원칙은 중요하게 적용된다.

한 반응에서 여러 개의 결정인이 사용된 경우 이를 '혼합반응(Blends)'이라 부르는데, 반응이 일어난 순서에 따라서 각 요인을 모두 채점하고 혼합반응 기호인 '.'으로 연결하여 기호화한다. 각 결정인은 동등한 중요도를 갖는 것으로 취급된다. 이론적으로 볼 때 혼합하여 사용할 수 있는 결정인의 수가 정해져 있는 것은 아니지만, 대부분의 경우 두 개, 많게는 세 개 정도의 결정인을 포함한다. 그 이상인 경우는 (특히 우리나라 수검자의 경우) 흔치 않으므로, 채점이 정확한지 다시 한 번 검토해 보 도록 한다.

혼합반응의 예를 들어 보자.

카드 II 에서 전체 반점에 대해서

"빨간 모자(D2)를 쓴 사람 둘이서 손뼉을 치면서 놀고 있다."

이 반응을 보면, 색채 결정인과 운동 결정인이 같이 사용된 것을 알 수 있다. 따라서 이 경우에는 FC.Ma로 채점하게 된다.

또 다른 예를 들어 보자.

카드 VI에서 전체 반점에 대해서

"얼룩 고양이가 하늘을 날고 있다. 마치 날다람쥐처럼. 위에서 내려다본 모습 같다." (Q)"털이 얼룩덜룩하고 여기 고양이 수염이 있잖아요. 다리도 네 개 있고. 이렇게 쫙 펼치고서 하늘을 둥실 날고 있는 거예요." (Q)"하늘 멀리 위에서 얘를 내려다보고 있는 것 같아서요. 만약 얘가 비행기에서 뛰어내렸다면, 그 비행기 조종사가 위에서 내려다 보면 이렇게 보이겠죠."

위 반응의 경우, FY.M^a.FD의 세 개의 결정인이 포함되어 있는 혼합반응으로 채점 하면 될 것이다.

매우 드물지만, 만약 한 반응 안에 동일한 결정인의 서로 다른 범주들이 채점될 수 있는 경우라면, 형태를 최소화하는 방향으로 채점해야 한다. 예를 들어 "빨간 모자를 쓴 곰들이 싸우고 있고, 아래에 있는 빨간색들은 곰들의 몸에 묻은 피다"라고 반응한 경우, '빨간 모자'는 FC로 채점하지만, '아래에 있는 빨간색은 곰에 묻은 피다'라는 반응은 CF로 채점된다. 여기서 FC와 CF는 둘 다 같은 색채 결정인에 들어 간다. 이런 경우에는 CF로 채점하게 되는 것이다. 따라서 이 반응의 최종 채점 결과 는 FM^a.CF가 된다.

순수 F 반응이 혼합반응으로 채점되는 경우는 매우 드물다. 이런 반응은 두 개 이 상의 사물을 지각하면서 한 개의 사물에 대해서 전적으로 형태에만 의존해서 지각 하고 다른 사물과 어떤 의미 있는 관계에 있는 것으로 지각하지 못할 때 채점된다.

이런 반응은 카드 III에서 가장 자주 지각되는데, "두 사람이 있고 나비가 있어요. 사람들이 뭔가를 들어 올리고 있어요"와 같이 말하는 경우가 많다. 마치 "나비"와 "두 사람'의 독립된 반응을 하고 있는 것처럼 보일 수 있으나, 이런 경우에 수검자는 질문 단계에서 이 두 반응을 별개의 것이라고 이야기하지 못하거나 또는 두 사물이 의미 있는 관계를 이루고 있는 것으로 보고하지 못한다. 즉, 검사자가 "모두 한 반응이라는 말씀인가요?"라고 질문했을 때 "예"라고 대답했다면 채점은 Ma.F로 해야 한다.

그러나 이런 반응은 신경학적으로 손상을 입었거나 지능이 낮은 수검자들에게서 주로 발견되는 반응으로, 자극이 입력되거나 조정되는 과정에서 상당한 지각적 기능 장애가 있음을 가리키는 지표로 해석될 수 있으므로 채점에 신중을 기하여야 한다.

3) 형태질(Form Quality)

형태질 평가는 수검자가 보고한 대상의 형태적 특징이 수검자가 사용한 영역과 얼마나 일치하는가를 평가하는 것이다. 즉, 일종의 적합도 지표(index of goodness of fit)가 되는 것이다. 형태질은 매우 중요한 채점 요소인데, 이것이 수검자의 현실검증력이나 지각 장애에 대한 주요 지표가 되기 때문이다.

+, o, u, -의 네 가지의 기호가 사용된다. +와 o는 반점의 형태와 수검자가 보고한 내용이 적절하게 일치하는 경우에 사용되며, u는 형태 특징의 사용은 비교적 적절하지만 규준집단 내에서 해당 반응에 대한 반응 빈도수가 낮은 경우에, -는 반응 내용이 형태 특징과 맞지 않거나 왜곡된 경우에 사용된다. 각각을 살펴보면 다음과 같다.

■ + (우수하고 정교한 Superior-Overlaborated)

형태를 매우 정확하게 묘사하였거나 형태의 사용이 아주 적절해서 반응의 질적 수준이 상승되었을 경우. 반드시 독창적일 필요는 없으나, 형태의 부분들을 사용하고 설명하는 방식들이 매우 독특해야 한다.

o 반응에 비하여 + 반응은 대부분의 수검자들이 대충 말하거나 무시하고 넘어가는 세부적인 형태에 대해서도 보다 세밀하게 묘사되기 때문에 비교적 쉽게 구별할 수 있다. 예를 들면, 대부분 "사람"이라는 반응에 대해서 "머리, 팔, 다리" 정도를 설명하는 데 그치지만, + 반응의 경우에는 얼굴 표정이 어떻다거나 또는 팔과 다리의 모양이 어떻게 되어 있다, 허리가 어떻다, 구두를 신고 있다 아니다라는 식으로 보다 많은 특징들에 대해서 세부적으로 설명한다. 그러나 설명이 길거나 창의적이라고 해서 반드시 + 반응으로 채점되는 것은 아니다. + 반응의 핵심은 '형태'에 대한 묘사의 질이 어떤가에 있으므로, 혼동하지 않도록 한다.

■ o (보통의, Ordinary)

많은 사람들이 자주 보고하는 대상을 지각하면서 분명하고 쉬운 방식으로 형태 특징을 사용하는 경우. 반응 내용은 평범한 것이며 쉽게 알아 볼 수 있다. 앞서 언급한 바와 같이, 형태 특징을 특별히 정교화하여 사용하지 않고 평범한 방식으로 사용한다는 것이 + 반응과의 차이점이다.

■ u (드문, unusual)

반응 내용이 반점의 형태 특징과 크게 부조화하지는 않으나, 많은 사람들이 쉽게 하지는 않는 드문 빈도의 반응인 경우. 형태 특징이 비교적 적절히 사용되어 관찰자가 빨리 쉽게 알아볼 수는 있지만, 흔히 일어나는 반응은 아니다.

■ - (왜곡된, minus)

반점의 형태 특징이 왜곡되고 인위적이며 비현실적으로 사용된 경우. 반점의 구조적 특징을 완전히 혹은 거의 완전히 무시한 반응을 보인다. 반점에 없는 선이나 윤곽을 수검자가 임의로 만들어서 지각하는 경우가 많다. 다시 말하면, 그렇게 볼 만한 특징이 보이지 않는데 그렇게 본다. 즉, 반점의 형태와 반응 내용이 전혀 맞지 않는 경우에 채점한다.

o, u, -반응의 예들은 「The Rorschach Workbook for the Comprehensive System」 (Exner, 1995)에 표로 제시되어 있다. 이 표에는 각 카드별로 반응영역의 위치와 그에 해당하는 반응들에 대해서 나와 있다. 이것은 9,500명의 반응 기록지를 근거로 작성되었는데, 여기에는 3,200명의 정상 성인과 3,500명의 정신분열증을 제외한 외래환자, 2,800명의 정신분열증과 정신증을 제외한 입원환자들이 포함되어 있다.

• 보외법의 사용

만약, 수검자가 이 표에 기록되지 않는 반응을 보였다면, 형태질의 판단은 검사자가 신중하게 결정해야 한다. 이때 적용될 수 있는 것이 보외법을 적용한 기준 (extrapolation criteria)이다.

보외법이란, 위에서 언급한 Exner의 책에 제시되어 있는 표에 있는 반응들 중에서 수검자가 보고한 대상과 유사한 대상이 있는지를 면밀하게 찾아보는 것이다. 예를 들면, 카드 IV의 D4영역에 대해서 "체조하는 사람"이라고 했다면, 이것은 이 표에는 나와 있지 않지만, o로 나와 있는 '다이빙 선수'라는 반응과 형태가 비슷하므로 같은 기호를 적용시킬 수 있을 것이다.

• 형태질이 복합적인 경우

수검자의 반응 내용에 들어 있는 대상이 여러 개이고 이들의 형태질이 서로 다른 경우가 있을 수 있다. 이런 경우 형태질을 따로따로 채점하는 것이 아니라, 전체반응에 대해서 하나로 결정하게 된다. 이때 형태질은 보다 수준이 낮은(less favorable) 대상의 형태질을 사용한다. 단, 이러한 규칙은 전체반응에서 중요한 대상일 경우에만 적용한다.

예를 들어, 카드 III에서 "두 사람(D9)이 아래에 있는 폐(D7)를 잡아당기고 있다"라는 반응에서 D9의 '사람'은 o반응이나, D7의 '폐'는 −반응이다. 그런데 이 경우 '폐'는 이 반응에서 보이고 있는 동작의 초점이 되는 중요한 위치를 차지하고 있으므로, 이 반응의 형태질은 −로 채점한다.

그러나 전체 반응에서 그다지 중요하지 않는 대상의 형태질이 다른 대상의 형태질보다 수준이 낮다면 이 규칙은 적용되지 않으며, 반응에서 보다 중심이 되는 대상의 형태질을 채점하여야 한다.

4) 반응 내용(Contents) 및 평범 반응(Popular)

반응 내용의 채점은 수검자가 보고한 대상이 어떤 범주에 드는가를 기호화하는 작업이다. 이 중에서 수검자들에게서 흔히 나타나는 반응을 '평범 반응'이라 부르고 따로 기호화한다.

반응 내용의 범주 및 기호, 기준은 표 6-2와 같다.

◆ 복합적인 내용의 기호화

수검자의 반응에 하나 이상의 내용들이 포함되어 있다면 해당되는 모든 내용들을 기호화하여야 한다. 왜냐하면 해석에서 사용되는 비율들은 전체 내용반응의 수에 근거를 둔 것이기 때문이다. 기호화 방법은 반응에서 가장 핵심이 되는 내용의 기호를 제일 먼저 제시하고 다른 내용들은 쉼표(,)로 구분하여 기호화하면 된다. 예를 들어, "모자를 쓴 사람이 큰 나무에 기대있는 그림 같다"라는 반응을 보자. 이 반응에서는 '그림'이 반응의 중심이 되고 '사람', '모자', '나무' 등은 '그림'을 구성하는 요소이므로 Art, H, Cg, Bt로 채점하면 될 것이다.

이런 식으로 반응에 나타난 내용 모두를 채점하는 것이 중요하지만, 자연, 식물, 풍경 반응이 같이 나타날 때는 예외이다. 이 반응들이 동시에 보고되었을 때는 다음의 예외 규칙을 적용한다.

① Na는 항상 Bt, Ls보다 우선시된다. 즉, Na, Bt, Ls가 동시에 있을 경우에는 Bt와 Ls

[표 6-2] 반응 내용의 기호와 기준

분류	기호	기준
인간 전체 Whole Human	H	사람의 형태 전체를 지각한 경우 -역사적 인물(예 : 나폴레옹, 세종대왕 등)을 지각한 경우에는 반응기호 Ay를 부가함.
인간 전체 가공적이거나 신화적인 경우 Whole Human Fictional or Mythological	(H)	가공적이거나 신화에 나오는 인간 전체 모습을 지각한 경우 (예) 거인, 악마, 유령, 우주인, 요정, 광대, 신선, 도깨비, 아톰 등
인간 부분 Human Detail	Hd	인간 신체의 부분을 지각한 경우 (예) 팔, 다리, 손가락, 발, 머리, 상체나 하체
인간 부분 가공적이거나 신화적인 경우 Human Detail Fictional or Mythological	(Hd)	가공적이거나 신화에 나오는 인간에 대한 부분 반응의 경우 (예) 악마의 머리, 마녀의 팔, 천사의 날개, 도깨비 눈, 모든 종류의 가면
인간 경험 Human Experience	Hx	사랑, 증오, 우울, 행복, 소리, 냄새, 공포 등 인간의 정서나 지각적 경험과 관련 있는 내용 -특수점수 AB가 더불어 채점되기도 함. -추상적이지는 않으나 분명히 인간의 정서나 감각적 경험을 포함하고 있는 반응에서는 이차내용으로 채점됨. (예) 화가 난 고양이, 서로 사랑하는 사람들, 악취를 풍기는 여자, 우울한 남자 등
동물 전체 Whole Animal	A	동물의 형태 전체를 지각한 경우
동물 전체 가공적이거나 신화적인 경우 Whole Animal Fictional or Mythological	(A)	가공적이거나 신화에 나오는 동물의 전체 모습을 지각한 경우 (예) 용, 유니콘, 갈매기 조나단, 구미호, 포켓몬 등
동물 부분 Animal Detail	Ad	동물의 신체 일부를 지각한 경우 (예) 가재의 집게발, 말 다리, 개의 머리, 고양이 발 등 -모피 반응이 여기에 포함됨.
동물 부분 가공적이거나 신화적인 경우 Animal Detail Fictional or Mythological	(Ad)	가공적이거나 신화에 나오는 동물의 신체 일부를 지각한 경우 (예) 용 머리, 구미호의 꼬리 등
해부 Anatomy	An	사람이나 동물의 내부 기관 반응 (예) 심장, 폐, 갈비뼈, 근육, 두개골, 척추, 뇌 등
예술 Art	Art	추상이든 구상이든 간에 그림, 데생, 삽화 등의 예술작품이나, 동상, 보석, 샹들리에, 촛대, 문장 같은 예술적인 물건들

[표 6-2] 반응 내용의 기호와 기준(계속)

분류	기호	기준
인류학적 반응 Anthropology	Ay	역사적, 문화적 의미를 가지고 있는 대상 (예) 로마시대의 투구, 선사시대의 도끼, 화살촉, 피라미드, 솟대, 신라시대 왕관 등
피 Blood	Bl	인간이나 동물의 피 반응
식물 Botany	Bt	식물의 일부나 전체를 지각한 반응 (예) 꽃, 나뭇잎, 나무, 해초, 꽃잎, 나무줄기, 뿌리, 가지 등
의복 Clothing	Cg	의류나 복장과 관련된 반응 (예) 모자, 망토, 장화, 벨트, 넥타이, 재킷, 바지, 저고리, 치마 등
구름 Clouds	Cl	구름 반응에 한해서 채점 －안개나 노을 등은 Na로 채점함.
폭발 Explosion	Ex	폭발과 관련된 반응 (예) 원자 폭탄의 폭발, 폭발에 의한 폭풍, 불꽃, 화산 폭발 등
불 Fire	Fi	불이나 연기를 지각한 반응 (예) 불, 연기, 램프의 불꽃 등
음식 Food	Fd	음식과 관련된 반응 (예) 통닭, 아이스크림, 새우튀김, 솜사탕, 껌, 샐러드 등
지도 Geography	Ge	지명을 말하든 말하지 않든 지도를 지각한 반응 (예) 지도, 우리나라 지도, 미국 지도
가구 Household	Hh	집안에서 쓰는 물건이나 가구용품. (예) 의자, 컵, 부엌가구, 침대, 동물 가죽이 아닌 양탄자, 고기 써는 칼 등
풍경 Landscape	Ls	자연 풍경에 대한 반응. Bt나 Na반응과 혼동하지 않도록 주의한다. (예) 산, 산맥, 언덕, 섬, 동굴, 바위, 사막, 늪, 습지, 산호초, 바닷속 풍경 등
자연 Nature	Na	Bt나 Ls로 채점되지 않는 자연적 대상들 (예) 태양, 달, 행성, 하늘, 물, 대양, 강, 얼음, 눈, 비, 안개, 노을, 무지개, 폭풍우, 회오리 바람, 밤, 빗방울 등
과학 Science	Sc	직간접적인 과학적 산물이나 공상과학과 관련된 반응 (예) 비행기, 건물, 다리, 차, 전구, 현미경, 오토바이, 발동기, 악기, 레이더, 로켓기지, 배, 우주선, 기차, 전화, TV, 안테나, 무기 등
성 Sex	Sx	성기관이나 성적인 행동과 관련된 반응 (예) 남근, 질, 엉덩이, 가슴, 고환, 월경, 유산, 성관계 등
엑스선 X-ray	Xy	X선 반응. 주로 "X선 사진"이라 반응하는데, 여기서 뼈나 내장 기관을 설명하더라도 X선 반응으로 채점될 수 있는 경우에는 An반응을 부가하지 않는다.

는 Na에 포함되는 것으로 보고 Na로만 채점한다.

예를 들어, "표범이 물 위로 나와 있는 바위에 서서 이 나무를 바라보고 있다"는 반응에서는 A(표범), Na(물), Ls(바위), Bt(나무)의 내용요소들이 들어 있지만, Ls와 Bt는 따로 채점하지 않고 Na 하나만 채점한다. 따라서 이 경우 내용 반응에 대한 최종 채점은 A, Na가 된다.

② Na는 나타나지 않고 Bt와 Ls만 동시에 나타난 경우에는 둘 중 하나만 채점한다.

예를 들어, "산 위에 꽃이 피어 있고 표범이 거기를 거닐고 있다"의 경우를 보면 A(표범), Ls(산), Bt(꽃)이 들어 있으므로, A, Ls 또는 A, Bt 중 하나로 채점하면 된다.

Na, Bt, Ls에 이런 예외 규칙이 적용되는 이유는 이 세 가지 요소들에 의하여 결정되는 '소외지표(Isolation index)'를 계산하는 데 어느 한 요소가 지나친 영향을 주지 않도록 하기 위한 것이다.

• 특이한 내용

수검자가 한 반응이 표 6-2에 제시되어 있는 어떤 범주에도 들지 않는 경우가 있을 수 있다. 이런 경우에는 구조적 요약지의 'Id'(idiographic content)란에 그대로 기록하면 된다. 예를 들어, '부메랑'이라는 반응은 어느 범주에도 포함되지 않는 것으로 볼 수 있으므로 Id란에 그대로 기록할 수 있다.

그러나 Id로 취급하기 전에 위의 표준 범주들 중 어느 것과도 일치하지 않는지를 잘 확인해야 한다. '부메랑'이라는 반응도 만약 이를 무기의 한 종류로 본다면 Sc로 채점할 수 있다. 또 예술적인 작품이라고 볼 수 있는 맥락이라면 Art를 부가해서 기호화할 수도 있을 것이다. 또 다른 예로 '시험관'이라는 반응도 언뜻 보기에는 매우 특이한 반응으로 보이지만, 과학의 산물이므로 Sc로 채점하는 것이 적절하다.

• 평범 반응

평범 반응들은 규준 집단의 1/3 이상에서 자주 응답되는 반응들로, 13개가 정해져 있다. 평범 반응은 대부분의 수검자 집단에서 매우 빈도가 높게 나타나는데, 'P'로 기호화하고 반응 내용 기호 뒤에 기록한다.

어떤 반응이 P로 채점될 수 있으려면, 반응의 내용뿐 아니라 반응 영역의 위치와 카드의 방향이 기준과 일치하는지를 확인해야 한다. 만약 정해진 기준과 완전히 일치하지 않는다면 P로 기호화하지 않는다. 특히 평범 반응이 인간이나 동물인 카드 Ⅰ, Ⅱ, Ⅲ, Ⅳ, Ⅴ, Ⅶ, Ⅷ, Ⅸ의 경우에는 반드시 머리의 위치가 카드를 바로 세웠을 때의 위치와 같아야 한다. 따라서 수검자가 카드를 뒤집어서 들거나 옆으로 들고 이야기한 경우라도 반응의 머리 위치가 카드의 정방향과 일치한다면 P로 채점할 수 있고 그렇

[표 6-3] 평범 반응

카드	위치	내용 및 기준
I	W	**박쥐** : 반점의 윗부분을 박쥐의 상단부로 지각해야 하고 항상 전체 반점 영역에 대한 반응이어야 함.
	W	**나비** : 반점의 윗부분을 나비의 상단부로 지각해야 하고 항상 전체 반점 영역에 대한 반응이어야 함.
II	D1	**구체적인 동물의 이름이 제시됨(곰, 개, 코끼리, 양 등)** : 흔히 동물의 머리나 상체 부분으로 보지만, 전체 동물 모습으로 지각되는 경우에도 P로 채점됨.
III	D9	**사람 또는 인형, 만화 등에서의 사람 모습** : 만약 D1을 두 명의 사람이라고 지각한 경우에도 P로 채점되는데, 이때 D7 영역이 인간 신체의 일부분으로 포함되어서는 안 됨.
IV	W 또는 D7	**인간이나 인간과 유사한 존재(거인, 괴물, 공상과학적 이야기에서 나오는 생물체 등)** : 반점의 윗부분을 머리로 지각해야 함.
V	W	**박쥐** : 반점의 윗부분을 박쥐의 상단부로 지각해야 하고 항상 전체 반점 영역에 대한 반응이어야 함.
	W	**나비** : 반점의 윗부분을 박쥐의 상단부로 지각해야 하고 항상 전체 반점 영역에 대한 반응이어야 함.
VI	W 또는 D1	**동물가죽, 짐승가죽, 융단이나 모피** : 고양이, 여우, 호랑이 같은 동물의 가죽을 전체적으로 기술하는 경우
VII	D9	**사람의 얼굴이나 머리** : 흔히 D1, D2, Dd23 영역을 합쳐서 사람으로 반응하면서 구체적으로 여자라거나 아이 또는 인디언 등으로 말하는 경우도 있고 성별은 언급되지 않는 경우도 있다. D1을 사용하는 경우에는 D5는 머리카락이나 깃털로 지각된다. D2나 Dd23 영역을 포함하는 경우에는 D9 영역에 한해서 머리나 얼굴이라고 지각했을 때만 P로 기호화할 수 있다.

[표 6-3] 평범 반응(계속)

카드	위치	내용 및 기준
Ⅷ	D1	**전체 동물 모습** : 개, 다람쥐, 고양이 같은 다양한 종류의 동물들이 보고된다. 전체를 문양이나 문장으로 보면서 그에 포함된 동물 모양으로 보는 경우에도 P로 채점될 수 있다.
Ⅸ	D3	인간이나 인간과 유사한 대상(마녀, 거인, 괴물, 공상과학에 나오는 생물체 등)
X	D1	**게** : 모든 부속 기관들이 D1 영역에 국한되어 있어야 한다.
	D1	**거미** : 모든 부속 기관들이 D1 영역에 국한되어 있어야 한다.

지 않다면 P로 채점되지 않는다.

표 6-3에 종합체계에서 사용되는 평범 반응의 종류 및 위치가 제시되어 있다.

5) 조직화 활동

조직화 활동(Organizational activity)의 점수 Z는 수검자가 자극을 얼마나 인지적으로 조직화하였는가, 얼마나 조직화하려 노력하였는가에 대해서 평가하기 위하여 도입되었다. 즉, 수검자가 자극을 얼마나 인지적으로 조직화하였는가, 조직화하려 노력하였는가에 대해서 수치적으로 평가하는 것이 Z점수이다.

개별적인 Z점수만으로는 해석적인 의미가 없고 Z점수가 나타나는 빈도(Zf)와 Z점수들의 총합(Zsum)을 통해 수검자의 인지적 조직화 경향과 그 효율성에 대한 정보를 얻게 된다.

경제적이며 단순한 인지적 책략을 가지는 사람들은 반점 영역에 대해서 하나의 단일한 사물을 보고하거나 대칭성에 근거하여 쌍으로 보고하는 정도의 반응을 할 것이다. 예를 들어, 카드 Ⅷ에서 D1 영역에 대해서 "동물"이라고 하거나 대칭성 때문에 "두 마리의 동물"이라고 반응했다면 이것은 매우 경제적이며 단순한 반응이라고 볼 수 있다. 그러나 이에 비하여 반점의 나머지 영역도 사용하면서 "동물이 나무를 올라가고 있다"거나 "동물이 바위를 건너고 있다"라고 반응했다면, 자극을 보다 정교화, 조직화하려는 인지적 노력과 활동이 포함되어 있다고 볼 수 있다. 이를 평가하고 점수를 준 것이 Z점수이다.

Z점수를 줄 수 있으려면, 형태를 포함하고 있는 반응이어야 하고 또한 아래의 기준 중에서 적어도 한 가지 기준을 만족시키는 반응이어야 한다.

① ZW : DQ(발달질)가 +, o, v/+인 W 반응(DQ가 v일 때는 Z점수를 매기지 않는다.)

② ZA : 두 개 혹은 그 이상의 인접한 반점 영역들이 개별적인 대상으로 지각되면서 서로 의미 있는 관계를 맺고 있을 때

③ ZD : 두 개 혹은 그 이상의 인접하지 않은 반점 영역들이 개별적인 대상으로 지각되면서 서로 의미 있는 관계를 맺고 있을 때

④ ZS : 반점의 공백 부분이 반점의 다른 영역들과 의미 있는 관계로 통합되어 있을 때

위의 기준을 다시 한 번 살펴보면, Z점수를 줄 수 있으려면 형태가 포함되어 있는 반응이어야 한다. 따라서 순수 C, C′, T, Y, V 같은 반응에 대해서는 Z점수를 매길 수 없다. 또한 발달질(DQ)이 v인 반응도 Z점수를 주지 않는다.

반점의 부분들이 서로 의미 있는 관계를 맺고 있다는 것이 또다른 중요한 기준이 된다. 만약 "두 사람이 서로 다른 방향을 가리키고 있다"는 반응처럼 반점의 영역들이 서로 '의미 있는' 관계를 이루고 있지 않다면 Z점수는 매겨지지 않는다. 반면, "두 사람이 어떤 방향으로 갈 것인지 서로 토론하고 있다"고 했다면 이 경우에는 '의미 있는' 관계를 맺고 있으므로 Z점수를 줄 수 있다.

Z값은 각 카드와 적용되는 기준에 따라서 다른데, 반응이 얼마나 복잡하며 수검자가 반응을 정교화하기 위하여 얼마나 노력하였는가에 따라서 증가한다. 각 카드와 기준별 Z값은 부록 II에 제시되어 있다.

만약 한 반응에 대해서 두 가지 이상의 Z값 기준이 적용될 수 있다면, 더 높은 점수를 선택하면 된다.

Z점수 채점의 예를 들어 보면 다음과 같다.

반점의 공백 부분이 다른 반점 영역들과 통합된 것으로 볼 수 있는 경우, 주의해야 할 것이 있다. 공백부분을 사용한 것처럼 보이지만, 사실은 형태주의의 패쇄성 원리를 사용하여 대답하는 경우가 있다. 예를 들어, X번 카드에서 카드의 중앙 아랫부분에 대해서 "얼굴"이라고 보고 눈(D6), 코(D5), 수염(D4) 등을 구체적으로 말하는 경우가 있다. 이런 경우에는 공백 부분이 다른 부분과 통합되어 있다기보다는 하나의 형태를 구성하기 위한 선으로서 사용된 것이다. 따라서 이런 경우에는 ZS로 채점하지 않는다.

카드	반응	질문 단계	Z점수
I	박쥐	(W)	1.0
I	가면	전체 모양이 가면 같고 하얀 부분은 눈과 입이다.	3.5
I	두 마리의 큰 새가 산을 멀리서 바라보고 있다.	(D2)새들 (Dd22)산	6.0
II	서로 코를 비비고 있는 개들	(검은색 부분)	3.0
II	불을 뿜으면서 올라가는 로켓	(DS5＋D4)로켓 (D3)불꽃	4.5
II	서로 싸우려는 닭들	(D2)	5.5
III	마녀 둘이서 동굴에서 솥을 걸어놓고 약을 만들고 있다.	(W)	5.5
III	두 여자가 바구니를 들어 올리고 있다.	(D1)	3.0
III	두 여인이 서로 쳐다보고 있다.	(D9에서 D7 부분은 제외하고 반응)	4.0
IV	그루터기에 앉은 거인	(D1)그루터기 (나머지) 거인	4.0
IV	한스와 그레텔이 사탕나무를 뜯어 먹고 있다.	(DdS24)한스와 그레텔 (D1)사탕나무	5.0*
V	나비	(W)	1.0
VI	산에 높이 있는 토템	(D3)토템 (나머지) 산	2.5
VI	반사되고 있는 잠수함	(D4)잠수함	2.5
VI	(V)서로를 부르고 있는 두 마리 새	(Dd21)	6.0
VI	전체가 섬 같다.	(W)	Z점수 없음
VII	두 여자가 서로 웃고 있다.	(D1)	3.0
VII	(V)두 명의 캉캉춤 추는 댄서들	머리는 거의 닿아 있고 한쪽 다리는 올리고 있고 한쪽 다리는 안보인다.	3.0**
VIII	두 마리의 동물. 양쪽에 한 마리씩	(D1)	Z점수 없음
VIII	나무에 올라가는 곰	(D1)곰 (D4)나무	3.0
IX	(V)전체가 원자 폭발한 것. 버섯 구름이 보인다.	(D6)버섯 구름 (녹색 부분)연기 (주황색 부분)불	5.5
X	페인트가 잔뜩 묻어 있는 것 같다.	(W)	Z점수 없음
X	두 마리의 개. 각각 앉아 있다.	(D2) (2)	Z점수 없음
X	기둥을 올라가려고 애쓰고 있는 두 마리의 생물	(D2)생물 (D14)기둥	4.0
X	게 두 마리가 집게발을 치켜들고서 싸우려 하는 것 같다.	(D1)게 (2)	4.5

*여기서 한스와 그레텔 부분은 비인접반응이지만, 이것이 사탕나무 부분과 의미 있는 관계로 통합되어 있으므로 공백 부분 통합 기준에도 해당된다. 이때 더 높은 점수인 공백반응의 점수를 준다.

**여기서 반점 영역들은 인접해 있으나 인물들이 인접된 것으로 지각되고 있지 않기 때문에, 비인접 부분의 기준을 적용한다.

6) 특수 점수

특수 점수는 반응내용에서 나타나는 특이한 면에 대해서 기호화하는 것이다. 특수 점수를 사용함으로써 종합체계 이전에는 내용 분석의 대상이었던 여러 가지 반응 특징들에 대한 수량화가 가능해졌다(그러나 이 특수 점수만으로 모든 반응 내용 특징을 다 기술할 수 있는 것은 아니다).

특수 점수는 개인의 인지적 활동뿐 아니라 방어기제, 자기 지각, 대인 지각에 관한 정보를 제공해 준다.

종합체계에서는 특이한 언어반응, 반응 반복, 특수 내용, 좋은/나쁜 인간 표상 반응, 개인적 반응, 특수한 색채 투사 등의 특수점수를 제시하고 있다.

(1) 특이한 언어반응(Unusual Verbalization)

특이한 언어반응은 인지활동, 특히 인지적인 오류에 대한 연구에서 중요시된다.

수검자의 언어 표현에서 다음과 같은 방식의 인지적인 오류가 나타날 수 있다.

① 일탈된 언어표현(Deviant Verbalization) : DV, DR
② 부적절한 반응합성(Inappropriate Combination) : INCOM, FABCOM, CONTAM
③ 부적절한 논리(Inappropriate Logic) : ALOG

이 중 ALOG, CONTAM 반응을 제외하고 나머지 반응들에 대해서 반응의 기괴성(bizarreness) 정도에 따라서 수준 1과 수준 2로 구분한다.

수준 1은 반응의 질적 수준이 현실에서 심하게 이탈되지 않은 경우이고, 수준 2는 반응의 질적 수준이 심하게 이탈되어 있어서 반응표현이 매우 특이하고 기괴하며 부적절한 경우이다. 수준 1과 수준 2를 구분할 때에는 수검자가 현실을 얼마나 무시하고 반응한 것인가를 기준으로 판단하여야 한다. 즉, 수검자가 단지 무심하게 경솔히 반응하여서 나타난 것인지(수준 1), 현실을 무시하고 반응함으로써 나타난 것인지(수준 2)를 잘 판단하여야 한다. 수준 2의 경우에는 쉽게 알아볼 수 있을 정도로 기괴하고 부적절한 경우가 많다.

① 일탈된 언어표현(Deviant Verbalization) : DV, DR

㉠ DV(Deviant Verbalization, 이탈된 언어표현)
수검자가 신어 조작(neologism)을 보이거나 과잉 표현(redundancy)를 보일 때 채점한다.

- 신어 조작(neologism) : 수검자의 언어 능력으로 보아 충분히 정확하게 표현할 수 있음에도 불구하고 부정확한 단어를 사용하거나 새로운 단어를 만들어 사용하는 경우이다.
- 과잉 표현(redundancy) : 은어적 표현이나 어휘력이 제한되어 있어서 나타나는 것이라고 볼 수 없는 특이한 언어사용으로, 대상의 성질을 두 번 보고하는 경우이다.

ⓛ DR(Deviant Response, 이탈된 반응)

수검자가 부적절한 구(inappropriate phrase)를 사용하였거나 표현이 우회적 (circumstantial)일 때 채점한다. (여기서 '우회적'이라는 용어는 '말하려는 목적에 달성하지 못하고 산만하고 주제에서 벗어난다'는 뜻임을 주의할 것. 일상 용어가 아닌 정신병리학적인 용어로서 사용된 것임.)

- 부적절한 구(inappropriate phrase) : 반응 내용과는 맞지 않고 매우 부적절하거나 아무런 관련이 없는 구를 사용하였거나 앞뒤가 연결되지 않는 방식으로 반응한 경우를 말한다.
  예를 들어 보면 다음과 같다.

  이것은 사람인데, 새는 어디에 있지? (DR2)
  이것은 대통령 얼굴 같군요. 만약 당신이 공화당원이라면. (DR2)
  이건 고양이 같은데, 우리 아버지는 고양이를 늘 미워했어요. (DR1)

- 우회적인 반응(circumstantial response) : 수검자가 반응에 대해서 부적절하게 정교화하면서 말이 주제에서 벗어나면서 산만하게 흘러가는 경우이다. 수검자가 반응에 대해서 적절하게 정교화하거나 자세히 설명하는 경우와는 질적으로 틀리므로 혼동하지 않도록 한다. 예를 들어 보면 다음과 같다.

  이런 걸 잡지에서 본 적이 있는데, 나는 항상 독서를 많이 해요. 왜냐하면 내 마음을 예리하게 하고 사람들과 세상에 관해서 많은 것을 알 수 있기 때문이지요. 만약 당신이 매일 매일 독서를 한다면 자기를 발전시킬 수 있을 거예요. (DR2)
  이건 학교 다닐 때 미술책에서 본 그림 같네요. 학교 다니는 거 정말 싫었어요. 누가 학교 같은 걸 가라고 만들어 놨는지 모르겠어요. 학교에서 그림 그리는 것도 싫었어요. (DR1)

② **부적절한 반응합성(Inappropriate Combination)** : INCOM, FABCOM, CONTAM 반점에 대한 연상이나 생각이 부적절하게 합성되어 나타나는 것을 말한다. 이 중 IMCOM과 FABCOM은 수준 1, 2로 구분하여 채점한다.

ㄱ **INCOM(Incongruous Combination, 조화되지 않는 합성)**

반점의 부분이나 이미지들이 부적절하게 하나의 대상으로 합쳐져서 압축된 것을 말한다.

고환이 네 개인 개구리 (INCOM2)
박쥐. 여기는 날개, 몸이고 손이 있다. (INCOM1)
닭 머리를 한 여자 (INCOM2)
빨간 곰 (INCOM1)
날개가 달린 신기한 페니스 (INCOM2)
노란 눈을 한 남자 (INCOM1)

ㄴ **FABCOM(Fabulized Combination, 우화적인 합성)**

분명하게 분리되어 있는 두 가지 이상의 반점 영역들에 대해서, 대상들이 있을 수 없는 방식으로 관계를 맺고 있는 것으로 지각하는 경우를 말한다. 만화 같은 데서 흔히 볼 수 있는 정도의 반응들은 수준 1로 채점될 수 있지만, 현실성 없고 기괴한 내용이 반응된다면 수준 2로 채점한다. 있을 수 없는 투명 반응(transparency)도 항상 FABCOM2로 채점된다.

닭 두 마리가 농구를 하고 있다.(FABCOM1)
회전 목마를 타고 있는 쥐 (FABCOM1)
개미들이 춤추고 있다. (FABCOM1)
두 여자가 잠수함을 공격하고 있다. (FABCOM2)
이 남자의 몸 안에서 심장이 뛰고 있는 것을 볼 수 있다. (FABCOM2)
눈에서 연기가 나오고 있는 토끼 머리 (FABCOM2)

ㄷ **CONTAM(Contamination, 오염 반응)**

부적절한 반응 합성 중에서 가장 부적절한 반응이다. 두 가지 또는 그 이상의 이미지들이 비현실적으로 하나의 사물로 합성되거나 중첩되는 경우를 말한다. 이 반응의 경우 반응단계에서보다는 질문 단계에서 잘 드러나는 경우가 많다(반응단계에서는 신어 조작적인 반응으로만 보이는 경우도 있을 수 있다).

CONTAM 반응은 다른 특수 점수보다 우선적으로 적용된다. 따라서 어떤 반응이 CONTAM으로 채점될 수 있는 경우라면 특이한 언어반응에 해당하는 다른 특수 점수(DV, DR, INCOM, FABCOM, ALOG)는 채점되지 않는다.

CONTAM 반응의 예를 들어 보면 다음과 같다.

곤충 황소. (Q) 곤충의 얼굴과 황소의 얼굴이 겹쳐서 보이니까.

나비꽃. (Q) 여기 나비가 있고 꽃도 있으니까.

(카드 I 에서) 나비 (Q) 여기는 날개(D2), 몸통(D4), 얼굴(DdS26), 입(DdS29), 귀(Dd28)가 있다.

위의 '나비' 반응의 경우 나비라는 평범 반응과 얼굴 반응이 합성되어 있는데, 두 반응의 형태질은 모두 ordinary이므로 다음과 같이 채점한다.

WSo Fo A P 3.5 CONTAM

③ 부적절한 논리(Inappropriate Logic) : ALOG

검사자가 유도하지 않았는데도 수검자가 자신의 반응을 정당화하기 위하여 설명을 하는데, 그 논리가 부적절하고 비합리적일 때 채점한다. 이때의 논리는 타당하지 않으며 연상이 이완되거나 사고가 지나치게 단순한 양상으로 나타난다. 또한 수검자는 그 논리가 적절하다고 믿으면서 반응한다. 만약 수검자가 "사실 꼭 그렇다고 할 수는 없지만, 좀 억지로 말한다면~" 등의 단서를 붙이면서 말한다면 ALOG가 아닐 가능성이 많다.

ALOG 반응의 예를 들면 다음과 같다.

북극이다. 카드의 위쪽에 있으니까.

당근이다. 토끼 옆에 있으니까.

카드를 모두 차지하고 있으니까 거대한 새이다.

사악한 사람인 것 같다. (Q) 검은 모자를 쓰고 있는 걸 보니 틀림없다.

이 고양이는 죽은 것 같다. (Q) 여기 머리, 다리가 있는데, 눈이 보이지 않는 걸 보니 죽은게 분명하다.

(2) 반응 반복(Perseveration) : PSV

반응 반복의 유형에는 세 가지 종류가 가능하다. 그러나 세 가지 경우 모두 PSV 한 가지 기호로만 채점하고 구분하지 않는다.

① 카드 내 반응 반복

같은 카드에 대해서 위치, 발달질, 결정인, 형태질, 내용 및 Z점수까지 모두 같은 반응이 연속적으로 나타나는 것을 말한다. 반응 내용 자체는 다를 수 있지만, 내용 채점 유목은 동일하다. 단, 특수점수가 동일할 필요는 없다.

예를 들면, 카드 V에서 전체 영역에 대해서 "박쥐"라고 했고 다음에 "나비"라고 말하는 경우가 이에 해당된다.

② 카드 간 내용 반복

앞서 제시되었던 카드에서 나왔던 내용이 뒤에 제시되는 카드에서도 동일하게 반복될 때를 말한다. 이 경우에는 채점 기호가 반드시 일치할 필요는 없고 다만 다른 카드의 새로운 반점에 대해서 이전 카드에서 보고했던 대상과 동일한 것으로 보고하는지가 채점의 주가 된다.

예를 들어, 한 카드에서 "사람들이 싸우고 있다"라고 한 뒤 다음에 제시되는 카드들에서 "아까 그 사람들이 이제는 싸우지 않고 있나 보다"라고 하는 경우가 카드 간 반응 반복에 해당된다.

③ 기계적인 반복

카드가 바뀌어도 기계적으로 계속 같은 대상을 보고하는 경우를 말한다. 보통 짧고 간단한 것이 특징이다. 예를 들어, 심한 인지적 손상이 있는 환자들의 경우 카드 I에서 "박쥐"라고 반응한 뒤 X번 카드까지 모두 "박쥐" 한 가지로만 답하는 경우가 이에 해당된다.

그러나 수검자가 검사에 저항을 보이는 경우에도 이런 반응 양상이 나타날 수 있다. 이렇게 의도적으로 반응 반복을 하는 경우에는 인지 장애로 인한 경우와는 달리 해석하여야 함은 물론이다.

(3) 특수 내용

특수 내용에서 단순한 반응 내용을 넘어서서 사고, 자기상, 대인관계적 특징과 관련되는 네 가지의 특수한 내용들을 기호화하게 된다.

① 추상적 내용(Abstract content) : AB

수검자가 상징적인 표현을 사용하는 경우에 채점된다. 두 종류의 반응 유형이 있을 수 있는데, 첫 번째 유형은 내용 반응 기호 중 인간 경험 Hx와 관련이 있다. 이때 수검자가 형태가 있는 대상에 대해서 인간의 정서나 감각적 경험을 부여하는 경우가 있을 수 있고, 형태에 대한 고려는 없이 정서나 감각적인 것을 지각하는 경우도 있을 수 있다.

전자의 예를 들어 보면, "이 사람들은 서로 사랑하고 있다. 이 가운데 붉은 하트 모양이 이들이 서로 사랑하고 있다는 것을 나타내고 있다", "잔뜩 화가 난 고양이"라는 식으로 형태가 있는 대상에 감정이나 정서를 지각하게 된다. 후자의 경우에는, "이것은 우울이다. 검고 어둡다", "색깔들이 뒤섞여서 분노를 느끼게 한다" 등의 예를 들 수 있다. 이것은 형태가 없는 M반응(Mnone)으로 특수점수 AB를 부가하게 된다.

두 번째 유형의 AB반응은 수검자가 분명하고 구체적으로 상징적 표현을 사용하는 경우로, 형태가 있는 대상에 상징적인 의미를 부여하게 된다. "공산주의를 상징하는 조각", "이건 곰이 산을 올라가는 거다. 진짜 산이라기보다는 상징적인 산이다.", "악을 상징하는 가면", "하트, 발렌타인 데이를 상징하는" 등의 반응을 예로 들 수 있다.

② 공격적 운동(Aggressive movement) : AG

운동반응에서 싸움, 파괴, 논쟁, 공격 등의 분명하게 공격적인 내용이 포함되어 있을 때 채점된다. 이때 공격은 반드시 주체적인 것이어야 하며 공격이나 피해를 당하는 경우에는 채점되지 않는다. 예를 들어 "곰 두 마리가 서로 싸우고 있다"는 것은 AG로 채점되지만, "얻어맞은 곰"은 AG로 채점되지 않는다. 또한 폭발 자체는 AG로 채점되지 않지만, 폭발로 인해서 무엇인가 파괴되었을 때는 AG로 채점된다.

공격 반응의 예로는 "무엇인가에 몹시 화가 나 있는 남자의 얼굴", "노려보고 있는 사람", "뭔가 파괴하려고 발사된 로켓", "거미들이 무기를 들고 서로 덤벼들려고 하고 있다" 등을 들 수 있다.

③ 협조적 운동(Cooperative movement) : COP

운동 반응에서 둘 또는 그 이상의 대상들이 협조적인 상호작용을 하고 있는 경우에 채점된다. COP로 채점되기 위해서는 협조적인 상호작용이 분명하게 보여야 한다. "뭔가를 쳐다보고 있는 사람들"이나 "이야기하고 있는 두 사람" 같은 반응은 COP로 채점되지 않는다. 그러나 "두 사람이 함께 춤을 추고 있다"거나 "서로 다정하게 이야기를 하고 있다" 등의 반응은 분명하게 상호작용이 보이기 때문에 COP로 채점된다.

협조적 반응의 예를 들어 보면, "두 사람이 바구니를 들어 올리고 있다", "곤충들이 함께 이 기둥을 쓰러뜨리려 한다", "새가 새끼에게 먹이를 주고 있다", "아이들이 시소를 타고 있다", "서로 어울려 춤추고 있는 사람들" 등이 여기에 해당된다.

④ 병적인 내용(Morbid content) : MOR

MOR은 다음의 두 가지 경우 중 어느 하나에 해당할 때 채점한다.

㉠ 죽은, 파괴된, 손상된, 폐허가 된, 상처입은, 깨어진 등의 대상으로 지각한 경우.

(예) 깨진 유리, 죽은 개, 헤어진 장화, 닳아빠진 외투, 멍든 얼굴, 썩은 고기, 찢어진 낙엽

㉡ 대상에 대해서 우울한 감정이나 특징을 부여한 반응

(예) 음울한 집, 불행한 사람, 울고 있는 토끼, 슬픈 나무

(4) 좋은/나쁜 인간 표상 반응(Good/Poor Human Representation) : GHR, PHR

인간 표상 반응은 인간 내용반응인 H, (H), Hd, (Hd) 또는 Hx로 채점되는 반응, 결정인 M이 포함된 반응, 특수점수 COP나 AG를 포함하는 FM 반응 중에서 채점하게 되는데, 다음의 규칙을 순서대로 따라서 채점하면 된다.

① 순수 H 반응 중에서 다음의 경우 GHR로 채점

- 형태질이 +, o, u일 때
- DV 외의 다른 특수점수로 채점되지 않았을 때
- AG나 MOR을 제외한 특수점수로 채점되지 않았을 때

② 다음의 경우에 해당될 때는 PHR로 채점

- 형태질이 −, none
- 형태질이 +, o, u이면서 ALOG, CONTAM, 수준 2의 특수점수가 있는 경우

③ AG는 없고 COP로 채점되는 남은 인간 표상 반응일 때는 GHR로 채점

④ 다음의 경우에는 PHR로 채점

- FABCOM이나 MOR
- 내용기호 An

⑤ 카드 III, IV, VII, IX의 P반응으로 기호화할 수 있는 남은 인간 표상 반응이 있는 경우 GHR로 채점

⑥ 다음에 해당되는 남아 있는 인간 표상 반응은 모두 PHR로 채점

- AG, INCOM, DR
- Hd (그러나 (Hd)는 제외)

⑦ 남은 모든 인간 표상 반응은 GHR로 채점

(5) 개인적 반응 : PER

개인적 반응(Personalized answer) PER은 수검자가 자신의 반응을 정당화하고 명료화하기 위하여 자신의 개인적인 지식이나 경험을 언급하면서 반응할 때 채점된다. 단순히 "나에게는 그렇게 보인다"거나, "나는 그렇게 생각한다" 또는 "나는 그런 것을 좋아하지 않는다"는 등의 표현이 해당되는 것이 아니라, "내가 어릴 때 이렇게 생긴 것을 보았다", "옛날에 우리 아버지가 이런 것을 보여주시곤 했다", "우리집에 있는 것과 똑같이 생겼다", "어제 책에서 봤다"는 식으로 개인의 경험이나 지식이 포함되는 경우에 채점하게 된다.

(6) 특수한 색채 투사 : CP

특수한 색채 투사(Color Projection) CP는 무채색 영역에서 유채색을 지각하는 경우에 채점된다. 이런 반응은 매우 드물긴 하지만, 카드 IV와 V에서 나타나는 경우가 있다. 예를 들면, 수검자는 카드 V를 보고 "아름다운 나비"라고 반응하고는 질문단계에서 "아주 아름다운 색깔들이 보여요. 노란색, 푸른색이 보이는군요"라고 반응하였다면 CP를 채점하여야 한다.

그러나 결정인을 채점할 때는 반점에 유채색은 없으므로 색채 결정인(C, CF, FC)으로는 채점하지 않는다. 보통 수검자들이 반점의 음영 특징에 대해서 유채색으로 지각하게 되므로 음영 반응(Y, YF, FY)으로 채점한다.

◆ 다중적 특수 점수

수검자의 반응들 중에는 하나 이상의 특수 점수가 포함되어 있는 경우들이 있다. 이런 경우 원칙적으로는 모든 특수 점수를 다 채점하여야 한다. 그러나 몇몇 예외적인 경우도 있다.

지금까지 소개된 특수 점수들을 나열해 보면 다음과 같다.

DV, DR / INCOM, FABCOM, CONTAM / ALOG /

PSV / AB, AG, COP, MOR / GHR, PHR / PER / CP

위의 15가지 특수 점수들에 대한 채점의 원칙을 요약해 보면 다음과 같다.

1. PSV / AB, AG, COP, MOR / PER / CP는 서로 독립적이기 때문에 기준을 만족시키는 경우에는 모두 채점한다.
2. DV, DR / INCOM, FABCOM, CONTAM / ALOG가 다중채점될 수 있는 경우, 이 특수 점수들은 상호관련이 있기 때문에 주의하여야 한다.

① CONTAM으로 채점한 반응에 대해서는 DV, DR, INCOM, FABCOM, ALOG는 추가하여 채점하지 않는다.

② DV, DR / INCOM, FABCOM, CONTAM / ALOG 등의 다중채점에 대해서는, 만약 반응이 독립적이며 개별적인 것으로 분리될 수 있다면 같이 채점한다. 반응이 중첩되는 경우라면 가중치(WSum6)가 높은 점수 하나만을 채점한다.

예를 들어 보자.

"두 마리의 곰이 손을 서로 마주치고 있다"는 반응의 경우 INCOM(손)과 FABCOM(손을 마주치고 있다)이 포함되어 있다. 이때 '손'과 '마주치고 있다'는 서로 독립된 반응으로 분리할 수 없으므로, 이런 경우에는 가중치가 보다 높은 FABCOM만을 채점한다.

"분홍색 곰이 아이스크림 위를 기어올라가고 있다"는 반응의 경우에도 역시 INCOM(분홍색 곰)과 FABCOM(아이스크림 위를 기어올라가고 있다)가 포함되어 있다. 그런데 이 반응에서는 '분홍색 곰'과 '아이스크림 위를 기어올라간다'는 반응 간에 아무 관련이 없으므로 구분하여 개별 채점할 수 있다. 따라서 이 경우에는 INCOM, FABCOM을 모두 채점에 포함시킨다.

5. 구조적 요약 및 해석

이상과 같은 과정을 통해 채점이 완료되면, 이를 토대로 구조적 요약(Structural summary)을 하게 된다. 이 과정을 통해서 수검자의 심리적 특성과 인지적 기능들에 대한 여러 가지 가설들을 세울 수 있다.

구조적 요약은 다음과 같은 세 단계를 거쳐서 완성된다.

(1) 반응기록지의 오른쪽에 채점해 둔 각 반응의 기호와 점수들을 점수계열지에 기록한다.

(2) 기록된 각 변인의 빈도들을 구조적 요약지의 상단부에 기록한다.

(3) 이를 토대로 반응 간의 비율, 백분율, 산출 점수들을 계산하여 구조적 요약지의 하단에 기록한다.

점수계열지와 구조적 요약의 상단과 하단부의 기록 예는 그림 6-2(a), (b)에 제시되어 있다.

카드 번호	반응 번호	영역과 발달질	영역 번호	결정인과 형태질	(2)	내용	평범 반응	z점수	특수 점수
I	1	Wo	1	Fo		A	P	1.0	
	2	D+	4	M^{a}o	(2)	H		4.0	
	3	WSo	1	M^{a}u		(Hd)		3.5	
II	4	WSo	1	M^p,CF−		Hd		4.5	MOR, AB
III	5	D+	1	M^{a}o	(2)	H, Hh	P	3.0	COP
	6	WSo	1	F−		Hd		5.5	
IV	7	Wo	1	FDo		(A)		2.0	
V	8	Wo	1	Fo		A	P	1.0	
	9	Do	7	Fu		(A)			
VI	10	Wo	1	Fo		(A)		2.5	MOR, DV2
VII	11	D+	9	M^a.FYo	(2)	Hd	P	3.0	AG
VIII	12	W+	1	FM^a.Fr.FCo		A, Na	P	4.5	INCOM1
	13	D$_{V/+}$	4	FC.FVo		Ls		3.0	
	14	DdSo	99	FC−		Ad		4.0	PER
IX	15	Wv	1	M^a.C		Hx			AB
X	16	W+	1	M^{p}u		(H), Art		5.5	
	17	DdS+	22	F−		Hd, Bl		4.0	

[그림 6-2] (a) 점수계열 기록의 예

구조적 요약(상단부)				
반응 위치 특성	결정인		내용	접근 방식
	복합 결정인	단일 변인		

반응 위치 특성

Zf =16
ZSum =60.0
ZEst =52.5

W =9
D =10
W+D =19
Dd =0
S =4

발달질
+ =10
o =7
v/+ =0
v =2

형태질

	FQx	MQual	W+D
+	=0	=0	=0
o	=12	=4	=12
u	=5	=0	=5
−	=1	=0	=1
none	=1	=	=

복합 결정인

FM.FC'.CF
m.VF
M.FD.TF
FM.FC'
FC.FC'
FD.FC.FV
CF.m

단일 변인

M =3
FM =0
m =1
FC =1
CF =0
C =0
Cn =0
FC' =2
C'F =0
C' =1
FT =1
TF =0
T =0
FV =0
VF =0
V =0
FY =0
YF =0
Y =0
Fr =0
rF =0
FD =0
F =3

(2) =6

내용

H =4
(H) =1
Hd =0
(Hd) =0
Hx =0
A =3
(A) =1
Ad =1
(Ad) =0
An =2
Art =5
Ay =0
Bl =1
Bt =0
Cg =2
Cl =1
Ex =0
Fd =0
Fi =0
Ge =0
Hh =0
Ls =1
Na =3
Sc =3
Sx =0
Xy =1
Id =1

접근 방식

I WS.W
II W.DS
III D.D
IV W
V W
VI W.D.D
VII W
VIII W.DS
IX W
X D.D.DS.D

특수점수

	Lv1	Lv2
DV	=0x1	0x2
INC	=0x2	0x4
DR	=0x3	0x6
FAB	=1x4	0x7
ALOG	=0x5	
CON	=0x7	

Raw Sum6 = 1
Wgtd Sum6 = 4

AB =2 GHR =4
AG =4 PHR =3
COP =1 MOR =4
CP =0 PER =1
PSV =0

구조적 요약(하단부)

비율, 백분율과 이탈치

R=19 L=0.19

EB =4:3.5 EA =7.5 EBPer=N/A
eb =5:10 es =15 D=−2
Adj es=13 Adj D=−2

FM=2 Sum C'=6 Sum T=2
m=3 Sum V=2 Sum Y=0

정서
FC:CF+C = 3:2
Pure C = 0
Sum C':WSum C= 6:3.5
Afr = .58
S = 4
Blends:R = 7:19
CP = 0

대인관계
COP=1 AG= 4
GHR:PHR= 4:3
a:p= 8:1
Food= 0
Sum T= 2
Human Cont= 5
Pure H= 4
PER= 1
Isol Indx= .47

관념화
a:p= 8:1 Sum6= 1
Ma:Mp= 4:0 Lv2= 0
2AB+Art+Ay= 9 WSum6= 4
MOR= 4 M−= 0
Mnone= 0

중재
XA%= .89
WDA%= .89
X−%= .05
S−%= 1
P= 4
X+%= .63
Xu%= .26

처리
Zf= 16
W:D:Dd= 9:10:0
W:M= 9:4
Zd= +7.5
PSV= 0
DQ+= 10
DQv= 2

자기 지각
3r+(2)/R= .32
Fr+rF= 0
Sum V= 2
FD= 2
An+Xy= 3
MOR= 4
H:(H)+HD+(Hd)= 4:1

PTI=0 DEPI=6* CDI=2 S−CON=7 HVI=No OBS=No

[그림 6-2] (b) 구조적 요약의 예

1) 점수계열지

점수계열지에는 각 카드별 반응을 순서대로 번호를 매기면서 채점한 것을 그대로 옮겨 적으면 된다.

반응에 대한 채점을 점수계열지에 직접 할 수도 있지만, 대부분의 검사자들은 먼저 반응기록지의 우측에 채점을 한 후 점수계열지에 옮겨 쓰는 방식을 선호한다(그림 6-2(a) 참조).

2) 구조적 요약–상단부

(1) 반응 영역

반응 영역과 관련하여 다음의 세 가지 내용을 기록한다.

① 조직화 활동

- **Zf** : Z 반응이 나타난 빈도를 세어서 기록한다.
- **Zsum** : Z 점수의 총합을 계산하여 기록한다.
- **Zest** : 수검자의 Z빈도, 즉 Zf에 해당하는 값을 표 6-4에서 찾아서 기록한다. 이것은 해당 Zf에서 기대될 수 있는 최적 Zsum값을 나타낸다.

② 영역 기호

W, D, Dd, S 등 각 반응 영역 기호들의 빈도를 세어서 기록한다. S반응은 다른 영역 기호들과 분리해서 계산한다.

③ 발달질(DQ)

반응 영역과 관계없이 각 발달질 기호의 빈도를 계산하여 기록한다. 오른쪽의 괄호 안에는 각 발달질에서 형태질 FQ가 −인 반응의 빈도를 기록한다.

(2) 결정인

혼합반응(Blend)과 단일 반응으로 나누어서 계산한다. 혼합반응란에는 혼합 반응을 각각 그대로 기록하는데, 혼합반응에 포함된 결정인들은 단일 결정인들의 빈도를 계산할 때 다시 포함시키지 않는다. 즉, 단일 결정인의 빈도 계산 시에는 혼합반응에서의 결정인은 제외시킨다.

(3) 형태질

형태질과 관련해서 다음의 세 가지 항목을 각각 기록한다.

[표 6-4] 최적 Zf값 추정

Zf	Zest	Zf	Zest	Zf	Zest	Zf	Zest
1	–	14	45.5	27	91.5	40	137.5
2	2.5	15	49.0	28	95.0	41	141.0
3	6.0	16	52.5	29	98.5	42	144.5
4	10.0	17	56.0	30	102.5	43	148.0
5	13.5	18	59.5	31	105.5	44	152.0
6	17.0	19	63.0	32	109.5	45	155.5
7	20.5	20	66.5	33	112.5	46	159.0
8	24.0	21	70.0	34	116.5	47	162.5
9	27.5	22	73.5	35	120.0	48	166.0
10	31.0	23	77.0	36	123.5	49	169.5
11	34.5	24	81.0	37	127.0	50	173.0
12	38.0	25	84.5	38	130.5		
13	41.5	26	88.0	39	134.0		

① FQx(Form Quality Extended)

형태를 사용한 모든 반응에 대해서 각 FQ의 빈도를 계산한다. 형태를 사용하지 않은 반응은 none 항목에 별도로 기록한다.

② MQual(M form quality)

모든 인간 움직임 반응(M)의 FQ를 각각 계산한다. 형태를 포함하지 않은 Mnone 반응은 none 항에 따로 기록한다.

③ W+D

W와 D 영역을 사용한 반응 모두의 FQ를 각각 계산한다.

(4) 내용

내용 범주에는 27개의 유목들이 포함되어 있다. 각각 유목별로 일차적인 반응으로 나타난 경우와 이차적인 반응으로 나타난 경우를 쉼표(,)로 구분하여 앞뒤로 기록한다.

예를 들어 수검자의 반응에서 '나무' 반응이 일차적인 것으로 나타난 경우가 2회, 이차적인 것으로 나타난 경우가 1회라면 내용 범주 유목의 Bt항에 'Bt = 2,1'로 기록하면 된다.

(5) 접근 방식

이 란에는 수검자가 선택 사용한 반응 영역의 순서를 그대로 기록한다. 예를 들어, 카드 Ⅰ에서 첫 번째 반응은 W, 두 번째 반응은 D, 세 번째 반응은 WS로 했다면 Ⅰ란에 W, D, WS라 기록하면 된다.

(6) 특수 점수

15개의 특수 점수 각각의 빈도를 기록한다.

DV, INCOM, DR, FABCOM, ALOG, CONTAM 6개의 특수 점수에 대해서는 수준 1과 수준 2로 구분하는 경우에 각 빈도를 구분하여 기록한 뒤, Raw Sum6 란에 빈도의 총합을 기록한다. 다음에는 각각에 대해서 (기록란에 제시되어 있는) 가중치를 곱하여 계산한 뒤 그 총합을 WSum6(Weighted Sum6) 란에 기록한다.

각 특수 점수의 가중치는 표 6-5와 같다.

[표 6-5] 특수 점수의 가중치

특수점수	DV1	DV2	INCOM1	INCOM2	DR1
가중치	1	2	2	4	3
특수점수	DR2	FABCOM1	FABCOM2	ALOG	CONTAM
가중치	6	4	7	5	7

3) 구조적 요약-하단부

이처럼 각 요인들의 빈도를 계산한 뒤, 이를 토대로 Core(핵심 영역), Ideation(사고 영역), Affect(정서 영역), Mediation(중재 영역), Interpersonal(대인관계 영역), Processing(과정 영역), Self-Perception(자기 지각 영역)의 7개의 자료군을 구성하게 된다.

가장 아랫 부분에 있는 6개의 특수 지표(PTI, DEPI, CDI, S-CON, HVI, OBS)는 이

장의 마지막 부분에 제시되어 있는 기준 표를 이용해서 작성한다.

이하에서부터 각 영역들의 의미, 그에 해당되는 변인들의 산출 방법 및 해석적 의미에 대해서 살펴보기로 하자.

(1) Core section

핵심 영역(Core section)에는 우선적으로 수검자가 한 반응의 타당성을 검토할 수 있는 변인들이 포함되어 있다. 또한 이 영역에 들어가는 변인들은 수검자의 지배적인 성격유형과 관련되어 있는 한편, 스트레스 인내력 및 통제 능력에 대한 가설을 세우는 데 적용된다.

이 영역에서는 16가지의 항목을 기록한다. 이 중에서 R(전체 반응수), FM, C′, T, m, V, Y 항목은 빈도를 기록하면 되는데, C′, T, V, Y 항목은 각각의 하위유형(예를 들면, C′의 경우는 C′F, FC′, C를 모두 계산한다)을 모두 포함하여 빈도에 넣는다.

나머지 9개 항목을 포함하여 각 항목의 해석적 지침을 살펴보면 다음과 같다.

■ R : 전체 반응수

Exner의 종합체계에 따라 로르샤흐 검사에 대한 해석을 하기 위해서는 먼저 수검자가 응답한 전체 반응의 수가 적정 범위에 속해 있는가를 검토하는 것이 필수적이다. 전체 반응수가 지나치게 적거나 또는 많다면 얻어진 자료들이 수검자의 행동 및 성격에 대한 대표적인 모습을 제대로 반영하고 있다고 받아들일 수 없기 때문이다. 즉, 검사의 타당도가 보장되지 않는다고 볼 수 있다.

대부분의 성인에서 평균 반응수는 17~27개 사이에 속한다(미국의 경우). 한국 성인의 경우에는 11~27개 사이에 속하는 것으로 연구되어 있다(신경진 & 원호택, 1991). 이 범위를 벗어나는 경우에는 종합체계를 적용하는 것에 신중을 기해야 한다.

■ L (Lamda, 람다)

순수 형태 반응(F)과 순수 형태 반응이 아닌 것 간의 비율로, 전체 반응에서 순수 형태 반응이 차지하는 정도를 보는 것이다. 계산 공식은 아래와 같다.

$$L = \frac{F \text{ (순수 형태 반응의 수)}}{R\text{(전체 반응수)} - F\text{(순수형태 반응의 수)}}$$

순수 F반응은 반점의 다른 특성에 대해서는 고려하지 않고 반점의 윤곽모양에만 기초한 반응으로, 인지적 자원을 최소로 사용하는 가장 단순한 형태의 반응으로 볼 수 있다. 따라서 순수 F반응과 그 이외의 반응 간의 비율을 나타내는 L은 심리적인 자원에 대한 경제적인 사용 정도에 대해서 시사해 준다.

즉, L이 높은 수검자일수록(보통 0.99 이상일 경우) 반응과정에서 자극의 복잡성을 무시하면서 자극장을 축소, 단순화하여 받아들이려는 경향이 높다고 볼 수 있다. 반대로 L이 낮아질수록, 그 수검자는 자극에 대해서 경제적으로 접근하기보다는 과도하게 몰두하거나 효율적으로 대처하지 못하는 경향이 있는 것으로 볼 수 있다.

그러나 L만으로 그 수검자의 자극에 대한 대응방식을 단정지을 수는 없으며, 이외의 다른 관련 변인들을 고려해서 가설을 확정해야 함은 물론이다.

■ EB (Erlebnistypus, 경험형) = M : WSumC

$$WSumC = (0.5) \times FC + (1.0) \times CF + (1.5) \times C$$

EB는 인간 운동 반응(M)과 가중치를 준 색채 반응 총점수(WSumC)와의 관계를 나타낸다. 수식으로 나타내 보면 위와 같다. WSumC는 색채 반응에서 형태를 사용한 정도에 따라서 각각 다른 가중치를 주고 이를 더하여 계산하는데, 색채 명명 반응(Cn)은 계산에 포함시키지 않는다.

EB는 개인의 반응 스타일을 나타내는 것으로, M 반응의 비율이 높은 사람은 기본적인 욕구 충족을 위해서 개인의 내적인 사고 활동을 활용하는 경향이 많은 반면, 색채 반응이 많은 사람들은 기본적인 욕구 충족을 위해서 외부 환경과의 상호작용을 활용하려는 경향이 보다 많다고 본다. 즉, M 반응이 많은 사람들은 보다 내향성(introversiveness)을 가지고 있고 색채 반응이 많은 사람들은 보다 외향성이 있다는 것이다. 그런데 주의할 것은, 여기에서 말하는 내향성-외향성은 (우리가 일반적인 의미에서 이야기하는) 외현적으로 보이는 대인관계에서의 행동 양식을 말하는 것이 아니라 그 사람이 문제 해결이나 행동방식을 결정함에 있어서 자기의 내적 활동, 즉 사고 활동을 보다 적극적으로 활용한다면 내향성, 환경과의 관계에 의존하면서 환경에 감정을 지속적으로 표출하는 경향이 강하다면 외향성으로 보는 것이다. 따라서 두 경우에 그 바탕이 되는 반응 스타일은 각각 다르지만, 외적으로 보이는 행동 양식에는 차이가 없을 수도 있는 것이다.

이 두 경우와는 달리, 내향성과 외향성 간에 별 차이가 없이 비슷한 경우를 양향성(ambitent style)이라고 하는데, 이것은 대응 방식에 융통성이 있는 것이라기보다는 일관성 없는 문제해결 방식을 가지고 있는 것을 나타낸다고 생각되고 있다.

이하에 제시되는 변인들 중 많은 경우에 내향성, 외향성, 양향성이라는 EB양식에 따라서 집단 간 차이가 나타난다. 따라서 각 반응 양식에 따라서 통계적인 기준치가 다를 수 있다. 이런 차이를 알고 적절한 해석적 가설을 설정하는 것이 중요하다.

■ EA (Experience Actual, 경험 실제) = M + WSumC

앞에서 이야기된 EB의 양쪽 두 항의 합, 즉 인간 운동 반응 M의 수와 WSumC값을 더한 것을 경험 실제 EA라 한다.

이는 개인이 실제로 사용 가능한 심리적인 자원과 관련이 있다. M과 C 변인들은 자발적이고 능동적인 심리활동을 나타내는 것으로 여겨지고 있는데, 정신치료를 받기 전과 받은 후를 비교할 때 EB의 방향성 자체는 일관되게 나타나지만 그 총량인 EA 점수는 정신치료를 받은 후에 증가한다는 연구 결과들이 있다. 이를 토대로, EA 는 효율적으로 사용될 수 있는 내적 자원들을 나타내는 것으로 받아들여지고 있다. 내적 자원과 관련해서는 이후에 제시되는 es, D, AdjD 등을 함께 고려함으로써 보다 풍부한 접근을 할 수 있다.

■ EBPer (EB Pervasive, EB 지배성)

EBPer은 EB의 양쪽 두 항 중에서 점수가 더 큰 항을 점수가 더 작은 항으로 나누어 계산한다.

주의할 것은 EBPer은 EB의 두 항의 점수 사이에 뚜렷한 차이가 있을 때만 계산한다는 것이다. 즉 (EB 두 항의 합인) EA값이 10.0 이하일 경우에는 두 항 간에 최소 2.0 이상의 차이가 있을 때 계산하고, EA 값이 10.0 이상일 경우에는 최소 2.5 이상의 차이가 있을 때만 계산한다.

EBPer은 수검자의 의사결정 활동에 있어서 EB양식이 지배적으로 나타나는 정도와 관련 있는 비율이다. 앞서 언급된 바와 같이 EB를 통해 수검자의 반응 스타일이 내향성이냐 외향성이냐를 볼 수 있는데, 여기서 나타난 보다 우세한 반응 양식이 다른 반응 양식에 비하여 얼마나 지배적인가를 나타내는 것이다. 한 양식이 지배적이라는 것은 어떤 상황에서는 자원이 되기도 하지만, 지나치게 과도한 경우에는 새로운 문제해결 방식이 요구되는 상황에서 적응의 융통성은 제한적일 수 있으므로, 잠재적인 장애요인이 될 수 있다.

■ eb (Experience Base, 경험 기초) = Sum(FM + m): Sum(allC′ + allT + allY + allV)

위의 수식에서와 같이, eb는 인간 움직임 반응 M을 제외한 모든 비인간 움직임 반응들의 합과 모든 음영 반응 및 무채색 반응들의 합에 대한 비율을 나타낸다(수식에서 'all'은 T를 예로 들어 보면, T의 하위범주들인 순수 T 및 TF, FT반응 모두를 포함하여 계산한다는 의미이다).

eb는 수검자가 경험하고 있는 자극이 어떤 것인가에 관한 정보를 준다.

FM과 m은 투사적인 사고활동의 일종으로, FM 반응은 욕구 충족이 좌절되는 상황에서 증가하는 경향이 있고 m 반응은 스트레스 상황에서 증가하는 경향이 있다. 따라서 이 두 변인은 내적인 욕구나 상황적인 자극에 의해 일어나는 내적인 사고 활동으로 받아들여지고 있다. 대부분의 경우, 이런 기능은 유용한 각성 기능이다. 그러나 비정상적으로 과도하게 일어나면 파괴적인 힘으로 작용할 수 있다.

이에 비하여 C′, T, Y, V 같은 음영(Shading)반응들은 정서와 관련되어 있는 것으로, 초조하고 고통스러운 내적 감정을 나타내는 것으로 알려져 있다. 다양한 연구들에 따르면, T반응은 친밀감에 대한 욕구가 클수록 증가하며 T반응이 없는 사람들은 개인적인 공간을 유지하는 데 보다 많은 관심이 있는 경향이 있다. C′반응은 정서적인 억압과 연관되어 있는데, 이런 정서적인 억압에 불안이 동반되는 경우가 있기는 하지만 불안과는 다른 성질의 것으로, "혀를 깨물고 참고 있는" 심리적 상태를 나타낸다고 볼 수 있다. 그럼으로써 감정이 보다 내면으로만 향하게 되고 그 결과 막연한 심리적 불편감에서부터 보다 분명한 긴장상태에 이르기까지 넓은 범위의 초조감을 경험하게 된다. V반응은 반추적인 자기 검열을 함으로써 생기는 불편감이나 고통스러운 감정과 관련되어 있다. 뒤에 소개될 FD반응도 자기 검열행동이나 자기에 대해서 거리를 두고 바라볼 수 있는 태도와 관련이 있지만, FD반응에는 감정적인 경험이 관련되어 있지는 않다는 차이가 있다. Y반응은 스트레스와 관련된 심리적인 무력감이나 수동성과 연관되어 있다는 연구들이 있는데, 이는 m 반응과 비슷한 성질을 가진다(m과 Y 변인이 상황적 불안에 대한 가장 좋은 지표로 알려져 있다).

정상인의 경우에는 왼쪽의 FM+m이 오른쪽의 음영반응들의 합보다 많은 반면, 정신분열증 환자집단이나 성격장애, 우울증 집단에서는 음영반응들이 보다 많은 경향이 있다.

■ es (Experience Stimulation, 경험 자극)
es는 eb에서의 양쪽 두 항을 합친 수치이다.

즉, eb 계산에 사용된 모든 결정인들의 점수를 더한 것으로, 다시 말하면 Sum(FM+m+allC′+allT+allY+allV)가 된다.

이는 현재 수검자가 경험하는 자극과 관련이 있다. eb에서 이미 이야기되었듯이, 여기에 포함되는 변인들이 자발적이고 능동적인 경험을 반영하고 있다기보다는 상황적 요구나 충족되지 않은 내적인 욕구들에 의한 심리적 활동을 반영하고 있다는 점에서 현재 수검자가 경험하고 있는 자극들에 대한 정보를 제공할 수 있다. es는 EB 와 비교하여 D점수를 검토하는 과정을 통해 수검자의 스트레스에 대한 적응 정도, 스트레스가 상황적인가 만성적인가에 대한 정보를 제공하게 된다.

■ D (D score, D점수)

D점수를 알아내기 위해서는 먼저 EA-es 값을 계산한 뒤 이 차이 값에 해당하는 점 수를 다음의 표 6-6에서 찾아서 기록하면 된다. 이 표의 수치들은 EA-es 값을 표준편 차 2.5를 기준으로 하는 표준점수로 변환한 것이다.

D와 Adj D점수는 스트레스에 대한 내성 및 통제 요소와 관련이 있다. 이 중에서 D점수는 수검자의 현재 통제능력을 반영하고 있으며, Adj D는 수검자의 일반적인 통제능력에 대한 정보를 제공한다. 두 변인의 관계는 Adj D항목에서 자세히 다룰 것 이다.

■ Adj es (Adjusted es, 조정 es) = es - ((m-1) + (allY-1))

m과 allY에서 각각 1을 뺀 뒤 그 값을 더하여 es에서 뺀 것이 Adj es, 즉 조정 es점수 가 된다.

■ Adj D (Adjusted D, 조정 D점수)

앞에서 얻은 Adj es로 EA-Adj es를 계산한 뒤, 표 6-6에서 해당되는 D점수를 다시 찾아 기록한다.

D점수는 앞서 이야기되어 온 바와 같이 이를 구성하는 변인들 간의 속성에 의하 여, 현재 수검자의 스트레스에 대한 내성 및 가용자원에 대한 정보를 제공한다. 그 러나 이 점수가 나타내는 현재 가지고 있는 가용자원이 상황적인 요소에 의하여 영 향을 받은 것인지, 영향을 받고 있다면 얼마나 심각한 상태인지의 여부는 이것만으 로는 알 수 없다.

이를 알아보기 위하여 es에서 상황적인 영향을 받는 요소들인 m과 Y변인을 제외 시킨 것이 Adj es이고, 다시 이 점수와 EA와의 차이를 보는 것이 Adj D점수이다. 상 황에 대한 교정을 한 Adj D와 교정을 하지 않은 D점수와의 관계를 봄으로써 스트레 스가 수검자의 대응능력범위 안에 드는지를 가늠해 볼 수 있다.

대부분의 성인들은 D = 0인데, 이것은 현재 부과되고 있는 스트레스가 그 개인의 통제능력 범위를 벗어나지 않고 있음을 의미하는 것으로, 대부분의 일상생활에서 문 제 해결을 위해 자원을 적절히 사용할 수 있는 상태라 할 수 있다.

또한 D > 0이라면, 현재 문제 해결을 위해 사용할 수 있는 자원이 풍부한 상태로

[표 6-6] D점수 환산표

EA-es	D 점수
13.0 ~ 15.0	+5
10.5 ~ 12.5	+4
8.0 ~ 10.0	+3
5.5 ~ 7.5	+2
3.0 ~ 5.0	+1
−2.5 ~ 2.5	0
−3.0 ~ −5.0	−1
−5.5 ~ −7.5	−2
−8.0 ~ −10.0	−3
−10.5 ~ −12.5	−4
−13.0 ~ −15.0	−5

스트레스에 대한 대응 능력이 높음을 의미한다. Adj D > 0인 경우도 역시 비슷한 의미로, 높은 통제력과 스트레스 인내력을 가지고 있다고 볼 수 있다. 그러나 이것이 반드시 적응적인 행동을 하는가와는 별개의 문제가 될 수 있음을 염두에 두어야 한다. 예를 들어 D > 0이고 Adj D > 0인 정신분열증 환자는 병리를 가지고 있음에도 불구하고 자신에 대한 통제력이 높아서 여하한 스트레스 상황에서도 쉽게 무너지지 않을 수는 있으나, 이러한 자원은 치료 상황에서도 자신의 문제를 인정하지 않으려 하면서 심리적인 불편감이나 무기력감을 회피하는 수단으로 이용될 수 있다.

D < 0인 경우라면 현재 수검자의 스트레스 대응 능력은 부족한 상태로, 상황적 요구에 과부하되어 있어서 비효율적으로 기능하고 있을 것이라는 가설을 세울 수 있다. 이때, Adj D > 0이라면 스트레스 과부하 상태는 일시적인 것이라 볼 수 있을 것이다. 그러나 Adj D < 0인 경우에는 수검자의 자원은 보다 만성적으로 부족한 경우로, 제한된 대응 능력으로 인하여 취약한 상태에 있을 것이라 생각할 수 있다.

(2) Ideation section

사고 영역(Ideation section)은 인지 과정 중 사고의 개념화 과정(conceptualization)

에 대해서 검토한다. 즉, 이 영역은 입력되어 해석된 정보가 최종적으로 어떻게 개념화되고 어떤 식으로 조직화되었는지에 대한 정보를 제공한다.

이 영역에는 9가지의 항목들이 포함되어 있는데, 이 중에서 MOR, M-, Mnone, Raw Sum6(가중치를 곱하지 않은 특수점수 6개의 빈도수) 및 수준 2 항목은 빈도를 세어서 기록하면 된다(구조적 요약의 상단부에서 이미 해둔 것을 그대로 기록하면 될 것이다). 나머지 3 항목과 각 항목의 의미에 대해서 살펴보면 다음과 같다.

■ a : p (Active : Passive ratio, 능동 운동반응 : 수동 운동반응)

왼쪽 항에는 M, FM, m을 망라하여 모든 운동반응 중에서 능동 운동반응의 총수를, 오른쪽 항에는 수동 운동반응의 총수를 기록한다. a-p로 동시에 채점된 운동 결정인은 양쪽에 모두 포함시켜 계산한다.

이 비율은 인지적인 융통성 또는 관념과 태도의 융통성과 관련이 있다. 어느 한쪽으로 치우쳐 있을수록 사고 활동에서 인지적으로 고정되어 있음을 반영하게 되는데, 적응상에 어려움을 겪고 있는 사람들은 사고나 내적 활동이 고정되어 있어서 사고를 다른 형태로 유연하게 전환하지 못하는 경우가 많다는 연구들이 있다.

a+p가 4이면서 한쪽이 0인 경우에는 수검자의 사고와 가치는 보다 융통성이 적고 고정되어 있는 경향이 있다고 가정할 수 있다. a+p > 4이면서 두 항 간의 차이가 2배 이상은 아닌 경우에는 유의미하지 않으며, a+p > 4이면서 두 항 간의 차이가 2~3배인 경우에는 합리적으로 잘 고정되어 있는 편이지만 사고를 전환하는 것은 다소 힘들 수 있다. 만약 3배 이상 차이가 난다면 사고와 가치가 매우 고정적이어서 태도나 의견을 바꾸거나 다른 조망을 가지가가 매우 어렵다는 가설을 세울 수 있다.

성격적인 면에서 볼 때, p > a+1인 경우에는 대인관계에서 보다 수동적인 역할을 하는 경우가 많고 의사결정을 회피하거나 문제에 대한 새로운 해결책이나 새로운 행동을 하기가 어렵다고 알려져 있다.

■ Ma : Mp (Mactive : Mpassive, 능동 인간 운동반응 : 수동 인간 운동반응)

이것은 인간 움직임 반응 M의 능동 반응과 수동 반응 간의 비율을 나타낸다. 위에서와 마찬가지로 Ma-p의 경우에는 양쪽 항에 모두 포함시켜 계산한다.

a : p처럼 Ma : Mp도 수검자의 사고특징에 대한 것을 알려 주는 변인이다. 여러 연구들에 따르면 Ma < Mp일수록 수검자의 사고는 방어 수단으로 사용되는 경향이 있다. 즉, 환상을 과도하게 사용하면서 수동적으로 도피하고 현실을 부정하는 방향으로 사고를 사용하면서 다른 사람에게 의지하려는 특징(백설공주 신드롬)을 보인다고 알려져 있다.

■ 2AB + (Art + Ay) (Intellectualization Index, 이지화 지표)

이 지표는 특수 점수인 AB와 예술 반응 Art, 인류학 반응 Ay에 대해서 계산된다. AB에는 2를 곱하고 Art와 Ay의 반응수를 더하여 계산하면 된다.

이 지표는 방어 전략으로서 이지화를 사용하는 정도에 대한 정보를 준다. 4, 5점 정도일 경우에는 다른 사람들보다 이지화를 많이 사용하는 '경향'이 있다고 볼 수 있고, 6점 이상인 경우에는 정서적인 영향을 중화시키기 위하여 이지화를 주요 전략 으로써 사용한다고 가정할 수 있다. 그러나 이런 이지화 전략은 강한 정서적 경험을 하게 되는 상황에서는 비효율적인 것이 되면서 쉽게 무너질 가능성이 있다.

■ MOR

MOR은 자기 지각과 가장 직접적인 관련이 있으나, MOR이 3~4개 이상이라면 비관 적인 관념의 틀을 가지고 있는 것으로 볼 수 있다. 이런 비관주의는 어떤 주제에 대 해서 협소하고 구체적인 방식으로 사고하게 하고 논리적 오류와 잘못된 판단을 이끌 기도 한다. 즉, 비관주의의 틀은 개념적 사고의 질을 유의미하게 저하시킬 수 있다.

■ Sum 6 , Lv2, WSum6

Sum 6는 DV, INCOM, DR, FABCOM, ALOG, CONTAM 6개의 특수 점수의 빈도를 기록하는 항목이고, Lv 2는 수준 2인 반응의 수를 기록하는 항목이다. WSum6는 6 개의 특수점수에 각각 가중치를 주어서 계산한 점수의 합이라는 것도 앞서 이미 언 급되었었다.

6개의 특수점수들은 그 심각성의 정도에 따라 다음과 같은 순서로 나열할 수 있다.

mild	serious	severe
DV1, INCOM1, DR1	DV2, FABCOM1, INCOM2, ALOG	DR2, FABCOM2, CONTAM

이 특수점수들은 개념적으로는 상대적으로 경미한 인지적 손상 내지는 실수(mild), 보다 심각한 사고의 오류(serious), 심각한 인지적 기능장애(severe)로 나눌 수 있지 만, 경계가 정해져 있는 것이 아니라 인지적인 실수 또는 인지 기능 장애라는 연속 선상에 있는 것으로 본다.

정상인의 81%가 최소 1개 정도의 반응을 하고 있고 정상집단의 평균은 1보다는 오히려 2에 가까울 정도이므로, 빈도수가 적다면(3개 정도) DR2, FABCOM2, CONTAM을 제외하고는 특별히 주의를 기울일 필요는 없다. 그러나 성인에서 빈도 의 합(Raw Sum6)이 5를 넘거나 아동의 경우에는 연령 평균보다 1 표준편차 이상 많다면, 사고상에 장애가 있는 것으로 보아야 한다.

이때 WSum6를 고려함으로써 어느 정도 기능장애가 있는지를 알 수 있다. 정상 성인의 경우 WSum6의 평균은 4 정도인데, 6이나 7 정도까지는 정상범위에서 속하는 것으로 받아들일 수 있다. 아동의 경우에는 연령에 따라서 평균과 표준편차에 많은 차이가 있으므로 연령 규준을 참고해서 유의미성을 검토해야 한다.

그러나 특수점수와 관련된 해석은 단지 수치로 나타나는 양적인 면에만 치우쳐서는 안되고, 수검자가 어떤 유형의 반응을 했는지, 어느 정도로 심각한 수준에 해당되는 반응을 했는지, 반복되어 나타나는 내용이나 형식이 있는지에 대해서도 고려하면서 해석하여야 보다 정확한 정보를 얻을 수 있게 된다.

■ M-, Mnone

인간 움직임 반응 M의 형태질을 평가하는 것도 수검자의 사고에 대한 중요한 정보를 제공한다. M-반응은 기태적인(peculiar) 사고양상을 반영한다. 빈도수가 1 이상이면 사고상에 분명한 문제가 있을 가능성이 높은 것으로 해석되는데, 2일 경우에는 문제가 있다는 신호가 되며, 2 이상일 경우에는 방향감을 상실한 매우 기이한 사고가 있는 것이 확실한 것으로 받아들여진다.

Mnone은 채점 부분에서 이미 이야기되었듯이, 형태가 개입되지 않은 움직임 반응들로, 예를 들면 "이건 우울감을 나타내는 것이다"라든가 "맛있는 냄새가 난다", "이것은 광기를 표현하고 있는 것이다" 같은 반응들이 이에 해당된다. 이런 Mnone 반응들은 자극장, 즉 검사자극으로부터 현저하게 이탈된 사고를 반영하고 있다. 매우 드물게 나타나는데 나타난다면 M-반응과 같은 의미로 해석하게 된다.

(3) Affect section

정서영역(Affect section)에서는 수검자의 정서적인 특징에 대해서 살펴보게 된다.

정서 영역에는 6개의 항목이 포함되어 있는데, 이 중 Pure C, S, CP의 3항목은 빈도 자료이고 나머지 3항목은 비율 자료이다. 이에 대해서 살펴보면 다음과 같다.

■ FC : CF + C (Form-Color ratio, 형태-색채 비율)

왼쪽 항에는 FC반응의 총수를, 오른쪽 항에는 CF+C+Cn의 합을 기록한다.

이 비율은 정서 표출의 통제 및 조절에 대한 지표가 된다. FC 반응은 정서 표현에 있어 인지적인 활동이 개입되어 있음을 반영하고 있고, 그에 비하여 CF와 C 반응은 정서 표현에 있어서 인지적으로 보다 덜 통제적임을 반영한다. 따라서 FC 반응이 우세한 경우에는 정서 표현을 통제하려 할 것이며 CF+C 반응이 우세한 경우에는 정서표현을 통제하기보다는 방출하는 경향이 많을 것이다. 대부분의 성인들은 FC 반응이 CF+C와 같거나 보다 많은 양상을 보인다. 반면, 아동의 경우에는 대부분 CF+C 반응이 우세하게 나타난다.

성인의 경우, FC 반응이 CF+C보다 3배 이상으로 많고 C=0일 때, 다른 사람들보다 정서를 표출하는 데 과도하게 통제하는 경향이 있어서 강한 정서표현을 하는 것에 대해서 두려움을 가지고 있을 가능성이 있다고 생각된다. 반면, CF+C 반응이 FC 반응과 같거나 보다 많은 경우에는 정서표현을 통제하지 못하거나 또는 통제하지 않으려는 경향성을 나타내는 것으로 받아들여진다.

그러나 정서표현의 통제력에 대해 이 비율만 가지고 단독으로 평가하지는 말아야 한다. D점수나 FQ, 사고의 안정성 등을 같이 고려하여야 그 사람의 정서 통제력에 대한 보다 정확한 모습을 알 수 있게 된다.

- **Pure C**

여기에는 형태가 개입되지 않은 색채 반응에 대한 빈도만을 따로 기록한다.

앞에서의 FC : CF+C 반응에서 언급되었듯이, 형태가 개입되지 않은 색채 반응은 정서 표현에 대해서 인지적인 통제를 하지 않는 경향을 나타낸다. Pure C 반응은 통제가 결핍된 정서적 행동을 반영하는 반응이다. 즉, 정서적 경험에 대해서 인지적으로 중재하는 데 실패하는 경향을 나타내는 것으로, 빈도가 높을수록 수검자의 행동은 충동적이고 강한 정서적 성격을 띠는 경향이 있음을 암시하게 된다. 이런 경향은 특히 성인의 경우 효율적인 적응을 방해할 수 있다.

- **Afr (Affective ratio, 정서비)**

$$Afr = \frac{\text{카드 VIII, IX, X}}{\text{카드 I ~VII까지의 총 반응 수}}$$

위와 같은 공식에 의해 계산되는 정서비 Afr는 수검자의 정서적 자극에 대한 반응성을 나타낸다. EB style과의 관련성 연구들에서, 외향성 집단이 내향성이나 양향성 집단보다 높은 Afr을 보인다는 결과들이 얻어졌는데, 이는 외향성인 사람들이 감정을 더 많이 포함시켜 상황에 대응하는 경향이 있다는 사실과 일치하고 있다.

따라서 외향성인 사람들은 내향성이나 양향성인 사람들에 비하여 높은 Afr을 가질 것으로 기대되는데, 외향성 집단은 .60~.95의 범위에, 내향성과 양향성은 .50~.80의 범위에 속하면 기대범위에 드는 것으로 본다.

Afr이 평균 범위에 속한다면 수검자는 다른 사람들이 하는 정도로 정서적인 자극을 받아들이고 반응을 하고 있다고 생각할 수 있다. 평균 범위 이하의 Afr을 보인다면, 수검자는 정서적인 자극에 대해서 흥미가 보다 적거나 정서적인 자극에 반응 또는 처리하지 않으려는 경향이 있다는 가설을 세울 수 있다. 반면 평균 범위 이상의 Afr을 보이는 수검자라면, 정서적인 자극에 대해서 보다 강한 흥미를 가지고 있는 사람으로 볼 수 있다.

그러나 Afr은 정서적인 통제나 조정에 있어서의 취약성을 반영하는 것은 아니며, 단지 정서적인 자극에 대한 수용성이 어느 정도인가를 나타내는 지표이다. 그러므로 이런 정서적 반응성에 대한 통제의 여부는 다른 변인들과 연관시켜 고려해야 한다.

■ Blends : R (Complexity ratio, 복합 비율)

이는 전체 반응수 R에서 혼합 반응 Blends가 차지하는 정도에 대한 비율이다.

혼합 반응은 하나의 자극에 대해서 여러 개의 결정인이 사용된 결과로 나타나게 된다. 이는 순수 F 반응과는 대조적으로, 자극에 대한 반응에 보다 복잡한 심리적인 과정이 개입되어 있음을 반영하는 것이다. 순수 F 반응이 단순하고 직선적인 방식의 반응이라면, 혼합 반응은 상당한 분석과 통합에 의해 일어나는 활동이라고 할 수 있다.

아동이나 청소년 초기의 경우에는 대체로 하나 정도의 적은 혼합 반응을 보이지만, 성인에게서 혼합 반응이 존재하지 않는 경우에는 심리적인 협소함이나 경직성을 나타내는 부정적인 신호가 된다. 이는 환경이나 자신에 대한 민감성이 떨어짐을 의미한다.

반면에 혼합 반응이 지나치게 많은 경우(EB style에 따라서 평균 범위가 달라지지만, 전체 반응수가 정상범위에 속하는 경우 대략 8개 이상이 나타난다면) 심리적으로 복잡함을 나타내는 것으로, 자극에 보통보다 민감함을 시사한다. 이때 수검자의 가용 자원이 많은 경우에는 이런 민감성이 장점이 될 수 있지만, 자원이 부족한 경우에는 행동을 일관성 있게 통제, 조절하는 것이 어려워져서 장해를 가져올 수 있을 것이다.

한편, 혼합 반응의 해석에서 위와 같은 양적인 면 이외에도 반응 자체에 어떤 결정인들이 혼합되어 나타나는가를 고려해 보는 것도 중요하다. 예를 들어, 음영 반응들이 혼합 반응으로 나타나는 경우(예를 들면, FV.FY, C′F.YF 등)는 매우 드물게 나타나는데, 이런 경우 수검자는 보다 심한 심리적인 고통을 겪고 있는 것으로 해석할 수 있다(앞에서 언급된 음영 반응이 갖는 성질에 대해서 환기할 것). 색채결정인과 음영결정인이 혼합되어 나타나는 경우에는 양가적인 감정을 가지고 있거나 정서적인 혼란을 암시하는 것으로 생각되고 있다.

■ S

공백 반응 S의 빈도를 기록하는 항목이다.

S 반응은 여러 연구들에서 건설적인 자기 주장성, 독립성을 추구하려는 경향, 자율성을 침해받지 않으려는 경향, 또는 반항이나 비관주의, MMPI의 Pd 척도와 상관을 나타낸다는 등의 결과들이 밝혀져 있다.

1, 2개의 S 반응은 자연스러운 자기 주장성의 표현으로 간주된다. 3개 이상의 S 반응이 나타나는 경우에는, 처음 두 장의 카드에서만 나타났다면 검사 상황에 대해서 충분히 준비되지 않은 데서 오는 상황적인 부정적 반응(검사 저항)일 수 있으나, 2번 카드 이후에서도 S 반응들이 나온다면 일반인에 비하여 환경에 대해서 적대적이거나 비관적이라고 볼 수 있다. 이것이 반드시 취약점으로 작용하는 것은 아니지만 조화로운 사회적 관계의 형성이 다소 어려울 수 있다. S 반응이 4개 이상이고 3번 카드 이후에서도 나타난다면 환경에 대해서 상당히 비관적이고 분노감도 있음을 반영하며 수검자의 성격 특성에 의한 면이 있는 것으로 생각할 수 있다.

■ CP

특수 점수 CP의 빈도를 기록한다.

CP는 반점의 무채색을 유채색으로 지각하는 반응이다. 이는 무기력한 감정을 보다 긍정적인 감정으로 대체하려는 시도로, 부인(denial)의 방어기제와 관련되어 있다.

CP 반응은 매우 드물게 나타나는 반응이므로, 나타났다면 해석적으로 큰 의미를 가진다. 이런 수검자들은 환경에서 오는 불쾌한 감정을 긍정적인 평가나 감정을 통해서 부인하려 한다. 부정적인 감정을 효과적으로 다루거나 감정 표현을 조절하는 데 어려움을 겪는 경우가 많고, 대인관계에서 문제를 겪기 쉽다.

(4) Mediation section

중재 영역(Mediation section)은 정보처리 과정 중에서, 입력된 정보를 확인하고 전환하는 단계에 대해서 살펴보는 영역이다. 즉 이 영역은 '들어온 정보를 수검자가 어떤 방식으로 해석하는가'에 대한 중요한 정보를 제공해 줄 수 있다.

이 영역은 7가지 항목으로, 이 중 P는 평범 반응의 수를 기록하는 빈도자료이고, 나머지 5가지는 비율자료이다. 이들에 대해서 살펴보면 다음과 같다.

■ XA% (Form Appropriate Extended)

$$XA\% = \frac{Sum(FQ+, o, u)}{R}$$

이 변인은 전체 반응에서 반점의 형태를 알맞고 적합하게 사용된 비율을 보는 것이다.

FQ가 +, 0, u인 반응의 총합을 전체 반응수 R로 나누어서 구한다.

■ WDA% (Form Appropriate-Common Arears)

$$WDA\% = \frac{\text{W,D 반응 중 Sum(FQ+, o, u)}}{\text{Sum(W+D)}}$$

이 변인은 W와 D반응 중에서 FQ가 +, 0, u인 반응의 총합을 W와 D반응의 총합으로 나누어서 구한다. 위의 공식과는 달리, W와 D반응 중에서만 반점의 형태가 알맞고 적합하게 사용된 비율을 보는 것이다.

XA%와 WDA%는 두 개를 동시에 검토해야 수검자가 형태를 적합하게 사용했는지에 대한 충분한 정보를 얻을 수 있다. 일반적인 경우 이 두 변인의 값은 모두 높으면서 비슷할 것이라고 기대되기는 하지만, 전형적으로는 대부분 XA%보다 WDA%가 높게 나타난다. WDA%는 분명한 반점 영역에 부여된 가장 특징적인 외현적 특성에 대한 반응이기 때문이다.

XA%가 .78~.90이고 WDA%가 XA%와 같거나 더 크다면, 수검자의 인지적 중재 작업은 항상 상황에 적합하다는 의미로 받아들일 수 있다. 현재 수검자는 관습적인 현실 검증력을 보유하고 있다고 가정할 수 있다.

XA%가 .70~.77이고 WDA%는 .80 이상이라면, 중재적 해석이 분명한 상황에서는 전반적으로 적합하지만, 다른 상황에서는 적절하지 않을 가능성도 있음을 생각해볼 수 있다.

XA%가 .70 미만이고 WDA%는 .75~.79일 때는 중재 과정이 역기능적일 가능성이 있다.

XA%가 .70 미만이고 WDA%는 .75 미만이라면 중재 과정에 유의미한 손상이 있는 것으로 볼 수 있다. WDA%가 .65~.74라면 역기능은 심각하며 현실검증력은 매우 손상되었을 수 있다.

■ X-% (Distorted Form, 왜곡된 형태 반응)

$$X\text{-}\% = \frac{\text{Sum FQX}\_}{R}$$

X-%는 전체 반응수에서 형태질이 -인 반응이 차지하는 비율을 나타낸다.

이미 알고 있듯이 형태질이 −인 반응은 전체 규준집단에서 반응 빈도가 매우 낮은 반응으로, 수검자가 어떻게 그렇게 지각하게 되었는지를 다른 사람들은 이해하기 어렵거나 전혀 이해할 수 없는 반응이다. 다시 말하면, 현실에 위배되는 반응들이다. 이런 반응들의 비율을 나타내는 X−%는 지각적 왜곡 또는 지각적 적절성의 결여 정도를 나타내는 변인이다.

정상인들도 많은 경우 1개 정도의 −반응을 하기도 하지만, 정상인 집단의 X−%의 평균은 7% 정도이다. 그러나 정신과적 문제가 있는 경우에는 비율이 증가한다. X−%가 15% 이상일 경우에는 자극을 적절하게 지각하는 데 문제가 있음이 시사되며, 20% 이상일 때는 지각적 왜곡이나 손상이 있는 것으로 해석할 수 있다.

이때 −반응이 어떤 영역, 예를 들면 정서영역에 한정되어 나타나는지, 아니면 보다 넓은 영역에 퍼져 있는지를 검토함으로써 수검자의 지각적 왜곡이 한정적인 것인지 보다 광범위한 것인지를 추측해 볼 수 있다.

■ S−% (White Space Distortion, 공백 반응 왜곡)

$$S-\% = \frac{Sum\ SQX\_}{Sum\ FQX\_}$$

S−%는 형태질이 −인 반응들 중에서 흰 공백을 사용한 경우에 형태질이 −인 경우의 비율이다.

이것은 흰 공간을 사용한 반응에서 지각적 왜곡이 일어난 정도를 나타내는 비율로, X−%와 연관지어 해석한다. S−%가 40% 이상인 경우, 수검자의 지각적인 왜곡에 정서적인 특성이 영향을 주고 있다는 것에 주목하여야 한다. 즉, X−%가 20% 이상인 경우에 S−%가 40% 이상이라면 수검자의 지각적인 문제는 분노나 반항심으로 인한 것일 가능성이 있다. 반면, S−%가 40% 이하라면 지각적 왜곡의 문제는 보다 광범위하게 퍼져 있는 것으로 추정할 수 있다.

■ P

평범 반응 P의 빈도를 기록한다.

이것은 반점의 평범한 특징을 지각하여 반응할 수 있는 능력을 반영한다.

정상성인에서 P 반응의 적정 범위는 5~8개로 볼 수 있다. 평균 범위 안의 P 반응은 다른 사람들과 비슷한 정도로 관습적인 반응을 할 수 있음을 의미한다.

평균 이하의 P 반응을 하는 사람들은 관습적인 방식으로 지각하는 경향이 적은 것으로 볼 수 있다. 그러나 이것이 반드시 현실 검증력이 취약함을 의미하는 것은 아니며, 단지 보통 기대되는 것보다 전형적인 반응을 덜 하고 있음을 의미하는 것이다. 이것은 정말로 현실 검증력의 문제일 수도 있지만, 단순히 경제적이고 관습적인 방식으로 지각하지 못하는 인지적 특징으로 인한 것일 수도 있다. 이에 대해서는 다른 변인들과 연관지어서 고려해야 한다.

반면, 평균 이상의 P 반응은 관습적으로 반응하려는 경향이 지나친 것으로, 지나치게 경제적으로 반응하려는 시도를 반영하고 있을 수도 있고(high L일 경우), 지나치게 정확하게 잘 반응하려는 완벽주의적이거나 강박적인 경향을 반영할 수도 있다 (high L이 아닌 경우).

■ X+% (Conventional Form 관습적인 형태 반응)

$$X+\% = \frac{Sum(FQX_+ + FQX_O)}{R}$$

위의 공식에서 FQX+는 형태질 FQ가 +인 반응들의 총수를 말하고 FQXo는 FQ가 ordinary인 반응들의 총수를 말한다. R은 전체 반응수이다.

X+%는 형태를 사용한 방식이 관습적인 정도를 나타내는 지표로, 반점의 형태를 평범하고 현실 지향적인 방식으로 사용하고 있는가와 관련되어 있다. 연구들에 의하면, X+%는 비환자 집단과 심각하게 혼란되어 있는 정신 병리 집단을 구분해 줄 수 있다. X+%가 70~89% 범위 안에 들면, 수검자는 대부분의 사람들과 같은 정도로 관습적인 반응을 하고 있다고 해석할 수 있다.

한편, X+%가 89% 이상인 경우에는 관습적으로 지각하는 것에 지나치게 몰입하고 있는 것으로 볼 수 있다. 반드시 부정적인 것이라 할 수는 없지만, 사회적으로 수용받는 것에 지나치게 집착하는 경향으로 인하여 개인성이 희생될 수 있다. 대부분 강박적, 완벽주의적 경향을 보인다.

반면, X+%가 70% 이하인 경우에는 자극을 비관습적으로 해석하는 경향이 많은 것으로, 흔히 보다 덜 관습적인 행동방식을 보인다. 그러나 이런 경향성이 반드시 반사회성을 의미하는 것은 아니며, 강한 개인주의로 인한 것일 수도 있고 또는 정서적인 문제로 인하여 환경으로부터 거리를 두려는 경향을 반영하는 것일 수도 있다. 또다른 이유로는 지각적인 왜곡을 생각할 수도 있다. 어느 경우에 해당되는 것인가는 역시 다른 변인들과 함께 고려함으로써 검증하게 된다.

■ Xu% (Unusual Form, 드문 형태 반응)

$$Xu\% = \frac{Sum\ FQXu}{R}$$

이는 전체 반응수에서 형태질이 unusual인 경우가 차지하는 비율에 대한 것이다. 즉, 윤곽을 적절히 사용하기는 했지만 빈도 수준에서 비관습적으로 형태를 사용한 반응의 비율이다. 평균 Xu%는 14%로, 7~20% 범위 사이의 수치는 정상적인 것으로 볼 수 있다. 그러나 20%를 넘는 경우에는 수검자는 지나치게 개인주의적인 경향이 있어서, 주어진 환경 내에 수용되기는 하지만 세상과 잘 조화를 이루지 못하며 환경에 대해서 잘 참아내지 못하는 경향이 있다.

(5) Processing section

과정 영역(Processing section)은 인지 과정 중 정보의 입력 단계에서 어떤 일이 일어나는지에 대한 정보를 주는 영역으로, 정보를 받아들여 처리하려는 동기화 및 노력과 연관되어 있다.

과정 영역에는 7가지의 항목이 들어가는데, 이 중 Zf, PSV, DQ+, DQv의 4가지 항목은 빈도 자료이다. 나머지 항목들은 다음과 같다.

■ Zf

조직화 점수 Z가 나타난 빈도를 나타내는 변인으로, 자극을 조직화하려는 인지적 적극성에 대한 정보를 준다. Zf가 인지적인 활동의 적극성에 대한 정보를 주기는 하지만, 그 활동의 질에 대한 평가는 별개의 문제로 이는 DQ와 연관지어 해석하여야 한다.

평균적인 Zf는 9~13 범위에 속한다. 13 이상의 Z는 기대 이상으로 과도하게 정보처리를 하려 노력하는 것으로, 9 이하의 Zf는 기대되는 이하로 정보처리 노력을 하고 있다는 가설을 세울 수 있다.

■ W : D : Dd (Economy index, 경제성 지표)

반응 위치가 전체인 경우(W), 부분인 경우(D), 드문 부분인 경우(Dd) 간의 비율이다.

수검자가 반점의 어떤 부분을 선택하여 반응하였는가를 나타내는 이 위치 반응들은 수검자의 인지활동에 대한 동기화를 반영한다.

로르샤흐 카드 중에는 Ⅰ번이나 Ⅴ번같이 전체적으로 접근하는 것이 보다 쉬운 카드들도 있지만, 대부분의 경우 반점의 전체에 대해서 지각하는 것은 대상에 대한 전체적인 통합이 요구되는 과정으로, 보다 많은 인지적 노력이 필요하다. 반면 D 반응은 로르샤흐 카드들의 특성상 W 반응에 비하여 보다 경제적이며 단순한 인지활동에 의해 만들어질 수 있다.

Dd 반응은 자극의 세부적인 면에 초점을 두는 반응으로, 이는 강박적인 인지 스타일로 인한 것일 수도 있고 또는 모호한 자극을 취급하기를 회피하면서 보다 다루기 쉬운 세부적인 면으로 회피하는 태도를 반영하는 것일 수도 있다. Dd 반응은 일반적으로 0~3개 정도로 일어나는 빈도가 낮은 반응으로, 그 이상의 Dd 반응이 나타나는 경우에는 수검자의 어떤 특징에 의해 나타나는 것인지에 대한 검토가 필요하다.

이 비율은 전체 반응수와의 관계를 고려하면서 해석하여야 한다. 전체 반응수가 평균범위에 속하거나 또는 평균 이상이라면, W < D의 양상을 보일 것이 기대된다. 이때 비율이 1 : 1.5 또는 1 : 2 정도이면 정상범위 안에 드는 것으로 생각할 수 있다. 이 이상으로 D가 많다면 수검자는 지나치게 경제적이고 단순한 인지활동을 하고 있다고 생각할 수 있다. 반대로 W가 D와 같거나 D보다 많다면 수검자는 경제적인 인지활동을 하고 있지 않다고 생각할 수 있다. 전체 반응수가 평균범위 이하인 경우라면, 일반적으로 W≥D인 것이 기대된다.

■ W : M (Aspirational index, 포부 지표)
전체 반응 W와 인간 움직임 반응 M 간의 비율이다.

앞에서 언급되었듯이 W 반응은 과제에 필요 이상의 노력을 투자하는 경향으로 해석된다. 그러나 이런 노력은 그 사람의 자원이 충분하다면 문제가 되지 않을 것이다. M 반응은 고차적인 개념화 및 추론능력과 관련 있는 변인으로, 성취지향적인 활동을 하는 데 필수적인 실제적인 능력에 대한 하나의 지표가 될 수 있다.

EB style에 따라서 내향성인 경우는 1.5 : 1, 양향성인 경우는 2.0 : 1, 외향성인 경우는 3 : 1 이상으로 W 반응이 많다면 능력 수준에 비하여 과도하게 인지적으로 성취를 하려는 경향이 있다고 볼 수 있다.

반면, 대략 1 : 1 이하로 W 반응이 적으면 자신의 능력에 대해서 과소평가하면서 매우 조심스럽고 보수적, 소극적인 인지활동을 하고 있다는 가설을 세울 수 있다.

■ Zd (Processing Efficiency, 과정 효율성) = Zsum – Zest
(구조적 요약의 상단부에서 구해둔) Zsum에서 Zest 점수를 빼면 Zd가 된다.

Zd는 인지활동의 효율성에 대한 정보를 줄 수 있다. 평균적으로 Zd는 −3.0~3.0의 범위 안에 든다. Zd < −3.0인 경우에는 과소통합적인 형(underincorporative style)으로, 성급하게 무계획적으로 정보를 검색하거나 자극장에 존재하는 중요한 단서를 무시할 가능성이 있다. 반면, Zd > 3.0인 경우에는 과도통합적인 형(overincorporative style)으로, 정보 검색에 에너지와 노력을 많이 소모하는 경향이 있다. 이런 유형은 신중한 정보처리가 가능하다는 점에서 장점이 되기도 하지만, 비효율적이라는 단점을 가질 수도 있다.

- DQ+, DQv

이 두 항목은 DQ가 +인 반응의 빈도, v인 반응의 빈도를 기록한다.

DQ는 자극들을 의미있는 방식으로 통합하고 분석할 수 있는 능력 및 의욕과 관계되어 있다. DQ+ 반응은 보다 영리하고 심리적으로 복잡한(complex) 사람들에게서 많이 발견된다. DQv 반응은 보다 덜 세련되고 미성숙한 처리과정을 반영하고 있는데, 아동 또는 지적 능력이 제한적이거나 신경학적인 손상이 있는 사람들에게서 가장 높은 빈도로 나타난다. 아동의 경우 나이가 증가할수록 DQv 반응은 줄어들게 되는데, 16세 이상에서 2개 이상의 DQv 반응이 나타난다면 어느 정도 비정상적인 것으로 볼 수 있다. 성인의 경우에 1개 정도의 DQv 반응을 보이는 것이 보통이다.

Zf가 높은 경우에는 DQ+빈도도 높을 것이 기대된다. 그러나 Zf는 높은 반면 DQ+ 빈도는 높지 않다면, 수검자는 인지적인 노력은 하고 있지만, 인지활동의 질은 그 노력에 기대되는 것보다 덜 세련되고 덜 복잡한 양상을 띠고 있는 것으로 해석할 수 있다. Zf와 DQ+빈도가 모두 높다면, 수검자가 인지적인 노력을 열심히 함과 동시에 그에 걸맞는 복잡하고 정교한 인지활동을 하고 있다고 해석할 수 있다. 그러나 이것이 반드시 효율적인 적응을 하고 있다는 의미는 되지 않는다. 이는 단지 복잡한 인지활동을 하고 있다는 의미로, 현실에 근거를 두고 적절하게 행해지지 않는다면 오히려 부적응적인 것이 될 것이다(예를 들면 체계화된 망상).

(6) Interpersonal section

이 영역에서는 수검자의 대인관계 양상에 대한 정보를 얻을 수 있다.

이 영역에 들어가는 10가지 항목 중에서 협동 반응 COP, 공격 반응 AG, 음식 내용 반응 Food, T 반응수의 합 Sum T, 개인화반응 PER은 빈도자료이다. GHR:PHR, a:p는 해당되는 각 변인의 반응수의 합을 좌항과 우항에 써넣으면 된다. 각 항목에 대해서 살펴보면 다음과 같다.

- COP, AG

이 두 변인은 수검자가 사람들 사이의 상호작용에 대해서 어떤 태도를 가지고 있는 가에 대하여 가치 있는 정보를 제공해 줄 수 있다. 두 변인들은 단독으로 해석하지 않고 서로 연관시켜 해석한다.

AG 반응의 빈도가 높게 나타나는 사람들은 언어적인 것이든 비언어적인 것이든 간에 공격적인 행동을 보일 가능성이 보다 높고, 타인에게 부정적이거나 적대적인 태도를 보일 가능성이 많은 것으로 알려져 있다. 이들은 사회적 환경의 특징을 '공격성'으로 지각하는데, 이런 태도는 성격의 일부로 통합되면서 결과적으로 행동 특징의 하나가 된다. 그러나 이런 공격성은 수검자의 현실검증력, 정서 통제 능력, 사회적 관습이나 바람직성에 관한 관심, 스트레스 통제력 같은 다른 여러 가지 특성들과 관계를 맺으면서 다양한 방식으로 표현된다. 따라서 로르샤흐의 다른 변인들과의 관계를 고려하여 해석하여야 하는데, 특히 COP 반응의 빈도가 중요시된다.

COP 반응은 대인관계를 보다 긍정적인 것으로 지각하며 긍정적인 상호작용을 하려는 경향을 나타낸다. 연구들에 의하면 COP 반응을 많이 보이는 사람들은 동료들에 의해서 보다 긍정적으로 평가되며, 다른 사람들과 직접적인 상호작용을 보다 많이 보인다고 한다. 또한 COP 반응은 성공적인 치료 종결 및 퇴원에 대한 중요한 변인이 될 수 있음이 시사되고 있다. COP 반응 역시 AG 반응과의 연관 해석이 중요하다.

만약 COP=0이면서 AG=0 또는 1이라면, 수검자는 대인관계에서 긍정적인 상호작용을 당연하고 일상적인 것으로 지각하거나 예견하지 않는 경향이 있다고 추정할 수 있다. 이런 사람들은 대인관계 상황에서 불편감을 느끼는데, 다른 사람들은 그들을 거리감을 주는 냉담하고 무관심한 사람이라 여기는 경우가 많다. 그러나 이들이 성숙하고 깊이 있는 대인관계를 맺지 못한다는 것은 아니다. 다만, 이들은 사교적인 사람으로 인식되지는 않으며 집단 상호작용에서도 주변인으로 머물러 있는 경우가 보다 많은 경향이 있다.

COP=0이면서 AG=2라면, 수검자는 대인관계에서 공격적인 것을 '자연스러운 것'으로 인식하는 경향이 있다, 이런 사람들은 공격적인 행동을 나타낼 가능성이 많은데, 그 표현은 다른 성격 변인들에 따라서 다양하게 나타날 수 있다.

COP=1 또는 2, AG=0 또는 1인 경우는 일반적으로 타인과의 관계에서 긍정적인 상호작용이 자연스러운 것으로 지각한다.

COP=2나 3이면서 AG=2인 경우라면, 수검자는 대인관계에서 긍정적인 상호작용에 대해서 개방적이며 흥미도 가지고 있지만, 한편 많은 상호작용에서 상당히 공격적인 특징이 드러날 수 있다.

COP=3 이상이고 AG=0이나 1인 수검자는 다른 사람들에게 호감이 가며 외향적이고 사교적인 사람으로 평가되는 경향이 있다. 이런 사람들은 대인관계 활동을 일상생활에서 매우 중요한 부분으로 보며 타인과의 조화로운 상호작용을 기대하고 추구한다.

COP=3 이상이고 AG=2 이상인 경우는 매우 드물다. 이것은 대인관계에서 해야 하는 적절한 행동에 대한 갈등이나 혼란이 있다는 신호가 될 수 있다. 이런 사람들은 대인관계에서 일관되게 행동하지 못하거나 예측불가능한 행동을 보일 가능성이 있다.

▪ GHR : PHR

좌항에는 GHR의 총합을, 우항에는 PHR의 총합을 기록한다.

이 두 변인은 수검자의 대인관계에서의 행동과 그 효과성에 대해서 시사해 줄 수 있다.

GHR은 효과적이고 적응적인 대인관계와 관련되어 있다. GHR반응이 많은 수검자들은 전형적으로 대인관계 활동이 덜 혼란스럽고 편안한 경향이 있다고 볼 수 있다.

PHR은 비효율적이고 부적응적인 대인관계 활동과 높은 상관을 가진다. 갈등적이거나 실패한 대인관계를 경험한 경우가 많고, 사회적으로 부적절한 방식으로 의사표현을 하거나 사회적·현실적 지각이 부족하여 부적절한 사회적 행동을 함으로써 원치 않는 갈등을 반복하기도 한다.

인간 표상 반응의 수가 적어도 3개 이상인 경우, GHR〉PHR이면 일반적으로 상황에 적합한 적응적 대인관계 행동을 보일 것이라고 예측할 수 있다. 반대로 GHR≤PHR인 경우는 대인관계 행동이 덜 적응적일 것으로 생각할 수 있다. 어느 경우에나 두 값의 차이가 클수록 그런 경향이 더 클 것으로 기대할 수 있다.

▪ a : p

Ideation 영역에서 이미 설명된 변인이나, 대인관계 영역에도 포함된다.

p가 a보다 2점 이상 많을 때는 좀 더 수동적이고 의존적인 행동을 보일 가능성이 있다.

▪ FOOD

반응 내용에서 음식 반응 Fd가 나타난 빈도를 기록한다.

특수지표 CDI(대응손상지표)의 구성 변인 중 하나이다.

질적인 면에서 Food 반응은 의존욕구, 애정욕구를 반영하는 것으로 알려져 있는데, 성인의 경우 구강기 고착(oral fixation)이나 구강기 퇴행(oral regression)에 대해서 추론해 볼 수 있다.

▪ Human Content, Pure H

여기에 속하는 변인들은 자기 지각 영역에 포함되지만, 대인관계 영역에도 포함시켜 볼 수 있다. 인간 내용의 반응 빈도가 낮은 경우는 사회적으로 고립되어 있음을 시사하는 것일 수 있다. 원만한 대인관계를 하는 경우에는 특히 순수 H 반응의 수가 많은 것으로 알려져 있다.

■ PER

개인적 반응 PER은 특이한 것은 아니며, 성인 비환자 집단은 절반 이상이 적어도 1개의 반응을 보인다. 아동은 성인보다 더 많은 반응을 보인다.

PER은 자신을 안심시키는 반응이면서 타인에게 자신의 약점이 인식되지 않도록 하는 방어의 책략이 되기도 한다. 때로는 지적인 권위주의의 형태로도 볼 수 있다.

PER이 2나 3인 경우는 대인관계 상황에서 다소 낯설고 방어적일 수 있으며, 안전성을 유지하기 위한 방법으로 객관성을 주장할 수 있다. 그러나 이런 경향이 반드시 문제가 되는 것은 아니다.

PER이 3을 초과하는 경우에는 객관적인 통합에 확신이 없고 자신에게 인식된 도전을 피하기 위해서 방어적으로 권위주의를 내세우는 경향이 있다고 볼 수 있다. 융통성 없고 생각이 협소한 사람으로 여겨질 수 있고, 가까운 관계를 유지하는 데 어려움이 있을 수 있다. 특히 자신에게 복종하지 않는 사람들과 그럴 수 있다.

■ Isolate/R (Isolation index, 소외 지표)

$$Isolate/R = \frac{Bt + 2Cl + Ge + Ls + 2Na}{R}$$

소외지표는 내용 반응 중에서 식물 Bt, 구름 Cl, 지도 Ge, 풍경 Ls, 자연 Na의 5가지 범주들이(일차 반응이건 이차 반응이건 간에 모두 포함시켜) 전체 반응에서 차지하는 비율을 나타낸다. Cl과 Na에 대해서는 가중치 2를 곱해 준다(앞에서 Na, Ls, Bt의 채점시 중복 채점하지 않아야 함을 강조했었던 이유가 여기에 있다).

이 지표는 내용 범주들의 해석적 의미에 대한 연구 중, 위의 5가지의 내용 범주들의 조합이 사회적인 고립이나 철수와 관련되어 있다는 결과에 바탕을 두고 발전되었다.

전체 반응수 R의 25~30% 안에 드는 소외지표를 보이는 사람들은 사회적인 상호작용에 보다 덜 몰입하는 것으로 생각된다. 그러나 반드시 사회적으로 부적응적이라거나 갈등을 겪고 있음을 반영하는 것은 아니며, 단지 이런 사람들은 대부분 사회적인 관계에 보다 덜 흥미를 느끼며 보다 수줍어하는 경향이 있다고 생각된다. 그러나 소외지표가 .33 또는 그 이상인 경우에는 사회적으로 고립되어 있을 가능성이 매우 높은 것으로 생각할 수 있다. 보통 이런 사람들은 유연하고 의미 있는 대인관계를 형성하는 것이 어려운 경우가 많다.

(7) Self-Perception section

이 영역은 수검자가 자기 자신, 즉 self에 대해서 어떻게 지각하고 있는지에 대한 정보를 주는 영역이다.

7가지의 항목 중에서 Fr+rF, V, FD, MOR, An+Xy의 4항목은 빈도와 관련된 자료이고, 자아 중심성 지표와 H : (H)+Hd+(Hd)는 비율자료이다.

■ 3r+(2)/R (Egocentricity index, 자아 중심성 지표)

기호가 나타내고 있는 그대로, 전체 반응수에서 반사 반응 r과 쌍반응 (2)가 차지하는 비율을 수치화하는 것이다. 여기서 r은 Fr과 rF의 수를 모두 합하여 계산한다. r에 3의 가중치를 곱하여 주는 것은, 반사 반응이 쌍반응에 비하여 보다 자아 중심적인 사람을 잘 판별해 낸다는 연구 결과에 바탕을 두고 있다.

이 지표는 수검자가 자기에게 초점이나 관심을 두는 정도(self-concern), 자기에게 몰두하는 정도를 나타내 주는 것으로, 자존감(self-esteem)과도 연관되어 있다.

지표의 수치가 .32~.45 정도의 범위에 속하면 일반적인 경우로 볼 수 있다.

그러나 .45 이상으로 높은 경우에는, 수검자는 보통 사람들보다 더 자기 자신에게 몰입하는 경향이 있다고 볼 수 있다. 이런 경우에 특히 반사 반응 r이 포함되어 있다면 이 사람은 자기애적인 특성(narcissistic-like feature)을 가지고 있으며 타인과의 관계에서 자기 자신에게 보다 호의적으로 판단을 내리는 경향이 있다고 알려져 있다. 여하튼, 자아 중심성 지표에서 높은 수치를 보이는 사람들은 자기의 가치에 대해서 아주 긍정적으로 평가하는 것이 대부분이다. 그러나 어떤 경우에는 이런 과도한 자기 몰두는 자신에 대한 불만족감에서 오는 경우도 있을 수 있다.

.32 이하로 낮은 것은 수검자가 자신에 대한 가치를 매우 부정적으로 평가하고 있음을 반영한다. 이는 부정적인 자기상과 연관되어 있는 것으로, 우울증의 전조로 나타나는 것일 수 있다.

■ Fr+rF

이 항목에는 반사 반응의 빈도를 모두 더하여 기록한다.

앞에서 언급된 바와 같이 반사 반응 r은 자기의 가치를 과대평가하는 자기애적인 특성(narcissistic-like feature)이 있음을 암시하는 것으로 알려져 있다. 이런 특성은 아동의 경우에는 자연스러운 현상이지만, 형식적 조작이 시작되고 사회적인 관계가 중요해지는 청소년기나 성인기에는 사라지는 것이 보통이다. 만약 이런 특성이 청소년 후기나 성인기까지 지속된다면(Fr+rF > 0인 경우) 자기의 가치를 과대평가하는 경향으로 인하여 대인관계나 사회적인 역할의 수행에서 부적응적인 영향을 미치게 된다.

이런 사람들은 합리화(rationalization), 외재화(externalization), 부인(denial)을 핵심적인 방어기제로 사용한다.

■ Sum V, FD

FD 반응은 자기 검열 행동(self-inspecting behavior)과 관련된 변인이다. 자기 검열 행동은 자기에 대한 하나의 상을 발전시켜 나가는 데 매우 중요한 요인이다. 차원 반응 V도 이와 관련된 변인으로 받아들여지고 있는데, 두 변인 간에는 해석적으로 다소 차이가 있다.

FD 반응은 너무 많이만 나타나지 않는다면, 자신에 대해서 내성할 수 있는 긍정적인 신호로 해석할 수 있다. 이에 대하여 V 반응은 자기 검열과 관련하여 어떤 '초조한 정서'를 경험하고 있다는 의미로 생각되고 있다.

어린 아동의 경우에는 FD건 V건 기대하기 어렵지만, 청소년기에 접어들면서 반응 비율이 증가하는 것으로 연구되어 있다.

만약 청소년이나 성인에게서 FD나 D가 나타나지 않는다면, 자기 검열 행동, 즉 자신에 대한 내성을 별로 하고 있지 않은 것으로, 자기 자신에 대해서 미성숙하게 지각하는 경향이 있다고 볼 수 있다.

반면, FD 〉 2이거나 V 〉 0이라면 보통 이상으로 자기 검열을 하고 있는 것으로 생각된다. 이때 반사 반응 r이 나타났다면 자기상과 관련된 갈등이 있음을 반영하며, 자아 중심성 지표가 평균 이하라면 자기에 대한 부정적인 가치평가가 관련되어 있을 가능성이 있다.

■ An+Xy

해부 반응 An과 엑스선 반응 Xy의 빈도 합을 기록하는 항목이다.

이 항목은 수검자가 신체에 대해서 갖는 관심(body concern)의 정도에 대한 정보를 제공해 줄 수 있다. 보통 An 반응이 Xy 반응에 비하여 더 자주 나타나는 반응인데, 이 반응들이 반드시 신체적인 건강과 관련되어 있는 것은 아니고 의사나 간호사 같이 신체와 관련된 직업을 가진 사람들에게서도 자주 나타날 수 있다.

An+Xy가 1이나 2 정도라면 약간의 신체 관련 관심을 가지고 있음을 반영하나, FQ가 −가 아니라면 크게 문제가 되지는 않는다. 그러나 An+Xy가 3 이상이라면 보통 이상으로 신체적인 염려감이나 집착을 가지고 있는 것으로 볼 수 있다. 만약 수검자가 현실적으로 신체적인 문제를 가지고 있다면 그럴 수 있다고 받아들여지지만, 그럴 만한 현실적인 이유가 없는 경우라면 심리적인 요인이 작용하고 있는 것으로 생각할 수 있다.

■ MOR

특수 점수 중 병적인 내용 MOR의 빈도를 기록한다.

MOR 반응은 자기(self)에 대한 시각이 염세적이고 비관적임을 암시하는 투사적인 반응이다. 이런 시각은 자기 자신뿐 아니라 환경에 대해서도 마찬가지로 나타날 수 있으며, 이런 수검자의 자기상(self image)은 부정적이며 손상되어 있을 가능성이 많다.

MOR=1인 경우에는 유의미하게 해석되지 않으나, MOR=2라면 어떤 부정적인 자기 개념을 가지고 있다는 가설을 세울 수 있으므로 이와 관련된 자료들을 검토할 필요가 있다. MOR=3 이상인 경우에는 매우 부정적인 자기상을 가지고 있고 환경에 대해서도 매우 비관적으로 지각하는 것으로 해석할 수 있다. 이런 시각이 수검자의 적응에 어떤 영향을 주고 있는지에 대해서 신중하게 검토하는 것이 필요하다.

■ H : (H) + Hd + (Hd) (Interpersonal Interest, 대인관계 관심)

왼쪽 항에는 순수 인간 전체 반응 H의 수를, 오른쪽 항에는 공상적인 인간 전체 반응 (H)와 인간 부분 반응 Hd 및 공상적인 인간 부분 반응 (Hd)의 합을 기록한다. 즉, 이 비율은 순수한 인간 반응과 그 이외 인간과 관련된 반응들 간의 비율을 나타낸다.

인간 반응의 빈도는 사람에 대한 관심의 정도를 나타낸다. 인간 반응의 빈도가 적다는 것은 대부분의 사람들에 비해서 타인에 대한 관심이 적음을 반영하는 것으로, 사회적인 접촉에서 고립되어 있거나 감정적으로 철수되어 있는 사람을 변별하는 하나의 지표가 될 수 있다. 반대로, 인간 반응의 빈도가 많다면 타인에 대한 강한 관심을 가지고 있음을 반영하는데, 이는 보통 타인에 대한 건강한 관심이라는 긍정적인 신호로 해석된다. 그러나 타인에 대한 현저한 경계심을 반영하는 부정적인 신호가 될 수도 있다.

H, (H), HD, (HD) 같은 여러 유형의 인간 반응들은 수검자 자신을 포함하여 '사람'에 대한 개념이 실제 대인관계 경험에 기초하여 형성된 것인지 상상에 기초하여 형성된 것인지 대한 정보를 제공해 준다.

H 〉(H)+HD+(HD)가 바람직한 것으로 여겨지는데, 이는 자기(self) 및 대인관계에서의 타인에 대한 견해와 태도가 실제 경험에 바탕을 두고 형성되었음을 반영한다. 그러나 반대의 경우에는 자기(self) 및 대인 지각이 상상이나 공상에 기초하여 형성되었을 가능성이 많은 것으로 생각할 수 있다. 이것은 의사결정이나 문제해결에 부정적인 영향을 미치거나 대인관계에서 어려움을 가져올 수 있다.

(8) 특수 지표

구조적 요약의 맨 아래에는 지각적-사고 지표 PTI(Perceptual-Thinking Index), 우울증 지표 DEPI(Depression Index), 대응손상 지표 CDI(Coping Deficit Index), 자살 지표 S-CON(Suicide Constellation), 과민성 지표 HVI(Hypervigilance Index), 강박성 지표 OBS(Obsessive Style Index)의 6가지 특수 지표가 있다. 263쪽에 제시되어 있는

[표 6-7] 특수 점수 연령 교정치

Sum6와 WSum6의 연령 교정치	
5~9세	Sum6>11 또는 WSum6>20
10~12세	Sum6>10 또는 WSum6>18
13~14세	Sum6>9 또는 WSum6>17
15~16세	Sum6>8 또는 WSum6>17

X+%의 연령 교정치	
5세	X+%<.50
6, 7세	X+%<.55
8, 9세	X+%<.57

자아 중심성 지표의 연령 교정치		
연령	3r+(2)/R이 아래보다 작을 경우 유의미	3r+(2)/R이 아래보다 클 경우 유의미
5	.55	.83
6	.52	.82
7	.52	.77
8	.48	.74
9	.45	.69
10	.45	.63
11	.45	.58
12	.38	.58
13	.38	.56
14	.37	.54
15	.33	.50
16	.33	.48

Constellation Worksheet에서 해당되는 항목들이 있는가를 보고, positive한 것으로 나오는 지표는 구조적 요약지에 체크한다.

연령에 맞게 교정해야 하는 항목들이 있는데, DEPI의 자아중심성 지표와 PTI의 X+%, Sum6, WSum6는 표 6-7에서 제시된 수치로 교정하여 보아야 한다.

각 지표들이 positive일 때의 해석적 의미를 간단히 살펴보면 다음과 같다.

■ S-Constellation (Suicide Potential, 자살 지표)

14세 이상의 수검자에게서 이 지표가 positive로 나온다면, 수검자가 자기 파괴적인 행동을 할 위험성이나 자살 상념에 몰두, 집착하고 있을 가능성에 대해서 심각하게 고려해 보아야 한다. 즉, 이 자살 지표는 말 그대로 자살의 위험성에 대해서 검토해 볼 수 있는 지표이다.

Exner는 연구들을 통해서, 자살 집단을 약 83% 정도 정확하게 예측할 수 있도록 변인들을 구성하였다. 그러나 이 지표는 자살 집단의 15% 정도는 예측을 해 주지 못하였고(false negative), 비자살 집단의 10% 정도를 자살군으로 분류하는(false positive) 한계를 가지고 있다. 따라서 이 지표에서 8항목 이하로 해당된다고 해서 반드시 자살의 위험 요소가 없다는 것이 아니며, 또한 8항목 이상을 충족시킨다고 해서 반드시 자살을 할 것이라는 이야기는 아님을 유의해야 한다.

■ PTI (Perceptual Thinking Index, 지각적 사고지표)

SCZI(Schizophrenia index, 정신분열증 지표)가 개정된 지표이다. 이전의 SCZI가 의도하지 않는 긍정 오류가 나타난다는 문제점이 지적되어 개정되게 되었다. SCZI와는 달리, 아직까지 결정적인 절단점 값은 없고 연속적인 척도로 검토될 수 있다.

이 척도는 인지적 중재와 관념화 활동 곤란의 준거로 사용되며, 사고의 혼란과 특이한 사고과정을 측정하는 데 사용될 수 있다.

PTI 값이 높으면 다른 자료들을 해석하기에 앞서 인지에 관한 변인을 검토하는 것이 우선되어야 한다.

■ DEPI (Depression index, 우울증 지표)

이 지표 역시 우울한 집단과 그렇지 않은 집단을 변별하려는 시도에서 비롯되었다. 그러나 '우울'은 매우 다양한 모습으로 나타날 뿐 아니라 많은 정신병리에서 보편적으로 나타나는 증상이기 때문에 우울증 집단을 명확히 구분해 내는 변인들을 찾아내는 것은 상당히 어려운 작업이었다. 여러 번의 수정 연구들을 통해서, 현재의 DEPI는 85% 정도의 변별력을 가지게 되었는데, false positive 비율은 2~18%로 밝혀져 있다.

이 지표에서 positive의 기준선인 5개 항목에 해당되는 경우에는 수검자가 우울하다고 또는 기분장애를 가지고 있다고 진단된 사람들에게서 발견되는 특징들을 많이 가지고 있음이 암시된다. 그러나 이것이 우울증을 가지고 있음을 확정짓는 것은 아니며, 단지 수검자가 우울증이나 기분상의 변화를 쉽게 겪을 수 있는 심리적 구조를 가지고 있다는 것을 반영하는 것일 수도 있다. 따라서 정서와 관련된 다른 변인들과 통합적으로 검토해야 한다.

6, 7개에 해당되는 경우에는 수검자가 중요한 정서적인 문제를 가지고 있을 가능성이 매우 높은 것으로 해석되므로, 수검자에 대한 평가에서 정서적인 문제를 주요하게 다루어야 한다.

■ CDI (Coping Deficit index, 대응 손상 지표)

이 지표는 DEPI를 연구하는 과정에서 얻어진 것으로, 대인관계나 사회적 활동에 있어서 대응 능력이 손상된 것을 탐지해 내는 변인들로 구성되어 있다.

CDI가 positive인 수검자들은 대인관계가 빈약하고 부적절하며 자연스러운 사회적 요구에 대처하는 데 어려움을 겪고 있을 가능성이 있다. 이들은 우울증적인 특징들을 가지고 있는 경우가 많은데, 이런 우울 특성은 대인관계와 사회적 상황에서의 미숙함, 제한된 효율성, 무기력 등으로 인해 부수적으로 생긴 것이 대부분이다.

우울증으로 진단된 수검자가 CDI가 positive인 경우에는 치료계획에 사회기술 훈련 같은 대인관계 및 적응상의 기술 향상에 대한 개입이 포함되는 것이 예후에 매우 중요하다. 많은 연구들에서 이런 개입이 없는 경우 재발률이 높다고 보고되고 있다.

■ HVI (Hypervigilance index, 과민성 지표)

이 지표는 편집증적인 성격 특성과 관련된 성격 변인들에 대한 타당화 연구 과정에서 얻어진 것이지만, 편집증보다는 수검자의 '환경에 대한 과민성'을 탐지하는 보다 폭넓은 의미에서 사용된다.

HVI가 positive인 사람들은 일상생활에서 과도하게 각성되어 있어서 아무런 자극이나 단서가 없는데도 불구하고 환경에 대해서 근심하거나 환경을 비관적인 것으로 보는 경향이 있다. 이들은 환경으로부터 피해를 당할지도 모른다고 생각하면서 그런 피해를 당하지 않기 위해서는 환경을 경계해야만 한다고 믿는다. 이들은 타인과 밀접한 관계를 맺는 것을 피하고 타인을 불신하며, 개인적인 영역을 유지하는 문제에 과도한 관심을 가진다. 치료에 대한 반응성도 낮은 편이다.

▶ Constellation Worksheet ◀

S-Constellation(Suicide Potential)

- positive : 8개 이상 해당될 경우
  주의 : 14세 이상에만 적용된다.

  ☐ FV+VF+V+FD>2
  ☐ Color-Shading Blends>0
  ☐ 3r+(2)/R<.31 or>.44
  ☐ MOR>3
  ☐ Zd>+3.5 or Zd<−3.5
  ☐ es>EA
  ☐ CF+C>FC
  ☐ X+%<.70
  ☐ S>3
  ☐ P<3 or P>8
  ☐ Pure H<2
  ☐ R<17

PTI (Perceptual-Thinking Index)

- positive : 4개 이상 해당될 경우

  ☐ XA% < .70 and WDA% < .75
  ☐ X−% > .29
  ☐ Lv2 > 2 and FAB2 > 0
  ☐ (R < 17 and WSum6* > 12) or (R > 16
  and WSum6* > 16)
  ☐ M− > 1 or X−% > .40

  * 연령교정치 적용할 것

  Sum PTI _____

DEPI(Depression index)

- positive : 5개 이상 해당될 경우

  ☐ (FV+VF+V+FD>0) or (FD>2)
  ☐ (Color-Shading Blends>0) or (S>2)
  ☐ *(3r+(2)/R<.44 and Fr+rF=0)
  or (3r+(2)/R<.33)
  ☐ (Afr<.46) or (Blends<4)
  ☐ (SumShading>FM+m)
  or (SumC'>2)
  ☐ (MOR>2) or (2AB+Art+Ay>3)
  ☐ (COP<2)
  or ((Bt+2Cl+Ge+Ls+2Na)/R)>.24
  * 연령교정치 적용할 것

CDI(Coping Deficit index)

- positive : 4개 또는 5개 이상 해당될 경우

  ☐ (EA<6) or (AdjD<0)
  ☐ (COP<2) and (AG<2)
  ☐ (Weighted Sum C<2.5) or (Afr<.46)
  ☐ (Passive>Active+1) or (Pure H<2)
  ☐ (Sum T>1)
  or (Isolate/R>.24)
  or (Food>0)

HVI(Hypervigilance index)

- positive : 1번 항목을 만족시키고 아래 7개 중 최소 4개가 해당될 때

  ☐ (1) FT+TF+T=0
  ....
  ☐ (2) Zf>12
  ☐ (3) Zd>+3.5
  ☐ (4) S>3
  ☐ (5) H+(H)+Hd+(Hd)>6
  ☐ (6) (H)+(A)+(Hd)+(Ad)>3
  ☐ (7) H+A : Hd+Ad<4 : 1
  ☐ (8) Cg>3

OBS(Obsessive Style index)

  ☐ (1) Dd>3
  ☐ (2) Zf>12
  ☐ (3) Zd>+3.0
  ☐ (4) P>7
  ☐ (5) FQ+>1
  ....

- positive : 아래 항목에서 한 가지 이상 해당될 경우

  ☐ (1)~(5) 모두 해당
  ☐ (1)~(4) 중에서 2개 이상이 해당 and
  FQ+>3
  ☐ (1)~(5) 중에서 3개 이상이 해당 and
  X+%>.89
  ☐ FQ+>3 and X+%>.89

■ OBS (Obsessive Style index, 강박성 지표)

강박성 지표 OBS는 정신분열증 지표 SCZI와 우울증 지표 DEPI를 교차 타당화하는 과정에서 도출된 지표이다.

이 지표에서 positive인 사람들은 완벽주의적인 경향, 세부적인 사항에 과도하게 몰두하는 경향과 함께, 우유부단한 경우가 많고 감정 표현에서 어느 정도 어려움을 겪고 있을 가능성이 있는데 특히 부정적인 감정을 표현하는 데 있어서 그런 경우가 많다.

이렇게 조심스럽고 완벽주의적인 특성이 반드시 부정적인 것은 아니지만, 상황에 대한 유연한 전환이나 조절에 실패할 가능성이 있고, 시간 압력이 있거나 상황이 매우 복잡한 경우에는 혼란을 겪을 가능성이 있다는 데서 부적응적인 특성이 될 수 있다.

이상과 같이 로르샤흐 종합체계의 여러 변인들에 대해서 살펴보았다. 앞서 보아 왔듯이, 각 영역별 변인들은 인지, 정서, 대인관계, 자기 지각, 스트레스 통제력 등 해당 영역에 대한 다양한 정보를 제공하고 있다. 그러나 한 변인이 반드시 한 영역에만 해당되는 것은 아니고, 여러 영역들에 중복하여 해석적 의미를 줄 수 있다. 예를 들어, EB 같은 변인은 수검자의 성격적인 특성에 대한 정보뿐 아니라 사고에서의 특징이나 정서적인 특징에 대해 알려 주는 변인이 된다. 따라서 각 변인이 주는 시사점에 대해서 폭넓게 생각하고 받아들일 필요가 있다.

Exner는 11개의 Key variable을 이용하여 해석의 순서를 잡아 나가는 방식과 해당되는 key variable이 없는 경우에 사용할 수 있는 해석적 전략들을 개발하여 두었다. 이에 대한 소개는 「The Rorschach: A Comprehensive System, Vol Ⅰ: Basic Foundation」(2003)을 참조하기 바란다. 여기서는 로르샤흐 검사에 대한 기초적이며 전반적인 이해에 목적을 두고 있으므로 로르샤흐 종합체계의 변인들과 각각의 해석적 의미를 소개하는 데 만족하기로 하겠다.

이상의 해석적 절차들은 주로 변인들의 양적인 측면에 바탕을 두고 있다. 그러나 한 개인의 독특한 모습에 대해서 보다 구체적이고 생생한 정보를 얻기 위해서는 반응의 질적인 면에 대한 접근도 매우 중요한 역할을 한다. 질적인 면에 대한 해석을 위해서는 풍부한 임상 경험이 중요한 만큼, 충분한 훈련 과정을 거치는 것이 필요하다.

이제부터는 로르샤흐 반응의 질적 분석에 대해서 개관해 보도록 하자.

6. 로르샤흐 반응의 내용 분석

지금까지 본 것과 같이 로르샤흐에서 수검자의 반응을 구조적 변인을 통해 파악하는 것은 로르샤흐가 '지각'을 측정하는 도구라고 전제하고, 수검자가 반응하는 방식이 바로 수검자의 대표적인 행동 양식을 보여주는 것이라고 가정하는 것이다. 즉, 단순히 잉크 반점에 불과한 것에 대해서 '무엇처럼 보았으며 왜 그렇게 보았는지'를 묻는 것, 다시 말하면 잉크 반점을 어떤 식으로 구조화하는지 그 과정을 묻는 것은 일반적인 지각-인지적 과제에 대해서 수검자가 어떻게 대처하고 어떻게 문제해결 및 의사결정을 하는지, 어떻게 느끼고 어떻게 행동하는지에 대해서 알려달라고 말하는 것과 같다고 보는 것이다.

예를 들어 반응 형성에 반점 전체를 사용하지 못하고 주로 작은 반점만 사용하는 수검자라면 경험을 전체적으로 통합하는 능력이나 의지가 부족한 사람일 수 있다. 이런 사람을 일상생활에서 "나무만 보고 숲을 보지 못하는" 경향을 보일 가능성이 많을 것이다.

그러나 구조적 변인에 의해서만 파악하는 것은 수검자 간의 개인차와 독특성에 대한 정보를 상실하게 만들 수 있다. 예를 들어, "멋진 드레스"라는 반응과 "헬멧"이라는 반응은 모두 Cg로 기호화되지만, 장식을 목적으로 하는 의복과 방어를 목적으로 한 의복은 역동적 의미가 다를 수 있다. 이와 같이, 수검자의 반응에 나타난 주제적 특징, 내용적 특징에 대해서 살펴보는 것은 중요한 의미를 가진다. 이를 주제적 특징에 대한 해석, 또는 질적 분석, 내용 분석이라고 한다.

구조적 변인을 통한 해석과는 달리, 주제적 특징에 대한 해석, 즉 내용 분석은 로르샤흐가 '연상'을 측정한다는 가정에서 비롯되었으며, 수검자의 반응은 행동의 '상징'이라는 가정에 근거를 둔다. 잉크 반점을 지각적 과제로 보지 않고 환상을 야기하는 자극으로 간주하며, 일차적인 해석적 관심은 '투사가 포함되어 있는' 반응에 있다.

주제적 특징에 대해서 살펴보는 것은 구조적 분석 방식에 의해서는 검토할 수 없었던 점들, 이를테면 복잡한 기호를 사용하면서 여러 가지 방식으로 시도하였음에도 불구하고 기호화 체계에서는 기호화되지 못한 반응들, 기호화는 되었더라도 빈도 등으로 인해 중요한 구조적 점수에는 영향을 미치지 못하여 해석에 반영되지 못하였던 반응들까지도 검토할 수 있게 해 준다. 이를 통해 우리는 수검자의 독특성에 대한 중요한 역동적 의미를 파악할 수 있게 된다.

1) 각 카드들의 고유한 특징

내용 분석에 들어가기 전에 먼저, 수검자의 개인적 속성에 의해서라기보다는 각 카드의 고유한 특성에 의해서 보편적으로 유발될 수 있는 반응 특징에 대해서 알아둘 필요가 있다. 그래야 수검자의 반응에 수검자 개인의 속성이 투사된 것인지, 그게 아니라 카드의 속성에 의해서 다른 사람들과 비슷한 방식으로 반응한 것뿐인지를 구별해 낼 수 있다. 카드의 속성으로 인해 일반적으로 기대할 수 있는 방식에서 일탈된 반응일수록 그 수검자만의 성격적 특성, 연상 방식, 역동을 시사하는 것으로 해석할 수 있을 것이다.

각 카드들 고유의 특성과 그 의미에 대해서 살펴보기로 하자.

(1) 카드 I

수검자들은 이것이 처음 제시되는 카드이기 때문에 이것을 보고 얼마나 많은 반응을 해야 하는지, 돌려봐도 되는지, 어디를 보고 답해야 하는지 등을 질문하기도 한다. 즉, 자기 반응을 내보이기 전에 미리 반응방식을 구조화하려는 시도를 보일 수 있는데, 이것은 흔히 보일 수 있는 행동이므로 지나치지 않다면 중요하게 생각할 필요는 없다. 그러나 첫 번째로 제시된다는 점은 이 카드에 대한 반응의 해석에 중요한 의미를 가진다.

카드 I은 처음 제시되는 카드이기 때문에 새롭고 친숙하지 않은 대상이나 환경에 대해 수검자가 어떤 식으로 대처하는지에 대한 단서를 제공할 수 있다. 쉽고 편안하게 효율적으로 접근하는지 아니면 어렵고 힘들게 대하는지를 통해 새로운 상황과 스트레스를 처리하는 방식에 대한 단서를 얻을 수 있다.

또한 맨 첫 반응이 그 사람의 특이점을 대표하여 보여주는 경우도 있을 수 있다. 예를 들어, 학대받은 피해자가 맨 처음 반응으로 "다친 나비"라는 반응을 하는 경우나, 비행아동이 "천사"라는 반응을 했다면 이는 그 사람의 특성을 대표하여 보여주는 중요한 반응일 수 있다. 이런 반응들을 서두 서명(sign-in) 반응이라고 할 수 있다.

한편, 처음 제시된 카드이므로 불확실성과 불안이 작용할 수는 있지만 이 카드는 일반적으로 어렵지 않은 카드라고 볼 수 있다. 수검자들은 비교적 쉽게 평범 반응을 보이며, 대체로 무난하게 반응한다. 그러나 반점의 형태와 색이 검다는 점 때문에 일부 수검자들에게는 부정적인 감정을 불러일으킬 수 있다. 특히 우울감, 죄책감, 불행감, 비관적인 감정에 시달리고 있는 경우에는 다른 흑백 카드들에 대해서도 거북해하고 어려워할 수 있다.

(2) 카드 Ⅱ

이 카드의 가장 뚜렷한 특징은 붉은색이 나타난다는 점이다. 이 붉은 영역은 쉽게 피(blood)로 보이며, 분노와 상처, 손상에 대한 연상을 자극하는 경우가 많다. 따라서 붉은 영역에 대한 반응 유형과 반응 여부는 적개심, 증오심, 신체적 건강에 대한 염려 등을 처리하는 방식에 대한 정보를 줄 수 있다.

또한 이 카드는 다른 카드들에 비해 성적인 반응이 많이 나올 수 있는 카드이다. 남성과 여성의 해부학적 구조에 대한 반응이 쉽게 나타날 수 있는데, D4 영역을 보통 남근으로 보고 D3나 Dd24 영역은 여성의 질로 보는 경우가 많다. 따라서 이 영역에 반응하는 방식이나 이런 영역에 대해서 언급하는 내용이 수검자의 성적인 면이나 그에 대한 관심을 반영해 줄 수 있다.

(3) 카드 Ⅲ

이 카드의 가장 중요한 특성은 수검자들이 대부분 '상호작용하는 두 사람'을 지각한다는 점이다. 이런 반응에 실패했더라도 이 카드에 반응하는 방식에서 대인관계에 대한 태도와 관심이 나타난다. 이 카드에서 반응하는 것을 어려워하면 할수록 수검자가 사회적 상호작용에 부정적이고 혐오적인 태도를 가지고 있고 그로 인해 어려움을 겪고 있을 가능성이 더 크다고 볼 수 있다.

카드 Ⅱ에 비해서는 성적 반응이 나타날 가능성이 적지만, Dd27 영역을 유방이나 가슴으로, Dd26 영역은 남근으로 지각할 수 있다. 카드의 이런 속성 때문에 성적 역할이나 정체감에 어려움이 있는 수검자는 자신이 지각한 사람이 남자인지 여자인지를 결정하지 못하거나 남녀의 특징을 다 가지고 있다고 말하는 경우도 있다.

(4) 카드 Ⅳ

흔히 '아버지 카드'라 일컬어지지만, 직접적으로 아버지라는 특정 인물에 대한 것이라기보다는 크고 강하고 힘있고 무겁고 강력하고 권위적이며 때로는 위협적인 것에 대한 연상을 자극하는 카드라고 보는 것이 합리적이다. 즉, 복종해야 할 권위나 권위적 인물에 대한 카드로 보는 것이 더 합리적이다. 권위적 인물은 대부분 남성이지만 여성일 수도 있으며, 그 외 다른 많은 사람들도 권위상의 역할을 할 수 있기 때문이다.

그러나 카드의 특징이 여성적이기보다는 남성적이기 때문에 아버지, 남편, 연인과 같이 수검자의 생활에서 중요한 남성에 대한 태도를 반영하기도 한다.

또한 이 카드는 검은색과 짙은 음영이 특징적이다. 이런 특징은 우울감과 연관지어 해석될 수 있다. 예를 들어 우울한 감정을 회피하려는 사람은 이 카드에 반응하는 것이 어려울 수 있다. 그러나 반응의 어려움은 권위상과 관련된 어려움일 수도 있으므로 다른 반응들과 연관지어 해석하여야 할 것이다.

한편, 짙은 음영으로 인해 재질반응(T)을 일으킬 수 있는데, 이것은 심리적, 신체적으로 타인과 친밀한 애착 관계를 형성할 수 있는 능력, 그에 대한 태도, 욕구, 개방성에 대해 정보를 줄 수 있다.

(5) 카드 V

이 카드는 반점의 형태가 분명할 뿐 아니라 평범 반응인 박쥐나 나비와 형태가 매우 비슷하기 때문에 로르샤흐 카드들 중에서 가장 쉽게 반응할 수 있는 카드이다. 앞서 제시되는 카드들보다 쉽게 반응할 수 있기 때문에 앞에서 자극되었던 고통스러운 감정에서 벗어나 안도감을 느낄 수 있는 카드로, 일종의 '휴식 카드'로 볼 수 있다.

검은색이라는 특징 때문에 잠정적으로 우울감과 관련되어 있기는 하나, 이 카드에 대한 반응을 어려워한다면 이 카드 자체의 특징 때문이 아니라 카드 IV에서 경험했던 불안이 지속되고 있기 때문일 가능성이 더 높다.

(6) 카드 VI

이 카드의 주된 특성은 음영에서 시사되는 재질 반응이다. 이 카드는 앞서 언급된 카드 IV보다 대인관계의 친밀성에 대한 지각과 연상을 보다 쉽게 유발시킨다. 재질에 대해서 직접적으로 언급하지 않더라도 반점의 전체 또는 아래 영역에 대해서 T 반응을 정교화하는 방식을 통해서 '친밀한 관계'에 대한 태도를 알 수 있다. 예를 들어 이 카드를 잘 다루기 어렵다고 말한다면 이것은 신체적으로나 심리적으로 타인과 접촉하는 것 또는 접촉에의 관심에 대한 태도를 시사하고 있다고 말할 수 있을 것이다.

또한 이 카드에서 해부학적인 성적 구조를 쉽게 볼 수 있기 때문에 성적인 반응이 많이 나타난다. D6 영역을 남근으로, D12 영역을 여성의 질로 보는 것은 정확한 지각으로 볼 수 있다. 그러나 이를 다루는 방식과 그 과정에서 경험하는 어려움을 통해 수검자의 성적인 측면에 대한 정보를 얻을 수 있다.

(7) 카드 VII

이 카드는 흔히 카드 IV와 대조적인 의미를 가지는 것으로 해석된다. 카드 IV가 위협적이고 단단하고 강하고 능동적으로 보인다면, 이 카드는 매력적이고 부드럽고 약하고 수동적인 것으로 받아들여진다. 또한 카드 IV가 남성적 특징을 보이는 데 반해 이 카드는 전형적으로 여성적 특징을 연상시킨다.

그러나 카드 IV에서도 지적되었듯이, 이 카드를 직접적으로 '어머니 카드'로 보는 것은 적절치 않으며, 여성에 대한 감정과 태도를 나타내는 것이라고 보는 것이 합리적이다. 단, 이런 감정과 태도가 여성 일반에 대한 것인지 수검자의 어머니, 할머니, 자매, 연인, 이모나 고모 등 특정한 대상에 대한 태도인지는 수검자에 대한 다른 부가적인 정보가 있어야 알 수 있을 것이다.

한편, 흔히 Dd26 영역을 여성의 질로 보기도 하므로, 여성에 대한 성적인 연상이나 관심을 유발시키기도 한다. 이때 긍정적인 태도를 보이는지 부정적인 태도를 보이는지에 따라서 성적 관계에 대한 수검자의 태도를 엿볼 수 있다.

(8) 카드 VIII

이 카드도 카드 V와 마찬가지로 수검자들이 다소 숨을 돌릴 수 있게 해 주는 카드라고 할 수 있다. 앞서 제시되었던 짙은 음영의 검은 색 카드들에 비해서 부드러운 파스텔 톤의 색채로 그려져 있기 때문에 수검자들은 예쁘고 마음에 든다고 느끼는 경우가 많다. 또 평범반응인 네발 달린 동물을 쉽게 지각할 수 있기 때문에 편안하게 반응하게 된다.

그러나 이 카드에서 처음으로 전체가 조각으로 나뉜 듯한 모양이 나타나며 색채도 처음 나타나기 때문에 어떤 수검자들은 앞서 나온 카드들보다 더 어려움을 경험하기도 한다. 이것은 복잡한 상황적 요소들을 정리하고 통합하는 데 대한 어려움을 반영할 수 있으며, 감정이 개입되는 상황에 대해서 불편하게 느끼거나 정서적 자극에 대해서 회피하는 태도를 반영하는 것일 수도 있다.

(9) 카드 IX

이 카드는 모호하고 산만하다는 점에서 매우 특이한 카드라 할 수 있다. 색이 혼합되어 있고 형태도 분명하지 않기 때문에 다른 카드들보다 평범 반응을 유발하기가 어렵고 특별한 정서적 반응을 자극하지 못하기도 한다. 따라서 이 카드는 수검자의 특징이 일관되게 나타나기 어렵다.

이 카드에 대한 반응을 어려워하는 경우는 복잡하고 비구조화된 상황을 효과적으로 다루는 능력이 모자라거나, 이런 상황에 대한 불만이 있음을 반영하는 것일 수 있다.

(10) 카드 X

밝고 유쾌하게 보이는 색채들로 구성되어 있지만 각 부분들이 떨어져 있고 연결이 분명하지 않으며 다양한 색채와 형태가 존재하기 때문에 카드 IX에 이어서 두 번째로 어려운 카드라고 할 수 있다.

많은 것을 동시에 처리하는 것에 어려움이 있거나 위압감을 느끼는 수검자라면 색은 예쁘다고 하면서도 싫어하며 빨리 끝내고 싶어 할 수 있다.

정서적인 면을 회피하려 하거나 부정적 정서에 압도당해 있는 수검자라면 색이 여러 가지라서 싫다고 하거나 색이 예쁘지 않다고 반응하기도 한다.

또한 마지막에 제시되는 카드이기 때문에 카드 Ⅰ에서의 맨 첫 반응이 그 사람을 대표하는 반응이 되는 경우가 있는 것처럼, 맨 마지막 반응 또한 같은 의미를 가질 수 있다. 예를 들어 맨 마지막으로 "다 실패로 돌아간 것 같네요"라고 말하는 수검자와 "아주 밝은색이네요. 해가 떠오르는 것처럼"이라고 반응하는 수검자는 똑같이 우울하다고 하더라도 자신의 현재 상태에 대해서 다르게 받아들이고 있을 수 있다.

이러한 마지막 반응은 서미 서명(sign-out) 반응이라고 본다.

2) 내용 분석의 방법

이제부터는 내용 분석의 방법에 대해서 구체적으로 살펴보기로 하자.

(1) 주제적 심상이 풍부한 반응에 대해 주목한다.

주제심상이 얼마나 풍부한지 그 정도는 각 반응마다 다르다. 어떤 반응은 수검자의 내적인 면에 대해서 많은 것을 나타내 주기도 하지만 어떤 반응은 단지 일부분에 대해서만, 또는 아무런 정보도 드러내지 못할 수 있다.

역동과 관련된 정보를 포함하고 있을 가능성이 제일 많은 중요한 반응은 투사가 개입된 반응이다. 반응에 투사가 개입된 요소가 많고 카드 속성에 의해 일반적으로 나타나는 방식에서 일탈되어 있을수록 수검자의 중요한 욕구, 태도, 갈등, 관심에 대한 정보를 더 많이 포함하고 있을 가능성이 높다. 따라서 해석자는 카드 자체의 속성 보다 투사에 의해 결정된 정도를 근거로 각 반응에 해석적 주의를 기울이는 정도와 비중을 결정할 필요가 있다.

가장 투사가 많이 일어났다고 볼 수 있는 반응은 반점의 형태를 왜곡하여 본 반응, 운동 반응, 윤색 반응이라고 할 수 있다. 물론, 형태에 정확하게 반응했고 운동이나 윤색을 포함하지 않은 반응은 주제적 해석에 포함시킬 필요가 없다는 것은 아니다. 이런 반응들은 검사 행동과 관련하여 중요한 의미가 있을 수도 있고, 또는 반응의 계열(순서)을 검토할 때 전후의 내용과 연관지어 해석하면 중요한 의미를 가질 수 있다.

수검자의 반응 내용에서 해석적 가설을 도출할 수 있는 정도와 그 가설의 유용성은 세 가지 요인에 의존한다. 첫째, 내용이 풍부한 반응의 빈도와 상징의 명료성으로, 이는 수검자에 의해 결정되는 요인이다. 둘째는 성격적 역동과 상징적 자료를 해석하는 방식에 대한 검사자의 충분한 경험, 셋째는 대인관계에 대한 민감성과 대인관계에 대해 상징적 연상을 할 수 있는 검사자의 개인적 능력을 들 수 있다. 이런 검사자 요인은 경험, 훈련, 심리치료 등을 통해서 향상될 수 있다.

이런 요인들의 차이로 인해, 어떤 반응은 보다 많은 해석적 의미를 줄 수 있으며, 또 어떤 검사자는 다른 검사자보다 주제 심상을 해석하는 방법을 더 잘 알 수 있고, 공감능력과 연상능력이 뛰어나 내용 주제에서 가능한 의미를 더 잘 연상할 수 있게 된다. 또한 각 검사자가 강조하거나 초점을 두고 있는 면, 예를 들어 방어, 대상관계, self 등에 따라 내용 주제의 해석은 다양할 수 있다.

내용 분석에서 중요한 정보를 주는 투사적 요소를 많이 포함하고 있는 왜곡된 형태반응, 운동반응, 윤색 반응에 대해서 살펴보자.

① 왜곡된 형태 반응

인간의 적응과 생존은 대상과 사건에 대해 정확한 인상을 형성할 수 있는 능력에 의존한다. 잘못된 지각과 부정확한 판단은 심리적 부적응뿐 아니라 생존에 치명적일 수 있다. 따라서 수검자가 부정확한 지각을 했을 때 어떤 상황에서 왜 그러한 지각적 왜곡이 일어났는지를 검토해 볼 필요가 있다. 이때 다음과 같은 네 가지의 이유를 들 수 있다.

㉠ 반응의 내용으로 인한 왜곡

예를 들어, 어떤 남자 수검자가 카드 Ⅰ에서 첫 반응으로 형태질이 minus인 "전함"이라 말했다고 가정해 보자. 이 수검자는 왜 이런 반응을 했을까?

수검자에게 있어서 전함은 강력한 힘이 있고 적을 물리치고 전쟁에서 승리하는, 파괴할 수 없는 대상을 의미할 수도 있고, 아니면 너무 크고 천천히 움직이기 때문에 작고 재빠른 배에 쉽게 포위당하는, 쓸모없고 퇴역해야 하는 대상을 의미할 수도 있을 것이다. 또는 능력이 모자라고 시대에 뒤떨어져 퇴출 위기에 몰려 있는 수검자가 자신을 강하고 능력 있는 사람으로 보이고 싶은 강한 욕구를 느끼고 있는 것일 수도 있을 것이다.

이런 여러 가지 해석적 가설을 세울 수 있지만 심리치료에서와 마찬가지로, "전함"의 의미는 그 수검자에게 전함이 어떤 의미를 갖는지를 검토하여 해석되어야 한다. 어쨌든 minus 반응을 일으킨 것은 반응의 내용이며, 이 반응 내용이 순간적으로 현실과 환상을 구분할 수 있는 능력을 손상시킬 수 있을 정도로 충분히 불편감을 야기했다고 볼 수 있다.

ⓛ 반응의 구조적 특징으로 인한 왜곡

반응의 구조적 특징 때문에 일시적으로 현실 검증력에 손상이 나타났을 수도 있다.

예를 들어 재질 반응이면서 minus라면 타인과의 친밀한 관계 형성에 대해서, 유채색 반응이면서 minus라면 감정을 표현할 수 있는 능력에 대해서 중요한 고통스러운 욕구가 있음을 나타내는 것일 수 있을 것이다.

ⓒ 카드에 직접 나타나지 않는 잠재적인 주제적 특징이나 구조적 특징으로 인한 왜곡

예를 들어, 카드 VI에서 W, F-로 "산"이라는 반응을 한 수검자가 있다고 해 보자. 수검자는 산을 바라보면서 위압감을 느낄 수도 있고 위험하다고 느낄 수도 있다는 가설을 세울 수는 있을 것이다. 그러나 '산'이라는 주제가 현실 접촉을 방해할 정도로 심각한 심리적 고통을 일으키는 강력한 상징적 단서라고 보기는 어렵다. 만약 "섬"이라고 반응했다면, 섬은 고립, 고독, 대인관계로부터의 단절에 대한 강한 관심을 시사하는 상징적 단서로 해석된다. 그러나 '산'이라는 내용은 형태질이 낮은 이유에 대해서 많은 근거를 제공해 주는 주제는 아니다.

이런 경우, 카드 VI의 공통적인 의미, 즉 재질 반응이 많이 나타날 수 있다는 점과 성적인 해부 반응도 많이 나타날 수 있다는 점에 주의를 기울일 수 있다. 수검자가 이 카드에서 효율적으로 반응하지 못한 것은 대인관계의 친밀성에 대한 고통스러운 감정 또는 성적인 문제에 대한 불편감이 작용했을 수 있다고 생각해 볼 수 있다.

② 앞에서 본 카드로 인한 왜곡

앞에서 한 반응이나 앞에서 본 카드에 대한 불편감으로 인해 비효율적인 반응을 할 수도 있다. 예를 들어, 카드 IV에서는 "커다란 괴물"이라고 평범 반응을 했지만 카드 V에서 "벌레"라는 minus 반응을 한 경우를 보자. 이 경우 카드 IV에서의 반응은 주제로서는 의미가 있으나 형태적으로 보통 수준인 평범 반응이므로 큰 의미가 없을 수 있다. 다음으로 나온 "벌레" 반응도 그 자체로서는 상징적으로 그리 중요하지 않은 주제이지만, 카드 V가 쉽게 평범 반응을 할 수 있는 위협적이지 않은 카드인데도 불구하고 minus 반응을 했다는 것에 주목할 필요가 있다. 이런 경우 "벌레"라는 minus 반응은 카드 V에 대해서라기보다는 카드 IV에 대한 불편감이 연장된 결과로 볼 수 있다. 수검자는 크고 강한 힘이 있는 대상에 대해 해소되지 않은 불편한 감정이나 갈등이 있을 수 있다.

② 운동 반응

운동 반응의 내용은 자기 자신, 타인, 대인관계에 대한 관점과 느낌을 드러내 주는 중요한 단서가 될 수 있다. 특히 M 반응의 경우 오래전부터 성격적 역동에 대한 정보를 주는 중요한 요인으로 임상가들에게 인식되어 왔다.

M 반응의 내용이 시사하는 해석적 가정을 검토하기 위해서는 3가지 면에 대해서 살펴보는 것이 도움이 된다. 어떤 인물이 어떤 활동을 하고 있는지 어떤 상호작용을 하고 있는지를 검토해 보는 것이다. 일반적으로 인물의 성격과 활동은 수검자의 자기 지각과 타인에 대한 태도를 반영한다. 상호작용하는 방식은 대인관계에 대한 태도, 타인과 관계를 맺는 방식에 대한 생각을 반영할 수 있다.

예를 들어, 카드 1의 전체 영역에 대해서 "날개를 펼친 천사"라고 반응한 경우와 "가슴이 풍만한 여인이 팔을 펼치고 있는 것"이라고 반응한 경우를 살펴보자. 첫 번째 반응에서 나타난 "천사"는 일반적으로 선(善), 순결함, 순수함의 상징이라고 할 수 있다. 천사는 대부분의 사람들에게 극히 좋은 행동을 하는 존재를 의미하는 것으로 받아들여진다. 따라서 이런 반응은 수검자가 자신을 이런 존재로 생각하든가 혹은 이런 존재가 되고 싶다는 희망을 반영하는 것이라고 가설을 세워 볼 수 있다.

두 번째의 경우, '가슴이 큰 여자'는 성적인 대상 혹은 양육을 상징하는 모성적 대상일 수 있다. 후자의 경우라면 팔을 펼치고 있는 가슴이 풍만한 여인은 기꺼이 베풀고 양육하려는 몸짓을 표현하고 있다고 생각할 수 있을 것이다. 이런 수검자는 모성상으로부터 충분한 양육과 보살핌을 받지 못했을 가능성이 있을 수 있다.

또 다른 예로, "가운데 있는 사람을 옆의 두 사람이 때리고 있다"는 반응을 보자. 이런 경우에는 인물과 인물의 행동뿐 아니라 상호작용에 대한 해석도 가능하다. 이때 수검자는 자신을 공격자와 동일시하고 하여 다른 사람을 신체적으로 지배하는 사람으로 보는 것일 수도 있고, 또는 피해자와 동일시하여 자신이 다른 사람에 착취당하거나 희생당하고 있다는 것을 나타내는 것일 수도 있다. 또는 이 두 대상 모두에게 동일시하여, 불확실하고 혼란스러운 상태에 있을 수 있다. 또한 이 반응에서는 공격적 행동이 협력적인 방식으로 나타나고 있기 때문에 수검자는 이 세상을 협력적인지 아니면 경쟁적이거나 공격적인 것인지에 대해서 확실히 구분하지 못할 만큼 혼란스러운 것으로 보고 있을 수도 있다. 물론, 이런 가설들은 다른 자료들에 대한 검토를 통해서 보다 탐색되어야 할 것이다.

이런 반응들에 형태질이 minus인 주제가 섞여 있다면 이는 보다 중요한 의미를 가지게 된다. 즉, 왜곡된 형태의 M 반응은 수검자가 그에 대해서 일시적으로 현실 검증력에 손상이 생길 정도로 대인관계상의 고통감이 심하다는 것을 의미할 수 있다.

FM 반응에서도 내용 주제는 M 반응에 적용하였던 것과 동일한 방식으로 가설을 세울 수 있다. 동물의 종류, 동물의 활동, 상호작용 역시 중요한 의미를 줄 수 있다.

그러나 이런 반응들이 가지는 성격적 역동에 대한 의미는 M 반응보다는 덜 분명하고 덜 직접적이라고 할 수 있다.

m 반응의 내용은 대인관계에 대해 거의 정보를 주지 않는다. 그러나 무생물 반응은 자기 자신과 현재의 자기 기능에 대한 생각을 반영하는 결정적인 정보를 제공하기도 한다. 예를 들어 "늘어진다", "처진다", "떨어진다" 등의 내용이 반복해서 나오는 경우를 생각해 보자. 이런 반응은 노화나 기능 상실에 대한 우울한 집착을 시사하고 있을 수 있다. "폭발", "화산이 터지는 것"과 같은 반응이 자주 나타나는 경우에는 자기 통제의 상실에 대한 관심을 시사할 수도 있고 부적절하거나 파괴적인 행동의 위험성을 암시하는 것일 수도 있다.

M 반응과 마찬가지로 어느 경우에나 왜곡된 형태 반응 minus와 결합되는 경우에는 그 주제적 의미가 가중된다고 할 수 있다.

③ 윤색 반응

윤색 반응(embellishment)은 왜곡된 형태 반응이나 운동 반응보다 더 많은 의미를 포함하고 있다. 여기에는 잉크 반점의 자극적 속성을 넘어서는 비일상적 사고와 추론이 포함되어 있다고 볼 수 있기 때문이다.

이런 반응들은 보통 DV, INCOM, DR, FABCOM, ALOG, CONTAM 등 한 개 이상의 결정적 특수점수로 부호화할 수 있는데, 이런 특수점수는 비논리적이거나 이치에 맞지 않는 사고를 나타낸다. 따라서 이런 반응이 나타나면 왜곡된 형태 반응이 나타났을 때와 마찬가지로 '이 시점에서 이런 장애적인 사고가 나타난 이유'에 대해서 검토해 보아야 한다.

특수 반응 중에서도 가장 중요한 해석적 의미가 있다고 받아들여지고 있는 반응은 MOR, COP, AG이다. COP와 AG은 이미 언급된 바와 같이, 운동 반응의 의미를 검토하는 과정에서 다루어질 수 있다. MOR 반응은 주로 수검자 자신의 신체와 신체적 기능에 대한 생각과 느낌을 반영하지만, 다른 다양한 가능성도 시사할 수 있다. 예를 들면 "짓밟혀 뭉개진 벌레"라고 했을 경우 M 반응의 해석에서와 마찬가지로 수검자가 벌레, 즉 희생자와 동일시하는지 아니면 짓밟은 사람, 즉 가해자와 동일시하는지에 따라서 해석이 달라질 수 있다.

또한 원래는 아닌데 손상되었거나 질병이 있는 것으로 표현한 반응(예를 들어 피를 흘리거나, 상처를 입었다거나, 병이 들었다거나, 고장이 났다든가)은 손상을 입은 것은 아니지만 원래부터 기형이거나 기능 장애가 있는 것으로 본 반응(예를 들어, 기형, 절름발이, 벙어리 등)과는 수검자의 자기 지각에 대한 가설 설정에 차이가 있을 것이다.

"가슴이 큰 여자"와 같이 특별히 어떤 특수점수로도 부호화할 수 없는 경우도 있다. 이렇게 공식적으로 기호화되지 않는 경우라 하더라도 윤색이 나타난 경우에는 주의를 기울여 가설 설정의 자료로 삼아야 한다.

이상에서 살펴본 바와 같이, 왜곡된 형태 반응, 운동 반응, 윤색 반응은 모두 잉크 반점에 대한 투사를 포함하고 있기 때문에 수검자의 내적 세계에 대한 표상을 반영하는 것이라 할 수 있다. 이런 투사된 반응들에 대해 가설을 설정할 때 유용하게 사용할 수 있는 방법은 반응이 수검자의 자기 표상이라고 보는 것이다.

종합 체계에서는 "나는(I am)" 기법을 공식적으로 사용하는데, 이 기법은 투사된 반응에 "나는 ~이다"를 붙여 보는 것이다. 예를 들면 "나는 '가슴이 큰 여자'이다", "나는 '크고 둔한 군함'이다"와 같이 표현해 볼 수 있다. 이런 표현들은 수검자의 실제적인 자기상을 나타내 주는 것이라고 생각할 수 있다.

이와 유사하게 "내가 ~라면 좋겠다(I wish I were)" 또는 "내가 ~라서 유감이다(I'm sorry I am)" 기법도 자기에 대한 기대나 부정적인 자기상에 대한 단서를 제공할 수 있다.

또한 왜곡된 형태 반응, 운동 반응, 윤색 반응이 한 가지씩 나타난 반응보다는 두 가지 또는 세 가지가 같이 나타난 반응들(소위, '2루타', '3루타' 반응들)이 보다 가설적 내용이 풍부하고 역동적으로 중요한 의미를 포함하고 있을 가능성이 높다. 예를 들면, 인간 운동 반응이면서 지각이 크게 왜곡되어 있고, 거기에 극적인 윤색 반응까지 포함되어 있는 반응이라면 수검자의 self와 대인관계에 대한 느낌을 파악하는 데 핵심적인 정보를 가지고 있는 반응이라고 받아들일 수 있을 것이다.

(2) 주제적 해석의 결정

이상과 같이 반응의 내용을 토대로 여러 가지 가설을 세우고 나면 다음 단계는 이런 가설의 타당성을 결정하는 것이다. 내용으로부터 도출한 가설들이 얼마나 정확하며 어느 정도 신뢰할 수 있을 것인가에 대해서는 엄격한 준거를 근거로 철저히 탐색하고 면밀히 검토한 뒤에 받아들이는 진지한 자세가 필요하다.

이를 위해서는 ① 중요한 반응의 확인, ② 보수적 추론, ③ 확실한 주제에 대한 초점을 지침으로 삼을 수 있다.

① 중요한 반응의 확인

반응에 투사된 요소가 많으면 많을수록 중요한 반응으로 취급할 수 있다.

예를 들면 다음과 같은 경우들이다.

- 형태가 왜곡된 경우. 특히 minus 반응
- M 반응이 들어간 반응. FM이나 m이 포함된 반응 내용에 비해 더 많은 정보를 제공할 수 있다.
- 보다 다양하고 정교하게 윤색된 반응
- 소위 2루타나 3루타 반응(왜곡된 형태, 운동 반응, 윤색 반응이 2가지 또는 3가지 겹쳐서 나타나는 경우)
- 맨 첫 반응과 맨 마지막 반응. 특히 투사적 요소를 포함하고 있는 경우

② 보수적 추론

예를 들어 "팔을 들어 올리고 있는 여자"라는 반응을 생각해 보자. 팔을 들어 올리고 있다는 것의 의미는 반갑다는 것일 수도 있고, 때리려는 것일 수도 있고, 도와달라고 애원하는 것일 수도 있고, 작별 인사를 하는 것일 수도 있다. 아니면 전혀 다른 의미가 있을 수도 있다. 이런 여러 가지 대안적 가설은 수검자에 의해서 반응이 보다 정교화되지 않는다면(이를테면 "팔을 들어 올리고 도와달라고 신에게 기도를 하고 있다"라는 식으로) 어느 것이든 신뢰할 수 있는 것으로 선택할 수 없다.

또한 각 내용 주제가 보다 직접적으로 시사하는 의미로 한정지어 해석하는 것이 보다 정확하다고 할 수 있다. 예를 들어 "창"이라는 반응은 무기와 관련된 상징적 의미를 포함하고 있을 가능성이 높다. 물론 무기가 아닌 다른 물건으로 생각할 수도 있고 무기가 아닌 다른 목적으로 사용할 수도 있겠지만, 어쨌든 창이 무기라는 것은 분명하기 때문에 다른 가능성은 희박하다고 볼 수 있다. 이와는 대조적으로 "곤봉"이라는 반응은 남근을 의미할 수도 있고 무기를 나타내는 것일 수도 있다. 또는 남근과 무기를 다 상징하는 것일 수도 있고, 모양이 원통형인 다른 물건을 상징하는 것일 수도 있다. 또 다른 예로 "물고기"라는 반응은 "지나치게 소유적인 어머니로부터 독립하려는 노력의 포기와 매우 수동적이고 무기력하며 강한 의존성과 관련이 있다"는 주장이 있다. 이런 상징적 추론의 경우에는 이론적 근거가 있다고 하더라도 쉽게 납득하기 어려울 것이다.

이와 같이 내용 주제를 상징적 가설로 전환할 때 논리적 추론이 분명하고 납득하는 데 여러 가지로 설명이 필요하지 않을수록 그 가설이 성격에 대한 타당하고 유용한 단서일 가능성이 높다.

또한 주제 심상에 근거한 추론은 현재의 중요한 욕구, 태도, 갈등, 관심에 초점을 맞출 때 가장 정확할 가능성이 높다. 수검자의 성격적 역동을 제대로 파악하기 위해서는 수검자의 과거 생활 사건과 이에 반응하고 대처하는 방식에 대해 다양한 가정을 할 수 있어야 하고 미래에서의 행동 방식에 대해서도 여러 가지 가정을 할 수 있어야 하겠지만, 내용 해석의 정확성 면에서는 가장 좁게, 현재의 성격적 역동에 초점을 맞추는 것이 가장 확실한 방법이라고 할 수 있다. 내용에 대한 해석을 통해 과거나 미래에 대해서 많이 추론하려고 들면 들수록 내용 해석은 더 정확하지 않으며 더 믿을 수 없을 것이다.

③ 확실한 주제

확실한 주제란 가장 많이 반복되고, 가장 극적이며, 가장 독창적이고, 가장 자발적인 반응을 말한다. 이런 주제는 수검자의 내적 생활을 대표하는 심상을 포함하고 있을 가능성이 높다. 반대로, 자주 나타나지 않고 단순하고 평범한 맥락에서 나타나는 반응은 수검자의 성격적 역동에 대한 가설을 별로 제공해 주지 못한다.

반복은 확실한 주제를 나타내는 가장 중요한 지표라고 할 수 있다. 반복되는 반응은 나타나는 빈도에 의해서 쉽게 알 수 있다.

극적인 내용은 반응이 윤색된 방식, 사용된 언어의 성격, 표현된 정서의 강도 등으로 추론해 낼 수 있다. "바구니를 들어올리는 두 사람"이라는 반응과 "무거운 물건을 있는 힘을 다해서 들어올리려고 애쓰고 있는 가냘픈 여자들"이라는 반응을 비교해 보면, 후자의 반응이 보다 극적이라는 것을 알 수 있다.

독창성은 다른 사람들도 공통적으로 반응하는 방식이나 내용에서 벗어나 평범하지 않게 반응한 것을 말한다. 즉 지각과 표현이 관습적인 방식에서 벗어날수록 성격적 역동에 대해 중요한 점을 시사하고 있다고 받아들일 수 있다. 독창성은 공통적으로 보고되는 지각에서 얼마나 벗어나 있는지, 반점 자체의 특징이 얼마나 적게 작용했는지, 기발한 상상력을 얼마나 발휘했는지의 정도를 통해서 결정된다.

자발성은 질문 단계(inquiry)에서보다는 자유반응 단계에서 나타난 것을 우선시한다는 것이다. 또한 마찬가지로, 검사자가 어떻게 해서 그렇게 보았는지에 대해서 몇 차례 질문을 하면서 정교화된 반응보다는 처음부터 그렇게 말했거나 질문단계에서 바로 말해진 반응이 보다 중요한 의미를 갖는다고 볼 수 있다.

3) 내용 주제의 의미

마지막으로, 인간, 동물, 대상, 활동, 해부 등 많이 나타나는 반응들에 대해서 각각 가능하다고 생각할 수 있는 가설적 의미들에 대해서 살펴보기로 하자.

(1) 인간 유형

인간의 형상을 보는 반응내용은 일반적으로 자기 자신, 타인에 대한 관점을 나타낸다. 이는 실제적인 자기상일 수도 있고, 좋아하거나 두려워하는 상, 일반적 또는 특정 인물에 대한 태도, 바람직한 인간상에 대한 소망적 사고를 나타낼 수 있다.

이때 반응에서 나타난 연령, 성별, 크기, 특징, 역할, 정체성, 빠진 부분 등을 고려해서 의미를 살펴야 한다. 각 경우에 세울 수 있는 가설의 예를 들면 다음과 같다.

- 연령
  - 젊은 연령에 초점을 두는 경우 : 퇴행적 경향/보다 편안했던 어린 시절에 대한 동경
  - 나이 많은 연령에 초점을 두는 경우 : 늙어 가는 것, 활력을 잃어 가는 것에 대한 관심

- 성별

  남성이나 여성을 포함하는 반응이 흔하지 않은 방식으로 나타나는 빈도를 검토하는 것이 필요하다. 특히 카드 IV를 여성으로 보거나 카드 VII을 남성으로 보는 경우, 한 대상에 대해서 양성적 특징을 다 표현하거나 성별을 결정짓지 못하는 경우는 성적 역할이나 성적 정체감과 관련하여 불편감이 있을 수 있다.

- 크기
  - 어느 한 방향으로의 크기를 강조하는 경우 : 자신이 너무 크거나 작다는 생각/다른 사람이 자신보다 더 크거나 작다는 생각

- 특징
  - 큰 머리 : 지적인 것을 추구하는 경향/지적 자부심
  - 균형잡힌 몸매 : 신체적 매력/선정적 매력
  - 마른 팔 : 나약감, 무력감
  - 로봇 : 타인에 의한 조정/감정이 없음/거리감/초인간적인 신체적 능력/논리적으로 결점이 없는 우수한 존재

■ 역할

왕, 판사, 발레리나, 신부, 모델, 카우보이, 레슬링 선수, 광대 등 역할을 설정하는
경우 각 역할이 갖는 의미와 이미지를 고려해야 한다. 예를 들어, 광대는 모든 사
람들에게 사랑받는 존재일 수도 있고, 동정과 조롱의 대상일 수도, 앞에서는 웃고
있지만 가면 뒤에서는 울고 있는 존재일 수도 있다.

■ 정체성

예수, 부처, 타잔, 산타, 원더우먼, 칭기스칸, 성모 마리아, 이순신 장군 등을 보는
경우 수검자의 실제적인 자기상 또는 이상적인 자기상 또는 타인에 대한 태도를
반영할 수 있다.

■ 빠진 부분

• 머리만 보는 경우 : 지나치게 지적 측면을 강조하고 신체적 및 성적 측면에는
  문제가 있을 가능성

• 상반신만 보는 경우 : 성에 대한 관심이 있을 가능성. 특히 "다른 부분은 보이
  지 않는다"거나 "다른 부분은 무엇인지 모르겠다"고 하는 경우

• 머리를 제외한 신체 및 하반신에 초점을 두는 경우 : 지나치게 성적인 것을 강
  조/자신의 지적 능력을 비하/정신적인 생활의 중요성을 부인하려는 경향

• 손이 없다고 하는 경우 : 손으로 하는 일을 제대로 하지 못하는 것에 대한 관
  심/해서는 안 될 일을 손으로 했다는 죄책감

• 다리가 없다고 하는 경우 : 독립하지 못함에 대한 걱정/위험하거나 불쾌한 상
  황을 극복할 수 없을 것이라는 걱정

(2) 동물 유형

사람 형상과 마찬가지로 자기상 및 타인에 대한 견해를 나타낸다. 여기에서도 마찬
가지로 동물의 크기, 그 동물에 대해서 기술한 특징, 내적인 특징, 그 동물이 시사하
는 의미를 잘 살펴야 한다. 각각의 예를 들어 보자.

• "위험하거나 매우 큰 곰" : 자신을 매우 크고 강한 사람으로 봄/자신보다 더 크
  고 강해서 조심해서 접근해야 할 사람이나 동물에 대한 관심

• "작고 나약한 지렁이" : 자신이 쉽게 밟힐 수 있는, 나약하고 중요하지도 않고
  가치없는 존재라는 느낌/타인이 지렁이보다 못하고 무능하므로 밟아도 상관없
  다는 태도

• "고릴라. 큰 몸집을 가졌지만 팔이 작다" : 자기가 크고 강하지만 실제로 할 수

있는 것은 없다는 느낌/두려움이나 분노를 일으키는 어떤 대상의 힘을 부인하고자 하는 시도

- "거북이" : 안전한 껍질 속에 숨을 수 있는 동물
  "고슴도치" : 몸에 가시가 있어서 가까이 접근할 수 없는 동물
  "상어", "피라니아" : 육식 동물
  "하이에나", "대머리 독수리" : 썩은 고기를 먹는 동물
- 사자 : 용맹성/양 : 온유함/당나귀 : 고집스러움/공작새 : 자만/족제비, 스컹크 : 믿을 수 없는 사람

(3) 대상 유형

로르샤흐 반응의 내용에서는 무수히 많은 다양한 대상이 나타날 수 있는데, 이런 대상들은 대부분 공통적 해석이 가능한 범주나 유형으로 분류할 수 있다.

먼저, 고립 지표(Isolation index)에 속하는 반응들인 식물(Bt), 구름(Cl), 지도(Ge), 풍경(Ls), 자연(Na)을 들 수 있다. 이런 반응들은 사람이 거주하지 않는 환경을 나타내는 것으로, 사회적 고립을 의미하며 대인관계에 대한 적응적 문제를 시사한다.

만약 이런 반응들이 윤색되어 있다면, 보다 특별한 해석적 의미를 가질 수 있다. 예를 들어 "시들어가는 나뭇잎"이나 "썩은 나무둥치" 같은 반응은 병적 반응(MOR)을 포함하는 것으로, 사회적 고립뿐 아니라 신체적 통합과 기능 상실에 대한 비관적 사고, 우울감을 반영할 수 있다.

또 다른 범주로는 주지화 지표(Intellectualization Index)로, 예술(Art), 문화 인류학(Ay) 반응이 포함된다. 이런 반응들은 자신의 경험에 대해서 지적인 방식으로 사고한다는 것을 의미한다. 이 또한 윤색되어 있는 경우 보다 특별한 의미를 반영할 수 있다.

한편, 대상들을 사용 목적에 따라서 의미 있는 방식으로 묶어 보는 것이 유용할 수 있다. 예를 들어, 창, 곤봉, 비행기, 대포, 탱크, 전자총 등은 모두 무기류에 속하는 반응들로, Ay 또는 Sc로 채점되겠지만, 이런 반응의 공통적 주제는 공격적인 도구를 사용하거나 또는 그에 의해서 희생되는 것에 대한 집착과 관련되어 있을 것이다.

같은 무기라 하더라도 "대포"는 공격하는 무기이지만 "탱크"는 보호받을 수 있고 약한 부분이 없는 대상이라는 서로 다른 의미를 가질 수도 있다. 또한 무기보다는 남근 같은 성적인 의미를 띨 수도 있다.

로르샤흐에서 흔히 나타나는 또다른 반응으로는 의복(Cg) 반응을 들 수 있다. 이

때에도 그 의복이 사용되는 용도를 고려하는 것이 필요하다. 보호를 위한 의복인지 (예 : 헬멧, 갑옷, 방탄 조끼), 장식을 위한 것인지(예 : 예쁜 모자, 드레스, 턱시도), 은 폐를 위한 것인지(예 : 두건, 가면)에 따라서 해석은 달라질 수 있다.

(4) 활동 유형

사람, 동물, 무생물이 어떤 활동을 하고 있는 것으로 묘사된 반응의 내용은 M, FM, m, a, p라고 기호화하는 것보다 더 많은 정보를 포함하고 있을 수 있다.

예를 들어 "휴식을 취한다", "울고 있다", "떨어진다", "웅크리고 있다"는 모두 수 동적 운동 p로 채점되지만, 각각 편안하고 이완된 상태, 슬픈 상태, 어떤 나쁜 일이 일어날 것에 대한 걱정, 사회적 철수나 자기 보호 시도 등 서로 다른 의미를 가질 수 있다.

활동의 유형이 어떤 것이든 간에 그 대상이 하고 있는 활동의 유형이 수검자에게 가질 의미를 고려해야 한다.

(5) 해부학적 유형

대부분의 해부 반응은 신체적 기능에 대한 관심을 반영한다고 생각되는데, 해부 반 응이 어떻게 윤색되었느냐에 따라서 부가적인 정보를 얻을 수 있다. 예를 들어 "병 이 든 것 같은 폐"같이 특정 기관의 병적인 내용을 포함하는 반응은 그와 관련된 강 한 신체적 집착을 시사할 수 있다.

성 반응의 경우에는 다양한 역동적 의미가 있을 수 있으므로 특별한 주의가 필요 하다. 성반응은 단순히 내부 기관에 대한 해부학적 내용일 수도 있고, 외적인 성 기 관(예 : 남근, 질)일 수도 있고, 성행위(예 : 성교하고 있는 사람들)를 나타내는 것일 수도 있다. 이런 반응들의 이미지가 갖는 의미를 분석하면 수검자의 성, 성적 기능, 성적 상호작용에 대한 많은 단서를 발견할 수도 있다.

또 다른 주목할 만한 반응으로는 "심장"을 들 수 있다. 심장은 대부분의 사람들에 게 사랑과 열정을 상징한다. 따라서 이를 어떤 방식으로 다루고 있는지를 통해서 대 인관계에서의 태도의 특징을 검토해 볼 수 있다. 예를 들어 "심장이 부서졌다"고 말 한다면 고통과 죽음을 의미하는 것일 수 있을 것이고, "심장이 차갑다"고 했다면 냉 혈한을 의미하는 것일 수 있다.

1. 개관

TAT(Thematic Apperception Test, 주제통각검사)는 로르샤흐 검사와 함께 전 세계적으로 널리 사용되고 있는 대표적인 투사적 검사이다. 이 검사는 로르샤흐 검사와 마찬가지로, 모호한 대상을 지각하는 과정에는 개인 특유의 심리적인 과정이 포함되어 독특한 해석을 도출하게 된다는 이론적 입장에서 출발하고 있다.

그러나 로르샤흐 검사가 원초적인 욕구과 환상을 주로 도출시킨다고 전제되어 있는 반면, TAT는 다양한 대인관계상의 역동적 측면을 파악하는 데 보다 유용한 특징을 가지고 있다. 인물이 등장하지 않고 단지 잉크 반점이라는 추상적인 자극을 제시하는 로르샤흐와는 달리, TAT에서는 인물들(사람)이 등장하는 모호한 내용의 그림 자극을 제시하고 그에 대한 이야기를 구성해 보도록 하는 방법을 사용하는데, 이 과정에서 개인의 과거 경험, 상상, 욕구, 갈등 등이 투사되면서, 성격의 특징적인 면, 발달적 배경, 환경과의 상호관계 방식 등에 대한 정보를 제공해 주게 된다.

TAT의 원조격이라 할 수 있는 것은 1879년 F. Galton에 의해 행해진 연상실험이다. 그는 자유 연상 과정에서 반복적으로 일어나는 주제는 그 개인의 초기 생활과 깊은 관련이 있을 것이라는 가능성을 제시하면서, 연상을 통해 개인의 사고 내용의 기초를 알아낼 수 있을 것이라고 제안하였다.

그 뒤 1907년 H. L. Brittain이 'a Study in Imagination'에서 그림에 의한 상상력 연구의 중요성을 주장하면서 '상상(imagination)', '공상(fantasy)'이라는 연구주제에 학자들의 관심과 주의를 불러일으켰다. 그는 13세에서 20세의 청소년 남녀에게 그림을 보여주고 이야기를 연상해 보도록 하였는데, 이들이 표현한 이야기의 내용에 뚜렷한 성차가 있음을 발견하였다. 1908년 W. Libby도 아동 및 청소년에 대한 연상

실험을 실시하여, 나이에 따라 연상의 내용에 유의미한 차이가 있음을 「American Journal of Psychology」에서 발표하였다.

1926년 L. P. Clark은 정신 분석 치료의 보조 수단으로 그림 연상을 활용하였다. 그는 전이 신경증으로의 발전이 어려운 자기애적(narcissistic) 환자에게 그림을 제시하고 그에 대한 연상을 해 보도록 함으로써 치료의 진전에 많은 도움을 받을 수 있었다고 주장하였다.

1931년과 1935년에는 L. A. Schwartz가 8장의 그림으로 구성된 'Social Situation Picture Test'를 개발하여, 오늘날의 주제 분석법에 의한 성격 연구를 시도하였고 이를 청소년 심리 치료의 보조 수단으로 활용한 바 있다.

이와 같이 여러 장면에서 진단적, 치료적 보조 도구로 활용되어 온 그림 연상법은 1935년 하버드 대학의 H. A. Murray와 C. D. Morgan에 의해 'TAT'라는 이름으로 정식으로 세상에 소개되었으며, 1938년 『Exploration in Personality』가 출판되면서 '욕구-압력'이라는 이론적 체계를 갖추게 되었다. 이들은 1936년에 제작된 원도판을 3회의 개정을 거쳐 1943년에 31개의 도판으로 이루어진 TAT 도구를 정식으로 출판하였다. 이 도판은 현재까지 변경 없이 그대로 사용되고 있다.

이후 TAT에 대한 연구는 급속히 발전되면서, TAT는 로르샤흐 검사와 함께 전세계적으로 쓰이는 투사적 검사로 자리 잡게 되었다.

TAT 도판들에는 성인용(남녀 공용, 남자용, 여자용) 도판들과 함께 3매의 아동용 도판이 포함되어 있었으나, 주로 성인용 검사로 쓰였기 때문에 아동용에 대한 필요가 생겨났다. 이에 1949년 L. Bellack이 3~10세의 아동들에게 시행할 수 있는 '아동용 주제통각검사(Children's Apperception Test : CAT)'를 제작하였고 1952년 수정판을 출판하였다('한국판 아동용 주제통각검사'는 1976년 김태련, 서봉연, 이은화, 홍숙기에 의해 표준화되었다).

CAT에서는 아동은 '사람'보다는 동물에 대해서 보다 쉽게 동일시하는 경향을 반영하여, 도판에 등장하는 인물들은 모두 동물로 그려져 있다는 것이 TAT와는 다른 큰 차이점이다. 또 해석과정에 있어서 TAT에서는 '주제'가 강조되는 데 비해 CAT는 '통각'을 보다 중시하여 일정한 표준지각에서의 개인차를 밝힘으로써 동기와 의미를 분석하는 접근방식을 취한다.

1) TAT에서의 이론적 가설

TAT의 바탕이 되는 기본적인 가설은, 우리가 외부 대상을 인지하는 과정에는 대상의 자극 내용만을 단순히 있는 그대로 지각하는 데 그치는 것이 아니라 그것을 지각하는 사람 나름대로 이해하고 주관적인 해석을 하거나 또는 그것에 대해서 어떤 상상을 하면서 받아들이게 된다는 것이다. 즉, 자극의 객관적인 내용이나 조건과는 어느 정도 이탈된 개인적이고 주관적인 과정이 개입되면서, '지각→이해→추측→상상'의 과정을 거쳐 대상에 대한 결론을 내리게 된다. 다시 말하면, 우리가 대상을 인지하는 방식에는 대상의 자극 특성에 크게 의지하는 비교적 공통적인 요인이 작용하는 동시에, 자극 특성에 의존하지 않고 순수한 개인의 선행 경험에 의존하는 요인도 있다. 이 양자가 결합, 작용하여 이해, 추측, 상상이라는 심리적 작용이 이루어지는 것이다. 이것이 바로 '**통각**(apperception)'의 작용이다.

통각 작용은 주체의 조건에 의존하므로 통각 내용은 주체의 정신을 반영하게 되고, 따라서 통각된 내용의 분석을 통해 성격의 여러 가지 측면을 파악할 수 있는 것이다.

한편, '**주제**'라는 용어에는 "실생활에서 생긴 일같이"라는 의미가 포함되어 있다. Murray(1943)에 따르면, '주제', 즉 개인의 공상내용은 '개인의 내적 욕구(need)와 환경적 압력(pressure)의 결합'이고 '개인과 그 환경의 통일'이며 '실생활에서 생기는 일에 대한 역동적 구조'이다. 즉, 수검자의 이야기는 욕구와 압력의 관계, 생활체와 환경과의 상호의존적 관계에 의해서 생긴 것이라는 것이다. TAT는 개인에게 (인물의) 주체적인 욕구와 환경이 갖는 객관적인 압력에 대한 공상적인 주제의 이야기를 만들도록 함으로써, 반응하는 개인의 역동적인 심리구조에 대한 분석이 가능하게 만든다. 즉, 수검자는 그림을 '생활의 일화'로 통일시킨다는 것이다.

Murray는 모호한 상황을 대할 때 자신의 과거 경험과 현재의 욕구에 따라 해석하는 경향과 이야기를 표현하면서 자신의 기분과 욕구를 의식적, 무의식적으로 표현하는 경향으로 인하여 TAT가 개인의 주요한 성격측면을 드러나게 한다고 보았다.

Bellak(1959)도 기본적으로 Murray와 같은 입장으로, TAT 반응은 순수한 지각과정이 아니라 개인의 선행 경험에 의하여 지각이 왜곡되고 공상적 체험이 혼합되는 통각적 과정이라고 보았는데, 그는 '통각'을 여러 가지 투사를 포괄하는 개념으로 사용하였다. 그는 또한 "외현화(externalization)", "심적 결정론(psychological determinism)", "중복 결정론(overdetermination)" 등의 개념을 사용하였다.

Bellak은 TAT에서는 전의식 수준에 있는 개인의 욕구가 의식화되는 '외현화' 과정을 통해서 반응이 일어나게 된다고 보았고, 외적인 자극에 대한 반응으로 이야기되는 모든 것은 역동적인 의미가 있다는 '심적 결정론'을 주장하였다. '외현화'는 TAT의 대부분의 반응들을 특징짓는 현상으로, 수검자는 반응하는 동안에는 인식하지 못했을지라도, 질문 과정에서는 방금 자신이 한 얘기가 자기 자신에 관한 얘기였다는 것을 적어도 일부분 인식하게 된다는 것이다. '심적 결정론'은 TAT 해석에서 필수적인 또 하나의 가정으로, 어떤 자극 상황에 대한 반응은 모두 역동적 원인과 의미가 있기 때문에 수검자의 반응 내용은 그의 역동적인 면을 반영하게 된다고 본다.

이와 더불어 '중복결정'이란, 투사된 내용은 하나 이상의 성격 구조 수준을 반영하고 있다는 것이다. 예를 들어, TAT 반응으로 수검자가 최근에 본 영화를 인용해서 이야기를 만들었다면 이것은 의식 수준이다. 그러나 한편 전의식 수준에서 수검자는 자신의 어떠한 갈등을 반영한다고 볼 수 있으며, 무의식 수준에서 수검자는 인식하지 못하지만 그것에 중요한 상징적 의미가 있을 수 있다. 이와 마찬가지로, 수검자의 행동도 여러 다양한 무의식적 의미가 있을 수 있고, 그 각각은 전체 성격과의 관계에서 유효한 것일 수 있다(Bellak, 1959).

Murstein(1961)은 TAT 그림의 특징으로 '구성성'과 '모호성'을 꼽았다. '구성성'은 그림에서 인물의 수와 성별, 상황의 배경이 제시되어 있다는 점이고, '모호성'은 그림의 내용이 불확실하여 여러 가지 해석이 가능하다는 점이다. 그림의 이러한 두 가지 특징에 의해 반응이 결정되어, 공상은 완전히 자유롭다기보다는 제시된 자극 내에서 이루어지게 된다. 수검자가 지각하게 되는 내용에는 카드의 자극 조건에 의한 것과 개인의 내적 경험이 동시에 나타나게 된다.

Murstein의 이러한 주장은 실제 임상장면에서의 해석 지침으로도 유용한데, TAT 검사 결과로 도출된 이야기들 모두가 그 수검자만의 독특한 상상으로 보기는 어렵기 때문이다. 또한 전적으로 자극카드의 특징에 의해서만 나타나는 것도 아니다. 수검자의 반응 내용 가운데는 평범하고 일반적인 반응도 있고 그 개인의 독특한 역동을 포함한 내용도 있다. 이를 구별하기 위해서는 뒤에 제시될 각 도판에 대한 설명과 도판별 평범 반응을 숙지하는 것이 요구된다.

2. 도구의 구성

TAT는 백지 카드를 포함해서 총 31장으로 구성되어 있다. 각 카드 뒷면에는 성인남자(M), 성인여자(F), 소년(B), 소녀(G) 등의 구별이 표기되어 있으므로, 수검자의 연령과 성별에 따라 카드를 선정하도록 한다. 이 중 10장은 모든 수검자에게 실시되고, 나머지 카드들은 성별과 연령에 따라 각각 10장씩 실시한다. 따라서 각 개인은 20장의 그림을 보게 된다.

3. 실시

검사 실시는 한 번에 약 1시간가량, 두 번의 회기로 나누어 시행한다. 이때 두 검사 회기 간에는 적어도 하루 정도의 간격이 있어야 한다. 이는 피로효과를 최소화하여 환자가 충분히 반응할 수 있도록 하기 위해서이다.

통상 1~10번 카드는 첫 회기에, 11~20번 카드는 두 번째 회기에 시행한다. 특별한 이유가 있다면 9~12개의 카드만으로 단축 검사를 실시할 수도 있다. 가장 유용한 카드로 성인용은 1, 2, 3BM, 4, 6BM, 7BM, 8BM, 10, 12M, 13MF, 18GF, 아동용은 1, 2, 3BM, 4, 6BM, 7BM, 7GF, 8BM, 10, 12M, 13MF, 16, 18GF을 선택할 수 있다.

수검자가 검사자와 라포(rapport)를 형성하였고, 정신적 · 신체적으로도 피로하지 않은 상태에서 검사를 시작한다. 다음과 같이 검사 지시를 한다.

"지금부터 몇 장의 카드들을 보여드리겠습니다. 각 그림을 보면서 될 수 있는 대로 극적인 이야기를 만들어 보십시오. 이런 장면이 있기까지 어떤 일이 있었을지, 현재 무슨 일이 일어나고 있는지, 등장하는 사람들이 어떻게 느끼고 무엇을 생각하고 있는지 그리고 그 일의 결과가 어떻게 되었을지에 대해서 이야기해 주십시오. 각 카드마다 약 5분 정도로 이야기해 주시면 됩니다. 어떻게 하는지 이해하셨나요?"

2번째 검사 회기에는 다음과 같이 지시를 한다.

"오늘 하시는 방법도 지난번과 동일한데, 단지 좀더 자유롭게 상상을 하도록 해 보십시오. 상상력을 마음껏 발휘해 보세요."

16번 백지 카드에 대해서는 다음과 같이 지시한다.

"이 백지에서 어떤 그림을 상상해 보고 그것을 자세하게 말해 보십시오."

만약 수검자가 이 지시에 잘 따르지 못한다면 다음과 같이 지시한다.

"눈을 감고 무엇인가를 상상해 보십시오. 그 상상을 이야기로 꾸며서 저에게 말해 주십시오."

Stein(1955)은 검사 지시에서 '상상력'의 문제를 강조하는 것은 바람직하지 않다고 보았다. 대부분의 수검자들이 TAT의 비구조화된 상상 활동의 특성 때문에 위협감을 느낄 수 있고, 간혹 환상을 두려워하는 수검자의 경우 그러한 지시에 경직되어 별 가치 없는 비상상적인 자료를 내놓을 수도 있기 때문이다.

일반적으로 검사자는 표준 지시를 내린 이후에는 더 이상 지시를 내리지 않는 것이 원칙이다. 그러나 다음의 경우에는 짤막한 지시를 보충해야 한다.

- 장면을 기술하기만 할 때(예 : "아이가 바이올린 앞에 앉아 있다") : "그림을 잘 묘사했습니다. 그러면 이제 좀 더 구체적으로 이야기를 만들어 보십시오."
- 과거나 미래를 생략하거나 현재의 생각이나 행위를 적절치 않게 기술했을 때 : "무엇을 하고 있는지 잘 말해 주었습니다. 그런데 이 장면이 있기까지 어떤 일이 있었고 앞으로 어떻게 될지 이야기해 보십시오."
- 환자가 카드의 분명치 않은 세부를 결정하기 어려워하면서 그에 대해 물어보면 (예 : 3번 카드에서 "이게 총인가요?") : "보이는 그대로 보시면 됩니다."
- 이야기가 지나치게 짧을 때 : "잘했습니다. 그런데, 그래서 어떻게 되었나요?"

이러한 개입들은 원칙적으로 첫 두 카드에만 적용된다. 그 후부터는 중간에 개입 없이 그대로 진행하고 나중에 추가 질문을 통해 보충한다.

중간 질문이나 종결 질문을 통해 가치 있는 정보를 얻을 수 있다.

중간 질문은 검사자가 생각하기에 불완전해 보이는 부분에 대해 한다. 예를 들면 "이 소년은 친구와 같이 가지 않았다"고 응답한 경우 "이 소년은 그때 어떤 느낌이었을까?" 혹은 "이 소년과 같이 가지 않은 친구에 대해 더 이야기해 줄 것은 없는가?" 라고 질문한다. 그러나 이런 질문은 경험이 많은 전문가가 조심스럽게 해야 하는데, 자칫하면 연상의 흐름을 방해하고 이야기의 내용을 유도할 수 있기 때문이다. 대부분 중간 질문은 초보자에게 위험하기 때문에 초보자는 종결 질문을 하는 것이 좋다.

종결 질문은 20개 카드에 대한 반응이 모두 끝난 다음에 첫 카드부터 검사자가 보충하고 싶은 부분에 대해서 질문을 던지는 것이다. 종결 질문에서 그가 가장 좋았던 카드와 가장 싫었던 카드를 고르게 하고 그 이유를 묻는 것도 도움이 될 수 있다.

검사 시행 후 그림에서 반응된 수검자의 이야기가 그의 순수한 생각인지, 아니면 다른 잡지나 소설 혹은 친지의 경험에서 나온 것인지 등, 이야기의 출처에 대해 질문해 보는 것도 도움이 된다. 그러고 나서 수검자에게 이야기의 주요 줄거리를 상기시켜 주면서 그 주제에 대해 자유롭게 이야기하도록 한다. 이 방식은 수검자로 하여금 자유로운 연상을 유도하면서 의미있는 경험을 의식화시키는 기회를 제공해 주며 나아가서는 통찰력을 얻을 수 있는 기회도 줄 수 있게 된다.

4. 도판별 내용과 기본 반응

자극카드에 등장하는 인물이 수검자가 동일시하는 특징을 가지고 있을 때 욕구, 감정, 경험들이 보다 쉽게 투사된다는 것이 경험을 통해 밝혀졌기 때문에 대다수의 TAT 카드 그림은 한 사람 또는 그 이상의 사람들을 포함한 생활 장면을 묘사하고 있다.

앞서 언급되었듯이, 수검자의 독특한 성격경향을 이해하기 위해서는 평범 반응의 내용이나 각 카드의 기본적인 성질이 무엇인지를 먼저 파악해야 하므로, 여기서는 TAT 각 도판의 성질과 공통적인 통각내용 및 전형적인 이야기 내용을 살펴보기로 하겠다.

■ 도판 1

한 소년이 바이올린 앞에서 무엇인가 골똘히 생각하고 있는 듯한 그림이다.

이 그림에서 수검자는 소년과 동일시하는 경향이 많고 어린 소년이 부모에 의해 바이올린 공부를 하거나 연주하도록 강요받고 있다는 이야기가 흔히 나타난다. 여기서 부모의 태도와 이에 대한 주인공의 반응을 볼 수 있다. 부모의 태도가 강압적이고 위협적인가, 아니면 수용적이고 이해적인가를 알 수 있으며, 부모의 요구에 대한 주인공의 반응으로는 수동적 태도, 순종, 반항, 공격적 행동, 공상으로의 도피 등이 나타난다. 이를 통해 권위에 대한 복종과 자립에 대한 갈등 혹은 자립에 대한 죄책감 등을 파악할 수 있다.

또 다른 주제로는 야망, 희망, 성취동기 등이 잘 나타나는데, 이러한 이야기는 주로 야망이나 성취수준이 높은 수검자에게서 기술된다. 이 경우 수검자의 태도가 현실적인가 또는 공상적인가에 특히 주의해야 한다. 이야기의 진행과정이나 결말부분에서 자신의 능력이나 미래를 대하는 수검자의 태도가 나타나기도 한다.

■ 도판 2

시골풍경으로, 앞에는 한 젊은 여인이 손에 책을 들고 있고 그 뒤에는 한 남자가 들에서 일을 하고 있으며 오른쪽 측면에는 한 중년 여인이 나무에 기대어 먼 곳을 응시하고 있는 듯한 그림이다.

이 그림에서는 앞쪽의 젊은 여인이나 뒤에 있는 남자가 주인공이 되는 경우가 많다. 주인공이 처한 환경 및 가족관계에 대한 이야기가 주로 언급되는데, 자극이 별로 없는 환경이나 불만족스러운 환경에 대한 주인공의 반응 또는 가족과의 갈등이나 가족들간의 상호작용 등이 언급된다. 이를 통해 수검자의 환경에 대한 지각이나 환경에 대한 반응으로서의 자립, 복종, 야망의 정도를 알아볼 수 있고, 가족에 대한 반응으로서는 가족의 이산(離散), 부모의 태도가 잘 나타난다. 한편 나무에 기대어 있는 부인과 관련되어 성적 갈등이나 임신, 잉태에 관한 내용이 나오기도 한다.

■ 도판 3BM

한 소년이 의자에 기대어 머리를 파묻고 마룻바닥에 주저앉아 있으며 그 옆에는 권총 비슷한 물건이 놓여 있는 그림이다.

이 그림에서는 우울, 낙담, 자살과 관련된 이야기가 많이 나오며 보통, 소년이 피해를 입었거나 무슨 잘못을 저지른 사람으로 그려진다. 이야기의 전개과정에서 주인공이 이러한 곤경을 어떻게 해결해 나가는지를 통해 문제해결과정이나 대처방식이 나타난다. 여기서 수검자가 경험하는 욕구좌절의 양상과 이에 대한 반응을 살펴볼 수 있다.

때로는 주인공을 소년이 아닌 소녀로 보거나 권총을 왜곡하여 지각하는 경우가 있다. 주인공을 소녀로 볼 때는 잠재적인 동성애의 경향을 나타낼 수 있으며 이러한 경향이 다른 그림이나 검사에서도 반복적으로 나타나는지를 살펴보아야 한다. 권총은 공격성의 표상으로, 공격의 방향이 외부로 향해 있는가, 내부로 향해 있는가, 또는 공격성이 억압되어 회피되는가를 알아볼 수 있다. 전자는 권총을 가지고 남을 쏜다는 등의 방식으로 표현되는데 이 경우는 공격의 원인이나 징벌대상 및 초자아가 어떻게 작용하고 있는가를 관찰해야 하며, 후자는 스스로 자살을 한다거나 총을 맞았다는 식으로 표현된다. 공격이 회피되는 경우는 권총을 무시하거나 장난감 등 다른 형태의 물건으로 취급하는 이야기로 나타날 수 있다. 권총을 장난감으로 왜곡할 때에는 그것이 표면적인 도피를 나타내는 것인가 또는 무처벌적인 경향을 나타내는 것인가를 잘 판단해야 한다.

■ 도판 3GF

젊은 여인이 오른손으로 얼굴을 가린 채 왼팔은 문쪽으로 뻗고 머리를 숙인 모습으로 서 있는 그림이다.

이 그림에 대한 이야기는 여주인공의 우울, 실망, 억울한 심정이 주로 언급되는데 남편이나 연인, 가족과의 갈등이나 실연, 사별 등으로 인해 상심하고 있거나 어떤 부정한 행위에 가담하여 죄책감을 느끼면서 해결책을 모색하는 이야기들이 나타난다.

■ 도판 4

한 여인이 마치 자기한테서 빠져 나가려는 듯한 남자의 어깨를 붙들고 있는 듯한 그림이다.

여기서는 그림 전면에 있는 남자와 여자 사이의 갈등이 많이 언급된다.

수검자가 남자이면 자신이 계획한 바를 실천에 옮기기 위해서 여인을 떠나려고 하고 있고 여자는 남자를 붙들어 두려고 한다는 이야기가 주로 나온다. 때로는 뒤에 있는 반나체의 여성을 남자의 정부나 여자 친구로 지각하여 삼각관계라는 주제가 언급되기도 한다. 여기서 결혼 생활의 적응문제나 여성이나 성에 대한 수검자의 태도 및 지각을 알 수 있다.

수검자가 여자인 경우 일반적으로 언급되는 주제는 남성이 다른 여성 때문에 혹은 사업적인 계획 때문에 떠나고 싶어 한다는 것을 주로 이야기하며 남자를 다루는 데 사용되는 기법이나 상황을 처리하는 기술이 표현되기도 한다.

■ 도판 5

한 중년 여인이 방문을 열고 방안을 들여다보고 있는 그림이다.

이 그림에서는 중년여인이 비밀스러운 행동을 하는 사람을 보고 놀라는 장면이 묘사되는 경우가 많다. 이 여성은 주로 어머니나 부인, 자기 자신으로 표현되며 여러 가지 이유로 방안을 엿보는 주제가 언급되기도 한다. 또는 자위행위가 발견되는 것에 대한 공포감이나 성적 호기심이 암시되는 경우도 있다. 이러한 이야기를 통해 일반적으로 어머니나 부인에 대한 태도 또는 수검자가 관심을 두고 있는 상황에 대한 단서가 나타난다.

■ 도판 6BM

나이 든 여인과 젊은 남자가 서 있는데, 여인은 남자와 등을 돌린 채 창문을 바라보고 있고 남자는 침울한 표정으로 밑을 내려다보고 있다.

이 그림의 늙은 여자와 젊은 남자는 보통 어머니와 아들로 보여진다. 아들은 오랫동안 계획해 왔던 어떤 일을 하도록 허락해 달라고 어머니에게 요청하는 모습으로 이야기 된다. 남자는 다른 도시에서 일하거나 결혼을 하거나, 군입대를 위해서 집을 떠나고 싶어 할 수 있다. 그의 소망은 보통 어머니와 갈등을 일으킨다. 이러한 이야기에서 주로 모자간의 갈등과 해결이 보여지며 어머니에 대한 태도나 가정불화의 원인이 드러난다. 경우에 따라서는 오이디푸스 콤플렉스가 반영되기도 한다.

■ 도판 6GF

안락의자에 앉아 있는 여인이 그녀의 어깨 너머에서 입에 파이프를 물고 이야기를 건네는 나이 든 남자를 바라보고 있는 그림이다.

　　그림의 남녀는 어떤 대화나 토론, 논쟁에 열중하고 있는 것으로 보이거나, 둘 간의 관계는 우연적이거나 또는 보다 심각한 관계일 수도 있다. 남자를 아버지로 보는 경우도 있으나 대부분 이성관계로 지각하며 남자가 여자를 유혹하는 것으로 표현되는 경우도 흔하다. 여자는 남자의 행동이나 동기 때문에 놀라고 거기에 대처하려고 한다. 여기서는 남성에 대한 태도, 여성의 역할, 이성관계에 대한 문제가 잘 드러난다.

■ 도판 7BM

백발의 남자가 젊은 남자와 머리를 맞대고 뭔가 이야기를 하고 있는 듯한 모습이다.

　　젊은 남자가 늙은 남자에게 조언을 구하거나 공동의 관심사에 대해 논의하고 있는 것으로 표현된다. 이 두 사람은 흔히 부자관계로 묘사되는데, 여기에서 아버지나 성인남자에 대한 수검자의 태도와 권위에 대한 반응이 잘 나타난다. 또는 음모를 꾸미거나 비밀스런 거래를 하고 있다는 내용에서 반사회적 경향이나 편집증적 경향이 드러나기도 한다.

■ 도판 7GF

한 여인이 책을 들고 앉아서 소녀에게 말을 걸거나 책을 읽어 주고 있으며 인형을 안고 있는 소녀는 딴 곳을 쳐다보고 있는 그림이다. 이 두 인물은 흔히 어머니와 딸로 지각되며, 어머니가 딸에게 이야기를 하거나 무엇인가를 읽어 주고 있는 것으로 보여진다. 또한 딸이 다른 곳을 쳐다보고 있으므로 어머니에 대한 항의나 거부적인 태도들도 쉽게 보여진다. 따라서 이러한 이야기에서는 모녀관계에 대한 중요한 정보, 어머니에 대한 태도, 자기 자신에 대한 태도가 반영된다.

■ 도판 8BM

한 젊은 소년이 정면을 응시하고 있으며 한쪽엔 엽총 같은 것이 보이고 뒤에는 수술을 하는 듯한 장면이 흐릿하게 보인다.

　　흔히 앞면에 있는 젊은 남자가 주인공이 되며 10대 소년으로 묘사된다. 이 그림에서는 수검자의 공격성이 주로 반영되는데, 의사가 되고 싶은 소년의 야망을 이야기함으로써 보다 사회적으로 승화된 형태로 표현하거나, 살해장면이나 총기사건 이후의 수술장면과 같은 이야기로 직접적으로 표현되기도 한다. 수검자의 공격성이 향하고 있는 대상을 밝힐 수 있으며 야망이나 성취동기가 드러나기도 한다. 이 카드에서 유난히 반응을 회피하거나 장면을 왜곡하는 경우는 공격성에 대한 강한 부인이나 억압이 시사된다.

■ 도판 8GF

한 젊은 여자가 턱을 고이고 앉아 어딘가를 바라보고 있다.

이 여자는 주부나 다른 어떤 직업을 가진 여자로 보일 수 있다. 보통 일을 하다가 휴식을 취하며 자신의 현재 생활을 생각하거나 미래에 대한 상상을 하고 있는 것으로 묘사된다. 미래에 대한 태도나 현실의 어떤 어려움 등이 나타나기도 한다.

■ 도판 9BM

네 명의 남자가 풀밭에 누워 휴식을 취하고 있는 듯한 그림이다.

남자들이 힘든 하루 일을 마치고 휴식을 취하며 잠을 자고 있거나 일하러 돌아가기 전에 짧은 휴식을 취하고 있는 것으로 보여진다. 여기서는 일과 동료에 대한 태도, 교우 관계, 사회적 태도나 편견이 드러난다.

■ 도판 9GF

해변가를 달려가는 한 여인을 다른 여인이 나무 뒤에서 쳐다보고 있는 그림이다.

바닷가를 달리고 있는 여자는 남자와 어떤 관계에 얽혀 달아나고 있으며 나무 뒤의 여자는 일어나는 일을 바라만 보고 있다든가, 진행되는 상황에 만족을 보이고 있다고 흔히 보고된다. 때로는 두 여인이 삼각관계에 있거나 대립하고 있는 경쟁상대로 묘사되기도 한다. 이와 같은 이야기에서 여성에 대한 태도를 알 수 있으며 자매간의 갈등이나 경쟁의식, 동년배 여성에 대한 적의나 질투심 등이 반영된다.

■ 도판 10

한 여인이 남자의 어깨에 머리를 기대고 있는 그림이다.

이 두 사람이 서로에게 애정을 표현하고 있는 것으로 간주되는 경우가 많고 사랑하는 사람과의 이별에 대한 주제도 나타난다. 흔히 남녀관계 문제, 부부관계에 대한 태도가 반영되며 때로는 부모상에 대한 의존이나 미래의 결혼생활에 대한 적응문제가 암시되기도 한다. 한편 이 두 사람을 모두 남자로 지각할 경우에는 동성애의 경향을 나타낸다고 볼 수도 있다.

■ 도판 11

높은 절벽 사이로 길이 나 있고 길 저쪽에는 모호한 장면이 보이며 왼편에는 용의 머리 같은 것이 암벽에서 불쑥 튀어나와 있다.

흔히 뒤편의 모호한 대상이 용에게 공격을 받고 있는 것으로 보며 이에 대한 투쟁방법이 나타난다. 혹은 이 남자가 미지의 지역을 탐험하고 있는 모험가나 과학자로 묘사되기도 한다.

이 그림에서는 소아기적인 공포나 원시적 공포에 대한 수검자의 방어수단이 나타나며, 위험이나 신기한 경험에 대한 호기심의 정도도 파악할 수 있다. 때로는 용의 머리가 남성의 성기나 구강기적 공격의 상징으로서 내면에 있는 본능적인 욕구를 나타내기도 한다.

■ 도판 12M

한 남자가 눈을 감은 채 누워 있고 중년의 남자가 누워 있는 남자의 얼굴 위로 손을 뻗치면서 몸을 굽히고 서 있는 그림이다.

보통 안락의자에 누워 있는 젊은 남자가 이야기의 주인공이 되는 경우가 많다. 젊은 남자가 자고 있는데 나이 든 남자가 깨우려 하거나 최면을 걸고 있거나, 젊은 남자가 병을 앓고 있는데 중년 남자가 그의 건강상태를 조사하고 있다는 등의 이야기가 흔히 나온다. 이 그림에 대한 이야기는 성인 남자에 대한 수검자의 태도를 나타내는데, 상사와 연장자에 대한 두려움이나 공포가 표현되기도 하며 수검자가 가지고 있는 수동적인 의존성이나 치료에 대한 태도가 드러나기도 한다.

■ 도판 12F

젊은 여자의 뒤에 머리에 숄을 걸친 섬뜩하게 생긴 늙은 여자가 보이는 그림이다.

그림에 나타난 두 여자가 서로 어떤 관계가 있는 것으로 보는 수가 많다. 두 여자가 갈등 관계에 있거나 늙은 여자가 젊은 여자에게 충고를 하고 있는 것으로 이야기되기도 하며, 뒤에 있는 여자가 죽은 사람으로 보여질 때도 있다.

또 다른 주제로는 젊은 여자의 두 가지 측면을 보여주고 있다는 것으로, 젊은 여자는 현재를, 늙은 여자는 미래를 나타낸다거나 또는 젊은 여자는 자기 자신(self)이고 늙은 여자는 양심을 나타내는 것으로 표현되기도 한다. 따라서 그림 속의 두 사람으로부터 선과 악의 이야기가 나오기도 하며, 일반적으로는 수검자가 가지고 있는 어머니에 대한 개념이 잘 나타난다.

■ 도판 12BG

숲속의 시냇가에 빈 배가 하나 있고 무성한 나무가 한 그루 서 있는 풍경이다.

이 그림에는 사람이 없는 것이 특징이다. 여기서는 흔히 자살, 죽음, 우울의 경향이 잘 나타나고 은둔적 경향이 드러나기도 한다.

■ 도판 13MF

한 젊은 남자가 팔에 얼굴을 파묻은 채 서 있고 뒤에는 한 여인이 침대에 누워 있는 그림으로, 여기서는 성적인 내용이 가장 자주 나타난다. 젊은 남자는 보통 침대의 여자와 성관계를 가지려고 하거나 이미 가진 장면으로 보여진다. 여자는 젊은 아내이 거나, 여자친구 혹은 윤락여성으로 보일 수 있다. 따라서 이러한 이야기는 여성 또 는 성에 대한 태도, 성행위에 대한 죄책감 등을 나타낸다.

때로는 여성에 대한 적개심이나 부정적인 태도가 드러나기도 하는데, 이러한 경 우 침대에 누워 있는 여인이 병이 들었거나 죽은 아내로 간주한다. 수검자가 여자인 경우에는 성적인 충격, 성적인 공격을 당하는 내용으로 반응하거나 남자가 여자를 죽였거나 부정(不貞)행위를 한다는 내용을 통해 남성에 대한 불신감을 나타내기도 한다.

■ 도판 13B

한 어린 소년이 통나무 집 문 앞에 쪼그리고 앉아 있는 그림이다.

이 그림에서는 주로 소년시절의 이야기가 주요 주제로 떠오르며 혹은 집을 비운 부모가 돌아오기를 기다리는 내용이 언급된다. 외로움이나 부모에 대한 애정의 욕구 가 나타기도 한다.

■ 도판 13G

한 어린 소녀가 꼬불꼬불한 계단을 올라가고 있는 그림이다.

혼자 어떤 일을 하는 것에 대한 느낌(외로움이나 지지에의 욕구 또는 독립심 등) 이 나타나거나 또는 미지의 장소, 미지의 시간에 대한 태도가 드러날 수도 있다.

■ 도판 14

까만 배경 속의 열려진 창가에 한 사람이 서 있는 그림이다.

창문가에 있는 인물이 불면의 밤을 보내고 있는 것으로 흔히 보여진다. 이 사람은 창문가에서 여러 가지 문제들을 생각하고 있다거나 자연을 관찰하고 있다거나 죽으 려고 창문을 뛰어내리려 한다는 것으로 보일 수 있다. 이러한 이야기에서 수검자 자 신의 문제, 욕구, 야망, 걱정 등이 나타나며 자살에 대한 집착이나 자살충동이 표현 되기도 한다.

■ 도판 15

이상한 모습의 사람이 묘비 한가운데서 앙상한 손을 모으고 서 있는 그림이다.

그림에 나타난 인물이 보통 죽은 사람의 무덤 앞에서 기도를 하고 있는 것으로 묘 사되는데, 죽은 이에 대해 이 사람이 가지고 있는 감정과 태도가 나타난다. 수검자 가 죽은 것으로 말하는 사람은 현실에서 상당한 공격심을 느끼고 있는 대상일 경우 가 많다. 이러한 이야기들에서 수검자의 적대감이나 이에 대한 죄책감, 죽은 사람에 대한 공포, 우울경향이 반영될 수 있다.

■ 도판 16

이 도판은 백지가 그대로 제시된다.

여기서는 수검자가 아무런 단서 없이 자유롭게 그림을 구성할 수 있게 되므로 여러 가지 많은 이야기들이 나올 수 있다. 흔히 수검자가 가장 고민하고 있는 문제나 현재상태, 느낌 등을 이야기하며 검사자나 치료자에 대한 태도가 표현되기도 한다.

상상력이 결여된 수검자에게는 이 도판이 부적당한 것으로 밝혀지고 있다. 저자의 경험으로 보면 방어가 유연한 수검자에게서는 어떤 예감능력이 드러나기도 한다.

■ 도판 17BM

벌거벗은 듯한 남자가 줄에 매달려 올라가거나 내려오는 동작을 하고 있는 그림이다.

밧줄에 매달려 있는 남자는 보통 많은 관중들 앞에서 자신의 운동기술과 신체적인 능력을 과시하고 있거나 또는 위험한 장면으로부터 도피하려는 것으로 이야기된다. 전자의 경우는 수검자의 인정에 대한 욕구, 야망의 수준, 과시경향이 드러나며 후자는 해결하기 힘든 문제나 상황을 회피하고자 하는 욕구를 반영한다.

■ 도판 17GF

물 위에 다리가 놓여 있고 한 사람이 다리에서 아래를 내려다보고 있으며 그 위에는 높은 건물들이 보이고 아래에는 작은 사람들의 모습이 보이고 있다.

이 그림에서는 여자가 사랑하는 사람이 돌아오기를 기다리고 있거나 골똘하게 자기 생각에 빠져 있다고 이야기될 수 있다. 흔히 우울과 불행에 대한 감정이 나타나며, 여인이 자살하기 위해 다리를 내려가고 있다는 내용에서 자살경향이나 자포자기한 태도를 나타내기도 한다.

■ 도판 18BM

한 남자가 보이지 않는 사람들의 손에 붙잡혀 있는 듯한 그림이다.

수검자들은 흔히 이 그림에 나타나 있는 손의 정체를 파악할 수 없다는 데 관심을 갖는다. 흔히 주인공이 취해 있다거나 사고를 당한다거나 하는 내용이 반응되는데, 이때 보이지 않는 인물이 구조를 하고 있거나 공격을 하고 있다고 이야기되기도 한다. 여기에서는 자신에게 향해져 있을지도 모르는 공격에 관한 불안이나 외부환경에 대한 두려움, 때로는 알코올 중독이나 약물 중독에 대한 반응이 드러나기도 한다.

■ 도판 18GF

한 여자가 쓰러지려는 듯한 사람을 붙들어 안은 채 손을 그 사람의 목에 대고 있는 모습이다.

서 있는 여인이 난간에 기대어 넘어지려는 사람을 도와주려는 것으로 반응되기도 하고 이 두 사람이 한창 심한 논쟁을 벌이고 있거나 혹은 살인이나 교살에 대한 이야기가 언급되기도 한다. 여성 간의 공격행동이나 질투심, 열등감 등이 보여지며 모녀관계나 일반적인 여성과의 관계가 표현된다.

■ 도판 19
눈에 덮인 시골집이 있고 그 위로 구름이 덮여 있는 그림이다.

다른 그림에 비해 모호하고 기이한 방식으로 그려져 있기 때문에 이야기 전개가 어려우며 수검자가 가지고 있는 불안이나 불안정성이 표현될 수 있다. 자주 이야기되는 주제는 오두막집이 눈에 갇혀 있지만 그 안에 살고 있는 사람들은 편안하다는 것이다. 움막집에 사는 사람들의 환경조건이나 어려움을 대처해 나가는 가운데 가지는 희망이 표현되며 이러한 이야기는 안전에 대한 욕구, 환경의 어려움을 극복해 나가는 방식에 대한 정보를 제공해 준다.

■ 도판 20
한 사람이 캄캄한 밤에 가로등에 기대어 서서 희미한 불빛을 받고 있는 그림이다.

가로등에 기대어 있는 인물은 보통 연인을 기다리고 있거나 자기 마음속에 떠오르는 여러 가지 문제들을 반추하고 있는 것으로 보여진다. 또는 희생자를 공격하기 위해 기다리고 있는 사람으로 묘사되기도 한다. 흔히 수검자가 몰두하고 있는 문제가 나타나는데, 이성관계에 대한 문제나 태도, 공격적 성향 등이 표현된다. 어두움이나 불확실함에 대한 두려움, 외로움 등을 나타내는 수검자도 있다.

5. 해석

TAT의 분석과 해석의 타당성은 심리학자의 자질과 훈련 그리고 역동 심리학의 원리에 대한 이해와 인식의 정도에 달려 있다. TAT 검사 자료 내에서 심리학자는 내담자의 성격 발달에 작용한 요소들과 현 시점에서 작용하는 요소들을 발견해 내도록 노력해야 한다.

해석시에는 우선, 수검자의 나이, 성, 직업, 결혼 여부, 형제와 부모의 존재 여부에 대한 것까지만 안 상태에서 무정보 해석(blind analysis)을 하도록 한다. 이는 다른 자료에 의해 오염되지 않고 사례에 대한 독립적 판단을 하게 하며, 환자가 면담

도중 의식적, 무의식적으로 감추고 있었던 결정적 영역에 대한 단서를 제공해 주기 때문이다. 그러고 나서 수검자의 구체적인 개인력을 참조하여 TAT 내용을 다시 검토하는 것이 좋다. 이는 다양한 문제들의 역동이 드러나는 방식에 대한 부가적 단서를 제공하며, 무정보 해석 단계에서 간과되었을지 모르는 부분을 부각시켜 주기 때문이다.

초심자가 TAT를 해석할 때 일반적으로 잘 범하는 오류가 있는데, 첫 번째로 자신의 욕구나 감정, 갈등 등을 투사하는 경향이 있다는 것이다. 이를 극복하기 위해서는 가능한 자료에 객관적인 접근할 수 있도록 자기 자신의 갈등이나 욕구에 대해 잘 파악하고 있어야 하고, 두 개 이상의 이야기에 의해 입증되는 경우에만 해석을 채택하도록 한다.

두 번째로 범하는 오류는 이야기를 너무 문자 그대로 해석하는 경향이 있다는 것이다. 예를 들면, 1번 카드에서 소년이 바이올린을 켜는 것에 대한 욕망을 가지고 있다는 반응이 나타났다고 해서 그 수검자가 음악적 관심과 포부를 지니고 있다고 볼수는 없다. 그 수검자는 다른 영역에 존재하는 자신의 포부를 '바이올린' 이라는 대상에 투사하였을 수 있다. 왜냐하면 그 그림에서는 '바이올린' 이 포부를 투사할 수 있는 유일한 대상이기 때문이다. 이러한 오류에 대한 극복 방안으로는, 이야기에 포함된 역동성에 우선적으로 집중을 하기, 각 그림에서 공통적인 이야기를 파악하기, 둘 이상의 이야기로 통합될 때까지 특정 요소에 대한 해석을 보류하기, 언급되는 대상이나 사람 등이 그 그림 자체에 국한된 것이 아닐 경우 해석의 우선권 부여하기 등의 방법들이 있다.

현재까지 TAT의 해석방법에 관한 여러 연구가 있어 왔다. 이들 해석 방법을 간략하게 살펴보면 다음과 같다.

- 표준화법 : 반응을 항목별로 묶어 표준화 자료와 비교하는 수량화된 해석 방법이다.
- 주인공 중심의 해석법 : 이야기에 나오는 주인공을 중심으로 해석하는 방법으로 주인공 중심법, 욕구-압력 분석법, 이야기 속의 인물 분석법 등이 있다.
- 직관적 해석법 : 정신 분석에 기초한 것으로 반응 내용 기저의 무의식적 내용을 자유 연상을 이용하여 해석하는 방법이다. 해석자의 통찰적인 감정이입 능력이 요구된다.
- 대인관계법 : 인물간의 대인관계 사태 분석법, 등장 인물 중 수검자의 역할에 비추어 공격·친화 및 도피 감정을 중심으로 분석하는 방법이다. 이야기에 나오

는 여러 인물의 사회적 지각 및 인물들의 상호 관계를 중심으로 분석하는 방식
이다.
- 지각법 : 이야기 내용의 형식을 분석하는 것으로, 도판의 시각 자극의 왜곡, 언
  어의 이색적 사용, 사고나 논리의 특성 또는 이야기 자체의 기묘한 왜곡 등을
  포착하는 방법이다.

이러한 분석 방법들은 각각 독특한 가치가 있으나, 이 책에서는 그중에서 가장 일
반적으로 널리 사용되는 '**욕구-압력 분석법**'에 대해서 보다 자세히 소개하기로 하
겠다.

♦ 욕구-압력 분석법

욕구-압력 분석법은 개인의 욕구(need)와 환경 압력(pressure) 사이의 상호 작용 결
과를 분석함으로써 개인의 심리적 상황을 평가하고자 하는 방식이다. 개략적인 해석
과정은 다음과 같다.

1. 주인공을 찾는다.
2. 환경의 압력을 분석한다.
3. 주인공의 반응에서 드러나는 욕구를 분석한다.
4. 주인공이 관심을 표현하고 있는 대상을 분석한다.
5. 주인공의 내적인 심리 상태를 분석한다.
6. 주인공의 행동이 표현되는 방식을 분석한다.
7. 일의 결말을 분석한다.

(1) 주인공을 찾는다

수검자는 대체로 이야기 속의 주인공과 자신을 동일시했을 것으로 가정할 수 있다.
주인공에게 미치는 압력이나 그의 욕구, 집중하고 있는 대상 등은 수검자의 그것과
같다고 볼 수 있다.

이야기에 둘 이상의 개인이 등장하는 경우에 다른 이야기들의 자료에서도 비슷한
성향을 가진 인물이 있다면, 수검자가 자신의 특성을 드러낸 것이라 볼 수 있다. 만
약 묘사된 인물들이 모순된 성격 특성을 가지고 있다면, 수검자가 자기 성격의 모순
된 일면을 드러내고 있는 것일 수도 있다.

주인공은 대체로 다음과 같은 경우이다.

- 제일 먼저 이야기에 등장하는 인물
- 이야기 전체에서 수검자가 관심을 집중하는 인물
- 중요한 행동을 주동하는 입장에 있는 인물
- 이야기를 전환시키는 역할을 하는 인물
- 다른 사람으로부터 행동을 강요받는 인물
- 연령, 성, 기타 심리적 특징이 수검자와 유사한 인물

(2) 환경의 압력을 분석한다

이야기 속에서 환경에 대한 묘사와 상황을 구조화하는 과정에서 주인공이 환경을 어떻게 바라보는지에 대해 유추해 볼 수 있다.

환경 자극으로는 일반적 환경과 특정한 자극이 있다. 특정 자극은 주인공의 주변 인물에 의한 압력, 주변 환경에 의한 압력, 주인공 자신의 내적 압력으로 구별할 수 있다.

① 일반적 환경

■ **일반적 환경에 대한 지각**
- 환경이 주인공의 발달을 촉진시키는가/저해하는 방향으로 작용하는가?
- 주인공은 환경에 순응하는가/순응하지 않는가?
- 주인공이 환경과 조화를 이루는가/맞서고 있는가?
- 주인공이 환경에 대해 만족하는가/불만족하는가?
- 주인공이 환경을 기쁘게 받아들이는가/고통스럽게 받아들이는가?
- 주인공의 행동을 방해하는 신체적, 심리적 장벽이 존재하는가?
- 주인공은 환경을 풍족하게 여기는가/결핍된 것으로 여기는가?

② 특정한 자극

■ **인적(人的) 압력**
- 착취의 압력(pressure Acquisition) : 어떤 사람이 주인공을 강탈하거나 속여서 빼앗고 싶어 함. 사업상 경쟁자가 주인공의 금전적 안정을 위협함.
  (예) "그는 가장 친한 친구 중 한 명이 자기에게서 무언가를 훔쳐갔다는 것을 알게 되었다."
- 친화의 압력(pressure Affiliation) : 주인공에게 친구나 사교적인 동료들이 있음. 어떤 사람과 사랑에 빠져 있음.

(예) "이 남자는 친구들과 실컷 놀고 피곤해서 함께 쉬고 있어요."

- **공격의 압력**(pressure Aggression) : 누군가 주인공에게 화가 나 있고 주인공은 욕, 비난, 훈계의 대상이 됨. 주인공이 잘못을 저질러서 처벌을 받음. 타인이 주인공을 공격하거나 주인공 소유의 무언가가 손상됨.

(예) "그들은 소몰이를 나가서 잠시 쉬고 있다. 여기서 그를 제거할 계획이다."

- **인지의 압력**(pressure Cognizance) : 누군가가 주인공에 대해 호기심을 가짐. 주인공이 감시당함.

(예) "아마도 이들은 스파이 같은데, 그에 대해 알아보려고 이곳 서재로 들어오고 있어요."

- **존경의 압력**(pressure Deference) : 개인 또는 집단이 기꺼이 주인공을 따르고 복종함.

(예) "이 여자는 아주 확신에 찬 것 같아요. 주변 사람들은 그녀의 명령에 기꺼이 따르려는 듯해요."

- **지배의 압력**(pressure Dominance) : 누군가가 주인공으로 하여금 무언가를 하도록 압력을 넣음. 누군가가 주인공이 하려는 것을 방해함. 누군가가 주인공에게 호소하거나 설득하여 무엇인가를 하도록 만듦.

(예) "그는 결국 아내에게로 다시 돌아가 결혼 생활을 지속하게 되는데, 이는 두 가족으로부터 엄청난 압력을 받았기 때문이었다."

- **예시의 압력**(pressure Example) : 사람, 집단 또는 이념이 주인공에게 긍정적인 영향을 줌. 또는 주인공이 주변의 유혹으로 범죄를 저지름. 또는 주변의 제안을 따르다가 주인공의 행위나 이상의 수준이 낮아짐.

(예) "소년은 전날 밤에 콘서트에 가서 아주 훌륭한 바이올린 연주를 감상했어요. 그래서 지금 굉장히 고무되어 있어요."

- **전달의 압력**(pressure Exposition) : 누군가가 주인공에게 이야기하고, 설명하고, 가르침을 줌.

(예) "이 사람은 교회에서 목사님의 설교를 듣고 있었다."

- **양육의 압력**(pressure Nurturance) : 누군가가 주인공을 양육하고 돌보아 주거나 용기를 줌. 주인공이 동정과 위로, 연민의 대상이 됨.

(예) "여자는 죽고 싶을 만큼 절망했지만 친구의 위로에 다시 기운을 차린다."

- **배척의 압력**(pressure Rejection) : 누군가가 주인공을 반박하고, 비난하고, 돌아서거나 떠나 버림.

(예) "이 남자는 이 여자를 사랑하지만 이 여자는 그에게 끌리지 않는다. 그를

퇴짜 놓을 것 같다.”

- 확보의 압력(pressure Retention) : 누군가 주인공이 원하는 것을 보유하고 있는 데, 이것을 주인공에게 빌려 주거나 양도하는 것을 거부함.

  (예) “이 여자는 학교에 가고 싶어 해요. 그렇지만 부모님께 말씀드렸더니 … 어림도 없다는 반응이었어요”

- 성의 압력(pressure Sex) : 이성이 주인공을 사랑함.

  (예) “이 남자는 은행에서 그녀를 처음 보게 되었다. 그는 그녀를 보는 순간 사랑에 빠지게 되었다.”

- 구원의 압력(pressure Succorance) : 누군가 주인공에게 도움, 동정, 보호를 기대함. 누군가가 주인공에 의해 구조됨.

  (예) “이 여자는 길을 가다가 길가에 쓰러진 사람을 발견하고, 즉시 병원으로 옮겼다.”

- 포상의 압력(pressure Gratuity) : 주인공은 태어날 때부터 인종, 국가, 가문, 경제적으로 남의 숭배를 받음.

  (예) “이 여자는 부잣집 외동딸로 태어나서 원하는 것은 모두 얻을 수 있었고, 학교 다닐 때는 반 아이들의 부러움의 대상이었다.”

- 가정 불화의 압력(pressure Family insupport) : 주인공의 가정에 안정과 화목이 결여되어 있음.

  (예) “이 여자는 그냥 멍하니 하늘을 보고 있어요. 뒤에 있는 사람은 엄마하고 아빤데, 둘 다 지겹다는 생각을 하고 있네요. 이 여자는 집을 떠나고 싶어요.”

- 경쟁의 압력(pressure Rival) : 주인공의 애정, 승인의 욕구를 좌절시키는 부모나 형제, 타인이 등장함.

  (예) “이 남자는 부서에서 가장 잘 나가는 사원이었죠. 그런데 경력 사원이 새로 들어오면서 자기 위치가 흔들린다고 느꼈어요.”

- 동생 출산의 압력(pressure Birth of sibling) : 1~6세 사이의 주인공에게 동생이 태어남으로써 생기는 호기심, 경쟁심, 공격심.

  (예) “이 애는 이제 엄마가 자기한테 관심도 없는 것 같아서 너무 슬퍼요. 동생이 없어졌으면 하고 생각하고 있어요.”

- 지배-양육의 압력(pressure Dominance-nurturance) : 부모들이 일생 동안 달성하지 못한 점을 주인공인 자녀에게 부가하고 기대함.

  (예) “이 사람은 엄만데, 대학 못 나온 콤플렉스가 있어요. 그래서 애한테 공부하라고 압력을 많이 줘요. 지금 자기 애가 공부하나 감시하고 있어요.”

- 공격-지배 압력(pressure Aggression-dominance) : 누군가 주인공에게 벌을 주거나 벌에 대한 위협을 함. 주인공을 억제하고, 강압적 행동이나 구타를 함.
  (예) "이 애는 학교에서 왕따를 당해요. 지금 실컷 두들겨 맞고 집에 와서 누구한테 말도 못하고 혼자 우는 거예요."
- 사기 또는 배신의 압력(pressure Deception or betrayal) : 성인의 거짓말이나 사기로 인해 주인공 어린이가 의심하고 불신함.
  (예) "이 아이는 지금 기분이 무지 나빠요. 아빠가 주말에 놀러 가기로 한 약속을 깨 버렸어요."

■ **환경적 압력**

- 재해의 압력(pressure Disaster) : 자연적 재해와 불의의 사고가 닥침.
  (예) "분위기상 농사가 잘 안 되고 있는 것 같다. 비가 한참 동안 안 와서 걱정하고 있다."
- 운명의 압력(pressure Luck) : 주인공의 행복이 무엇으로부터 기인하는 것인지 불분명. 주인공에게 불운이나 요행 등이 생김.
  (예) "잘 해보려고 했지만 악재가 겹쳤다. 연속으로 부도를 맞은 것 같다. 아마 시골집에 손 벌리러 온 것 같다."
- 불행의 압력(pressure Affliction) : 주인공 자신의 불행이 아닌 환경 내 주변인물에게 일어난 불행.
  (예) "아들에게 나쁜 일이 생긴 것 같아요. 아빠가 측은하게 보고 있네요."
- 결여의 압력(pressure Lack) : 물질적으로 빈곤. 주인공이 가진 요구 대상을 상실함.
  (예) "이 아이는 새 바이올린을 사고 싶지만 엄마는 집 안 형편상 안 된다고 하는 것 같다."
- 위험의 압력(pressure Danger) : 자연으로부터 오는 물리적인 위험과 불행.
  (예) "눈이 너무 많이 왔어요. 집안은 굉장히 추울 것 같네요."
- 다양성의 압력(pressure Variety) : 환경에 변화가 없고 생활이 무미건조해서 받게 되는 영향.
  (예) "시골생활은 조용하고 편안한 점도 있지만, 이 여자는 젊어서 그런지 그런 걸 답답해한다. 도회지로 나가고 싶어 하는 것 같다."

■ **내적 압력**

- 죽음의 압력(pressure Death) : 주인공의 죽음.
  (예) "그는 결국 죽는 것 같다. 여자가 구슬프게 울고 있다."

- 질환의 압력(pressure Illness) : 주인공의 질환.

  (예) "이 여자는 아파서 몇 년 동안이나 꼼짝도 못하고 누워만 지내는 것 같네요."

- 좌절의 압력(pressure Frustration) : 주인공의 행동에서 일어나고 있거나 일어나 리라고 예상되는 욕구의 좌절.

  (예) "학교에 가고 싶지만 … 이 여자는 거의 포기했어요. 집에 돈도 없고 … 부 모님이 이해도 안 해 주고……"

- 죄의 압력(pressure Guilt) : 주인공의 범법행위나 비행에 대한 죄악감 또는 종교 적, 도덕적 죄의식의 자각.

  (예) "정신을 차려 보니 여자는 죽어 있었다. 이 남자는 후회를 하기 시작한다. 무섭기도 하고……"

- 신체 부전의 압력(pressure Physical inadequacy) : 주인공의 신체적 부적절감에 의 한 압력.

  (예) "학교에서 있었던 일들이 다 자기가 뚱뚱하기 때문인 것 같다고 생각하고 있어요. 어떻게 하면 살을 뺄까 고민하고 있어요."

- 심리 부진의 입력(pressurc Mcntal inadequacy) : 주인공의 심리적 부적절감에 의 한 압력.

  (예) "아빠는 아들의 장점을 말하며 용기를 북돋아 주려고 하지만, 아들은 아빠 말이 다 부질없이 느껴져요. 다 자기 기분 좋아지라고 하는 거짓말이라고 생각해요."

- 수술의 압력(pressure Operation) : 수술에 대한 불안, 공포.

  (예) "이 아이는 얼마 후에 있을 수술에 대해 상상하고 있어요. 잔인하게 자기 살이 찢겨 나갈 것을 생각하니 소름이 끼쳐요."

- 열등감의 압력(pressure Inferiority) : 개인이 느끼는 신체적, 사회적, 정신적 열등감.

  (예) "부잣집에서 일하는 하녀가 멍하니 앉아서 자기 신세를 한탄하고 있어요. 왠지 자기는 2류 인간인 것 같다는 느낌이 드나 봐요."

(3) 주인공의 욕구를 분석한다

주인공의 욕구가 다양하게 드러나는 경우, 주요 욕구는 빈도나 강도, 지속 시간에 따라 결정된다.

■ 사물이나 상황에게로 향하는 주인공의 활동에서 드러나는 욕구

- 성취의 욕구(need Achievement) : 중요한 무언가에 대해 정력과 인내심을 가지 고 임함. 성취하기 위해 분투함. 행동에 야망이 나타남.

(예) "그래서 이번 일 이후 그는 수업을 열심히 듣는다. 결코 낙제하지 않으리라 다짐하면서 학부 과정을 마친다."

- 획득의 욕구(need Acquisition) : 사회적, 반사회적인 획득.
  - 사회적 획득 : 돈, 소유물 등을 위해 일하기, 무언가 값진 것을 얻기 위해 노력하기, 경제적 상술을 위한 욕구, 욕망 등이 행동에 나타난다.

    (예) "그는 열심히 일하고 돈을 벌어 집을 살 수 있었다."

  - 반사회적 획득 : 훔치거나 속이고 소매치기하기, 수표 위조하기 등.

    (예) "그는 동네에서 악명이 높았다. 언제나 가능하기만 하면 물건을 훔쳤다. 이번에는 사탕가게를 털었다."

- 변화, 여행, 모험 추구의 욕구(need Change, Travel, Adventure) : 쉴 새 없이 계속 움직이기. 새로운 광경, 새로운 장소 갈구하기. 모험 추구하기. 낯설고 먼 곳에 가는 것 꿈꾸기.

  (예) "글쎄, 이 일당들 중 한 명이 지도상에 없고 아무도 가 본 적 없는 남아메리카 페루 동쪽 부근에 관한 이야기를 들었어요. 그래서 그들은 그곳에 가보기로 결심했죠."

- 인지의 욕구(need Cognizance) : 호기심을 갖는 것. 의문가는 부분에 관해 살피고 질문하기.

  (예) "이 여자는 다른 방에서 무언가가 움직이고 있는 것을 알고는 그냥 방에 머물러 있을 수가 없었다. 뭐가 지나갔는지 알아보기 위해 문을 열었다."

- 구성의 욕구(need Construction) : 무언가를 창조하거나 구성하는 것.

  (예) "이건 바 형태로 개조한 교실이에요. 바텐더가 병사에 관한 이야기를 만들어내는 것을 진지하게 듣고 있어요."

- 만회의 욕구(need Counteraction) : 실패나 장애를 극복하고, 자존심을 만회하기 위해 노력함. 열등감을 극복하기 위해 노력함.

  (예) "이 남자는 자기 친구가 자기 애인을 뺏어간 것에 대단히 화가 나 있다. 그래서 무언가를 하려고 하고 있는 것 같다."

- 흥분의 욕구(need Excitance, Dissipation) : 정서적 흥분을 추구하기. 위험한 놀이 탐닉하기.

  (예) "아마 두 여자가 한 남자와 사랑에 빠진 것 같다. 그녀는 요부임에 틀림없다. 그는 그러한 것을 좋아한다."

- 섭취의 욕구(need Nutriance) : 음식과 음료를 즐기고 추구하기. 배고픔과 갈증을 느낌. 술과 약물을 복용.

　　(예) "한 12세기 정도인 것 같고, 이 커다란 소는 온 가족이 마실 충분한 우유를
　　　　짜낼 수 있을 것 같다."

- 수동의 욕구(need Passivity) : 고요하고 이완되어 있음. 휴식이나 수면을 즐기기.
누워 있거나 아무것도 하지 않고 피로감을 느끼는 것. 수동적인 명상, 반추.
　　(예) "그들은 아주 열심히 일했고, 잠시 낮잠을 자기 위해 누웠다."

- 유희의 욕구(need Play) : 게임을 하거나 파티에 가는 등 즐거움을 추구하며 노는
것. 농담하며 웃기. 밝은 마음과 즐거운 방식으로 상황에 대처하는 것.
　　(예) "잠시 후면 엄마가 들어올 것이고, 그 아이는 다시 나가서 친구들과 놀 것
　　　　이다."

- 확보의 욕구(need Retention) : 어떤 대상을 차지하고 빌려 주지 않으며 다른 사
람이 훔쳐 가지 못하도록 감추는 것. 물건들을 저장하고 모음. 검소하거나 구두
쇠적인 행동.
　　(예) "태평양 어느 섬에 두 명의 수전노가 있다. 그들은 그 섬에서 보물을 찾았
　　　　고, 보물에 매료되어 되돌아갈 생각을 하지 않는다. 그곳에서는 돈을 쓸 일
　　　　이 없기 때문에 보물들이 지기들에게 아무 이득이 없다는 것을 알면서도
　　　　그곳에 머물러 있으려 한다."

- 관능의 욕구(need Sentience) : 향락적, 심미적 쾌락 추구.
　−향락 : 안식과 사치, 안락함, 즐거운 감각, 좋은 음식과 마실 것 등을 추구하는 것.
　　　　(예) "한 여인이 나무에 기대어 햇빛을 쬐며 행복에 빠져 있다. 별 생각
　　　　　　없어 보인다. 그냥 일광욕을 하고 있는 거 같다."
　−심미 : 자연의 감각적 측면에 민감해지기. 예술과 음악, 문학을 즐기는 것. 창
　　작하고 작곡하고 글을 쓰는 것.
　　　　(예) "이 소년은 바이올린 공부를 하고 있다. 훌륭한 음악가 덕분에 바
　　　　　　이올린에 흥미를 갖게 되었고, 재능이 매우 많은 것 같다. 음악을
　　　　　　좋아하는 듯 보인다."

- 이해의 욕구(need Understanding) : 지식과 지혜를 추구. 학교에서 열심히 공부
하고, 무언가 배우기 위해 책을 읽는 것. 문제를 해결하기 위해 생각하고 곰곰
이 성찰하는 것. 지혜를 얻기 위해 여행하고 경험을 추구하는 것.
　　(예) "친구들은 모두 이 여자를 '책벌레'라고 놀렸다. 항상 책 읽는 것을 좋아해
　　　　서 손에 닿는 것은 뭐든지 읽으려 했기 때문이다."

■ **다른 사람에게로 향하는 주인공의 활동에서 드러나는 주인공의 욕구**

• **친화의 욕구**(need Affiliation) : 타인과 개인적, 집단적, 정서적 친화의 욕구.

　－소수적 : 친구 사이에 우정을 유지하기. 특정인에게 강한 애정을 갖는 것.

　　(예) "그는 그 친구와 희노애락을 함께했다."

　－집단적 : 사교적 집단에서 일하고 노는 욕구. 모든 종류의 사람을 좋아하는 것. 서로 모여 사귀는 것. 함께 집단을 이루어 일하거나 노는 것.

　　(예) "이 사람은 동아리 내에서 매우 잘 지냈다. 모두들 그를 좋아했다."

　－정서적 : 강한 애정, 동정, 존경 등에 의해 타인에게 속박되는 것.

　　(예) "그는 그녀를 만났고, 사랑에 빠지게 됐어요."

• **공격의 욕구**(need Aggression) : 감정적, 언어적, 신체적 공격에의 욕구

　(예) "그는 이 사람을 미워했다. 가서 그를 질식시켜 죽이기로 결심했다. 그래서 두 번째 노인에게 다가갔다."

• **지배의 욕구**(need Dominance) : 타인의 행동과 생각, 감정들에 영향을 미치려고 노력하는 것. 지위를 얻기 위해 노력하는 것. 토론하고 논쟁하기. 통제하고 지도하기.

　(예) "그는 친구의 잘못된 생각을 바로잡아 주고 싶었다. 할 수만 있다면 밤새도록이라도 그 친구와 토론을 벌일 태세였다."

• **전달의 욕구**(need Exposition) : 정보를 알리고, 소식을 전달하고, 설명하고, 훈계하고 가르치는 것.

　(예) "그는 단 위에 서서 집단의 갱생을 위해 유창하게 연설한다."

• **양육의 욕구**(need Nurturance) : 적극적으로 공감을 표현하기. 동정심을 가지고 위로하기. 타인의 감정에 대해 친절하고 관대하게 대하기.

　(예) "그는 노인을 동정하며 걱정하지 말라고 얘기했다. 그리곤 노인이 필요로 했던 돈을 빌려 주었다."

• **인정의 욕구**(need Recognition, Exhibition) : 갈채와 칭찬, 명성을 추구. 자랑하기. 눈에 띄고, 주목을 끌고, 대중 앞에서 행동하거나 말하기. 타인 앞에서 극적으로 표현하기.

　(예) "그가 밧줄을 타고 올라 꼭대기에 이르렀을 때, 서커스를 보던 관중 모두가 열광했다."

• **거부의 욕구**(need Rejection) : 경멸과 비난을 표현함. 자신의 관심과 동떨어진 것들, 사람들, 직업 또는 사상으로부터 등을 돌림.

　(예) "이 사람은 옛날에 자기가 존경했던 사람들을 지금은 깔보고 있다."

- 성의 욕구(need Sex) : 이성과 교제하기. 성 관계를 갖는 것.

  (예) "그는 이 여자와 사랑에 빠졌는데, 같이 자고 싶어 한다."
- 구원의 욕구(need Succorance) : 타인의 지지와 보호를 바람. 타인의 충고와 도움을 바람. 친밀한 이로부터 격리되었을 때 외로움 속에서 고독과 향수를 느끼는 것.

  (예) "한 젊은이와 그가 의지하고 있는 아버지예요. 젊은이는 이 노인에게 홀로 독립할 수 있을 때까지 자신을 보살펴 달라고 부탁하고 있어요."
- 우월의 욕구(need Superiority) : 성취의 욕구. 승인의 욕구.

  (예) "이 애 반에서 누가 자기보다 이쁜 새옷을 입고 왔든지, 시험 성적이 자기보다 좋게 나왔나 봐요. 오늘 학교에서 자기가 최고의 공주로 떠받들여지지 않은 것 같아서 지금 화가 많이 나 있어요. 엄마가 이리저리 달래 보지만 쉽게 화가 풀릴 것 같지 않네요. 아마 조만간 엄마를 졸라서 반 애들이 다 부러워할 만한 걸 살 것 같아요."
- 유사의 욕구(need Similiance) : 타인에 감정 이입, 주변 사람들을 모방 혹은 본을 받는 것

  (예) "이 남자의 얘기를 듣다 보니 이 여자는 자기도 그런 일을 겪은 듯이 맘이 슬퍼져요. 안쓰러운 맘이 들어서 가만히 안아 주고 있는 거예요."
- 불일치의 욕구(need Contrariance) : 남과 달리 행동하고 싶고 독특하고 싶은 욕구. 반대의 입장을 취하는 것.

  (예) "체육 시간이라 다들 급하게 모이는데 이 애는 그런 식으로 수업 시간에 허둥지둥 합류하고 싶지가 않아요. 다같이 똑같이 운동을 하는 건 너무 바보같이 느껴져요. 그래서 이번 수업은 빠질 생각으로 나무 뒤에 숨어 있어요."

■ **다른 사람의 행동에 대한 주인공의 반응에서 드러나는 주인공의 욕구**

- 굴종의 욕구(need Abasement) : 비난과 처벌을 피하기 위해 또는 고통과 죽음을 피하기 위해 타인에게 마지못해 응함. 그다지 반대하지 않고 모욕, 비난, 처벌에 복종함. 타인과의 우호적 관계 유지 위한 순응, 패배, 사과, 체념, 무저항.

  (예) "그의 부모는 그가 사업을 하기를 바란다. 그는 미술을 공부하고 싶었으나, 부모님의 의견대로 따르기로 하였다."
- 자율의 욕구(need Autonomy) : 자율적 행동에 대한 욕구.

  −자유 : 구속이나 속박에서 벗어남. 학교나 사회, 직장으로부터의 이탈. 군무 이탈. 의무 해방. 관계에서 생기는 의무를 피하기 위해 떠나거나 관계를 청산.

(예) "그들은 심한 논쟁을 한 것 같다. 남자와 소녀는 떠나려고 하는 것 같다."

－저항 : 강압에 저항. 상사의 판단에 대항하여 논박. 반항적, 부정적, 논쟁적이며 권위에 저항.

(예) "그는 자존심이 무척 강한 젊은이였고, 명령에 복종하는 것을 좋아하지 않았다. 아버지의 요구에 순응할 아무런 이유를 발견할 수가 없었다."

－반사회적 : 허용되지 않는 무언가를 하는 것. 거짓말, 음주, 노름, 매춘 행위. 비행을 저지르고 무질서하게 멋대로 하는 것.

(예) "그는 술을 마시고 사람들과 싸움을 했다. 피를 흘리며 길거리에 쓰러져서 잠든 다음 날, 지나가는 행인에게서 돈을 뺏어서 출출한 배를 달랬다. 이젠 뭘 할까 … 당장은 별로 하고 싶은 게 없어서 길거리를 돌아다녔다."

• 비난 회피의 욕구(need Blame-avoidance) : 야단, 비난, 벌 등을 두려워하여 잘못을 저지르지 않으려 함. 비관습적이거나 비난받을 만한 무언가를 하는 것에 대한 유혹을 피함.

(예) "남자는 학교 친구에게 주먹을 휘두르려다가, 마음을 고쳐먹어요. 그런 짓을 하면, 정학당할 수도 있다는 생각이 든 거죠."

• 존경과 복종의 욕구(need Deference) : 타인에 복종. 명령에 순응. 암시나 권유에 협조.

－복종 : 타인의 소망, 제안, 권고를 받아들임. 존경하는 이의 지도에 기꺼이 따름.

(예) "한 남자가 말했다. '당신은 뭐든지 내가 하라는 대로만 하면 돼요. 싸우려 들지 말아요. 거기 누워서 졸기만 하면 된다고요.' 그래서 그는 그곳에 누워서 매일같이 '나는 졸리다' 라고 마음속으로 반복해서 말했다. 곧 그는 최면 상태가 되었다."

－존경 : 찬미와 존경의 표현. 훌륭한 행위를 칭찬하고 장점과 재주를 인정함.

(예) "그 의사는 그의 이상이었다. 그가 수술하는 것을 보면서 경외심을 느꼈다."

• 재난 회피의 욕구(need Harm-avoidance) : 싸움이나 신체적 위험을 회피. 상해, 질병, 죽음을 두려워함. 동물, 적, 경찰관 등의 추적을 받아 도망감.

(예) "그는 이곳에서 자살을 시도했다. 그의 정신적 고뇌는 죽음을 생각할 만큼 큰 것이었고, 자신이 안고 있는 모든 문제는 죽음을 통해 해결될 수 있을 것이라 여겼다. 그러나 죽음이라는 것 자체가 훨씬 더 끔찍한 것이고, 다른 여러 문제를 압도할 정도라는 것을 알게 되었다."

• 방어의 욕구(need Defence) : 공격, 비난, 비평으로부터 자신을 방어.

(예) "뭔가 일이 틀어진 것 같다. 이 노인은 사장이나 아버지쯤 되는 것 같은데, 이 젊은이가 뭔가를 잘못했다는 식으로 쳐다본다. 이 남자는 위기감이 들어서 자기 때문이 아니라는 이유를 막 생각해 내고 있다. 이 사람은 평소에도 언제나 빠져나갈 구멍을 만들어 놓기 때문에 이 정도 변명은 식은 죽 먹기인 것 같다. 이런 사람 옆에 있으면 뒤통수를 맞을 수도 있을 것 같다."

• 은둔의 욕구(need Seclusion) : 외부 접촉을 회피, 은둔.

(예) "엄마가 걱정스럽게 방 안을 들여다보는 거예요. 애가 며칠 동안이나 방 밖으로 안 나오면서 밥도 안먹고 전화도 안 받고 침대에 누워서 잠만 자네요."

• 불가침의 욕구(need Inviolability) : 자존심 손상과 박탈을 방어. 좋은 평판을 유지하기 위해 심리적 거리를 유지.

(예) "이 남자는 이 여자가 맘에 들어서 접근을 해요. 이 여자도 사실 이 남자가 싫지는 않는데 가까워지는 게 부담이 돼요. 자기한테 실망할까 봐요. 남자의 관심을 받는 걸 은근히 즐기면서 더 이상 가까워지지는 않고, 이런 식의 빙빙 도는 관계가 한동안 지속될 것 같아요."

• 해독 회피의 욕구(nccd Noxious-avoidance) : 불쾌한 감각을 회피함.

(예) "이 여자는 밭에서 나는 거름 냄새를 너무 싫어해요. 그것도 가난을 상징하는 것 같아서요. 잘 차려입고 책 들고 꼭 자기는 이런 곳 출신이 아니라는 듯이 집을 나서요. 냄새 안 나는 쪽으로 최대한 돌아서요."

(4) 주인공이 관심을 표현하고 있는 대상을 분석한다

반응 내용 가운데 주인공에게 긍정적이거나 부정적 감정을 일으키는 사물, 활동, 사람, 관념을 찾아본다.

(5) 주인공의 내적 심리 상태를 분석한다

이야기 속에서 주인공이 경험하는 내적 · 심리적 상태가 발생하는 환경 자극과 그것이 해결되는 방식을 분석한다. 행복 상태, 갈등 상태, 비관적 상태로 구별한다.

(6) 주인공의 행동이 표현되는 방식을 분석한다

주인공이 환경적 힘에 자극되었거나 자극되고 있을 때 반응하는 행동 방식을 검토한다. 이를 통해 이야기에서 드러나는 수검자의 성격이 표면적 수준인지 혹은 내재된 수준인지 알 수 있다.

주인공의 행동 수준은 공상 수준, 행동 이전 수준, 억제된 행동 수준, 행동 수준으로 구별된다. 이 가운데 행동 수준은 몸짓 정도로만 표현되는 반응, 능동적 반응, 수동적 반응, 외향적 행동, 내향적 행동으로 구별될 수 있다.

(7) 일의 결말을 분석한다

이야기의 종료 상황뿐 아니라 결과를 유발한 조건들에도 주의를 기울여야 한다.

욕구와 압력 관계에 의해 상황의 결말이 행복한가, 불행한가, 성공적인가, 실패인가 또는 문제 해결이 이루어지고 욕구 충족적인가, 갈등 해결이 이루어지지 못하고 문제 해결이 지연되는 상태인가에 주목한다.

6. TAT에서 나타나는 진단별 반응 특징

지금까지 TAT에서 밝혀진 몇 가지 진단별 반응 특징은 다음과 같다.

1) 정신분열증

- 이야기 구조의 와해, 지각의 오지각, 기괴한 언어화, 일관된 주제의 결여, 환자 자신과 그림의 사건을 구별하지 못하는 거리감의 상실 등이 나타난다.
- 내용상에서는 사회적으로 수용될 수 없는 이야기(금기된 공격, 성적도착 등), 불합리하고 기괴한 요소, 상반되는 내용, 망상적 자료, 엉뚱한 독백이나 상징주의 등이 표현된다.
- 인물들은 감정의 깊이가 결여되어 있으며 고립되어 있거나 철수되어 있다.

2) 우울증

- 사고가 위축되어 있고 반응과 언어가 느리고 정동이 가라앉아 있다.
- 이야기는 대개 자살사고, 고립감, 거부당함, 무가치감, 인물들의 무능력 등에 관한 주제를 포함한다.

3) 경조증

- 언어 방출에 대한 압력, 사고 비약, 다행증 등으로 이야기를 대단히 빨리 말한다.
- 정신증적 수준에서 현실 검증력을 상실한 조증 환자들은 부인(denial)이라는 원시적 방어기제를 자주 사용하는데, 내용상 우울, 죄책감, 분노, 무기력 등이 부인되고 유쾌함, 평온함, 좋은 감정 등이 교대로 출현한다.

4) 히스테리성 성격

- 두드러진 특징으로 정서적 가변성(affective lability)을 들 수 있다. 공포스럽거나 또는 예쁜 장면들에 대한 정서적인 반응이 급변하여 나타난다.
- 언어적 표현에 있어서는 서술 자료를 지나치게 많이 사용하고, 이야기가 양가적이다.
- 내용상 피상적이고 성적인 내용이 많이 나타난다.

5) 강박 장애

- 이야기 길이가 길고, 수정을 많이 한다.
- 검사자극에 대한 불확신감으로 인해서 지루하고 반추적이고 현학적인 이야기를 만들어 낸다.
- 어떤 경우에는 객관적으로 나타난 세부적인 것만 기술하고 이야기를 만들 수 없다고 하기도 한다.
- 내용도 주로 인물들의 주저와 망설임을 표현하는 경우가 많고, 주제도 부지런함과 복종, 완벽함이 강조된다.

6) 편집증

- 일반적으로 회피적이고 검사의 목적을 의심한다.
- 이야기가 자기 개인적인 것이 아님을 강조한다.
- 단서에 과도하게 민감하고 방어가 심하다.
- 이야기가 매우 간결하며 의심과 방어적 특성이 나타날 수 있고, 반대로 이야기가 과대적이고 확산적인 조증 경향을 드러낼 수도 있다. 아니면 허위 논리를 중심으로 세세한 증거들을 수집, 언어화하여 자신의 결론을 정당화할 수도 있다.
- 불신, 교활함, 사악한 외부의 힘에 대한 강조, 갑작스러운 인물의 변화 등이 나타난다.
- 인물의 성이나 연령 등을 오지각 하는 경우를 자주 보인다.

7) 불안 상태

- 이야기가 간결하고, 행동이 극적이며, 강박적이다.
- 양자 택일의 상황이 자주 나타난다.
- 모호, 주저, 당황을 암시하는 표현이 많다.
- 도판 내의 인물과 직접적으로 동일시한다.

• 검사자에게 불안 섞인 질문을 자주 한다.
• 내용상 갈등, 욕구 좌절, 비극 등이 흔히 나타난다.

제8장

SCT(문장완성 검사)

1. 개관

문장완성 검사(Sentence Completion Test : SCT)는 다수의 미완성 문장을 수검자가 자기 생각대로 완성하도록 하는 검사로, 단어연상 검사의 변형으로 발전된 것이다.

Cattell은 Galton의 자유 연상 검사(free association test)로부터 단어연상 검사(word association test)를 발전시켰는데, 이를 Kraepelin과 Jung이 임상적 연구를 통해 토대를 구축하였고 Rapaport와 그의 동료들에 의하여 성격진단을 위한 유용한 투사법으로 확립되게 되었다. 이 단어연상 검사로부터 문장완성 검사가 발전하였다.

최초로 미완성 문장을 검사에 이용한 것은 Ebbinghaus(1897)로, 그는 지능의 측정을 위하여 이 기법을 사용하였다. 그후 문장완성 검사를 성격영역에서 활용하기 시작한 개척자 중의 한 사람인 Tendler(1930)는 사고 반응과 정서 반응의 진단을 구별하였다. 그는 정서영역을 측정하기 위한 검사는 정서반응을 직접 유발시키면서 자유로운 반응이 허용되고 수검자의 판단이나 선택을 피할 수 있어야 한다고 보았는데, 문장완성 검사가 이런 규준을 충족시킬 수 있는 검사라고 제안하였다.

또한 Rohde(1946)는 청년기 문제를 다루거나 내담자의 욕구, 내적 갈등, 환상, 감정, 태도, 야망, 적응상의 어려움 등에 대해 파악하고자 할 때 문장완성검사가 적절하게 이용될 수 있다고 추천하였다. 그는 직접적인 대화를 통한 질문은 개인으로 하여금 방어적이 되게 만들며, 질문에 의하여 대답할 수 있는 반응 영역이 통제되기 때문에 표현의 자유가 제한된다고 하였다. 반면 미완성 문장은 인식하거나 표현할 수 없는, 또는 표현하기 꺼려지는 잠재된 욕구, 감정, 태도, 야망 등이 보다 잘 드러날 수 있게 한다고 생각하였다. 그는 문장완성 검사는 본질적으로 자유연상을 이용한 투사법 검사로, 수검자는 자기의 대답이 갖는 의미를 예상할 수 없으므로 의식하지 않고 진짜 자기 모습을 드러내게 된다고 주장하였다.

이후 Stein(1947), Symonds(1947), Rotter와 Willerman(1947), Carter(1947) 등이 실험적이고 경험적인 연구들을 통하여 문장완성 검사의 임상적 활용에 대한 가능성을 보여주었으며, 현재 임상 현장에서는 Sacks의 문장완성 검사(SSCT)가 가장 널리 사용되고 있다.

문장완성 검사는 단어연상 검사와 종종 서로 비교되어 왔는데, 문장완성 검사는 단어연상 검사의 특징인 단일 단어에 의해 유발될 수 있는 연상의 다양성을 감소시키는 제한점이 있다는 지적을 받아 왔다. 그러나 단어연상 검사에 비하여 문장완성 검사는 문장에 나타난 감정적 색채나 문장의 맥락 등을 통해서 수검자의 태도, 수검자가 주의를 쏟고 있는 특정 대상이나 영역이 보다 잘 제시될 수 있으며 수검자에게 반응의 자유와 가변성도 허용할 수 있는 강점이 있다는 주장이 받아들여지고 있다.

한편, 문장완성 검사가 투사적 기법인가에 대한 이의가 제기되기도 한다. 사실, 미완성의 문장 내에 개인의 심리적인 특성이 투사될 가능성은 무정형의 잉크 반점에 투사될 가능성에 비해 제한되는 것이 사실이다. 그럼에도 불구하고 문장완성 검사가 가지는 투사적이 가치는 매우 높다고 할 수 있다.

투사적 검사로서의 문장완성 검사의 유용성을 확인하기 위하여, 미완성된 한 개의 문장을 10명의 수검자에게 주고 결과를 분석했던 초기의 연구 예를 들어 보자.

수검자들은 "아버지가 어머니에게 대하는 태도를 보면 나는___"이라는 문장에 대해서 다음과 같은 10개의 반응을 도출하였다.

1. 매우 행복하다.
2. 별로 관심 없다.
3. 그를 죽이고 싶다.
4. 그를 따라 하고 싶다.
5. 기분이 좋다.
6. 반항심이 든다.
7. 좋다.
8. 존경스럽다.
9. 무섭다.
10. 젖비린내가 나는 것 같다.

이 단 한 개의 미완성 문장에 대한 반응만으로도 형식적인 특성에 대한 분석이나 내용 특성에 대한 분석이 가능하다. 형식적 특성은 반응 시간, 단어 수, 표현의 정확성, 질, 수식어구, 단순성, 강박성, 장황성 등이며 내용 특성은 정서, 강도, 소극성, 상징성 등이다.

이 반응들 중에서 5개는 긍정적인 내용이고 5개는 부정적 반응이다. "매우 행복하다"라는 긍정적인 내용과 "그를 죽이고 싶다"라는 부정적인 내용에서 수검자가 보이는 정서와 태도의 차이는 매우 크다. 그러나 같은 부정적인 반응들이라 하더라도 상당한 차이가 나타난다(2. 별로 관심 없다/3. 그를 죽이고 싶다/6. 반항심이 든다/9. 무섭다/10. 젖비린내가 나는 것 같다).

"그를 죽이고 싶다"고 쓴 수검자는 자발적으로 강하고 억제되지 않은 감정을 표현한 것이다. 그의 느낌은 변형이나 왜곡 혹은 변명없이 인식, 표현된 것이다. 이것은 로르샤흐 검사에서의 순수색채반응(C)과 유사한 양상을 띤다.

"별로 관심 없다"라고 반응한 수검자 역시 부정적인 느낌을 표현하고 있다. 그러나 이 반응은 앞의 반응에 비하여 자발성이 다소 부족하다. 정서 표현을 회피하는 이런 양상은 우월성으로의 후퇴와 유사하다. 이 수검자는 부모의 관계에 관심이 없고 그것을 중요하게 여기지 않으며 자기는 '그런 일보다 우위에 있다'는 느낌을 암시하고 있다. 특히 "별로"라는 단어는 수검자가 그 상황으로부터 훨씬 거리를 두고 있음을 암시하는 언어적 방식이다. 여기에는 언어적 나르시즘의 자세가 내포되어 있다. 그러한 느낌과 태도가 부모상에만 특정한 것인지, 혹은 수검자의 일반적인 적응 방식을 나타내는 것인지를 이 시점에서는 알 수는 없으나, 만약 이런 종류의 반응들이 문장완성 검사 전반에 걸쳐 발견된다면, 이것이 특정 심리적 영역에만 관련된다기보다 그의 일반적 패턴을 나타낸다고 해석할 수 있을 것이다.

"반항심이 든다" 역시 아버지에 대한 비난을 드러내고 있으며 자발적인 반응이기는 하지만, "그를 죽이고 싶다"에 비하여 어느 정도 통제되어 있다. 두 수검자 모두 아버지에 대해서 불편감을 겪고 있지만, 한 사람은 그 원인 제공자를 파괴시키고 싶어 하고 또 다른 사람은 단순히 그 상황을 바꿀 수 있기를 바라고 있다. 후자는 강한 감정을 느끼며 인식하고 있으나, 행동화에 대한 충동은 통제하고 있다. "그를 죽이고 싶다"는 로르샤흐의 순수 색채 반응(C)과 유사한 데 비해, "반항심이 든다"는 로르샤흐의 형태-색채 반응(FC)과 유사하다고 볼 수 있다.

"무섭다" 역시 상황에 대한 부정적 감정을 드러낸다. 그러나 "그를 죽이고 싶다"나 "반항심이 든다"와는 차이를 보인다. 이 두 개 중 전자는 직접적인, 후자는 억제된 '행동화 경향'에 속한다. 이에 비하여 "무섭다"는 반응에는 행동화의 의미는 없으며, 수동적인 반응이다. 수검자는 대항하여 행동하기보다는 움츠러들고 있음이 시사된다.

"젖비린내가 나는 것 같다"는 앞서 네 개의 부정적 반응들과 질적인 면에서 매우 다르다. 첫째로, 비난의 대상이 다르다. 앞의 네 반응은 그들의 적의를 아버지에게 향하고 있는 반면, 이 반응을 보이는 수검자는 아버지를 경멸할 뿐만 아니라 어머니에 대한 분노감도 또한 내포하고 있다. 뿐만 아니라 이 피험자는 상황으로부터 떨어져 있다. 그는 죽이고 싶다거나 반항하고 싶다거나 무섭다거나 하는 등의 어떤 것도 느끼고 있지 않으며, 개입하지 않고 방관자로서 경멸의 마음으로 바라본다. 그가 상황으로부터 떨어져 있는 정도는 "별로 관심 없다"라는 수검자의 그것과는 미묘하게 다르다. "젖비린내가 나는 것 같다"라고 반응한 수검자는 힘들고 냉소적이긴 하지만 자신의 태도를 받아들이고 표현할 수 있다. 그러나 "별로 관심 없다"라고 반응한 사람은 어떠한 감정적 개입도 부인하고 있는데, 바로 이 점이 그 상황의 외상적 본질을 드러내고 있는 것이다.

이상의 5가지 진술문은 비록 모두 부정적이지만, 강도, 억제, 회피, 수동성, 개입, 태도의 면에서 서로 각기 다름을 알 수 있다.

5개의 긍정적 진술문도 서로 다르다(1. 매우 행복하다/7. 좋다/4. 그를 따라 하고 싶다 등). 1번과 7번의 진술문은 '감정'을 묘사하고 있다. 그러나 이 감정들은 강도의 수준이 다르다. 그들이 감정을 회피적으로 표현하고 있는지 정확히 표현한 것인지는 알 수 없지만, 어떤 경우든 한 사람은 다른 사람보다 훨씬 강한 에너지를 쏟아붓고 있음은 알 수 있다. 만약 이런 패턴이 문장완성 검사 전반에 걸쳐 발견된다면, "매우 행복하다"라고 쓴 수검자는 "좋다"라고 쓴 수검자보다 훨씬 에너지가 많다고 결론지을 수 있다. 물론 다른 해석도 가능하다. 지나친 긍정적 감정은 부인(denial) 방어기제의 결과일 수도 있다.

"그를 따라 하고 싶다"라고 쓴 수검자는 다른 종류의 감정을 표현하고 있다. 여기에는 맹목적 숭배가 있어서, 수검자가 스스로 아버지만 못하거나 약하다고 느끼고 있거나 혹은 의존성을 가지고 있음이 드러나고 있다.

이와 같이 단 한 개의 불완전 문장에 대한 반응으로부터도 정서나 태도, 기제들에 관한 가설을 이끌어 낼 수가 있는 것이다. 그러므로 50~60개의 문장으로부터 얻을 수 있는 가능성은 대단한 것이다. 숙련되고 경험 많은 임상가라면 문장의 전반적인 흐름뿐 아니라 미묘한 뉘앙스를 통하여 수검자 성격의 완전하고도 복잡한 패턴을 도출해 내는 것이 가능하다.

문장완성 검사와 같은 투사적 기법을 수행함에 있어서 임상가의 경험과 통찰, 이해가 특별하게 중요하다는 것은 기지의 사실이다.

앞서 언급한 바와 같이 현재 임상장면에서 가장 널리 사용되고 있는 문장완성 검사는 Sacks에 의해 개발된 것이다. 이 책에서는 이 Sacks의 문장완성 검사(SSCT)를 중심으로 소개하기로 하겠다.

2. SSCT

1) 검사의 개발 과정

SSCT(the Sacks Sentence Completion Test)는 Joseph M. Sacks에 의해 개발되었다.

Sacks는 20명의 심리치료자에게 가족, 성, 자기 개념, 대인관계라는 네 가지 영역에 관한 중요한 태도를 이끌어 낼 수 있는 미완성 문장을 3개씩 만들도록 하고, 여기에 문장완성 검사에 관한 기존의 문헌들로부터 얻어진 문항들을 포함시켰다. 이러한 방식으로 280개의 문항들이 얻어졌다. 이것을 다시 20명의 심리학자들에게 주고 각 범주에서 가장 유의미하다고 생각되는 문항을 4개씩 선택하도록 하였다. 이 과정에서 가장 많이 선택된 문항들이 최종 검사 문항으로 결정되었다. 원래는 60개의 문항으로 구성되어 있었으나 내용이 반복되는 것을 제외하고 50개의 문항이 현재 많이 사용되고 있다.

Sacks는 위의 4개 영역을 각각 세분화하여 최종적으로 총 15개의 영역으로 분류하였고, 각 영역에 대해서 수검자가 보이는 손상의 정도에 따라 각각 0, 1, 2점으로 평가하고 그 수치를 통해 수검자에 대한 최종 평가를 하도록 해석 체계를 구성하였다. 이에 대한 신뢰도와 타당도를 검증하기 위하여 수검자 100명의 반응을 가지고 3명의 심리학자에게 15개 영역에 대해서 장애의 정도를 평정하도록 하였고, 그 수검자들의 정신과 주치의들에게도 역시 같은 방법으로 평정하게 하였다. 그 결과 심리학자들 간의 신뢰도는 92%의 일치율을 보였으며, 정신과 의사들과 심리학자들 간의 평정의 일치도는 .48~.57, 표준오차는 .02~.03으로 유의미한 정적 상관을 보였다. 또한 수검자 50명을 선정하여 심리학자들은 이들의 검사 반응을 기초로 15개 영역에 대한 해석적 요약을 하도록 하고, 정신과 의사들에게는 임상적 관찰에 근거하여 자신의 수검자(환자)에 대한 해석적 요약을 하도록 하였는데, 이 진술들 역시 77%의 일치도를 보였다.

SSCT의 네 가지 대표적인 영역—가족, 성, 대인관계, 자기개념—을 간략하게 살펴보기로 하자.

가족 영역은 어머니, 아버지 및 가족에 대한 태도를 측정한다. 어머니와 아버지 그리고 가족 전체에 대한 태도를 나타내도록 하는 문장으로 구성되어 있다. "어머니와 나는__", "내가 바라기에 아버지는__", "우리 가족이 나에 대해서__" 등이다. 수검자가 경계적이고 회피적인 경향이 있다 하더라도 네 개의 문항들 중 최소 한 개에서라도 유의미한 정보가 드러나게 된다.

성적 영역은 이성관계에 대한 태도를 포함하고 있다. 이 영역의 문항들은 사회적인 개인으로서의 여성과 남성, 결혼, 성적 관계에 대하여 자신을 나타내도록 한다. "내 생각에 여자들은__", "내가 성교를 했다면__" 등이 이 영역의 전형적인 문항들이다.

대인관계 영역은 친구와 지인, 권위자에 대한 태도를 포함한다. 이 영역의 문항들은 가족 외의 사람들에 대한 감정이나 자신에 대해 타인이 어떻게 느끼는지에 관한 수검자의 생각들을 표현하게 한다. "내가 없을 때 친구들은__", "윗사람이 오는 것을 보면 나는__" 등이 이 영역의 예이다.

자기개념 영역은 자신의 능력, 과거, 미래, 두려움, 죄책감, 목표 등에 대한 태도를 포함한다. 이 영역에서 표현되는 태도들은 현재, 과거, 미래의 자기개념과 그가 바라는 미래의 자기 상과 실제로 자기가 될 것 같다고 생각하는 모습에 대한 정보를 제공해 준다. 이 영역의 문항들로는 "무슨 일을 해서라도 잊고 싶은 것은__", "내가 저지른 가장 큰 잘못은__", "내가 믿고 있는 내 능력은__", "내가 어렸을 때는__", "언젠가 나는__", "나의 평생 가장 하고 싶은 일은__" 등이 있다.

2) 실시

- SCT는 개인과 집단 모두에게 실시될 수 있으며, 약 20~40분 정도의 시간이 소요된다.
- 검사지를 주면서 수검자에게 지시문을 읽어 보도록 하고 질문이 있으면 하도록 한다. 지시문은 다음과 같다.

"다음에 기술된 문항들은 뒷부분이 빠져 있습니다. 각 문장을 읽으면서 맨 먼저 떠오르는 생각을 뒷부분에 기록하여 문장이 되도록 완성하여 주십시오. 시간제한은 없으나 가능한 빨리하여 주십시오. 만약 문장을 완성할 수 없으면 표시를 해 두었다가 나중에 완성하도록 하십시오."

이를 읽어 보게 한 후, 더불어 다음과 같은 사항들을 일러준다.

① 답에는 정답, 오답이 없으며 생각나는 것을 쓰도록 할 것.

② 글씨나 글짓기 시험이 아니므로, 글씨나 문장의 좋고 나쁨을 걱정하지 말 것.

③ 주어진 어구를 보고 제일 먼저 생각나는 것을 쓸 것.

④ 시간에 제한은 없으나 너무 오래 생각지 말고 빨리 쓰도록 할 것.

수검자들이 흔히 하는 질문에는 "천천히 좋은 대답을 생각하면 안 되나요?"라는 것이 있는데, 이런 경우에는 "각 문항들을 읽고 맨 먼저 떠오르는 것을 써야 하며 논리적인 구성을 위해 지체하면 안 된다"고 강조해야 한다. 또 다른 흔한 질문으로는 "한 단어만 적어도 되나요?" 하는 것이 있는데 이에 대해서는 "한 단어이든 여러 문장이든 상관이 없고 단지 자극문장을 읽고 떠오른 생각이면 된다"고 말해 준다. 때때로 자기의 반응을 "한번 보고 맞게 썼는지 말해 달라"고 요청하는 수검자들도 있다. 이런 경우 그 반응이 자극 문항에 대한 자신의 자발적인 반응이었다면 좋은 반응이라고 말해 준다.

경우에 따라서는 문장 속에 들어 있는 단어의 의미를 물어보기도 한다. 이때 예를 들어 '드물게'라는 단어의 뜻을 "좀처럼 일어나지 않는 것"이라고 말해 주는 정도는 괜찮다. 그러나 수검자가 전체 문장의 뜻을 설명해 달라고 하면, "수검자에게는 어떤 뜻으로 생각되는지" 물어보고 "그렇게 생각한 대로 하면 된다"고 말해 준다.

- 수검자가 검사를 시작한 시간과 끝낸 시간을 기록해 두도록 한다.
- 수검자가 검사를 완성한 후, 가능하면 질문단계를 실시하도록 한다. 즉, 수검자의 반응에서 중요하거나 숨겨진 의도가 있다고 보여지는 문항들에 대해서 "이것에 대해 좀 더 이야기해 주십시오"라고 부탁한다.

  이런 단계를 통해서 수검자들은 말하기 힘든 문제에 대해서 치료자에게 이야기할 수 있는 계기를 제공받게 되기도 한다.

- 표준적인 실시방법은 수검자가 직접 문장을 읽고 반응을 써야 하지만, 심하게 불안한 수검자에게는 문항을 읽어 주고 수검자가 대답한 것을 검사자가 받아 적는 것이 도움이 되기도 한다. 이러한 구술 시행은 반응시간, 얼굴 붉어짐, 표정 변화, 목소리 변화, 전반적인 행동 등을 관찰함으로써 수검자가 어떤 문항들에서 막히는지를 구체적으로 알 수 있게 해 준다.

  또한 이러한 수검자들은 종종 문장완성 검사의 문항들을 감정을 정화시키는 자극으로서 사용하며 그러고 난 후 "기분이 더 나아졌다"라고 말하기도 한다. 즉, 감정적 해소의 기회가 될 수도 있는 것이다.

3) 해석과 평점

SSCT의 평점 기록지는 각 태도에 대한 4개의 자극 문항들과 그것에 대한 수검자의 반응들을 종합하도록 구성되어 있다. 예를 들면 아래와 같은 형식으로 되어 있다.

☐ **아버지에 대한 태도**

2. 내 생각에 가끔 아버지는 "거의 일을 한 적이 없다."

19. 대개 아버지들이란 "좀 더 나았으면 좋겠다."

31. 내가 바라기에 아버지는 "죽었으면 좋겠다."

46. 아버지와 나는 "좋은 점이라곤 하나도 없다."

■ 해석적 요약 :

따옴표 안의 문장이 수검자의 반응들이다. 이 4개의 반응들을 통합적으로 고려하여 이 영역에서 드러나는 수검자 태도에 대한 임상적인 인상을 구체화시켜 해석적 요약이 이루어진다. 이 경우 해석적 요약은 "죽이고 싶을 정도로 심한 적대감과 경멸감을 나타냄"으로 기술될 수 있다. 평점 기록지는 325쪽의 그림 8-1에 제시되어 있다.

그다음 단계인 평점은 아래의 척도에 따라 이루어지는데, 이를 통해서 해당 영역에서의 손상 정도를 측정하게 된다.

2. 심한 손상. 이 영역의 정서적 갈등을 다루기 위해서 치료적 도움이 필요하다고 보임.

1. 경미한 손상. 이 영역에 대한 정서적 갈등이 있는 것으로 보이지만 치료적 도움 없이 이를 다룰 수 있을 것으로 보임.

0. 이 영역에서 유의한 손상이 발견되지 않음.

X. 확인불능. 충분한 증거가 부족함.

SSCT에서의 평점 예시가 329쪽의 그림 8-2에 제시되어 있다.

• 이런 과정을 통해서 가장 많이 손상된 태도를 보이는 영역에 대한 기술과 반응 내용에서 드러나는 태도들 간의 상호 관련성에 대한 기술이 가능해진다. 전자는 수검자의 현재 상태에 대한 정보를, 후자는 역동적인 면에 대한 정보를 제공해 준다. 예를 들어 보자.

어떤 수검자의 반응을 보면, '자신의 어머니'에 대해 "매우 신경질적"이며 "예쁘다"라고 기술하였고, '대부분의 어머니들이란' "자신의 아이들을 지나치게 사랑해서 아이들을 망친다"라고 하였다.

또한 이 수검자는 '자기의 가족들이' "좋다"라고 하고 있지만 가족들이 그를 마치 "어린아이 대하듯이 다룬다"라고 기술하였다. 한편 '여자들이란' "신뢰할 수 없고 진실되지 않다"고 기술하고 있어, 여성들에 대해 극단적인 적대감을 가지고 있음이 시사된다.

결혼에 대해서는 조심스러운데 "모든 것이 미리 잘 준비된다면 좋을 것이다"라고 말하고 있다.

그는 '자신의 아버지'에 대해서 "좋은 사람"이라고 생각하지만 "그렇게 완고하지 않았으면 좋겠다"는 태도를 보이고 있어, 상급자를 다소 경시하고 있는 것으로 보인다.

그가 '싫어하는 사람들'은 "예쁜 사람들"이며 '생생한 어린 시절의 기억은' "부당하게 취급받은 것"이다. 그는 자기 자신을 "두려워"하며 '이상한 일이 생겼을 때' "포기해 버린다". 그러나 그는 "어떤 것도 할 수 있는 능력이 있다"고 믿는다. 언젠가 그는 자기가 "백만장자가 될 것"이라고 기대하고 있어, 미래에 대한 태도는 피상적이고 다소 비현실적인 낙관주의를 보이고 있다.

이런 식으로 여러 영역에서 나타나는 태도를 고려해 볼 수 있다.

■ 이렇게 SSCT 자체의 반응을 단독으로 분석하는 것도 유용하지만, 다른 투사적 검사에서 얻어진 자료와의 비교를 통해서 수검자에 대한 더욱 풍부한 이해를 얻을 수 있다.

투사적 검사에서는 자극의 구조화 정도에 따라 투사되는 의식수준에 차이가 나타난다. 즉 로르샤흐 검사는 성격의 기본구조와 원초적 욕구에 대하여 많은 것을 알게 해 주며, TAT는 문제의 역동적인 측면과 관련된 자료들을 이끌어 낸다. 한편, 문장완성 검사는 의식적, 전의식적, 또는 무의식적인 생각과 감정을 드러내 준다.

예를 들어, 한 환자가 로르샤흐 반응에서 상당한 적대감을 나타내면서, 8번 카드에서는 두 마리의 동물들이 "먹이를 게걸스럽게 먹고 있다"고 하였고 10번 카드의 상단 부분에서는 "사람을 질식시키는 기구"가 보인다고 하였다. TAT에서도 폭력, 강간, 살인의 주제가 반복적으로 나타났으나, 문장완성 검사에서는 과장된 이타주의와 이상주의를 반영하는 반응들을 보였다(언젠가 나는 "같이 일하는 사람들에게 누구보다도 더 많은 임금을 지불할 것이다", 나의 야망은 "사회를 개혁하여 모든 사람들을 행복하게 만드는 것이다"). 이러한 경우 이 수검자가 자신의 폭력적인 공격 충동을 반동형성(reaction formation)의 방어기제를 통해 조절하고 있다는 해석적 가설을 세워 볼 수 있는 것이다.

이와 같은 방식으로, 문장완성검사에서는 우선 이를 기초로 성격 구조에 대한 추론을 하고 이 추론을 다른 검사들로부터 얻어진 결론들과 종합하여 통합적인 해석을 하게 된다.

다음과 같은 사항들에 주의를 두어 해석하는 것이 도움이 될 것이다.

1. 내적인 충동에 주로 반응하는가 또는 외부환경 자극에 주로 반응하는가?

(예) 어떤 수검자는 "사람들 눈에 띄어서 거절당하는 것"을 두려워한다. 그는 "편안히 쉬는 것"에 대한 불안을 호소하며, 두려움은 "자신의 사적 세계를 침해받는 것"이다. 이것은 내적인 충동에 일차적으로 반응하는 사람의 반응이다. 이와는 반대로 다른 수검자는 두려워하는 것이 "거의 없다." 그러나 '어리석게도 내가 두려워하는 것은' "큰 소음이다"라고 기술하고 있는데, 이는 환경 자극에 주로 반응하는 사람들의 반응 예이다.

2. 스트레스 상황에서의 정서적 반응이 충동적인가 아니면 잘 통제되는가?

(예) 어떤 수검자는 '나에게 이상한 일이 생겼을 때' "나는 가장 최선의 방법을 생각해 내려고 애쓴다"고 반응하였다. 이는 통제된 정서 반응이다.

이에 비하여, 동일 문항에 대해서 "공포에 휩싸인다"고 반응한 수검자는 보다 충동적인 정서 반응을 보일 것으로 예측할 수 있다.

3. 자신의 책임이나 타인의 관심을 적절히 고려하는 등, 사고가 성숙된 편인가 아니면 미성숙하고 자기중심적인가?

(예) '내가 늘 원하기는' "노래를 하는 것이다". '내가 정말 행복할 수 있으려면' "내가 좋아하는 것을 해야 한다"라고 기술한 수검자와, 그의 야망이 "오케스트라를 지휘하여서 우리 문화의 발전에 기여하는 것"이라고 표현하는 수검자를 비교해 보면, 후자가 확실히 보다 성숙한 시각을 가지고 있다.

4. 사고가 현실적인가 아니면 자폐적이고 공상적인가?

(예) 이러한 질문에 대한 답을 얻기 위해서는 미래와 자신의 능력에 대한 태도, 목표, 두려움, 죄책감 등을 살펴보아야 한다. 예를 들어 "영화배우가 되려는 야망", "메이저 리그에서 야구를 할 수 있는 능력이 있다"고 생각하는 것, "뭔가 환상적인 것을 만들어 내길" 바라는 것, "별에 오르길" 바라는 것, 언제나 바라기를 "누군가를 죽이는 것", 이상적인 여성상은 "암호랑이", 어리석게도 내가 두려워하는 것은 "당신", 때때로 나는 "자살할 것 같은 두려움에 휩싸인다", 가장 큰 잘못은 "태어난 것" 등은 비현실적인 반응들이라고 볼 수 있다.

SSCT 평점 기록지

수검자 이름 :　　　성별 :　　　나이 :　　　날짜 :　　　시간 :

*일러두기 : 부적절한 반응이나 발현된 갈등 등의 요소를 고려하고 검사자의 판단에 근거하여, 다음 척도
에 따라 아래의 범주들에 대해서 평점한다.

> **2. 심한 손상.** 이 영역의 정서적 갈등을 다루기 위해서 치료적 도움이 필요하다고 보임.
> **1. 경미한 손상.** 이 영역에 대한 정서적 갈등이 있는 것으로 보이지만 치료적 도움 없이 이
> 　를 다룰 수 있을 것으로 보임.
> **0. 이 영역에서 유의한 손상이 발견되지 않음.**
> **X. 확인불능.** 충분한 증거가 부족함.

■ **어머니에 대한 태도**　　　　　　　　　　　　　평점 :

13. 나의 어머니는
26. 어머니와 나는
39. 대개 어머니들이란
49. 나는 어머니를 좋아했지만
-해석적 요약 :

■ **아버지에 대한 태도**　　　　　　　　　　　　　평점 :

2. 내 생각에 가끔 아버지는
19. 대개 아버지들이란
29. 내가 바라기에 아버지는
50. 아버지와 나는
-해석적 요약 :

■ **가족에 대한 태도**　　　　　　　　　　　　　평점 :

12. 다른 가정과 비교해서 우리 집안은
24. 우리 가족이 나에 대해서
35. 내가 아는 대부분의 집 안은
48. 내가 어렸을 때 우리 가족은
-해석적 요약 :

[그림 8-1] SSCT 평점 기록지

■ 여성에 대한 태도   평점 :

9. 내가 바라는 여인상은

25. 내 생각에 여자들이란

–해석적 요약 :

■ 남성에 대한 태도   평점 :

8. 남자에게 대해서 무엇보다 좋지 않게 생각하는 것은

20. 내 생각에 남자들이란

36. 완전한 남성상은

–해석적 요약 :

■ 이성 관계 및 결혼 생활에 대한 태도   평점 :

10. 남녀가 같이 있는 것을 볼 때

23. 결혼 생활에 대한 나의 생각은

37. 내가 성교를 했다면

47. 나의 성생활은

–해석적 요약 :

■ 친구나 친지에 대한 태도(대인 지각)   평점 :

6. 내 생각에 참다운 친구는

22. 내가 싫어하는 사람은

32. 내가 제일 좋아하는 사람은

44. 내가 없을 때 친구들은

–해석적 요약 :

■ 권위자에 대한 태도   평점 :

3. 우리 윗사람들은

31. 윗사람이 오는 것을 보면 나는

–해석적 요약 :

[그림 8-1] SSCT 평점 기록지(계속)

■ **두려움에 대한 태도**　　　　　　　　　　　평 점 :

5. 어리석게도 내가 두려워하는 것은

21. 다른 친구들이 모르는 나만의 두려움은

40. 내가 잊고 싶은 두려움은

43. 때때로 두려운 생각이 나를 휩싸일 때

-해석적 요약 :

■ **죄책감에 대한 태도**　　　　　　　　　　　평 점 :

14. 무슨 일을 해서라도 잊고 싶은 것은

17. 어렸을 때 잘못했다고 느끼는 것은

27. 내가 저지른 가장 큰 잘못은

46. 무엇보다도 좋지 않게 여기는 것은

-해석적 요약 :

■ **자신의 능력에 대한 태도**　　　　　　　　　평 점 :

1. 나에게 이상한 일이 생겼을 때

15. 내가 믿고 있는 내 능력은

34. 나의 가장 큰 결점은

38. 행운이 나를 외면했을 때

-해석적 요약 :

■ **과거에 대한 태도**　　　　　　　　　　　　평 점 :

7. 내가 어렸을 때는

33. 내가 다시 젊어진다면

45. 생생한 어린 시절의 기억은

-해석적 요약 :

■ **미래에 대한 태도**　　　　　　　　　　　　평 점 :

4. 나의 장래는

11. 내가 늘 원하기는

16. 내가 정말 행복할 수 있으려면

18. 내가 보는 나의 앞날은

28. 언젠가 나는

[그림 8-1] SSCT 평점 기록지(계속)

–해석적 요약 :

■ **목표에 대한 태도**　　　　　　　　　　　　　　**평 점 :**

30. 나의 야망은

41. 나의 평생 가장 하고 싶은 일은

42. 내가 늙으면

–해석적 요약 :

일반적 요약

1. 주된 갈등과 혼란 영역

2. 태도 간이 상호관계

3. 성격구조

　　a) 내적 충동과 외적 자극에 대한 수검자의 반응 정도

　　b) 정서적 적응

　　c) 성숙도

　　d) 현실검증 수준

　　e) 갈등을 표현하는 방법

[그림 8-1] SSCT 평점 기록지(계속)

■ **어머니에 대한 태도** (평점 : 2점)

13. 나의 어머니는 "잔소리하는 여자이다."
26. 어머니와 나는 "서로 다르다."
39. 대개 어머니들이란 "자녀들에게 매우 의존적이다."
49. 나는 어머니를 좋아했지만, "지금은 좋아하지 않는다."
-해석적 요약 : 어머니가 과요구적이라고 생각하면서 어머니를 완전히 거부하고 비난하고 있다.

13. 나의 어머니는 "검소하다." (평점 : 1점)
26. 어머니와 나는 "견해는 다르지만 좋은 친구이다."
39. 대개 어머니들이란 "사랑으로 그들의 이성을 황폐화시킨다."
49. 나는 어머니를 좋아했지만, "당연한 것이 아닐까."
-해석적 요약 : 어머니의 결점을 알지만, 수용하고 차이를 이해한다.

12. 나의 어머니는 "훌륭하다." (평점 : 0점)
26. 어머니와 나는 "아주 좋은(대단한) 친구이다."
39. 대개 어머니들이란 "허세가 있다고 생각한다."
49. 나는 어머니를 좋아했지만, "나의 아버지가 좋다."
-해석적 요약 : 어머니에 대하여 긍정적인 감정만을 표현했다.

■ **아버지에 대한 태도** (평점 : 2점)

2. 내 생각에 가끔 아버지는 "일을 하지 않는다."
19. 대개 아버지들이란 "형편없다."
29. 내가 바라기에 아버지는 "죽는 것이다."
50. 아버지와 나는 "사이가 좋지 않다."
-해석적 요약 : 아버지가 죽기를 바라는 극단적 적대감과 경멸을 나타내고 있다.

2. 내 생각에 가끔 아버지는 "허세가 있다." (평점 : 1점)
19. 대개 아버지들이란 "자식들이 말하는 것을 잘 들어주지 않는다."
31. 내가 바라기에 아버지는 (무응답)
46. 아버지와 나는 "부자지간이다."
-해석적 요약 : 아버지와 더 친밀한 관계를 맺기를 바란다.

2. 내 생각에 가끔 아버지는 "유머가 부족하다." (평점 : 0점)
19. 대개 아버지들이란 "가족을 위해 열심히 일한다."
31. 내가 바라기에 아버지는 "지금의 아버지다."
46. 아버지와 나는 "좋은 관계이다."
-해석적 요약 : 아버지의 성격에 대해 완전한 만족을 표현했다.

[그림 8-2] SSCT 평점의 예

■ **가족에 대한 태도** (평점 : 2점)

12. 다른 가정과 비교해서 "우리 집 안은 서로 많은 시간 함께 지내지 않는다."

27. 우리 가족이 나에 대해서 "이방인처럼 본다."

42. 내가 아는 대부분의 집안은 "근심을 갖고 있다."

57. 내가 어렸을 때, "나의 가족은 모두 흩어져 있었고 정착하지 못했다."

–**해석적 요약** : 가족에게 배척받는 느낌을 갖고 있다. 연대감이 부족했고 난관에 부딪혀 왔다.

12. 다른 가정과 비교해서 나의 가족은 "괜찮은 편이다." (평점 : 1점)

27. 우리 가족이 나를 "어린 소년처럼 다룬다."

42. 내가 아는 대부분의 집 안은 "우리 가족과 같다."

57. 내가 어렸을 때, 나의 가족은 "내게 잘 대해 주었다."

–**해석적 요약** : 가족이 자기를 성숙한 인간으로 생각하지 않는 걸 알지만, 가족과 동일시하는 데 문제를 겪고 있지 않다.

12. 다른 가정과 비교해서 "나의 가족은 매우 훌륭하다." (평점 : 0점)

27. 우리 가족이 나를 "친한 친구처럼 대한다."

42. 내가 아는 대부분의 집안은 "좋은 사람들이라고 알고 있다."

57. 내가 어렸을 때, 나의 가족은 "많이 이사를 했다."

–**해석적 요약** : 가족 주거의 불안정성이 가족에 대한 좋은 감정에 거의 영향을 미치지 않았다.

■ **이성 관계에 대한 태도** (평점 : 2점)

11. 남녀가 같이 있는 것을 볼 때 "힐끔 보고 지나간다."

26. 결혼 생활에 대한 내 생각은 "늘 생각하는 어떤 것이다."

41. 내가 성교를 했다면 "상관없다."

56. 나의 성생활은 "자랑할 만한 것이 없다."

–**해석적 요약** : 성적으로 좋은 적응을 하고자 하는 바람을 포기한 듯이 보인다.

11. 남녀가 같이 있는 것을 볼 때 "어떻게 지내는지 궁금하다." (평점 : 1점)

26. 결혼 생활에 대한 내 생각은 "두 사람이 서로의 반쪽을 만난다면 즐거울 수 있다."

41. 내가 성교를 했다면 "더 만족했을 것이다."

56. 나의 성생활은 "매우 재미있지 않다."

–**해석적 요약** : 성적 경험에 대한 욕구가 있지만 결혼생활을 유지하고자 하는 마음이 있다.

11. 남녀가 같이 있는 것을 볼 때 "만족한다." (평점 : 0점)

26. 결혼 생활에 대한 내 생각은 "훌륭한 경험이다."

41. 내가 성교를 했다면 "하지 않았다."

56. 나의 성생활은 "행복하다."

–**해석적 요약** : 만족을 나타낸다.

[그림 8-2] SSCT 평점의 예(계속)

■ **친구나 친지에 대한 태도** (평점 : 2점)

8. 내 생각에 참다운 친구는 "당신을 구출해 줄 것이다."

22. 내가 싫어하는 사람은 "나를 주시하는 사람이다."

38. 내가 제일 좋아하는 사람은 "거의 없다."

53. 내가 없을 때 친구들은 "믿을 수 없다."

-해석적 요약 : 의심이 많고 은둔적 성향이 있다.

8. 내 생각에 참다운 친구는 "진실한 친구이다." (평점 : 1점)

23. 내가 싫어하는 사람은 "거짓말쟁이다."

38. 내가 제일 좋아하는 사람은 "나를 좋아하는 사람들이다."

53. 내가 없을 때 친구들은 "때때로 나에 대해서 이야기한다."

-해석적 요약 : 정서적으로 개입하기 전에 타인에 대해 인정받기를 바란다.

8. 내 생각에 참다운 친구는 "나를 도와준다." (평점 : 0점)

23. 내가 싫어하는 사람은 "시끄러운 사람이다."

38. 내가 제일 좋아하는 사람은 "나와 친하다."

53. 내가 없을 때 친구들은 "나를 찾는다."

-해석적 요약 : 친구와 본인 사이에 상호 좋은 감정을 표현한다.

[그림 8-2] SSCT 평점의 예(계속)

3. 사례

다음으로, 문장완성 검사의 반응 내용에서 드러나는 방어적 태도가 극단적인 두 개의 사례를 소개한다.

사례 1은 억압과 부인을 과용하면서 자신의 진정한 감정을 인식하거나 표현하지 못하며, 더불어 자기 수용을 거의 하지 못함으로써 적응에 심각한 어려움을 보여주는 경우이다. 모든 영역에서 "좋다", "감사하다", "행복하다", "희망적이다"라고 기술하고 있는 데서 이러한 태도가 잘 드러나고 있다. 그러나 이런 강한 방어에도 불구하고 "인생이란 자기 자신과의 싸움이다"라는 진술을 반복함으로써 결국 현재 자신의 가장 힘든 문제를 드러내고 있다. 이 사례에서는 자신의 진정한 내적 감정과 사회적, 도덕적 기준에 순응하려는 생각 사이에서의 갈등이 생생하게 시사되고 있다.

사례 2는 사례 1과는 반대로, 정상적인 방어기제가 붕괴되어 거의 망상적 수준의 사고 왜곡이 나타나고 있는 경우이다. '나에게 이상한 일이 생겼을 때는' – "무슨 예고편인가 한다", ' 다른 친구들이 모르는 나만의 두려움은' – "인간이 연극을 한다는 사실", '언젠가 나는' – "자유인이 되어 연극에서 풀려날 것이다", '행운이 나를 외면했을 때' – "조작된 재앙" 등의 진술에서 현실적이고 객관적인 지각과 판단능력이 결여되어 현실검증 능력이 손상되어 있음이 드러난다.

또한 부모 및 가족을 비롯하여 세상의 모든 대상에 대해 극단적인 적대적 감정이 만연되어 있다(예 : '나의 어머니는' – "생각도 하고 싶지 않다", '대개 어머니들이란' – "의례 긁어 부스럼이나 만드는 짓을 함", '내가 바라기에 아버지는–"미워 죽을 사람이다", '내가 싫어하는 사람은' – "나이 먹은 뚱보아줌마, 입심부리는 늙은 할망탱이", '다른 가정과 비교해서 우리 집 안은–"귀신 집 안", '남녀가 같이 있는 것을 볼 때' – "구역질난다", '우리 윗사람들은' – "막무가내다", '내가 없을 때 친구들은' – "내 존재를 기억도 못한다" 등). 가해자들에게 둘러싸여 고립무원한 존재로서 생존에 위협을 느낄 정도의 심한 피해감에 사로잡혀 있음이 나타나고 있다. 이런 극단적인 적대감은 정상 수준에서 벗어나는 것으로, 수검자의 통제력 및 현실 감각의 붕괴를 시사한다고 볼 수 있다.

이 외에도, 문장완성 검사에서는 그 개인의 특별한 집착이나 비합리적 사고가 드러나는 경우가 많다. 만일, 성공, 실패, 성취 등의 용어를 반복하여 쓰고 있다면 성공에 대한 집착이 있음을 추정해 볼 수 있다.

사랑, 배려, 인정, 희생, 봉사 등과 관련된 문장이 자주 나온다면, 이타주의를 가장하고 있으나 무의식적 수준에서 볼 때 생의 초기에 사랑이나 인정에 대한 욕구의 좌절이 심했을 가능성을 짐작해 볼 수도 있다.

상담 시에 이런 특정한 문장을 매개로 이야기를 전개하면 경제적이면서도 보다 편안하게 수검자의 중요한 문제와 핵심 감정을 다룰 수 있을 것이다.

사례 1

여자, 28세. 여러 가지 신체적 증상을 호소하며 병원의 여러 과를 전전했으나 신체적 이상이 없는 것으로 진단되었음. 의사로부터 상담을 권유받음.

- **■ 어머니에 대한 태도**

13. 나의 어머니는 "*훌륭하신 분이다.*"

26. 어머니와 나는 "*매우 친한 모녀 사이다.*"

39. 대개 어머니들이란 "*멋진 분들이시다.*"

49. 나는 어머니를 좋아했지만 "*지금도 좋아하고 영원히 좋아할 것이다.*"

- **■ 아버지에 대한 태도**

2. 내 생각에 가끔 아버지는 "*책을 사 주신다.*"

19. 대개 아버지들이란 "*마음이 착하신 분들이다.*"

29. 내가 바라기에 아버지는 "*지금보다 대화를 더 많이 해 주셨으면 좋겠다.*"

50. 아버지와 나는 "*매우 친한 부녀 사이다.*"

- **■ 가족에 대한 태도**

12. 다른 가정과 비교해서 우리 집 안은 "*행복하다.*"

24. 우리 가족이 나에 대해서 "*좋게 생각한다.*"

35. 내가 아는 대부분의 집 안은 "*좋은 집 안이다.*"

48. 내가 어렸을 때 우리 가족은 "*설악산에 놀러 갔었다.*"

- **■ 여성에 대한 태도**

9. 내가 바라는 여인상은 "*적극적인 여성이다.*"

25. 내 생각에 여자들이란 "*하느님의 딸이다.*"

- **■ 남성에 대한 태도**

8. 남자에 대해서 무엇보다 좋지 않게 생각하는 것은 "*(없었다) 남자에 대해 여자와 같이 좋게 생각합니다.*"

20. 내 생각에 남자들이란 "하나님의 아들이다."

■ **이성 관계 및 결혼에 대한 태도**

10. 남녀가 같이 있는 것을 볼 때 "대화를 한다고 생각한다."

23. 결혼생활에 대한 나의 생각은 "행복할 것 같다."

37. 내가 성교를 했다면 "결혼해서 남편이랑 하는 것이다."

47. 나의 성생활은 "결혼하면 남편이랑 하는 것이다."

■ **친구나 친지에 대한 태도(대인지각)**

6. 내 생각에 참다운 친구는 "서로 배려해 주는 것 같습니다."

22. 내가 싫어하는 사람은 "말을 함부로 하는 사람이다."

32. 내가 제일 좋아하는 사람은 "가족이다."

44. 내가 없을 때 친구들은 "보고 싶어 할 것이다."

■ **권위자에 대한 태도**

3. 우리 윗사람들은 "좋으신 분들이다."

31. 윗사람이 오는 것을 보면 나는 "기분이 좋다."

■ **두려움에 대한 태도**

5. 어리석게도 내가 두려워하는 것은 "어떤 일이 생길까?"

21. 다른 친구들이 모르는 나만의 두려움은 "인생이란 자기 자신과의 싸움이다."

40. 내가 잊고 싶은 두려움은 "인생이란 자기 자신과의 싸움이다."

43. 때때로 두려운 생각이 나를 휩싸일 때 "기도를 한다."

■ **죄책감에 대한 태도**

14. 무슨 일을 해서라도 잊고 싶은 것은 "인생이란 자기 자신과의 싸움이다."

17. 어렸을 때 잘못했다고 느끼는 것은 "인생이란 자기 자신과의 싸움이다."

27. 내가 저지른 가장 큰 잘못은 "부모님 말씀을 어긴 것."

46. 무엇보다도 좋지 않게 여기는 것은 "없다."

■ **자신의 능력에 대한 태도**

1. 나에게 이상한 일이 생겼을 때 "나는 극복한다."

15. 내가 믿고 있는 내 능력은 "하느님께 감사합니다."

34. 나의 가장 큰 결점은 "나는 보잘것없는 사람이다."

38. 행운이 나를 외면했을 때 "괜찮다."

■ 과거에 대한 태도

7. 내가 어렸을 때는 "매우 활발했다."

33. 내가 다시 젊어진다면 "활동을 더 많이 하겠다."

45. 생생한 어린 시절의 기억은 "가족들과 좋은 시간을 보낸 것이다."

■ 미래에 대한 태도

4. 나의 장래는 "오페라 가수가 되는 것이다."

11. 내가 늘 원하기는 "평화이다."

16. 내가 정말 행복할 수 있으려면 "항상 행복한 생각을 해야 한다고 생각한다."

18. 내가 보는 나의 앞날은 "희망적이다."

28. 언젠가 나는 "꼭 오페라 가수가 될 것이다."

■ 목표에 대한 태도

30. 나의 야망은 "오페라 가수가 되는 것이다."

41. 나의 평생 가장 하고 싶은 일은 "가족들과 대화를 나누는 것이다."

42. 내가 늙으면 "행복할 것이다."

사례 2

여자, 37세. 환청을 호소하며 정신과에 내원하였음.

■ 어머니에 대한 태도

13. 나의 어머니는 "생각도 하고 싶지 않다."

26. 어머니와 나는 "같이 못 산다."

39. 대개 어머니들이란 "으레 긁어 부스럼이나 만드는 짓을 함."

49. 나는 어머니를 좋아했지만 "싫다."

■ 아버지에 대한 태도

2. 내 생각에 가끔 아버지는 "돌아가셨다."

19. 대개 아버지들이란 "무지막지한 면도 있다."

29. 내가 바라기에 아버지는 "미워 죽을 사람이다."

50. 아버지와 나는 "관계없다."

■ 가족에 대한 태도

12. 다른 가정과 비교해서 우리 집 안은 "귀신 집 안."

24. 우리 가족이 나에 대해서 "말도 안 되는 인권유린을 한다."

35. 내가 아는 대부분의 집 안은 "쳐다도 보기 싫다."

48. 내가 어렸을 때 우리 가족은 "행복하지 못했다."

■ 여성에 대한 태도

9. 내가 바라는 여인상은 "지나치지 않을 정도의 거리."

25. 내 생각에 여자들이란 "본인의 뜻대로 살되 제발 간섭하지 않고 살길."

■ 남성에 대한 태도

8. 남자에 대해서 무엇보다 좋지 않게 생각하는 것은 "폭력 폭언."

20. 내 생각에 남자들이란 "싫다."

■ 이성 관계 및 결혼에 대한 태도

10. 남녀가 같이 있는 것을 볼 때 "구역질난다."

23. 결혼생활에 대한 나의 생각은 "소름끼친다."

37. 내가 성교를 했다면 "구역질난다."

47. 나의 성생활은 "모른다."

■ 친구나 친지에 대한 태도(대인지각)

6. 내 생각에 참다운 친구는 "없다."

22. 내가 싫어하는 사람은 "나이 먹은 뚱보 아줌마, 입심부리는 늙은 할망탱이."

32. 내가 제일 좋아하는 사람은 "없다."

44. 내가 없을 때 친구들은 "내 존재를 기억도 못한다."

■ 권위자에 대한 태도

3. 우리 윗사람들은 "막무가내다."

31. 윗사람이 오는 것을 보면 나는 "싫다."

■ 두려움에 대한 태도

5. 어리석게도 내가 두려워하는 것은 "벌레 같은 환청."

21. 다른 친구들이 모르는 나만의 두려움은 "인간이 연극을 한다는 사실."

40. 내가 잊고 싶은 두려움은 "소리가 들린다는 것."

43. 때때로 두려운 생각이 나를 휩싸일 때 "다른 생각을 한다."

■ 죄책감에 대한 태도

14. 무슨 일을 해서라도 잊고 싶은 것은 "나쁜 기억으로 괴롭혀지는 것."

17. 어렸을 때 잘못했다고 느끼는 것은 "없다."

27. 내가 저지른 가장 큰 잘못은 "하나도 없다."

46. 무엇보다도 좋지 않게 여기는 것은 "집 안에 갇혀 사는 것."

■ 자신의 능력에 대한 태도

1. 나에게 이상한 일이 생겼을 때 "무슨 예고편인가 한다."

15. 내가 믿고 있는 내 능력은 "표현함으로 안다."

34. 나의 가장 큰 결점은 "없다."

38. 행운이 나를 외면했을 때 "조작된 재앙."

■ 과거에 대한 태도

7. 내가 어렸을 때는 "생일선물로 원피스를 받았다."

33. 내가 다시 젊어진다면 "훌륭한 회사에 취직한다."

45. 생생한 어린 시절의 기억은 "가끔 난다."

■ 미래에 대한 태도

4. 나의 장래는 "불투명하다."

11. 내가 늘 원하기는 "빨리 자유인이 되는 것."

16. 내가 정말 행복할 수 있으려면 "자유로워야 한다."

18. 내가 보는 나의 앞날은 "막막하다."

28. 언젠가 나는 "자유인이 되어 연극에서 풀려날 것이다."

■ 목표에 대한 태도

30. 나의 야망은 "훌륭한 커리어를 갖는 것이다."

41. 나의 평생 가장 하고 싶은 일은 "정상적인 사람으로 취직하는 것."

42. 내가 늙으면 "죽을 것임."

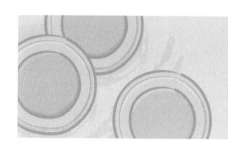

능동 운동반응 a와 수동 운동반응 p

간절히 원하다	p	목욕하다	a
깨닫다	p	미끄러지다	p
걷다	a	미쳐 보이다	a
결박하다	a	박탈되다	p
결정하다	p	발기된(성기)	a
경계하다	p	방어적으로 보이다	p
경고하다	a	배회하다	a
고갈되다	p	버림받다	p
고정되다	p	부딪치다(차들이)	a
공격하다	a	부상당하다	p
고통스러워하다	p	부풀어 오르다(풍선)	p
괴로워 보이다	p	불안하다(걱정하다)	a
꿈꾸다	p	붙잡다	a
기다리다	p	불평이 있어 보이다	p
기대다	p	비난하다	a
기어가다(동물)	a	빙빙 돌다	a
슬퍼 보이다	p	사기가 저하되다	p
날리고 있는(바람에)	p	사랑하다	a
날아가다	a	상상하다	p
냄새 맡다	a	싸우다	a
노래하다	a	생생하다(살아 있다)	a
논쟁하다	a	서 있다	p
놀리다	a	성장하다(식물)	a
누워 있다	p	소리 내어 흐르다(물)	a
놀라 보이다	p	소리치다	a

단단하다(근육)	a	손뼉을 치다	a
단호하다	a	주목하다(누군가)	a
담배 피다	a	쓰다	a
떠 있다	p	싣다(짐)	a
떨어지다(물)	p	실망스럽다(느낌)	p
떨어지다(잎)	p	심사숙고하다	p
돌다(주위를)	a	씹다	a
도망하다	a	아는 체하다(바라보면서)	p
도약하다(동물)	a	안겨 있다	p
도전하다	a	앉아 있다	p
돕다	a	어리둥절해 보이다	p
뛰다	a	열다(문)	a
마음이 산란하다	a	열광하다	a
마주 대하고 있다	p	예민하게 느끼다	a
말하다	a	예민해 보이다	p
매달리다	p	오르고 있다	a
명상에 잠기다	p	올라가다(연기)	p
요구하다	a	초조하다	a
완강하다	a	축 처지다	p
운반하다	a	축하하다	a
울고 있다	p	춤추다	a
울리다(벨)	a	충동적이다	a
웃다	a	쿵 부딪치다	a
원하다	p	킁킁 냄새 맡다	a
위반하다(법률, 도덕 등)	a	크게 범람하다	a
음탕하다	a	타다(말)	a
응시하고 있다	p	타오르다(불)	p
의기양양해하다	a	토론하다	a
이야기하다	a	튀어오르다(공)	a
잠자다	p	패배하다	p
잡아당기다	a	퍼덕거리다(새)	a

접촉하다(두 사람)	a	포효하다	a
조롱하다	a	피가 나다	p
조사하다	a	피로하다(느낌)	p
조절되다	p	행동하다	a
쭈그린 동물	p	행복해 보이다	a
주저하다	p	허풍 떨다	a
죽다	p	헐떡거리다(개)	a
죽이다	a	환각증상을 일으키다	a
찌르다	a	회복되다	p
지켜보다	a	희열에 차 보이다	p
지나가다	a	후회하다	p
진동하다, 떨다	a	훈계하다	a
즐기다	p	흐르다(강)	p
질풍이 휘몰아치는(비)	a	흥미 있어 하다	a
초라해 보이다	p	흥분되어 있다	a

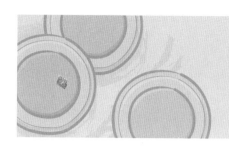

부록 II

 각 카드별 조직화 점수(Z값)

카드	조직화 활동 유형			
	W (DQ : +, o, v/+)	인접부분	비인접 부분	공백부분 통합
I	1.0	4.0	6.0	3.5
II	4.5	3.0	5.5	4.5
III	5.5	3.0	4.0	4.5
IV	2.0	4.0	3.5	5.0
V	1.0	2.5	5.0	4.0
VI	2.5	2.5	6.0	6.5
VII	2.5	1.0	3.0	4.0
VIII	4.5	3.0	3.0	4.0
IX	5.5	2.5	4.5	5.0
X	5.5	4.0	4.5	6.0

참고문헌

강연욱(1999). 치매의 신경심리학적 평가. 대한 신경과학회지, Sup. 2:6~9.

김상태, 임승환, 김명준(1997). 기업조직에서의 MBTI 활용 입문. 한국심리검사연구소.

김영환(1981). MMPI 진단 변별 기능분석. 고려대학교 박사학위 논문.

김정택, 심혜숙, 임승환(1995). 나의 모습, 나의 얼굴. 한국심리검사연구소.

김중술(1988). 다면적 인성검사; MMPI의 임상적 해석. 서울, 서울대 출판부.

김중술, 한경희, 임지영, 이정흠, 민병배, 문경주(2005). 다면적 인성검사 II 매뉴얼. (주) 마음사랑.

김태련, 서봉연, 이은화, 홍숙기(1976). 아동용 회화 통각 검사. 이화여자대학교 인간 발달 연구소.

김홍근(2003). 지능검사와 신경심리검사는 무엇이 다른가? 한국심리학회지: 임상, Vol. 22, 141-158.

대한 노인 정신의학회 편(1980). 노인 정신 의학. 중앙문화사.

박영숙(1993). 심리평가의 실제. 서울, 하나의학사.

신경진, 원호택(1991). Exner 종합체계에 따른 한국 정상성인의 Rorschach 반응특성 I. 한국임상심리학회: 임상, Vol.10, No1, 206-216.

심혜숙, 김정택(1998). MBTI 성장프로그램 지도자 안내서(I). 한국심리검사연구소.

심혜숙, 김정택(1998). MBTI 성장프로그램 지도자 안내서(II). 한국심리검사연구소.

심혜숙, 임승환(1996). 성격유형과 삶의 양식. 한국심리검사 연구소.

이부영(1998). 분석심리학-C.G. Jung의 인간심성론, 개정증보판, 일조각.

이부영(1999). 그림자. 한길사.

이상로, 변창진, 이희도(1981). BGT 성격진단법. 서울: 중앙적성연구소.

이정흠(1995). 한국형 Harris-Lingoes 하위척도의 타당화 연구. 심리검사 및 상담연구: 고려대학교 학생생활연구소.

이진숙, 고순덕 (1953). 웩슬러-벨뷰우 지능검사의 개정판. 서울: 중앙교육연구소.

최정윤(1984). 인물화 성격 검사. 한국 심리학회 제3회 연수회.

Abt, L. E. & Bellak, L.(1959). Projective Psychology : Clinical Approaches to the Total Personality. Grove Press, Inc: New York.

Bass, B. M., & Berg, I. A.(Eds.)(1950). Objective approaches to personality assessment. New York: Von Nostrant.

Bellak, L.(1949). The use of oral barbiturates in psychotherapy. Am J Psychiatry, 15, pp.849-850.

Bellak, L.(1959). The Thematic Apperception Test in clinical use. In Abt LE and Gellak L, Projective psychology, New York, Grove Press, Inc.

Brittan HL(1907). "A Study in imagination." In Abt LE and Bellak, L., Projective psychology, New York, Grove Press, Inc.

Buck, J. N.(1948) The H-T-P technique, a qualitative and quantitative scoring manual. Journal of Clinical Psychology, 4, pp.317-396.

Carter, H. J.(1947). A Combined Projective and Psychogalvanic Response technique for Investigating Certain Affective Processes. Journal of Consult Psychology, Vol. 5, pp.270-275.

Clark L.P.(1926). "Method of administering and evaluating the Thematic Apperception test in group situations." In Abt LE and Bellak L, Projective psychology, New York, Grove Press, Inc.

Donald P. Ogdon(1981). Handbook of Psychological Signs, Symptoms, and Syndromes. western psychological service, Los Angeles, California.

Donald P. Ogdon(1982). Psychodiagnostics and Personality Assessment: A Handbook. western psychological service, Los Angeles, California.

Exner, J. E.(1993). The Rorschach: A Comprehensive system, Vol. 1. Basic foundations. NY: John Wiley & Sons, Inc.

Exner, J. E.(1995). The Rorschach Workbook for the Comprehenxsive system.

Freedman, A. F., Webb, J. T., & Lewak, R.(1989). Psychological assessment with the MMPI. New Jersey: Lawrence Erlbaum Associates, Publishers.

Ganelles, R. J.(1996). Intergrating the MMPI-2 in personality assessment. New Jersey: Lawrence Erlbaum Associates, Publishers.

Goodenough, Florence(1926). Measurement of intelligence by drawings. New York: World Book.

Graham, J. R.(1977). The MMPI: A practical guide. New York: Oxford Universiy Press.

Graham, J. R.(1990). MMPI-2: Assessing personality and psychopathology. New York: Oxford University Press.

Graham, J. R. (1999). MMPI-2: Assessing personality and psychopathology 4/e. Oxford University Press.

Graham, J. R.(2006). MMPI-2 : Assessing Personality and Psychopathology, 4th ed. Oxford Publishing Limitid.

Greene, Roger L.(1991). The MMPI-2/ MMPI: An Interpretive Manual. Boston, Allyn & Bacon.

Hammer, E. F.(1958). The clinical application of projective drawings. Springfield, Illinois: Thomas.

Harris, R. J., & Lingoes, J.(1955). Subscales for the MMPI: And aid to profile interpretation. Unpublished Manuscript. University of California.

Hathaway, S. R.(1956). Scale 5(Schizophrenia). In G. S. Welsh, & W. G. Dahlstrom(Eds.), Basic readings on MMPI in psychological and medicine. Minneapolis: University of Minnesota Press.

Hathaway, S. R., & McKinley, J. C.(1940). A multiphasic personality schedule: I. Construction of the schedule. Journal of Psychology, 10, pp.249-254.

Hutt, M. L.(1985). The Hutt Adaptation of the Bender-Gestalt Test(4th ed). New York: Grune & Stratton.

Hutt, M. L., & Gibby, R. G.(1970). An Atalas for the Hutt Adaptation of the Bender-Gestalt Test. New York: Grune & Stratton.

Keller, L. S., Butcher, J. N., & Slutske, W. S.(1990). Objective personality assessment. In G. Goldstein, & M. Hersen(Eds.), Handbook of Psychological Assessment(pp. 345-386). New York: Pergamon Press.

Lachar, D.(1974). The MMPI: Clinical Assessment and Automated Interpretation. Los Angeles, CA: Western Psychological Services.

Lacks, P.(1984). Bender Gestalt Screening for Brain Dysfunction. John Wiley &

Sons, Inc.

Levy, S. Projective figure drawing, In E. Hammer(Ed.)(1958). The clinical application of projective drawings. Spring field, Illinois; Thomas, pp.83-112; 135-161.

Libby, W.(1908). "The imagination of Adolescents." In Abt LE and Bellak L, Projective psychology, New York, Grove Press, Inc.

Lichtenberger, E. O. & Kaufman, A. S. (2009). Essentials of WAIS-IV assessment. John & Wiley & Sons.

Lubin, B., Lasaen, R. M., & Matarazzo, J.(1984). Patterns of psychological test usage in the united states 1935-1982. American Psychology, 39, pp.451-454.

Machover, Karen. Drawing of the human figure: A method of personality investigation. In H. H. Anderson and Gladys Anderson(Eds.)(1951). An introduction to projective techniques. Englewood Cliffs, N.J.: Prentice-Hall, pp.341-369.

Machover, Karen(1949). Personality projectionin the drawing of the human figure. Springfield, IL.: Charles C. Thomas.

McGrath, R. E. & Ingersoll, J.(1999). Writing a good cookbook: I. A review of MMPI high-point code system studies. Journal of Personality Assessment, 73(2), pp.149-178.

Meehl, P. E.(1945). The dynamics of structured personality tasks. Journal of Clinical Psychology, 1, 296-303.

Morgan C.D. & Murray H.A.(1935). "A method for investigating fantasies." Arch Neurology and Psychiatry, 34, pp.189-306.

Murray H.A.(1938). Exploration in personality. New York, Oxford University Press.

Murray H.A.(1943). Thematic Apperception Test manual. Boston, Harvard College Fellows.

Murray H.A.(1971). Thematic Apperception Test manual. Boston, Harvard College.

Murstein(1961). Interview behavior, projective technique, and questionaires in the clinical assessment of marital choice. J Consulting Psychology, 25, pp.497-504.

Pitrowski, C.(1997). Use of the Millon Clinical Multiaxial Inventory in clinical practice. Perceptual and Motor Skills, 84, pp.1185-1186.

Rohde, A.(1946). Explorations in Personality by the Sentence Completion Method.

Journal of Applied Psychology, Vol.30, pp.169-181.

Schafer, M. A.(1948). The Clinical Application of Paychological Tests. International Universities Press, Inc.: New York.

Stein, M. I.(1947). The Use of a Sentence Completion Test for the Diagnosis of Personality. journal of Clinical Psychology, Vol.3, pp.47-56.

Stein(1955). The Thematic Apperception Test. cambridge 42, mass.

Stevens, M. R., & Reilley, K. R.(1980). MMPI short forms: A literature review. Journal of Personality Assessment, 44, pp.368-376.

Tendler, A. D.(1930). A Preliminary Report on a Test for Emotional Insight. Journal of Applied Psychology, Vol.14, pp.123-136.

Trimboli, F., & Kilgore, R. B.(1983). A psychodynamic approach to MMPI interpretation. Journal of Personality Assessment, 47, pp.614-626.

Urban, W. H.(1963). The Drawing-A-Person catalogue for interpretive analysis. Los Angeles: Western Psychological Service.

Wechsler, D. (1958). Measurement and appraisal of adult intelligence(4th ed.). Baltimore, MD: Williams & Wilkins.

Wechsler, D. (2008). WAIS-IV administration and scoring manual. San Antonio, TX: The Psychological Corporation.

Weiner, I. B.(1998). Principles or Rorschach Interpretation. Lawrence Erlbaum Associates, Inc.

Willerman, B.(1947). The Incomplete Sentence Test as a Method of Studying Personality. Journal of Consult Psychology, Vol.11, pp.43-48.